太極學報

(肆)

自第二一號

至第二六號

圖書出版 韓國學資料院

태극학보 太極學報

1906년 8월 24일 일본 도쿄에서 태극학회가 창간한 기관지.

태극학회는 제국주의 침략하에서 나라를 구하는 방법은 국민 교육이라고 생각하고 서북 지방의 유학생을 중심으로 1905년 9월 조직된 단체이다. 1906년 8월 24일 기관지로 『태극학보(太極學報)』를 창간하였고, 1908년 12월 24일 총권 27호로 종간되었으나 『공수학보(共修學報)』, 『대한유학생회회보(大韓留學生會會報)』 등 일본 내 다른 유학생회의 기관지 발행에도 영향을 주었다.

『태극학보』는 태극학회의 창립 목적을 달성하기 위한 수단으로 1906년 8월 24일 창간되었다. 『태극학보』의 창간호 서문에는 "아동포국민(我同胞國民)의 지식(智識)을 개발(開發)하는 일분(一分)의 조력(助力)"이 될 것이라 하면서 발간 목적을 밝혔다. 학보의 발간 경비는 처음에는 전적으로 회원들의 의연금에 의지하였으나 점차 학보의 판매 대금과 이갑(李甲) 등 국내 서북 지역과 서울 지역 유지의 출연으로 확대하였다.

『태극학보』의 구성은 3호까지는 강단(講壇), 학원(學園), 잡보(雜報)로 나누었으나 4호부터는 강단과 학원을 구분하지 않았으며, 11호부터는 논단(論壇), 강단, 학원, 잡찬(雜纂), 잡보 등으로 세분하였다. 주된 내용은 애국 계몽 단체가 추구하였던 교육 구국 운동, 언론 계몽 운동, 실업 구국 운동, 국채 보상 운동, 신문화 신문학 운동, 국학 운동, 민족 종교 운동, 해외 독립운동 기지 건설 운동 등의 내용을 종합적으로 추구하였다

『태극학보』는 매월 1회 발간하였으며, 8월에는 하기 휴간하였다. 3

호까지는 일본 유학생을 중심으로 배포되었으나 4호가 발간된 1909년 11월부터는 국내 배포를 위하여 경성 중서에 위치한 주한 영사관에 『태극학보』 출판 지점을 설치하였고, 12월에는 캘리포니아 한인공동신보사에 배포소를 설치하였다. 1907년 7호부터는 국내 각 지역의 학교에도 잡지를 발송하였다. 『태극학보』는 태극학회 회원만이 아니라 국내의 지식인과 학부모까지를 망라하는 매우 폭넓은 필진을 보유하였다. 이는 『태극학보』에 대한 당시의 관심을 반영하는 것이라 할 수 있다.

『태극학보』는 개항기 일본 유학생이 조직한 태극학회의 기관지로 발간되어 태극학회가 목적으로 하였던 애국 계몽 운동의 주요한 선전 도구의 역할을 다하였다.

출처 세계한민족문화대전

大極學報」 目次

光武十年八月二十四日創刊

隆熙二年五月二十四日發行(每月廿四日一回)

太極學報

第貳拾壹號

太極學會發行

注意

△本報를購覽코저ᄒᆞ시ᄂᆞᆫ이ᄂᆞᆫ本發行所로通知ᄒᆞ시되居住姓名統戶를詳細히記送ᄒᆞ시며代金은郵便爲替로本會에交付ᄒᆞᆷ을要ᄒᆞᆷ

△本報를購覽ᄒᆞ시ᄂᆞᆫ僉君子씌셔住所를移轉ᄒᆞᄂᆞᆫ이ᄂᆞᆫ速히其移轉處所를本事務所로通知ᄒᆞ시옵

△本報ᄂᆞᆫ有志人士의購覽을便宜케ᄒᆞ기爲ᄒᆞ야出張所及特約販賣所를如左히定ᄒᆞᆷ

皇城中署東闕罷朝橋越便 **朱翰榮册肆**（中央書館內）

平安南道三和鎭南浦港築垌 **金元燮家**

平壤貫洞 **耶蘇敎書院**

平壤法首橋 **大同書觀**

平安北道定州郡南門內 **洪成麟商店**

北米國桑港韓人共立協會內 **金永一住所**

◎投書注意

一、諸般學術과文藝詞藻統計等에關ᄒᆞᆫ投書ᄂᆞᆫ歡迎ᄒᆞᆷ

一、政治上에關ᄒᆞᆫ記事ᄂᆞᆫ一切受納치아니ᄒᆞᆷ

一、投書의揭載與否ᄂᆞᆫ編輯人이撰定ᄒᆞᆷ

一、投書의添削權은編輯人의게在ᄒᆞᆷ

一、一次投書ᄂᆞᆫ返附치아니ᄒᆞᆷ

一、投書ᄂᆞᆫ完結ᄒᆞᆷ을要ᄒᆞᆷ

一、投書ᄂᆞᆫ縱十二行橫二十五字原稿紙에正書ᄒᆞᆷ을要ᄒᆞᆷ

一、投書ᄒᆞ시ᄂᆞᆫ이ᄂᆞᆫ居住와姓名을詳細히記送ᄒᆞᆷ을要ᄒᆞᆷ

一、投書當撰ᄒᆞ신이의게ᄂᆞᆫ本報當號一部를無價進呈ᄒᆞᆷ

特別廣告

○ 內外圖書出版

○ 敎科書類發兌

○ 新聞雜誌取次

○ 學校用品販賣

京城中署東闕罷朝橋越邊

本店 中央書館 朱翰榮

平安北道宣川邑川邊

支店 新民書會 安濬

太極學報第貳拾壹號目次

太極學報第廿一號目次

論壇

講壇

學園

太極學報

第二十一號

隆熙二年五月二十四日
明治四十一年五月廿四日 〔發行〕

論壇

修養의時代

抱宇生

個人이相聚ᄒᆞ야社會를組成ᄒᆞᄆᆡ其人格을互相尊重ᄒᆞ며其福利를互相計圖키爲ᄒᆞ야政治經濟의機能이有ᄒᆞᆫ비라政治와經濟ᄂᆞᆫ實노社會組織에二大運營이니一은社會의秩序를維持ᄒᆞ며二ᄂᆞᆫ生活의便利를期圖ᄒᆞ야共同의完美를做成ᄒᆞ고其進步發展을企[illegible]이나然이나社會의要素되ᄂᆞᆫ個人의品性이完美키不能ᄒᆞᆯ時에ᄂᆞᆫ到底히其滿足ᄒᆞᆫ結果를未得ᄒᆞᆯ지라故로此二大機能外에一敎化의機能이有ᄒᆞ야自然的狀態에在ᄒᆞᆫ人類를化ᄒᆞ야社會成分에適合케ᄒᆞ며更히向上發展케ᄒᆞ며此社會로ᄡᅥ漸次理想의高丘에登達케ᄒᆞ나니人格의養成은實노此機能을待할바多ᄒᆞ도다人格의組成에ᄂᆞᆫ先天的要素와後天的要素가有ᄒᆞ니先天的要素ᄂᆞᆫ容易히改키難ᄒᆞ며後天的要素ᄂᆞᆫ敎養을不待

ᄒᆞ면變換키不能ᄒᆞ나니此職責은實노敎化에機能이擔任ᄒᆞᆫ바며敎育의目的도또ᄒᆞᆫ此에不外ᄒᆞ도다社會에此敎育이有ᄒᆞᆷ으로吾人人類ᄂᆞᆫ未生以前의文運을習得ᄒᆞ야自然의狀態를離ᄒᆞ고社會에對ᄒᆞᆫ個人的活動의資格을可養할디라然이나敎育은個人의性格을完成할뿐이오其進步向上에對ᄒᆞ야ᄂᆞᆫ오히려滿足지못ᄒᆞᆫ者有ᄒᆞ나니然則吾人은此에對ᄒᆞ야敎育以外에修養의必要되ᄂᆞᆫ一物이必有ᄒᆞᆷ을感覺ᄒᆞᆯ진뎌大抵修養이란者ᄂᆞᆫ스사로敎育이라이스ᄉᆞ로敎育ᄒᆞᆷ은能動的이요人의敎育을受ᄒᆞᆷ은所動的이니所動的의敎育은一定ᄒᆞᆫ時期를限ᄒᆞ며能動的의敎育은全生涯에亘過ᄒᆞ야暫時도止키不能ᄒᆞ나其必要의中心은人生의危機되ᄂᆞᆫ靑年時代에在ᄒᆞ다可謂ᄒᆞᆯ지로다此時代에對ᄒᆞ여ᄂᆞᆫ過去敎育의影響으로衝突的과自然的의動作을繼脫ᄒᆞ고大凡ᄒᆞᆫ人類의本務도意識ᄒᆞ며社會의狀態도斟酌ᄒᆞᆯ지나오히려將來衝突의束縛을脫키不能ᄒᆞᆯ지며또ᄒᆞᆫ此時代에對ᄒᆞ야ᄂᆞᆫ意志가鞏固치못ᄒᆞ며思想이健全치못ᄒᆞ야徒然히外界에觸感을受ᄒᆞᄂᆞᆫ故로事와志가相反ᄒᆞ야終來에一生을誤ᄒᆞᄂᆞᆫ者不少ᄒᆞ나니靑年時代ᄂᆞᆫ實노一生에春節이라情慾이熾烈ᄒᆞ야知慮를欠縮ᄒᆞ며空想에自浮ᄒᆞ야現實을忘却ᄒᆞ고夢如의虛榮과幻如의名利에醉迷ᄒᆞ야理性과感情이心裏에衝突ᄒᆞ미薄志를自覺코도改히不能ᄒᆞ며弱行을認知코도勵키不能ᄒᆞ야漸次情欲의奴隷를甘作ᄒᆞ고放縱ᄒᆞᆫ生活에投入ᄒᆞ면天理의義責은胸惱를煩悶ᄒᆞ야處身의未由가於此에始極ᄒᆞ며生活의困難이於此에始覺이나許多의艱苦ᄂᆞᆫ目前에橫臥ᄒᆞ고自由의一身은拘束에滯在ᄒᆞ야一事도自營키不

能ᄒᆞ며一步도自動키不能ᄒᆞᆯ지니當此之時ᄒᆞ야彼를慰ᄒᆞ며彼를導ᄒᆞᆯ者無ᄒᆞ면彼等의運命은永々히死地에墮落ᄒᆞᆯ지니修養의必要가此期에서莫甚ᄒᆞᆫ者無ᄒᆞ도다此時代ᄂᆞᆫ生涯에楷級이며人生의第一步니此楷級에向上이其途를失키不能ᄒᆞᆯ지며此第一步에修養이其法을誤키不能ᄒᆞᆯ지니人格의完成과品性의陶冶가此時에서莫緊ᄒᆞᆯ者無ᄒᆞ도다山雨가一過ᄒᆞ미萬樹가青色이요暴風이一息ᄒᆞ미物態가安靜ᄒᆞ나니彼等의煩悶도可ᄒᆞ고彼等의懊惱도可ᄒᆞ도다汽笛一聲에千里景色을一日에看過ᄒᆞ고目的地에達ᄒᆞᄂᆞᆫ者의興趣도快타謂ᄒᆞᆯ지나竹杖草鞋로風雨를冒披ᄒᆞ고峻山嶮嶽을跋涉ᄒᆞ야目的地에達ᄒᆞᄂᆞᆫ者에ᄂᆞᆫ不如ᄒᆞ도다然則逆境에處ᄒᆞᆫ者ᄂᆞᆫ相當ᄒᆞᆫ勞働을作ᄒᆞᆫ後에好良ᄒᆞᆫ結果를可待ᄒᆞᆯ지니相當ᄒᆞᆫ勞働을不作ᄒᆞ고其理想의結果를得코져ᄒᆞᄂᆞᆫ者ᄂᆞᆫ木을緣ᄒᆞ야魚를求홈과如ᄒᆞᆯ뿐아니라終來에敗亡을免키不能ᄒᆞᆯ지로다現今我韓半島에形勢를例擧ᄒᆞ야一言컨ᄃᆡ生活의困難이此에過ᄒᆞᆯ者無ᄒᆞ며一身의拘束이此에甚ᄒᆞᆯ者無ᄒᆞ도다如此ᄒᆞᆫ逆境에陷入ᄒᆞᆫ民族이여逆境에處ᄒᆞᆫ者誰가爾에서甚ᄒᆞᆫ者有ᄒᆞ리오此境에脫出ᄒᆞ야自由天地에愉快ᄒᆞᆫ生活을送코져홈이爾의理想이아니며爾의目的이아닌가如此ᄒᆞᆫ境遇에서能脫ᄒᆞ며如此ᄒᆞᆫ目的을能達코져ᄒᆞ면其相當ᄒᆞᆫ勞働을要ᄒᆞᆯ지니現今宗教上關係를覺破ᄒᆞ야此로뼈將來에緊要品을作홈도可ᄒᆞ며教育을擴張ᄒᆞ야范先生을模範ᄒᆞ고十年生聚로我魂을養成홈도可ᄒᆞ며有志金滿家ᄂᆞᆫ一邊으로子弟를列邦에速派ᄒᆞ야將來에世界的韓半島를經營홈도可ᄒᆞ며一邊으로實業의責任을自擔ᄒᆞ야目下에岌

業을拯救ᄒᆞᆷ도可ᄒᆞ며무엇…………도可ᄒᆞ거날此等諸般莫急ᄒᆞᆫ勞働에ᄂᆞᆫ下手치아니ᄒᆞ고目前에困難만是憂ᄒᆞ며逆境에絶迫만是恐ᄒᆞ야其理想의目的과將來의永生을天堂門下에要求ᄒᆞᄂᆞᆫ者도多ᄒᆞ며二十時代ᄂᆞᆫ外交에時代라我에實力이無ᄒᆞ여도保我의策이有ᄒᆞ다ᄂᆞᆫ盲瞳無知者의荒說을信聽ᄒᆞ고英美의救我도希望ᄒᆞ며俄淸의助我도夢想ᄒᆞᆫᄂᆞᆫ者가多ᄒᆞ니嗚呼라天은自助者를助ᄒᆞ나니自己의事를自己가不作ᄒᆞᄂᆞᆫ者에게恩을垂할天이何에有ᄒᆞ며人類有史以來로其行動의結果랄一言으로論定ᄒᆞ면弱肉을强食ᄒᆞᆫ結果뿐이니爾를救ᄒᆞᆯ者도爾며爾를亡ᄒᆞᆯ者도爾니爾의事ᄂᆞᆫ爾가作ᄒᆞ고他를夢想치말지어다日暮ᄒᆞᆫ夕陽天에爾의前道千里로다論緒를回程ᄒᆞ야本題에更入ᄒᆞ면靑年時代에逆境을當ᄒᆞᆫ者더라順境은爾의陷穽이며逆境은爾의救門이니泰山이爾를壓ᄒᆞᆯ지라도屈치말며釜鉞이頸에當ᄒᆞᆯ지라도撓치말고誠心으로向上的一路에勇進ᄒᆞ라不久에爾의安樂이有ᄒᆞ며爾의幸福이有ᄒᆞ리로다自古及今에英雄傑士가順境을從ᄒᆞ야功利를取得ᄒᆞᆫ者幾人이뇨三個의林擒으로二日의飢渴을凌忍ᄒᆞᆫ盃라氏ᄂᆞᆫ佛國大文豪에地位를點得ᄒᆞ엿고弊履도難擧ᄒᆞ던존ㅣ손氏의名은世界文明史을花粧ᄒᆞ엿고釋迦ᄂᆞᆫ無上의觀樂을自棄ᄒᆞ고三衣一鉢의逆境에投入ᄒᆞ야人生의救主의名稱을得ᄒᆞ엿고漢高祖ᄂᆞᆫ逆을轉ᄒᆞ야順을作ᄒᆞᆷ으로盛名을靑史上에垂ᄒᆞ엿도다順者ᄂᆞᆫ滿也니滿者ᄂᆞᆫ易虧라시ㅣ사ᄂᆞᆫ滿에自足ᄒᆞ야幾敗ᄒᆞ엿고王莽은滿을樂ᄒᆞ야亡ᄒᆞ엿스니滿者虧ᄒᆞ며虧者滿ᄒᆞᆷ은古今不變之定則이로다順境에在ᄒᆞ야誘치말고逆境에在ᄒᆞ야撓치

말고心誠으로向上的一路에注下ᄒᆞ야自己의心臟을鍊養ᄒᆞᆷ은青年時代에必要가될진뎌

持續性涵養의必要

浩然子

大凡持續은社會存亡에最大ᄒᆞᆫ問題요國家興替의必要ᄒᆞᆫ條件이니社會가되여此物을不有ᄒᆞ면社會ᄂᆞᆫ其運命을已休ᄒᆞ엿고國家가되여此物을不有ᄒᆞ면國家ᄂᆞᆫ其氣息이已盡ᄒᆞᆷ일ᄉᆡ技藝學術이世界의元祖가되여六千年以前에文明潮流가宇內에先起ᄒᆞᆫ나일江畔의民族은漠々ᄒᆞᆫ荒原에尋處가杳然ᄒᆞ고宗教文化가歷代의源泉이되여東西洋暗黑時代에도特殊文明의光彩를先揚ᄒᆞᆫ쌀간半島民族은滄涼ᄒᆞᆫ今日을未免ᄒᆞ엿ᄂᆞ니此ᄂᆞᆫ今日世人의一大注目處요吾輩의萬般講究點이라嗚呼라何를因ᄒᆞᆷ이뇨吾輩ㅣ於此에無限ᄒᆞᆫ感想이湧出ᄒᆞᆯ지라도一言을不辭ᄒᆞ노니何者오非他라彼民族이文化開明上에ᄂᆞᆫ特殊의長步를踏登ᄒᆞ엿스나因循靡奢의風이國是를汚害ᄒᆞ고懶懦文弱의果가個人腦髓를腐敗ᄒᆞ야持續을未敢ᄒᆞ고興奮을不持ᄒᆞ야사니吾輩ᄂᆞᆫ此를參照ᄒᆞ야過轍을回顧ᄒᆞᆯ지어다挽近以來로吾人의創始ᄒᆞᆫ事業이果是好結果를收ᄒᆞ엿스며吾人의建設ᄒᆞᆫ理想이果是好成功을得ᄒᆞ엿나뇨甚至於一團學界를觀察ᄒᆞᆯ지라도朝建暮止에終始가不序ᄒᆞ고國民社會를觀察ᄒᆞᆯ지라도今設明廢에本末이不蘊ᄒᆞ야秋月江上에浮萍의生涯를送遣ᄒᆞ고朝露暮霜에爬虫行動을演出ᄒᆞ엿나니此ᄂᆞᆫ持續의必要를未覺ᄒᆞᆷ인지

絶對의靈能이他人의게不及홈인지圓大ᄒᆞᆫ世界看板上에國交的生存問題가明白히書在ᄒᆞ엿스되吾人은視之而不見ᄒᆞ엿고東亞大陸에殺氣가奔騰ᄒᆞ야兩甲砲響이寰宇를轟動ᄒᆞᆯ지라도吾人은聽之而不聞ᄒᆞ엿ᄉᆞ니耳目의聰明이他人에未及ᄒᆞ고手足의健全이他人만不如ᄒᆞ엿거늘不具의身体가되여輕捷ᄒᆞᆫ行動을豈取ᄒᆞ엿ᄉᆞ리오故로蠢々起動이失敗에失敗를增加ᄒᆞ고脈々沈靜이危險에危險을添付ᄒᆞ야痛極ᄒᆞᆫ今日을當ᄒᆞ엿ᄂᆞ니吾輩ㅣ如或特續의必要를已覺ᄒᆞ엿스면誰가此日을預期ᄒᆞ엿스리오吾人心思가此地에一到ᄒᆞ면感愴의悲淚가眼鼻를莫開ᄒᆞ겟스되暫爾回思ᄒᆞ자면此가非難의事니何也오非他라國家의成分된吾個人이無非持續으로惟我의宗是를作ᄒᆞ면國家社會도無非持續으로惟我의國是를作ᄒᆞᆫ後에國家라ᄂᆞᆫ名稱下에在ᄒᆞᆫ事業은大小를勿論ᄒᆞ고假令一學校一團体로되始가有ᄒᆞ거든終末ᄭᆞ지持續을爲主ᄒᆞ고一新聞一雜誌로되創刊이有ᄒᆞ거든亦是終末ᄭᆞ지持續을爲主ᄒᆞ야分子分子間에凝集力을採用ᄒᆞ고原子原子間에化合力을講究ᄒᆞ야一大特殊의新物体(吾人의最大目的物)를造成ᄒᆞ거든此亦是億萬年無窮의最大持續性을賦有ᄒᆞ야世界가我를如何히批評ᄒᆞᆯ지라도我의理想이不許ᄒᆞ거든少許의妄動을勿容ᄒᆞᆯ지어다此ᄂᆞᆫ英國人의保舊主義니一方面으로觀察ᄒᆞ면今日에此主義를採用홈이不可ᄒᆞᆫ듯ᄒᆞ되維新主義와保舊主義를協用치아니ᄒᆞ면兩者가偏轉의傾向을未免ᄒᆞ리니嗚呼同胞여今日에持續性을涵養ᄒᆞᆯ지어다

自主獨行의精神

莜丹山人

於戲라自主獨行의精神이여此精神이個人에게充實ᄒᆞ면可히써其人格의完美를成ᄒᆞ고衆民의게充實ᄒᆞ면可히써國家의强大를致ᄒᆞ나니大盖文化의人民은索然孤立ᄒᆞ야巢栖穴居ᄒᆞᆷ이無ᄒᆞ고必也種族言語가同一ᄒᆞᆫ人民이互相團結ᄒᆞ야有機的國家를搆成ᄒᆞᆷ인즉國家는即蒼生이據之ᄒᆞ야個々力作을遂ᄒᆞᆷ에基礎ㅣ며人民이由之ᄒᆞ야其發達을成ᄒᆞᆷ에根源이됨일ᄉᆡ地球가世界萬物을包有ᄒᆞ고太虛에獨立ᄒᆞ야日々運行을不停ᄒᆞᆷ과如히人民도亦是總体를一括ᄒᆞ야自由自在로活動ᄒᆞ는者요地를換ᄒᆞ야反對의點으로觀察ᄒᆞ면個人은國家의實質을組織ᄒᆞ는要素가되는者니個人의力量을除ᄒᆞᆫ外에는國家라는者의有機的活動을求得키不能ᄒᆞ도다比컨ᄃᆡ個人은世界를組成ᄒᆞᆫ地盤과如ᄒᆞ니地球의重力이地盤의大小堅否를因ᄒᆞ야巨少强弱을致ᄒᆞᆷ과如히國家의大小强弱도組成分子된個人의大小强弱을因ᄒᆞ야分岐되나니極端으로推例ᄒᆞ면星塊의(我進步의國民은必也吾人의說明을不待ᄒᆞ고地球뿐아니라幾億無數의星塊가皆是太虛에懸ᄒᆞ야日々他大遊星에吸引되는것을認識ᄒᆞᆯ지라)重力이極히瑣微ᄒᆞᆫ者는恒常太陽及大遊星에吸引되야此에衝若ᄒᆞ며此에沒了ᄒᆞᆷ과如히個人의重力이極히薄弱ᄒᆞᆫ國家도亦是强大ᄒᆞᆫ邦國에吸收幷呑을必當ᄒᆞ나니故로吾人의個々獨立ᄒᆞ는者가愈多ᄒᆞᆯᄉᆞ록國家의實質이益堅ᄒᆞ고個人의活動이愈大ᄒᆞᆯᄉᆞ록國家의機關이漸次擴張ᄒᆞᆯ지니畢竟個人의自主獨行은全國民自主獨行의前提

요個人獨立의總合은國家의獨立인즉國의文野는人民各自의文野를因定ᄒᆞ고邦國의盛衰興亡은人民各自의自主獨行을因決ᄒᆞ도다吾人이羅馬史를閱讀ᄒᆞᆯ석掩卷長嘆ᄒᆞᆷ을每々不輟ᄒᆞ엿나니大抵羅馬는不過浮浪野人의一部落으로俄然勃興ᄒᆞ야畧地滅國의計算이無ᄒᆞ엿스되一時歐羅巴全洲와亞弗利加亞細亞의幾部를征服ᄒᆞ야天下에冠覇를稱ᄒᆞ엿ᄉᆞ니然則羅馬의興起는人民個々가無非挺身抗冠의勇氣와先赴國難의精神이凜々然莫敢當ᄒᆞᆷ을因ᄒᆞᆷ의오且都市의盛繁은都民이無非質朴剛毅로昔日氣風을保存ᄒᆞ야敢히失墜치아님을因ᄒᆞᆷ이나然ᄒᆞ나一旦에都民이明黨을敵視ᄒᆞ고驕奢를成風ᄒᆞ야文弱이化俗ᄒᆞ고節義가落地라於是乎威權이天日노爭先ᄒᆞ던羅馬의盛運이卒地頹壞ᄒᆞᆫ자리故로史家ㅣ當時狀態를評述ᄒᆞ여曰羅馬의一都人民이街上에步行ᄒᆞᆯ석一匹의蒼蠅이偶來ᄒᆞ야醫陽ᄒᆞᆫ傘上에止ᄒᆞ니其人이肩頭의疲勞를因ᄒᆞ야痲痺를未免ᄒᆞ엿다ᄒᆞ엿ᄉᆞ니國民의精神이如此히腐敗ᄒᆞ엿슨즉國家가雖或組織이依舊ᄒᆞ고軍兵이如前ᄒᆞᆯ지라도此는腐敗ᄒᆞᆫ巨木이裏空을終生ᄒᆞᆫ類라支柱로도持保키不得ᄒᆞ며綱束으로도維薄키不能ᄒᆞᆯ지니設使疾雷의風雨가無有ᄒᆞᆯ지라도終末은自倒를未免ᄒᆞᆷ일석末路에트라양과如ᄒᆞᆫ偉士가出ᄒᆞ야勵精으로써革新을計圖ᄒᆞ고法網을緻密히ᄒᆞ고禁令을嚴緊히ᄒᆞ엿ᄉᆞ되ᄀᆞ毫도社會의壞敗를挽回ᄒᆞᆷ에効用을未成타가日耳曼族의滅亡終을當ᄒᆞ엿ᄉᆞ니嗚呼라邦國의興亡이國民精神의振否에在ᄒᆞᆷ을羅馬帝國의歷史로써可히暎識ᄒᆞᆷ을得ᄒᆞ리로다

國家와國民의關係는上述과如ᄒᆞ거니와政

府와被治者의關係도亦然ᄒᆞ니大盖一國의政治ᄂᆞᆫ即被治者가其鏡裡의影像이라故로一國의當時民度를超越ᄒᆞ야獵騰改進ᄒᆞᆯ時ᄂᆞᆫ必也早晩의廢止를當ᄒᆞ나니例言ᄒᆞ면千七百八十年에 墺國王 요셉二世가勵精銳意로自由의制度를建設ᄒᆞ엿스나時勢가尙早ᄒᆞᆷ으로墺國人民이無非排斥ᄒᆞᆷᄆᆡ王이其美擧의不行을大憾ᄒᆞ야沈鬱煩悶으로晩年을漫送라가畢竟其生을終ᄒᆞ엿고且民度에爲後ᄒᆞᆫ政治도亦是永持키難ᄒᆞ나니然則多數ᄒᆞᆫ人民의希望에適當ᄒᆞᆫ改進改革이아니면不可ᄒᆞ리로다故로古今東西에何國을不問ᄒᆞ고明君賢相이輩出ᄒᆞ야人民程度에相應ᄒᆞᆫ政治를施善치안코ᄂᆞᆫ其叛亂의悲演을史上에常著ᄒᆞ엿나니提要擧實ᄒᆞ자면剛直自主의人民은每常自由의制度를希望ᄒᆞ고卑屈蒙昧의人民은壓制束縛을不厭ᄒᆞ나니制法律의實効를得ᄒᆞ고否ᄒᆞᆷ은全혀人民의誼智識의程度에適ᄒᆞ며否ᄒᆞᆷ을因ᄒᆞ야可度ᄒᆞᆯ지라故로政治와人民의權衡은終始가情相均平ᄒᆞ며互相比重ᄒᆞ야彼下此高의弊判가全無ᄒᆞᆷ을要求ᄒᆞᆯ지로다、且制度法律互이國家의進步와人民의發達에重大ᄒᆞᆫ風化影響을遺及ᄒᆞᆷ이莫大ᄒᆞ나此를單只上加ᄒᆞᆷ이無ᄒᆞ고下起ᄒᆞᄂᆞᆫ道를求ᄒᆞ야人民個々가能히自主獨行의實果를擧ᄒᆞ며善良ᄒᆞᆫ制度法律을必要히建設ᄒᆞᆷ이最大의要事라抑外界制御의力은緊切이內界自制力만不如ᄒᆞ나니此ᄂᆞᆫ一個人의게比徵ᄒᆞ여도師父의戒諭가如何히嚴正ᄒᆞ나習性된惡悖少年과浮遊蕩子ᄂᆞᆫ矯正키極難ᄒᆞ고行動이如何ᄒᆞᆫ逆路에陷落ᄒᆞᆫ人物이로ᄃᆡ一旦自心으로發憤反省ᄒᆞᄂᆞᆫ機會를得ᄒᆞ면師父의訓戒를不待ᄒᆞ고도自正키를不違ᄒᆞᆷ은世情의常事라抑

此와如히人民이政府에對ᄒᆞᆫ狀態도政府의扶助를不受ᄒᆞ고剛毅力行ᄒᆞ야勇敢의氣像을鼓舞ᄒᆞ고道義正經으로獨立自行ᄒᆞᄂᆞᆫ것이國家發達에第一要素라云ᄒᆞ리로다만은急躁矯激의無賴輩ᄂᆞᆫ道義를不由ᄒᆞ고法律을不顧ᄒᆞ야直情徑行으로自由政體를頻唱ᄒᆞ나니此亦其目的은一時雖達ᄒᆞᆯ지라도到底히長久擔任의本體가아니며且別種의無氣力ᄒᆞᆫ人民은澁塞의境을自甘ᄒᆞ고壓抑의制를恭受ᄒᆞ야다못攝政者의稟與ᄒᆞᄂᆞᆫ自由를雨待ᄒᆞᄂᆞ니嗚呼라如此ᄒᆞᆫ無骨輩ᄂᆞᆫ設令一時安樂을雖得ᄒᆞᆯ지라도終局은辛苦를甘受ᄒᆞ리로다余ㅣ佛國革命史를披讀ᄒᆞ니一千七百八十九年에其國民이自由平等博愛의義旗를高擧ᄒᆞ고純正圓滿ᄒᆞᆫ理想國을唱設ᄒᆞ엿스되一時亂民政治를現出ᄒᆞ야武斷擅制의政治를便成ᄒᆞ엿나니哀哉라佛國人民이여彼가權勢를反抗ᄒᆞ며抑壓을彈撥ᄒᆞᄂᆞᆫ氣力이雖有ᄒᆞᆫ들自制의道義心이欠少ᄒᆞ고自尊의傲慢心이大ᄒᆞ며禮讓謙遜의美點이無ᄒᆞ고機敏性癖의劇烈이太甚ᄒᆞᆫ以上에平等事業秩序的發達이其度ㅣ迂濶ᄒᆞ야人命을遽然히犧牲에供與ᄒᆞᆷ이랴嗟呼라如此ᄒᆞᆫ人民으로組成ᄒᆞᆫ國家ᄂᆞᆫ盛昌을未得ᄒᆞ리로다德國名士의류트가八十年前佛國人民을評論曰佛國은壓抑政治下에常服ᄒᆞᆯ디니何者오非他라佛人의性質이急躁輕薄ᄒᆞ야騷亂엔喜悅ᄒᆞ되中正을未守ᄒᆞ고極端을常蹈하야自由를適當히收得치못ᄒᆞ나니必也伏頭低尾로他人의屈服을甘受ᄒᆞ리라ᄒᆞ엿스니未知커니와余ᄂᆞᆫ此評이適當ᄒᆞ다하노라原來狂激ᄒᆞᆫ人民은强盛ᄒᆞᆫ國家를組成치못ᄒᆞᆫ다하나또ᄒᆞᆫ卑屈無氣力ᄒᆞᆫ人民은土陳과如히其廢猶甚하나니此ᄂᆞᆫ古來我東洋各國

人民이是라自己의境遇와自己의福利를擯進치못ᄒᆞ고人爵을只崇ᄒᆞ며天祿을蔑視ᄒᆞ야租稅로衣食의原料를自作ᄒᆞᄂᆞᆫ官人地位를無上ᄒᆞᆫ幸福의本源으로ᄉᆞᆷ아他境界를未出ᄒᆞ고其身이如何ᄒᆞᆫ疾苦를受ᄒᆞ던지自醫의方法을不講ᄒᆞ고陰處에長沉ᄒᆞ야下層만徒怨ᄒᆞᆯ뿐이니所以로國家의莫重ᄒᆞᆫ政治로도特殊階級에在ᄒᆞᆫ者의手中物노自許ᄒᆞ야治者와國家를混同ᄒᆞ고方寸間에一言도不參ᄒᆞ며甚至於政治上에ᄂᆞᆫ斷念이爲可라ᄒᆞ야스니故로從來習慣以外엔事業과福利의伸張ᄒᆞᆯ志望이全昧ᄒᆞ며國家의任務ᄂᆞᆫ治者의命令만服從함으로써上策을作ᄒᆞᆫ지라如此ᄒᆞᆫ人民으로組成된國家가進步를豈望ᄒᆞ며發展을敢遂ᄒᆞ리오然則地盤이脆弱ᄒᆞ면沙上에建設ᄒᆞᆫ大厦와恰似ᄒᆞ야少數治者의棟樑楹欄壁屋戶牖ᄂᆞᆫ設或美妙ᄒᆞᆯ지라도決코完全ᄒᆞᆫ存在를確認키不可ᄒᆞ리로다英國이前者에印度와其他를征服ᄒᆞ고俄國이現今中央亞細亞를經畧ᄒᆞᆷ이僅不過一二戰의捷利로되永久의主權을掌握ᄒᆞ엿슨즉此等諸邦人民이永久히治者를依賴ᄒᆞ든習慣에自熟ᄒᆞ야治者外에ᄂᆞᆫ國家의有無를不論ᄒᆞᆷ으로其酋長部長이外國의威脅籠絡을未避ᄒᆞ야畢也其地位를未保ᄒᆞ면即時新來의主權者를欵待伏從ᄒᆞ엿나니如此ᄒᆞᆫ人民으로成立ᄒᆞᆫ國家가如許ᄒᆞᆫ最後를遂ᄒᆞᆷ에何等疑訝가有ᄒᆞ리오故로卑屈無氣力ᄒᆞᆫ人民은世界大勢에如何ᄒᆞᆫ傾向을注去ᄒᆞ여도其大家의覆敗를未測ᄒᆞ며五洲의風潮가自由博愛를雙唱ᄒᆞᆯ지라도抑壓政治를圖免치못ᄒᆞ나니大蓋正經을爲主코저ᄒᆞᄂᆞᆫ者ᄂᆞᆫ狂激도不可ᄒᆞ고卑屈도不可ᄒᆞ고但止進取活潑의氣像으로道義의自重ᄒᆞᆫ精神을腦宮에秉有ᄒᆞᆫ

人民이라야成功의月桂冠을摘取ᄒᆞ리니嗚呼同胞同胞여

人類는社交的動物이라

(警告偏性者) 啡世生

人類는元來集合動物인즉同類와會合ᄒᆞᆷ을愛ᄒᆞᆷ은自然의情이라互相交際로起ᄒᆞᆫ快感을因ᄒᆞ야無限의慰安을得ᄒᆞ야心神淸爽의念이生ᄒᆞᆷ에至ᄒᆞᆷ은高等動物된吾人人類의特權이라智識이有ᄒᆞ며理想이有ᄒᆞ며思想力이有ᄒᆞᆫ人生으로如此ᄒᆞᆫ道理를無視ᄒᆞᆷ은이엇지人情에悖ᄒᆞ고事理에違ᄒᆞᆷ이아니리오然則病的心狀을持ᄒᆞ고不快ᄒᆞᆫ感情을有ᄒᆞ야恒常同僚間의交誼를謝絶ᄒᆞ며友人의來訪을恐懼ᄒᆞ고無故히스ᄉᆞ로一身을隱遁寂寞의生活로歲月을送棄코져ᄒᆞᄂᆞᆫ人은其眞意가果然何에在ᄒᆞ뇨彼가好ᄒᆞ야社會를隔離ᄒᆞ며伴侶의交際를忌ᄒᆞ고慢忽히超然主義를取ᄒᆞ야隱君子를學ᄒᆞᆷ은自己人性의一半減殺ᄒᆞᆷ에止ᄒᆞᆯ뿐아니라倂히自己의健康과成立을害ᄒᆞᄂᆞᆫ者라夫自己가恒常單獨을欲守ᄒᆞᆷ은夢想的凄愴的人物됨을表示ᄒᆞᆯ뿐不啻라其性質의偏屈됨과其行動의屈撓됨은三尺小童이라도다認知ᄒᆞᄂᆞᆫ바니嗟흡다彼의僧侶輩를效則ᄒᆞᆷ이여倫庵的生活은過去의夢이오文明時代活社會의現象은아니라二十世紀生存競爭時代에處ᄒᆞᆫ今日吾輩靑年은深히此에注意ᄒᆞ야偏性의悲慘을妄想치말고社交의快感을悟ᄒᆞᆯ지여다

體育論

文一平

健全훈國民을養成하는道는教育에在하거니와大凡教育의旨를分晰하야言하면德智體育三者라於此三者에體育이其一에居홈은何也오曰身體가存훈然後에야精神이生훈나니樹木에譬컨되身體는根抵오精神은枝葉이라根抵가堅固한則枝葉이隨而繁茂하고萬一根抵가薄弱한則枝葉이亦隨而殘衰는必然之理니然則樹木을栽培훈는者ㅣ반다시根抵로부터始하깃고人材를養成하는者ㅣ몬져身體로起點을作할지니即體育이是라蓋體育의目的은身軆를鍛鍊하야精神을發展케홈에在하니換言하면精神을發展키爲하야身軆를鍛鍊홈이니假令思想을綿密케하랴면頭腦를健實케할지며氣力을雄大케하랴면筋骨을强壯케할지로다所以로德、智、兩育을完全케하랴면몬져體育을完全케할지니實로體育의關係가如是密接하고影響이重且大훈거늘世人은往々此를誤認훈고輒曰體育은兒童의一遊戲運動에不過라하야尋常에付하고甚者는排斥之叱唾之하니엇지慨歎치안이리오

嗚呼今日吾輩를試看하라二八時代에形容이槁枯하고體幹이屈曲하야活潑氣象이乏하며勇敢精神이衰홈이殆히八十老翁의狀態에在하야靑年이靑年된價値를損失한바는抑此之故也로다　更轉目하야通國을環視하니皆是吾輩와如히身體가虛弱한故로一家庭으로觀察할지라도、假令十人一室에五人은每常疾病으로知舊를숨으며家門의平和가破壞하고憂愁가交集하야人生의幸福을遠別하고一平生을無情한病裡

에葬送하니其不幸이莫甚이며더욱이女子
에至하야는此虛弱症이最多하니其最大한
原因은上流女子에在하야는日常閒談、睡
眠等懶散으로因하고中流以下女子에在하
야는紡績、洗濯等勞役으로由하야面皃가
蒼白하고血液이漸枯하다가畢境夭死하거
나不然則癈疾에罹ᄒᆞᄂᆞᆫ者ㅣ其數不計니悲
夫ㄴ져家庭에王되는女子가如是不完全하
니其家庭이엇지完全하며子孫의母되는女
子가如是不健實하니其子孫이엇지健實하
리오、我同胞가名雖二千萬이나殘病、癈
發者를除去하면不過幾人이니此等半死的
國民을有한國家가際盛할理가豈有하리오
文化가退步됨도此에在하고敎育이進步치
못함도此에在하도다大聲疾號로國中에救
濟方針을醒告하노니一般國民의體育을奬
勵할지여다

往古希臘斯巴塔에셔는兒童이產한後에男
女勿論하고政府가身體檢查를執行하야虛
弱者는將來社會國家에公民된責任을堪任
치못하리라하야山河에抛棄하고惟其健康
한者만父母의懷中에善養케하얏다가七歲
以上에達하면政府가自取하야敎育을施하
되純全한軍律主義로體育을專注하야忍耐
性과冒險心을發揮하야多數의力士勇人을
製造함이此敎育의効果가大現에國運이日
進月盛하야맛참ᄂᆡ希臘一部의覇權을掌握
하고波斯의雄師百萬을擊滅하얏스니甚矣
라斯巴塔敎育의方法이여人情의不忍할바
라然이나體育의効力이果如何重大함을吾
輩가此에足證하리로다
況今獅吼狼叫하는競爭塲裡에各國이自國
에對하야는理論을標準하고外國에對하야
는腕力을比較하는時代를當하야小而自身

과大而國民을勿論하고蒲柳弱質로는到底히彼松梢勁節을壓倒하고生存을保持키不能하리니是故로歐美列强에서는最早부터此에觀鑑하야一般家庭社會에서此에對ᄒᆞᆫ注意를不怠할뿐不啻라特히軍人學校以外에體育學校를建設ᄒᆞ고每年多數卒業生을出하야全國의體育을指導奬勵케함이其優雅的氣象과勇敢的精神이遠히東洋人의不及할바라其例를略擧컨ᄃᆡ年前에英人某氏가行年九旬에世界를遊歷코자하야西洋으로부터東亞諸邦을巡回하야日本國東京에到하야某敎堂에서演說하는ᄃᆡ白髮皺顔에秋氣가蕭々하나雄大ᄒᆞᆫ聲音과活潑한姿勢는尙此靑年의게一步라도讓頭치안켓스며近來에北陸의探險隊를組織하며空中에飛行艇을搭乘하는者ㅣ泰西人이안이가我國에在留하는宣敎師를觀하더ᄅᆡ도其一斑을可窺하리로다

近日東洋으로論하더ᄅᆡ도日本은古來로武士道를崇尙한故로一種劍術이盛行ᄒᆞ야自然히體育上에多大한利益을予하고維新以後로는더욱體育의必要를覺悟하고歐美諸國에留學生을特派하야體育의硏究를精細蘊積케하고及其歸來하야는體育에關한書籍을著述刊行하며體育學校를特設하야敎育界의新面目을劈開하니學校體操(普通、兵式兩者)以外에江河에는短艇競漕가有하며陸地에는乘馬競走가有하고또固有한劍術、柔道、角力等이盛行하되尙此不足함을憂慮하야體育科專修次로海外에遊學하는者多하며新報雜誌等은同心並力으로某處에運動會或角力場이有하면灑血歡迎하야紙上에爭揭하고皇子公卿等은某校에擊劍會或競馬場이有하면枉駕親臨하야優等을褒賞ᄒᆞ

나擧國이風靡하며一世가雲從하야體育ㅅ駸々進步되야今日强悍을致하얏도다由是觀之컨ᄃᆡ體育이個人精神上에密接한關係가有할뿐不啻라國家運命에重大ᄒᆞᆫ影響이及하니此를엇지忽諸尋常에付하리오故로余ᄂᆞᆫ薄識을不拘하고體育에關ᄒᆞᆫ管見을蕪陳하야同胞人士의一覽을供코자ᄒᆞ노라

一、體育學校(位置不定)를特設하고體育師를養成(年限不定)할事

一、課目은體操、擊劍、乘馬等을置할事

一、演壇報筆이此에對하야獎勵를勿怠할事

一、學校、家庭에서特히注意할事

一、體育에關한學術을精究키爲하야品行端正하고身體强壯ᄒᆞᆫ青年을海外(歐美或日本)에派遣할事

以上數條가決코完全ᄒᆞᆫ方針이라함이안이라一時感에觸하야走筆을妄任하노라

國文과漢文의過渡時代

李寶鏡

우리聖祖가亞細亞東半島의樂園을開拓ᄒᆞ샤우리民子로ᄒᆞ여곰此에居ᄒᆞ며此를守ᄒᆞ며此를發展케ᄒᆞ시니此土를文明케ᄒᆞ며此土를守ᄒᆞ야萬一外人이此土를犯ᄒᆞᄂᆞᆫ者有ᄒᆞ거든生命을犧牲ᄒᆞ야셔라도固守ᄒᆞ야一步라도退ᄒᆞ지못ᄒᆞᆯ거슨大韓民族의義務라然ᄒᆞᆫ則國民의精粹되ᄂᆞᆫ國語를發達ᄒᆞᆯ거슨不待多言이로ᄃᆡ此를有形ᄒᆞ게發表ᄒᆞᄂᆞᆫ國文을維持發達ᄒᆞᆷ도亦是國民의義務가아닌가

昔我邦이未開ᄒᆞ야슴時에ᄂᆞᆫ國文이無ᄒᆞ

얏기로當時文明의域에達ᄒᆞ얏던支那文字를借用ᄒᆞ얏나니此가비록彼國에는適宜ᄒᆞ더라도風敎가不同ᄒᆞ고國語가全異ᄒᆞᆫ我邦에는不適ᄒᆞ깃거든ᄒᆞ물며點畫이煩雜ᄒᆞ고字數가頗多ᄒᆞ야此로ᄡᅥ一生을費ᄒᆞ야도、오히려達키不能ᄒᆞᆫ者平아大抵文字의要는思想及智識을交通ᄒᆞ며古來의事蹟을演繹ᄒᆞᆷ에在ᄒᆞ거늘文字만學ᄒᆞᆷ으로金과如ᄒᆞᆫ一生을費ᄒᆞ면何暇에思想及智識을交通ᄒᆞ며古來의事蹟을演繹ᄒᆞ리요如此ᄒᆞᆫ者는實노完全ᄒᆞᆫ文字의價値가無ᄒᆞ다ᄒᆞ리로다엇디文物의發達을助ᄒᆞᆷ이多ᄒᆞ리요顧念我邦五千年彬々ᄒᆞᆫ歷史가今日慘憺ᄒᆞᆫ黑雲中에沈淪코쟈ᄒᆞᆷ이비록數多ᄒᆞᆫ原因이有ᄒᆞ리로ᄃᆡ此文字의影響ᄒᆞ는비多大ᄒᆞ리로다

惟我睿聖ᄒᆞ신 世宗皇帝ᄭᅴ옵서如此히多大ᄒᆞᆫ弊端이有ᄒᆞᆷ을看破ᄒᆞ시샤宵衣旰食의勞를冒ᄒᆞ신結果優美便利ᄒᆞᆫ文字를製出ᄒᆞ셧나니卽我國文이是라字數가母子合ᄒᆞ야二十五요各音이具備ᄒᆞ얏스며點畫이簡單ᄒᆞ고幾個月이못ᄒᆞ야能히萬卷書를讀ᄒᆞᆯ슈잇나니實노宇內各邦에는다시其類를見티못ᄒᆞ깃고我邦歷史에一大燦然ᄒᆞᆫ光彩를放ᄒᆞ얏거늘我邦人은彼支那文字에惑醉ᄒᆞ야此優美便利ᄒᆞᆫ文字는輕忽에付ᄒᆞ야現今의狀態를産ᄒᆞ얏스니엇디可歎티아니ᄒᆞ리요

現今의我韓形勢를蠡測ᄒᆞ니毋論實業、政治及其他各種事物이한아도過渡時代에處치안인者無ᄒᆞ니此時에萬一秋毫를誤ᄒᆞ면難醫의痼疾를作ᄒᆞᆯ지라엇지貴重코危險ᄒᆞᆫ時代가아니리요우리國文도亦是此時代에參與ᄒᆞ얏도다國文의過渡關係는如左三者니

一、國文을專廢ᄒᆞ고漢文을專用ᄒᆞᆯ가
二、國文과漢文을並用ᄒᆞᆯ가
三、漢文을專廢ᄒᆞ고國文을專用ᄒᆞᆯ가
以上三者中詳密히利害關係를斟酌商量ᄒᆞ야一을定치아니치못ᄒᆞᆯ지라

一、國文을專廢ᄒᆞ고漢文을專用할가
此는以上에開論한바이며또日本某學者는言論ᄒᆞ되愛國精神의根源은國史와國文에在하다하니如何한境遇로論之하야도不可ᄒᆞᆯ것이요

二、國文과漢文을幷用할가
現今我邦各教科書와新報紙가採用하는者니則漢文으로經을삼고國文으로緯를삼는者라此는비록漢文을專用함보다는優하리로다亦是漢文不可不學之의廢가有ᄒᆞ니其宜를得ᄒᆞ얏다하지못하리로다

假定한三者中二者는이믜否定되얏스니不可不第三을採用하리로다

國文을專用하고漢文을專廢ᄒᆞᆫ다함은國文의獨立을云함이요絕對的漢文을學하지말나함이아니라此萬國이隣家와갓치交通ᄒᆞ는時代를當ᄒᆞ야外國語學을硏究ᄒᆞᆷ이學術上實業上政治上을勿論ᄒᆞ고急務될것은異議가無ᄒᆞᆯ바이니漢文도外國語의一課로學ᄒᆞᆯ지라此重大ᄒᆞᆫ問題를一朝에斷行ᄒᆞ기는不可能ᄒᆞᆫ事라할듯ᄒᆞ나遷延히歲月을經ᄒᆞ야新國民의思想이堅固케되고出刊書籍이多數히되면더욱行ᄒᆞ기難ᄒᆞ리니一時의困難을冒ᄒᆞ야我邦文明의度를速ᄒᆞ게함이善策이아닌가玆의淺薄ᄒᆞᆫ意見을陳ᄒᆞ야有志同胞의注意를促ᄒᆞ며幷ᄒᆞ야方針의講究를願ᄒᆞ노라

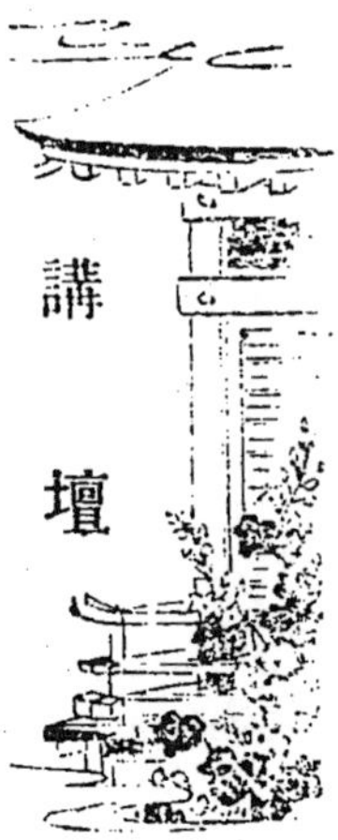

世界文明史

椒　海(譯述)

東洋의文明(前號續)

支那民族은世界中最上實際的民族이라哲學、宗教、文學、美術과其他諸般美點을列明홀진딕吾人의心懷를確開ᄒᆞ리니셈、홈、아리안人種도太古에ᄂᆞᆫ自然界現象을畏懼ᄒᆞ야所謂自然宗教를例私搆成ᄒᆞ엿스ᄂᆞ支那人은此點이無ᄒᆞᄂᆞ니今에支那古史를考究컨딕文學上에天命、上帝、皇天等文字를往々히著用ᄒᆞ엿스딕吠陀教나猶太教의神이라稱ᄒᆞᆫ것과ᄂᆞᆫ意義가特殊ᄒᆞ고間或寒暑晴雨等의自然現象이神의所爲라信憑ᄒᆞᆫ事가有홀지라도其眞狀을窮究ᄒᆞ면人生이自然的現象의興癈를當ᄒᆞ야一種의能動的勢力으로神意를制用코져ᄒᆞ엿나니此ᄂᆞᆫ神을人이驅使코져ᄒᆞᆫ主義로다成湯이七年大旱에剪爪斷髮로六事를自責ᄒᆞ심과印度人이仰天渴望으로一事를不行ᄒᆞ고天祐를坐待ᄒᆞᆫ것은同日의所論이아닐지로다

支那古代의文化를推考컨딕其起源이北方에在ᄒᆞ엿스미地方의荒漠을因緣ᄒᆞ야多少間畏天敬神의所行이有ᄒᆞ엿슬지라도民族의實際性質은宗教心에도現實主義를使用ᄒᆞ며人爲手段을制定ᄒᆞ야天威를畏홈과如히人能을迎合ᄒᆞ야吉凶禍福을卜取코져ᄒᆞ엿스니今日周易으로觀察홀지라도其奧義精粹ᄂᆞᆫ無非現世主義로써我의一生을經營ᄒᆞ엿도다然則現世主義ᄂᆞᆫ何를云홈이뇨即現世功利上에無益ᄒᆞᆫ者ᄂᆞᆫ逐數排斥ᄒᆞ고

現世功利上에有助者만擇取ᄒᆞᆷ을云ᄒᆞᆷ이니支那人이此思想을持有ᄒᆞᆫ結果로哲學도純正哲學을不用ᄒᆞ고天地人三才로利害를詳述ᄒᆞ야人生의福利를要求ᄒᆞ엿ᄉᆞ니老子莊子의純正ᄒᆞᆫ哲學이幾千年舊歷史를持有ᄒᆞ엿스되人民思想의正統을未作ᄒᆞᆫ것도其源因은現世實利主義를尊尙ᄒᆞᆫ所以요文學도徹頭徹尾의保守主義를利用ᄒᆞ엿스니支那古文學을考究컨ᄃᆡ其重要ᄒᆞᆫ純文學은詩經으로써指를屈ᄒᆞ리니大抵詩經은諷詠嗟嘆의興感ᄒᆞᆫ聲色을演出ᄒᆞ야人情의自然을描出ᄒᆞᆫ者나然ᄒᆞ나三百詩篇을通觀ᄒᆞᆯ時에純粹ᄒᆞᆫ舒情詩가稀少ᄒᆞ고通常敎訓의意味를持有ᄒᆞ엿도다男女愛情에關ᄒᆞᆫ者ᄂᆞᆫ王風大車章과如히男女의戀　愛를抒ᄒᆞᆫ者도有ᄒᆞ나「豈不爾思、畏子不敢」이라ᄒᆞᆫ것과「豈不爾思、畏子不奔」ㅣ이라ᄂᆞᆫ句節에至ᄒᆞ면形式主義를服從ᄒᆞᄂᆞᆫ意志가如何히强硬ᄒᆞᆷ을可知ᄒᆞ깃고召南行露章에厭浥行露豈不夙夜謂行多露라ᄒᆞ엿ᄉᆞ니禮度를因ᄒᆞ야情慾을抑制ᄒᆞᆷ이現出ᄒᆞ고鄭風鷄鳴과唐風綢繆와如ᄒᆞᆫ者ᄂᆞᆫ實利主義를爲主ᄒᆞ고自由人情을放任치아니ᄒᆞ엿ᄉᆞ며政治의汚隆을諷刺ᄒᆞ고君侯의德澤을讚頌ᄒᆞ여詩三百篇이滔々如流ᄒᆞ엿스니孔子ㅣ此를編纂ᄒᆞ시ᄃᆡ其意ᄂᆞᆫ敎育政治의用材를作ᄒᆞ셧스니功을論ᄒᆞ고德을頌ᄒᆞᆷ은其美를順히ᄒᆞᆫ所以오過를刺ᄒᆞ고失을譏ᄒᆞᆷ은其惡을匡救ᄒᆞᆫ所以오先王의是로써夫婦를經ᄒᆞ며孝敬을作ᄒᆞ야人倫을厚朴ᄒᆞ게ᄒᆞ고敎化를美麗케ᄒᆞ여風俗을純潔케ᄒᆞ엿나니此가詩를成章ᄒᆞᆫ所以오詩의普用된所以도畢也此를因ᄒᆞᆷ이니情을發ᄒᆞ야禮義로써支配ᄒᆞᆷ은敎訓主義의自然ᄒᆞᆫ結果가안인가

源泉의下流와如ᄒᆞ야後代의支那文學이畢竟此實利主義를頴脫치못ᄒᆞ고四千年을依舊의長步로走來ᄒᆞ되詩ᄂᆞᆫ人心을暢叙ᄒᆞ고文은人意를達케ᄒᆞᆫ다ᄒᆞ엿ᄉᆞ니所謂名教上에有益點이欠乏ᄒᆞ엿드면如何ᄒᆞᆫ絶妙好辭로되狂言綺語를未免ᄒᆞ엿슬터인즉此로因ᄒᆞ야士君子의文을屬ᄒᆞ고詩를賦ᄒᆞᆷ이人心世道上에如何ᄒᆞᆫ稗益이有ᄒᆞᆷ을可想ᄒᆞ겟고工을徒弄ᄒᆞ고文을舞ᄒᆞᆷ은文士의末技로世人의輕蔑됨을知ᄒᆞᆯ지니故로小說戲曲等純全ᄒᆞᆫ文學에屬ᄒᆞᆫ者ᄂᆞᆫ上古의發達이無ᄒᆞ엿고莊列의寓言을爲始ᄒᆞ야穆天子飛燕外傳으로五朝의編葺ᄒᆞᆫ小說이其數不少로되士君子所謂上流社會에ᄂᆞᆫ傳行을未得ᄒᆞ고下流社會의一個戱具를作ᄒᆞ더니元明淸以來雜劇小說이漸次流行ᄒᆞ야水滸傳、三國志、西遊記、紅樓夢、桃花扇等의名著가鱗出ᄒᆞ엿고湯若士、金聖嘆、李笠翁等의名家가從出ᄒᆞ엿스나然ᄒᆞ나儒家正經의容納을未得ᄒᆞ야小說家도自遜自抑ᄒᆞ야博奕戱具로써自比自叙ᄒᆞ고勸善懲惡으로써自辨自明ᄒᆞ엿더라

實利主義가盛行ᄒᆞᆷ을從ᄒᆞ야一種狹隘의形式主義가文學을支配ᄒᆞ엿ᄉᆞ니此ᄂᆞᆫ支那文學의發展을阻遏ᄒᆞᆫ一原因이라詩歌文壇이一定ᄒᆞᆫ典型을共有ᄒᆞ야此에不應된者ᄂᆞᆫ都是破格이라指目ᄒᆞ엿스며自由로遂意를爲主ᄒᆞᄂᆞᆫ散文이로되起結照應幾多의複雜ᄒᆞᆫ桎梏가有ᄒᆞ미思想의活動도形式의羈絆을因ᄒᆞ야虛文空說에陷入ᄒᆞᄂᆞᆫ弊가種々ᄒᆞ니라

支那의歷史ᄂᆞᆫ眞正한歷史的著述이欠少ᄒᆞ나니此亦是實利主義의影響을受ᄒᆞᆫ者로다春秋以來로所謂歷史記라爲名ᄒᆞᆯ者가一個

도無ᄒᆞ거니와若干의史迹이有ᄒᆞᆫ者ᄂᆞᆫ歷史를爲著홈이아니오世俗의風敎를爲ᄒᆞ거나或은王者經綸의材料를爲著ᄒᆞ엿ᄉᆞ니故로一個도公平無私의正筆이頓絶ᄒᆞ엿고實利의主眼으로ᄡᅥ一切을觀察ᄒᆞ엿스미其所述이政治史와王者興廢의變化ᄲᅮᆫ이요一藝一學이로되一般人文의歷史가無ᄒᆞ엿더라

支那美術에至ᄒᆞ여ᄂᆞᆫ亦是何等의華麗가無ᄒᆞ엿ᄂᆞ니故로古代에ᄂᆞᆫ皇居王室이로ᄃᆡ茅茨土階로常例를作ᄒᆞ엿고人工에至ᄒᆞ여ᄂᆞᆫ耕作住居의必要ᄒᆞᆫ溝池ᄲᅮᆫ이오繪畵彫刻은後代에創始된者니佛敎의輸入을因ᄒᆞ야印度式의佛塔이漸次傳播되엿고音樂은古來로發達ᄒᆞ엿스되人生의美的慾望을滿足케홈이아니오敎育의補用으로目的을作ᄒᆞᆯᄲᅮᆫ이더라

然則支那民族은淺近ᄒᆞᆫ功利主義를爲主ᄒᆞ야實際上에要物이아니면人生의如何ᄒᆞᆫ必要物이라도不急ᄒᆞ고無益을槪呼ᄒᆞ야容易히擯斥ᄒᆞ엿ᄉᆞ니所以로唐虞三代即古賢의遺業을體認ᄒᆞ야一切行動이此範圍以外에敢出치못ᄒᆞ고支那四千年青史上에中心思想을作ᄒᆞ엿나니此精神이有ᄒᆞᆫ以來로後代人民으로頑固ᄒᆞᆫ形式主義를結核ᄒᆞ야變遷은有ᄒᆞ되發達은無ᄒᆞ고回顧ᄂᆞᆫ有ᄒᆞᆯ지라도前進은無ᄒᆞ엿슨즉此가老大帝國이世界人文史上에無意義ᄒᆞᆫ地位를占有ᄒᆞᆫ所以로다

歷史譚第十九回

崇古生

크롬웰傳(前號續)

年光이已新이라柔弱ᄒᆞᆫ分子ᄂᆞᆫ全然汰去ᄒᆞ고敏活ᄒᆞᆫ運動을漸次演出한國會軍이其

闘에戰備를盛齊ᄒᆞ야王軍委縮의方策을講究ᄒᆞᆯ식千六百四十五年에네스비에셔찰스를大破ᄒᆞ니王軍死者ㅣ가四千餘人이요生擒된士官이五百餘名이며戰利品이不可勝數라王軍은敗北不一ᄒᆞ야手中에一物의可賴가無ᄒᆞ니奸惡ᄒᆞᆫ찰스도百計가無策ᄒᆞ야스코틀닌드長老軍에往投ᄒᆞ니라然ᄒᆞ나長老軍은國會의威力을恐懼ᄒᆞ야籠鳥깃ᄒᆞᆫ찰스를寂寞ᄒᆞᆫ화잇홀宮에送致ᄒᆞ엿스니可謂世事ᄂᆞᆫ莫測이로다

此所聞이一次國會에傳聞ᄒᆞ미후레스히데리영黨은絶對的反對로國會의處置를主張ᄒᆞ고鐵騎黨은憤然曰王은我國民의大敵이라我國民이多年間鮮血을流ᄒᆞᆫ바가全혀彼를由ᄒᆞᆷ이아니뇨彼후레스히데리영黨은何者인ᄃᆡ一次兵役의苦勞를不有ᄒᆞ엿거든何로써此를抗拒ᄒᆞᄂᆞ뇨ᄒᆞ야一場風波가連々從起ᄒᆞᆯ식當時英國革命界가正히三個의勢力을包含ᄒᆞ니一은王과和議을相結ᄒᆞ고新憲政을發布ᄒᆞ자ᄒᆞ니此ᄂᆞᆫ후레스히데리영黨의主義인ᄃᆡ홀스가其首領이되여代議士의多數가此에屬ᄒᆞ고一은絶對的怒憤ᄒᆞᆫ氣味를舉ᄒᆞ야王의蹤跡을滅亡치아니ᄒᆞ면自由人權에共和制度가完美ᄒᆞᆫ效果를未收ᄒᆞ리라ᄒᆞ니此ᄂᆞᆫ인데펜덴트黨의堅執ᄒᆞᆫ主義라軍隊에多數가此에屬ᄒᆞ고一은前兩者의極端思想을折衝融合ᄒᆞ야革命의美果를獲取코져ᄒᆞ니此ᄂᆞᆫ卽크롬웰의理想이미急激ᄒᆞᆫ鐵騎ᄂᆞᆫ크롬웰의穩和ᄒᆞᆫ態度를非論ᄒᆞ야女甥아일톤으로크롬웰을游說ᄒᆞ니嗟呼크롬웰이여彼ᄂᆞᆫ폴네온一世의野心을抱有ᄒᆞ엿스면如此ᄒᆞᆫ好機會를利用ᄒᆞ야勇敢無比의鐵騎로踏臺를作ᄒᆞ엿든들英吉利皇位가他人手中에不去ᄒᆞᆯ거시로되彼ᄂᆞᆫᄒᆞᆫ팅ᄯᅩᆫ平

野에서默想ᄒᆞᆫ바를實行ᄒᆞ야神聖ᄒᆞᆫ英國으로無上ᄒᆞᆫ榮光을讚揚코져ᄒᆞ엿스미他日國會薦望으로帝業을力勸ᄒᆞ엿스되終是謝絕ᄒᆞ엿더라

革命이起ᄒᆞᆫ以來로年光이七年을已經ᄒᆞ엿ᄉᆞ니國民이塗炭을叫苦ᄒᆞ야工商實業이全廢ᄒᆞᆫ지라후레스히데리영黨이此를依據ᄒᆞ야軍隊解散問題를國會에提出ᄒᆞ니長久ᄒᆞᆫ年月에革命의頭腦가痛甚ᄒᆞᆫ代議士들이此聲을一聞ᄒᆞ미贊揚의聲이三分의二를占領ᄒᆞ야多大數로軍隊解散問題를決案ᄒᆞ미倫敦市中에留陣ᄒᆞᆫ스코틀린드兵이即日解裝歸國의命을受ᄒᆞ니라

而已오크롬웰의領率ᄒᆞᆫ鐵騎解散問題가再起ᄒᆞ니인듸펜덴트黨은不可를雙唱ᄒᆞ나후레스히데리영黨은百方의陰謀를引出ᄒᆞ야一邊으로인듸펜덴트黨에示威運動을演出ᄒᆞ며一邊으로크롬웰의게刺客을屢送ᄒᆞ는자라千六百四十二年六月에크롬웰이怒氣를未堪ᄒᆞ야倫敦으로브터直時軍隊에歸來ᄒᆞ야佐官쪼이스로一隊兵을領率ᄒᆞ고찰스王을화잇홀宮에圍之ᄒᆞ고相當ᄒᆞᆫ君臣禮를行ᄒᆞᆫ後에觀兵式을舉行ᄒᆞ고軍隊를뉴마겟트에留營ᄒᆞ니嗟呼라此는후레스히데리영에對ᄒᆞᆫ示威運動이로다國會가此信을聞知ᄒᆞ고震怒太甚ᄒᆞ야委員을軍隊에派送ᄒᆞ야軍隊不解의理由를質問ᄒᆞ니將卒이齊聲應答曰公敵이尙存ᄒᆞ니軍隊는不可解散이라ᄒᆞ는지라越十日에크롬웰이有名ᄒᆞᆫ檄文을倫敦市中에頒布ᄒᆞ미國會의權力으로도軍隊의行動을恐懼ᄒᆞ야其態度가一變ᄒᆞ엿스나후레스데리영黨은提議를依然不收ᄒᆞ는지라크롬웰이大意를遂決ᄒᆞ고八月三日에軍隊를領率ᄒᆞ고倫敦市中에馳入ᄒᆞ여反對

黨首領찰스以下數三人을佛國으로逐出ᄒᆞ니國家全權이軍隊에遂歸ᄒᆞ니라

當時크롬웰의身機가一軍隊의大將地位를不過ᄒᆞ나國家實權은渠의一身에在ᄒᆞᆫ지라於是에清教徒가크롬웰을推薦ᄒᆞ여大統領을合고宿世의抱望을一遂ᄒᆞ야共和政体를天下에公布ᄒᆞ자고日夜로크롬웰을強勸ᄒᆞ되크롬웰은終是不聽ᄒᆞ엿더라嗚呼라姦惡ᄒᆞᆫ찰스王이여此地를當ᄒᆞ엿스되前過를痛悔치아니ᄒᆞ고陰計를隱出ᄒᆞ야王軍을回復코져ᄒᆞᆯᄉᆡ其殘黨을使嗾ᄒᆞ야義兵을各處에主募ᄒᆞ는지라크롬웰이所有의誠意로王을欵待ᄒᆞ다가必竟此機味를詳知ᄒᆞ고怒氣가極點에達ᄒᆞ엿더니王의陰謀로스코들린드軍兵이勢力을大張ᄒᆞ고漸次國境을侵犯ᄒᆞ니라

千六百四十八年四月에웰스山人이王朝回復으로名義를憑藉ᄒᆞ야義軍을四處에募集ᄒᆞ니南部諸州가望風奔潰라兼且하밀톤、엣섹스、맨틔스타諸將이王의密旨를受ᄒᆞ야스코들닌드兵二萬을領率ᄒᆞ엿ᄉᆞ니其勢頗壯이라於是에람헬드、펠팍쓰、크롬웰三將이手下兵若干名을領率ᄒᆞ고三途로分征의路를取ᄒᆞ더라

開戰以來로크롬웰이連戰連捷ᄒᆞ야七月에웰스一揆를遂平ᄒᆞ고프레스톤에서스코들닌드軍을逢着ᄒᆞ야激進一時間에敵軍을擊破ᄒᆞ고王黨의巢窟을衝突ᄒᆞ야하밀톤을擊破ᄒᆞ엿더라然ᄒᆞ나此遠征을開始ᄒᆞᆫ以來로찰스王이크롬웰의不在를爲隙ᄒᆞ야히스데리영黨으로陰謀를相結ᄒᆞ고其勢力을國會에擴張ᄒᆞ고和親論을提出ᄒᆞ야王政復歸의建議案을可決ᄒᆞᆫ지라其首領크롬웰은不在ᄒᆞ나鐵騎가此光景을一見ᄒᆞ고激烈ᄒᆞᆫ反對

를試出ᄒᆞ되終是無效를未免이라佐官웰氏ㅣ軍隊를領率ᄒᆞ고國會를脅迫ᄒᆞ야十一月二十七日王을하ㅣ스트城에에執囚ᄒᆞ엿스되國會ᄂᆞᆫ抗議를依然持續ᄒᆞᄂᆞᆫ지라軍隊ㅣ怒激太甚ᄒᆞ야即日에웨스트밍스터와야ㅣ드二宮을堅圍ᄒᆞ고佐官픔나이드로軍兵을領率ᄒᆞ고國會에闖入ᄒᆞ야후레스비데리영黨의代議士四十餘名을捕獲ᄒᆞ야即時監獄에下囚ᄒᆞ니此가所謂有名ᄒᆞᆫ픔나이드의議院淸潔法이라本來不完ᄒᆞᆫ國會가必也雜筋國會라ᄂᆞᆫ名稱을不免ᄒᆞ엿ᄉᆞ니時가十二月六日이더라

此夜에크롬웰이遠征으로歸來ᄒᆞ야此始末을聞知ᄒᆞ고傍人을向言曰噫라此ᄂᆞᆫ余의不知之事로다事機가此地에至ᄒᆞ엿ᄉᆞ니無可奈何이오進行의一路만取向ᄒᆞ쟈ᄒᆞ더라時日이經過ᄒᆞᆷ을從ᄒᆞ야王의陰謀가次第生出ᄒᆞ니大抵네스비大戰以來로和議의說이五年間을經過ᄒᆞ엿스믹王의思想이如何ᄒᆞᆫ것을確實히驗知ᄒᆞᆫ지라一方策을思得ᄒᆞ고大祈禱會를開ᄒᆞ야上帝의意思를仰問ᄒᆞ고찰스王의處斬을決議ᄒᆞ니라

所以로王의深惡ᄒᆞᆫ罪惡과無限ᄒᆞᆫ陰謀를依藉ᄒᆞ야直時高等法院에拘引ᄒᆞ고三次嚴重ᄒᆞᆫ訊問을經過ᄒᆞ니크롬웰、펠팍스、아야톤等이其審判官이라最後宣告日에裁判官이聲言曰王은國家의大逆을行ᄒᆞᆫ지라王의眼中에ᄂᆞᆫ英國國民이無ᄒᆞ엿ᄉᆞ니此가彈劾의一이라ᄒᆞ오王이起答曰朕은臣子의審判을不受ᄒᆞᆯ바며高等法院은君主를審判ᄒᆞᆯ處所가아니로다裁判長이答曰王이已爲國家를大壞ᄒᆞ엿ᄉᆞ니王이昔日大權을掌握ᄒᆞᆫ것이可愧의事가아니뇨因ᄒᆞ야陰謀의書類를眼前에持出ᄒᆞ고王을向言曰如何히辨明ᄒᆞ

려오찰스答曰朕은朕의反逆者를押滅코져혼것뿐이로다裁判長이高聲大叫曰高等法院은自行홀權威를持有ᄒᆞ엿ᄉᆞ나再言을不要라ᄒᆞ고書記官을命ᄒᆞ야宣告書를朗讀ᄒᆞ니嗚呼라찰스의命運이於此에告終ᄒᆞ엿더라

著者曰甚哉라크롬웰의所爲여天地의大義를頹壞ᄒᆞ야弑逆을敢行ᄒᆞ엿ᄉᆞ니誰가彼의所爲를稱善ᄒᆞ리오然이나彼의眼中에ᄂᆞᆫ正義와理想이充滿ᄒᆞ야其國民을拯救홈으로써惟一의目的을삼고舊約摩西의理想으로己의理想을作ᄒᆞ야猛烈無慚혼腕力을敢行ᄒᆞ엿ᄉᆞ니此ᄂᆞᆫ國家의大義라彼가異意를抱有ᄒᆞ엿스면千秋의惡名을未脫홀뿐더러天意人心의大反逆을未免ᄒᆞ야莽操의古刑을長受ᄒᆞ엿슬터히나彼ᄂᆞᆫ正義로一革命家의事業을創始ᄒᆞ야其効果로今日의英國을建設ᄒᆞ엿ᄉᆞ니其成功의偉名이與天地無窮ᄒᆞ리로다

畜産의蕃殖方針

金載健

嗟홉다二千萬同胞여目下我國現象을觀察치아니ᄒᆞ나나國家의盛衰强弱이實業發達與否에重大혼關係를有홈은古今東西洋을勿論ᄒᆞ고同是一般인中에實地事業을振興ᄒᆞ야民福을增進케홈에至ᄒᆞ야ᄂᆞᆫ急切혼急務에最大急務者ᄂᆞᆫ吾人々類生活上에根本的되ᄂᆞᆫ農業이라然ᄒᆞ나我國의農業은一個作物農業에不過ᄒᆞ야收畜等農業은何許物인지名稱도不知ᄒᆞ엿스니豈不可歎乎아然而古語에云不知而不行은論者를不待이나

知而不行은社會에敵일뿐아니라國家의賊이라ᄒᆞ엿스니大韓靑年된者여自今以後로는自稱文明開化世ᄒᆞ고人稱學術實業人이라ᄒᆞ야形式的으로만云々치말고雖一日이라도農學을着實研究ᄒᆞ야急速히畜産을繁盛케ᄒᆞ고肉類의缺乏을豐裕케ᄒᆞ야我韓國民의健康을保育ᄒᆞᆯ지어다於是乎吾輩는如此ᄒᆞᆫ時를當ᄒᆞ야國家永保ᄒᆞᆯ事業方策을研究ᄒᆞᆯ必要가有ᄒᆞᆫ故로淺見을不拘ᄒᆞ고玆에數言을畧述ᄒᆞ노라

現今我國에有ᄒᆞᆫ家畜은大中小三種에分ᄒᆞ니 大畜에는牛、馬、驢騾等이오 中畜에는豚、山羊、羊等이오 小畜에는鷄、鵞等이니라

馬、本邦에在來馬匹은体軀가小ᄒᆞᆯ지라도道路에使役과其他經濟上効力이不少ᄒᆞ나將來의軍備擴張ᄒᆞᆯ所以로言ᄒᆞ면爲先種類의改良이必要ᄒᆞᆫ故로其要點을擧ᄒᆞ면左와如ᄒᆞ니

一、在來馬匹은体小ᄒᆞ야改良의方向이無ᄒᆞ다고學者의說이有ᄒᆞ나吾人의淺見으로는外國의良種雄馬만購入ᄒᆞ야在來種体大ᄒᆞᆫ雌馬의게交尾시켜漸次蕃殖增加케ᄒᆞ면其効果가確實ᄒᆞᆯ듯ᄒᆞ도다

二、雄馬를外國에서購入코져ᄒᆞ면氣候風土가本邦과相當ᄒᆞᆫ國으로購入ᄒᆞᆷ이適宜ᄒᆞᆯ뿐아니라輸入ᄒᆞᆯ時에運賃과其他便利가有ᄒᆞ도다

三、風土가相當ᄒᆞᆫ國은日本과淸國滿洲蒙古等地니此外種은輸入지아님이可ᄒᆞ도다

牛、本邦牛種은管理飼養의粗暴를不拘ᄒᆞ고性質이溫順ᄒᆞ며忍耐力이贍富ᄒᆞ고体軀가巨大ᄒᆞ야使用力과肉量이多ᄒᆞ며乳用에도外國良種의劣等이無ᄒᆞ다는說이有ᄒᆞ니

別노外國의良種을輸入ᄒᆞ야改良ᄒᆞᆯ必要ᄂᆞᆫ無ᄒᆞ고在來固有의種으로도改良이漸進ᄒᆞ야農家의利益을增進ᄒᆞ면役用、乳用、肉用、兼用等良種에大韓種을作出ᄒᆞᆯ지니라

豚、農家에셔豚을飼養ᄒᆞᆷ이其頭不少ᄒᆞ나飼養法이甚히不完全ᄒᆞᆫ故로其改良ᄒᆞᆯ點이多ᄒᆞ나더욱必要ᄒᆞᆫ것을擧ᄒᆞ면

一、先히飼養管理에方法을改良치아니치못ᄒᆞᆯ지니豚舍의搆造ᄂᆞᆫ防寒防暑에空氣가잘流通ᄒᆞᄂᆞᆫᄃᆡ設備ᄒᆞ고또飼料에ᄂᆞᆫ善惡을不擇ᄒᆞ나給食時ᄂᆞᆫ回數를定ᄒᆞ야穀實의挽害者를豊富히ᄒᆞᄂᆞᆫ것이良好ᄒᆞ니幼豚과밋母豚은一日三回式이오仔豚과肥腯豚은一日四回式이니라

二、本邦에在來豚을觀察ᄒᆞ면黑色이多ᄒᆞ니其根本을從ᄒᆞ야外國에善良ᄒᆞᆫ黑色種을輸入ᄒᆞ야改良ᄒᆞᄂᆞᆫ것이適當ᄒᆞ도다

三、然而外國豚黑色種中에도其種類數多ᄒᆞ나風土變化에堪當性이强ᄒᆞ고遺傳力이强ᄒᆞᆫ者ᄂᆞᆫ바ㅣ구샤ㅣ種이니此種으로種用ᄒᆞᆷ이適好ᄒᆞ도다

鷄、養鷄의業을振興ᄒᆞ야農家의困難을救濟ᄒᆞ고國權을回復ᄒᆞ라면傳來의劣種을改良ᄒᆞᄂᆞᆫ것이最大急務인듯ᄒᆞ도다

改良ᄒᆞᄂᆞᆫᄃᆡ對ᄒᆞ야注意치아니치못ᄒᆞᆯ지니經濟上用途의如何를因ᄒᆞ야種類를改良ᄒᆞ되可量卵用、肉用、卵肉兼用等三種의分ᄒᆞ야各々自家事情에適合ᄒᆞ고得利ᄒᆞᆯ것을考量ᄒᆞ야飼養ᄒᆞᆯ必要가有ᄒᆞᆫ故로玆에其緊要ᄒᆞᆫ種類를擧ᄒᆞ면

一、卵用種에ᄂᆞᆫ안달루ㅣ샹種、單冠白色미노룻가、單冠黑色미노룻가、單冠褐色레구홍、單冠白色레구홍、單冠黑色레구홍、單冠바후레구홍、바라강학쓰구레구

홍、바라강갸쇽구레구種、곡쇽구함바ㅣ구、金色흠바ㅣ구、銀色스본큐릇도흠바ㅣ구種、金色보ㅣ란도、銀色보ㅣ란도、白毛冠黑色보ㅣ란도種等이오

二、肉用種에는、銀灰色도ㅣ깅구種、랑구샹種、胡桃冠淡色부라마、暗色부라마等이오

三、卵肉兼用種에는 라후렛슈種、우ㅣ단種、金色와이안돗도、銀色와이안돗도、白色와이안돗도種、白色부리모스록쿠、린몬부리모스록쿠、胡桃冠넨몬부리모스록쿠種、곡쇽구고ㅣ징、바후고ㅣ징、학쇽구고ㅣ징、바도리짓지고ㅣ징、남오야고ㅣ징種、黑色오ㅣ빙구돈、白色오ㅣ빙구돈、바후오ㅣ빙구돈種等이오

四、愛翫種에는세부라잇도반다무、金色세부라잇도반다무、銀色세부라잇도반다무種等이니今日我國에急々히홀事業은畜產繁殖方策이라然則各處一村一坊에有志人士와其他小學校에敎鞭을執ᄒᆞᄂᆞᆫ諸同胞ᄂᆞᆫ深히此業奬勵의留意ᄒᆞ시기를仰望ᄒᆞ노라

家庭敎育法

金壽哲(譯述)

第三章 衛 生

第一節 衛生의意義

衛生은身體敎育의消極的方法이니其積極的方法되ᄂᆞᆫ養生과相俟ᄒᆞ야비로소身体의完全ᄒᆞᆫ發育을圖得ᄒᆞᄂᆞᆫ者요且衛生에ᄂᆞᆫ公衆衛生과家庭衛生이有ᄒᆞ니即公衆衛生은

國家의行政機關를依ᄒᆞ야營ᄒᆞᄂᆞᆫ者라年來我國에서도年々多額의費用을投ᄒᆞ야其完備를圖去ᄒᆞ나아직其功績의顯著ᄒᆞᆷ을未得ᄒᆞᆷ은恒常痢疾、虎列刺等의最恐ᄒᆞᆫ傳染病이流行ᄒᆞ나니此ㅣ엇지寒心의處ㅣ아니리오政府ᄂᆞᆫ如何히衛生의普及을思ᄒᆞᆯ지라도家庭의衛生이不行ᄒᆞᄂᆞᆫ時에ᄂᆞᆫ到底히衛生의完整을望키不能ᄒᆞᆯ지니다맛此點으로論ᄒᆞ더ᄅᆡ도家庭衛生法의輕忽치못ᄒᆞᆯ것은明若觀火로다又況將來의國民될幼兒의生活은其大部가家庭中에專在ᄒᆞᆷ이라오蓋家庭에病者가有ᄒᆞᆯ時ᄂᆞᆫ其一家의不幸ᄒᆞᆷ과不快ᄒᆞᆷ이幾何의程度오人이만약健全ᄒᆞᆫ精神은健全ᄒᆞᆫ身体에宿ᄒᆞᆫ다ᄂᆞᆫ諺에異論이己無ᄒᆞ엿슨즉엇지衛生에不注意ᄒᆞᆷ을得ᄒᆞ리오且家庭衛生의勉ᄒᆞᆯ바ㅣᄂᆞᆫ身体各機關을養護ᄒᆞᆷ에在ᄒᆞ니其方法으로取ᄒᆞ야衣服의選擇住居의構造、飮食物의節制等에就ᄒᆞ야攻究ᄒᆞᆯ바ㅣ不無ᄒᆞ도다

第二節 養護ᄒᆞᆯ機關

身体의各機關은極히緻密하게構成된者며其作用이또ᄒᆞᆫ銳敏ᄒᆞᆷ으로써些少의損傷이라도大害를及케ᄒᆞᆷ이不少ᄒᆞᄂᆞ니故로此를養護ᄒᆞᄂᆞᆫ方法을不講ᄒᆞ면恒常外界로브터侵擊을受ᄒᆞ며或은傷害或은破壞를受ᄒᆞᆯ지니라蓋自然은不知不識間에嚴罰을加ᄒᆞᄂᆞᆫ者니一旦에不注意ᄒᆞᆷ으로써再次恢復키難ᄒᆞᆷ에至ᄒᆞᆷ은實노不避의問題로다故로此等事ᄂᆞᆫ무릇未發ᄒᆞᆫ時에防禦ᄒᆞ면身体로써障碍가업서其發育의目的을達케ᄒᆞᆯ지니余輩ᄂᆞᆫ於此에其養護를要ᄒᆞᆯ各種의機關을先擧ᄒᆞ고漸次其方法에陳及코져ᄒᆞ노라

養護ᄒᆞᆯ機關은第一呼吸器、第二感覺器、第三神經系統으로定ᄒᆞ니此三者ᄂᆞᆫ飮食物

노써榮養ᄒᆞᆯ途ㅣ無ᄒᆞ며又ᄂᆞᆫ運動에依ᄒᆞ야發育케ᄒᆞᆷ도不能ᄒᆞᆫ者이며오직衛生法에依ᄒᆞ야此를養護ᄒᆞ야써其完全을謀ᄒᆞᆯ지니라故로左에各機關特殊의養護法을區別述之ᄒᆞ노라

第一、呼吸器、呼吸器ᄂᆞᆫ上은喉頭로起ᄒᆞ야氣管을經ᄒᆞ고下ᄂᆞᆫ肺에達ᄒᆞᄂᆞᆫ貴重ᄒᆞᆫ機關이니生命이此에依ᄒᆞ야拘ᄒᆞᄂᆞᆫ者라且幼兒의病症中最多ᄒᆞᆫ것은此呼吸器에關ᄒᆞᆫ病이統計上明著ᄒᆞᆫ事實이니家庭衛生上에가장注意를要ᄒᆞᆯ바ㅣ니라

此를養護ᄒᆞᆷ에ᄂᆞᆫ清淨ᄒᆞᆫ空氣를吸入ᄒᆞ며尙且適當ᄒᆞᆫ溫度가有ᄒᆞᆯ것을要ᄒᆞᆯ지니成人도呼吸機關의苦惱됨을久忍키不能커든況且幼兒의게如何ᄒᆞ라機關이柔軟ᄒᆞᆷ으오恒常損傷을被키容易ᄒᆞᆫ즉十分注意ᄒᆞ야有害의瓦斯、塵埃、煤煙等을包有ᄒᆞᆫ空氣에觸接치안케ᄒᆞᆯ지니大槪外氣의吸收ᄂᆞᆫ清潔ᄒᆞᆷ이最上有効ᄒᆞ나그러나一般室內의空氣와溫度를殊異케ᄒᆞᆷ으로써寒暖의差를屢驗ᄒᆞ야만약其差가著現커든其激變에不過토록注意ᄒᆞᆷ이肝要ᄒᆞ니라

第二、感覺器、感覺器ᄂᆞᆫ各々特殊의感官을有ᄒᆞ야精神發達에觀祭ᄒᆞᆫ關係를有ᄒᆞᆫ者니單止身体教育의方面으로만要功ᄒᆞᆯ뿐아니라即精神教育에도順程되ᄂᆞᆫ者니엇지等閒에附棄ᄒᆞ리오

夫視覺을司ᄒᆞᆫ目、及聽覺의任에當ᄒᆞᆫ耳ᄂᆞᆫ感覺器中首位에在ᄒᆞᆫ者오外界認識의要官되ᄂᆞᆫ者니故로不幸히此二感覺의用을失ᄒᆞ면精神發達의大部ᄂᆞᆫ休止될지라故로幼時붓터局部養護에嚴重ᄒᆞᆫ留意를加ᄒᆞ야損害를不受케ᄒᆞᆯ지니라

又味覺을司ᄒᆞᆫ口에在ᄒᆞ야ᄂᆞᆫ齒牙衛生에注

意ᄒᆞᆷ이가장必要ᄒᆞ니幼兒의齒牙ᄂᆞᆫ缺損키易ᄒᆞᆷ으로써食物을咀嚼치안코嚥下ᄒᆞᆯ것ᄀᆞᆺᄐᆞ면其結果ᄂᆞᆫ消化器를害ᄒᆞᆷ이甚ᄒᆞ나니라 그러나今日如斯ᄒᆞᆫ影響을不顧ᄒᆞ고齒牙養護를怠ᄒᆞᄂᆞᆫ者ᄂᆞᆫ一般의慣習이되엿스니엇지浩歎ᄒᆞᆯ바ㅣ! 아니리오此幼兒의齒牙ᄂᆞᆫ一旦脫落ᄒᆞᆫ後에新齒가代生ᄒᆞᆷ을依憑ᄒᆞ야乳齒를重視치아니ᄒᆞ나然ᄒᆞ나乳齒가健康치못ᄒᆞ면成齒도ᄯᅩᄒᆞᆫ健康치못ᄒᆞ나니故로乳齒라도時々로洗滌ᄒᆞ야其腐蝕을防치아니치못ᄒᆞᆯ지니라

觸官은覺官全備의人에게ᄂᆞᆫ視覺의補助가되며盲者에在ᄒᆞ야ᄂᆞᆫ實노眼目의代用이되ᄂᆞᆫ者오又皮膚ᄂᆞᆫ此任務에當ᄒᆞᄂᆞᆫ者니라

第三節　衛生의方法

前節에ᄂᆞᆫ特別의養護ᄒᆞᆯ機關을擧列ᄒᆞ야其衛生法의大要를已述ᄒᆞ엿슨즉今에ᄂᆞᆫ身体全部에關ᄒᆞᆫ衛生法을論及코저ᄒᆞ노니卽衣服、住居、睡眠、沐浴等은本節에攻究ᄒᆞᆯ問題로다

第一、衣服、盖衣服은寒暑를防禦ᄒᆞᄂᆞᆫ目的으로써使用ᄒᆞᆷ이니夏季에在ᄒᆞ야ᄂᆞᆫ暑熱을禦ᄒᆞ며冬季에在ᄒᆞ야ᄂᆞᆫ寒冷을防ᄒᆞᄂᆞᆫ者니故로其季節을從ᄒᆞ야ᄯᅩᄒᆞᆫ種類를異케아니치못ᄒᆞᆯ지라通常衣服에供ᄒᆞᆯ材料ᄂᆞᆫ綿布麻布、絨布、絹布等의四種이有ᄒᆞ니特殊의効를各有ᄒᆞᆫ者라綿布ᄂᆞᆫ其質이柔軟ᄒᆞ야體溫을導ᄒᆞᄂᆞᆫ力이弱ᄒᆞ니寒氣를防ᄒᆞᆷ에最可ᄒᆞ고麻布ᄂᆞᆫ其質이硬粗ᄒᆞ야體溫을導ᄒᆞᆷ이速ᄒᆞ니暑熱時에適ᄒᆞ고絨布ᄂᆞᆫ其質이緻密ᄒᆞ야體溫을導ᄒᆞᆷ이最少ᄒᆞᆷ으로써防寒用에ᄂᆞᆫ此에及ᄒᆞᆯ者ㅣ無ᄒᆞ고絹布ᄂᆞᆫ其質이輕柔ᄒᆞ야體溫을導ᄒᆞᆷ이多ᄒᆞ나니故로防寒用에ᄂᆞᆫ不良ᄒᆞᆫ材料니라

衣服의材料ᄂᆞᆫ右述과如ᄒᆞ거니와兒童에供給ᄒᆞᆯ衣服은其季節을考定치아니치못ᄒᆞᆯ지니元來衣服은皮膚와密接의關係를有ᄒᆞᆫ者니衣服이厚ᄒᆞᆷ에其宜를失ᄒᆞ던가薄ᄒᆞᆷ에其宜를失ᄒᆞ면此ᄂᆞᆫ寒冐에罹할지라故로外氣의溫度를計ᄒᆞ야此에應ᄒᆞ야衣服을取捨ᄒᆞᆷ이最可ᄒᆞ니라衣服을恒常淸潔히ᄒᆞᆷ은材料選擇의次로必要ᄒᆞᆫ條件이니衣服의汚穢濕潤은各種의病源이되ᄂᆞᆫ者라故로此를時々洗滌ᄒᆞ야乾燥를待ᄒᆞ야每用ᄒᆞᆯ지니特히裏衣及寢具와如ᄒᆞᆫ것은日々노曝露ᄒᆞ야使用치아니치못ᄒᆞᆯ지니라

次에衣服의形式은我國과如히區々ᄒᆞᆫ者更無ᄒᆞ리니彼街路上에往來ᄒᆞᄂᆞᆫ人士를試見ᄒᆞ라或은洋服을着ᄒᆞ며或은周衣를着ᄒᆞ며或은上衣(赤古里)와袴衣만着ᄒᆞ며或은行巾을着ᄒᆞ며或은襪만着ᄒᆞᄂᆞᆫ人이有ᄒᆞ야其千態萬狀이자못衣服의엇던것을解키不能ᄒᆞᆷ에至ᄒᆞ니嗚呼라此와如ᄒᆞᆫ狀態로써到底히一定ᄒᆞᆫ形式은卒成키不能ᄒᆞ나진실노身体發育에有益ᄒᆞᆫ者면반다시奬勵ᄒᆞ고단약害가有ᄒᆞᆫ者면맛당히除去ᄒᆞᆷ이可ᄒᆞ니故로此衣服의硏究ᄂᆞᆫ비록風儀上의業이라할지나ᄯᅩᄒᆞᆫ敎育上으로븟터論ᄒᆞᆷ도必要ᄒᆞᆫ問題로다그러나現時此를爲ᄒᆞ야硏究에從事ᄒᆞᄂᆞᆫ者ㅣ或不無ᄒᆞᆷ은아니나아직其一般에效及코져主唱ᄒᆞᄂᆞᆫ者ᄂᆞᆫ未見ᄒᆞ겟도다故로余輩ᄂᆞᆫ몬저進步의一段階를숨아急히絶叫ᄒᆞᄂᆞᆫ바ㅣᄂᆞᆫ다ᄆᆞᆺ由來我邦人의常衣ᄒᆞᄂᆞᆫ衣服中의改良코져ᄒᆞᆷ이니一曰男人의周衣及袴衣의筒幅(今日粗開化兒의모양은不取을稍狹케ᄒᆞᆯ事와二曰女人의上衣를稍長케ᄒᆞᆯ事와三曰男女間勿論ᄒᆞ고寒節에ᄂᆞᆫ黑色服、夏節에ᄂᆞᆫ白色服을共用케ᄒᆞᆷ이니此ᄂᆞᆫ

衛生上으로見ᄒᆞ드ᄅᆡ도運動을行홈에極히便利ᄒᆞ며經濟上으로ᄂᆞᆫ더욱冗費를節得홀지니此習慣을養成홈에ᄂᆞᆫ가장幼時로써良時를作홈이緊急ᄒᆞ니라

衣服에附屬ᄒᆞ야論홀者ㅣ更有ᄒᆞ니即帽子(近來西人、及我國學生等이戴ᄒᆞᄂᆞᆫ毛氈或布織物노成ᄒᆞᆫ者流를云홈)의問題라此ᄂᆞᆫ由來我國이習慣으로써不必要로認知ᄒᆞᄂᆞᆫ一大理由가有ᄒᆞ니即有髮者가尙多ᄒᆞᆫ所以라此點에至ᄒᆞ야ᄂᆞᆫ不可不今日斷髮問題가더욱必要를生ᄒᆞᄂᆞᆫ도다噫라不斷髮者여君等은何意를抱ᄒᆞ야其頑古홈이此와如히甚ᄒᆞᆫ고世界가統히衛生과文明을好ᄒᆞ거ᄂᆞᆯ君等은何獨時勢의程度를不踐홈이此와如히甚ᄒᆞᆫ고大槪有髮者라고其頭腦에愛國誠이特在ᄒᆞ다홈은吾人生理學上에이미不許ᄒᆞᆫ바ㅣ오또ᄒᆞᆫ愛國保國홀지라도不衛生家의愛國은世人이一笑를必川할지니請컨ᄃᆡ諸君이여一言으로써儆ᄒᆞ고君等은速히斷髮을齊施ᄒᆞ야精神的生涯로써將來少年國民을養成홈에模範的이되고舊染物을作치말지어다

此帽子의事를衛生上으로論ᄒᆞ면또ᄒᆞᆫ經濟問題가從生홈을未免ᄒᆞ나그러나少年國民을養護홈에就ᄒᆞ야엇지適宜ᄒᆞᆫ方便을不要ᄒᆞ리오抑帽子製造의問題ᄂᆞᆫ殖産家에게讓與ᄒᆞ려니와다뭇此의效能을擧說컨ᄃᆡ盖帽子의效能은我國由來의竹笠帽와反如ᄒᆞ야日光의直射를防ᄒᆞ며外界의打撲을禦ᄒᆞ며頭部를保護홈에가장必要ᄒᆞᆫ者라故로幼時에ᄂᆞᆫ더욱輕ᄒᆞ고彈力이有ᄒᆞᆫ材料로製造ᄒᆞᆫ帽子를用치아니치못할지니라

經濟學의大意

三寶

○經濟學의意義

凡生活을此世에受ᄒᆞᆫ者人類로붓터禽獸에至ᄒᆞᆷ에慾望이無ᄒᆞᆫ者無ᄒᆞ여皆其慾望을滿足케ᄒᆞ기爲ᄒᆞ여日夜勞力지안ᄂᆞᆫ者無ᄒᆞ되特別히人類ᄂᆞᆫ萬物의靈長이되니其慾望도禽獸에比ᄒᆞ면高尙ᄒᆞ며複雜ᄒᆞᆫ故로其慾望을滿足케ᄒᆞ기爲ᄒᆞ야勞力ᄒᆞᆷ도他動物과不同ᄒᆞ야但其身體만勞ᄒᆞᆯ뿐아니라多大히其精神을勞ᄒᆞ나니其慾望을滿足케ᄒᆞ고져ᄒᆞᄂᆞᆫ目的物에對ᄒᆞ야ᄂᆞᆫ有形ᄒᆞᆫ者도有ᄒᆞ며無形ᄒᆞᆫ者도有ᄒᆞ야其數ᄂᆞᆫ千種萬類에不止ᄒᆞ나其中에最多最重ᄒᆞᆫ者ᄂᆞᆫ外界에有形物이니人類ᄂᆞᆫ此外界에有形物을得ᄒᆞ야此를使用ᄒᆞ여此로ᄡᅥ自己의慾望을滿足케ᄒᆞ기爲ᄒᆞ야日夜로其身體와智慧를勞働ᄒᆞ나니此勞働을經濟的活動이라稱ᄒᆞ여此經濟的活動을硏究ᄒᆞᆷ이卽經濟學이니上古未開時代에ᄂᆞᆫ人類도禽獸와近似ᄒᆞ야生活이單獨ᄒᆞ며慾望이單純ᄒᆞ야衣食만有ᄒᆞ면滿足에自處ᄒᆞ고物品에交換도全無ᄒᆞ여스나異類相爭ᄒᆞ며同類相保의源因을由ᄒᆞ야一致協同의性質이漸次發達ᄒᆞ야太古的生活이一變ᄒᆞ고共同的生活이次第로進步ᄒᆞ야所謂社會의組織이於此에始生ᄒᆞ엿도다人類의第一目的이自己의慾望을滿足케ᄒᆞᆷ에在ᄒᆞ나萬一此共同的生活이無ᄒᆞ여스면到底히其慾望의滿足을得키不能ᄒᆞᆯ지며自巳에生存

發達을企할同時에共同生活을經營ᄒᆞ며社會에發達을計圖ᄒᆞ엿나니經濟的生活이於此에漸盛이라本題經濟學은此活動에研究를因ᄒᆞ야出來ᄒᆞᆫ者로다

經濟學의區分

經濟學은二種의區別이有ᄒᆞ니、第一은純正經濟學이며　第二은經濟政治學이라純正經濟學은經濟에原理를研究ᄒᆞᄂᆞᆫ者요經濟政治學은此를事物에相照ᄒᆞ야論理ᄒᆞᆫ者니此兩者를研究홈에對ᄒᆞ여ᄂᆞᆫ純正經濟學을研究ᄒᆞᆫ後에經濟政治學을研究홈이順序에適合ᄒᆞᆫ지라故로最先純正經濟學에對ᄒᆞ야研究할要件을擧ᄒᆞ노라　第一은財의生產이며　第二ᄂᆞᆫ財의交換이며　第三은財의分配며　第四ᄂᆞᆫ財의消費라此四項을說明키前에經濟學에對ᄒᆞᆫ根本的觀念에對ᄒᆞ야數言을先陳코져ᄒᆞ노라

○人類의慾望

人類의慾望에對ᄒᆞ야ᄂᆞᆫ前述이有ᄒᆞ거니와人類ᄂᆞᆫ飢ᄒᆞ면食을望ᄒᆞ며渴ᄒᆞ면水를求ᄒᆞ며寒ᄒᆞ면衣를願ᄒᆞ난觀念이有ᄒᆞ며或은名譽를求코져ᄒᆞ며或은富貴를得코져홈이無非人類의慾望이라稱할지니此等慾望은實노經濟學根本的感念이라ᄒᆞ노라人類의慾望은社會의發達을從ᄒᆞ야漸益高尙ᄒᆞ며其慾望의種類도漸益增加ᄒᆞ나니在昔人類의慾望은田을耕ᄒᆞ야食ᄒᆞ며井을掘ᄒᆞ야飮홈에不過ᄒᆞ여스나社會에進步를從ᄒᆞ야衣食住居가其飢寒을纔免홈으로난滿足키不能ᄒᆞ고其好良을希望홈에至ᄒᆞ엿고昔에ᄂᆞᆫ肉體에慾望에不外ᄒᆞ야스나今에ᄂᆞᆫ肉體慾望의滿足을得할지라도精神上滿足이無ᄒᆞ면滿足키不能ᄒᆞ나니此를觀察ᄒᆞ면人類의慾

望은際限이無ᄒᆞ도다然이나如此ᄒᆞᆫ慾望이無ᄒᆞ면社會의日進月步를期待키不能할지니人類의最大貴重ᄒᆞᆫ者ᄂᆞᆫ實노此慾望에在ᄒᆞ다ᄒᆞ노라此慾望을三種에分ᄒᆞ건ᄃᆡ、第一은自然의慾望이니飢者의食을求홈과寒者의衣를望홈과如ᄒᆞᆫ慾望은一時라도無키不能ᄒᆞᆫ者니此를謂ᄒᆞ야自然의慾望이라稱ᄒᆞ며、第二ᄂᆞᆫ身分의慾望이니人類ᄂᆞᆫ社會에參與치아니키不能ᄒᆞ며社會에立ᄒᆞ여ᄂᆞᆫ其相當ᄒᆞᆫ地位와相當ᄒᆞᆫ品格을保持치아니키不能할지니此等相當ᄒᆞᆫ者를希望홈은即身分의慾望이라稱ᄒᆞ며、第三은奢侈의慾望이니前述ᄒᆞᆫ바自然의慾望과身分의慾望은人類된者當然이有할바어니와此奢侈의慾望은人類의相當ᄒᆞᆫ程度를濫越키容易ᄒᆞ도다此가一盛ᄒᆞ면一身一家와國家社會랄危殆케ᄒᆞ나니人類된者난此慾望의增加홈에對ᄒᆞ야一時라도其注意랄怠키不能ᄒᆞ도다

財

財者ᄂᆞᆫ人類의慾望을滿足케홈에目的物되ᄂᆞᆫ有形物과無形物을總稱홈이니慾望이增加ᄒᆞ면此財도또ᄒᆞᆫ增加ᄒᆞᄂᆞᆫ者라其分園를各列ᄒᆞ면財ᄂᆞᆫ內部에財와外部에財와自由의財와經濟的財의四種에區分ᄒᆞ나니內部에財ᄂᆞᆫ人類의健康智慧腕力等이니即身體內部에存在ᄒᆞ야活動ᄒᆞᄂᆞᆫ者를稱ᄒᆞᆷ이요外部에財ᄂᆞᆫ金銀銅鐵其他各種物品을總稱홈이니即身體以外에存在ᄒᆞᆫ者오自由에財ᄂᆞᆫ天然界에存在ᄒᆞ야勞力을不費코도能히此를得ᄒᆞ야慾望을充ᄒᆞ기에足ᄒᆞᆫ者니則空氣光線等이며經濟的財ᄂᆞᆫ慾望을充키에能ᄒᆞ되多少勞力과報酬를要ᄒᆞᄂᆞᆫ者니即宇宙間에萬物이라經濟學에研究ᄂᆞᆫ全혀此財에在

ᄒᆞ나此經濟的財도有形無形의二種으로區分ᄒᆞ노니

(一)有形經濟的財ᄂᆞᆫ心身以外에存在ᄒᆞᆫ者라此有形經濟的財ᄅᆞᆯ更히二種에分ᄒᆞ건ᄃᆡ人工을不要ᄒᆞ고使用키에能ᄒᆞᆫ果物草木等을天然的經濟的財라稱ᄒᆞ며人工을不要ᄒᆞ면使用키不能ᄒᆞᆫ者ᄅᆞᆯ人工經濟的財라稱ᄒᆞ며(二)無形的財ᄂᆞᆫ他人爲ᄒᆞ야精神을勞ᄒᆞ며身體ᄅᆞᆯ動ᄒᆞ야他人의慾望을滿足케ᄒᆞᆫ然後에相當ᄒᆞᆫ金額을取得할時에其精神과身體의勞働을無形經濟的財라稱ᄒᆞ나니以上所陳ᄒᆞᆫ바財ᄅᆞᆯ分類ᄒᆞ면左와如ᄒᆞ니라

- 財
  - 自然的財
  - 經濟的財
    - 有形的財
      - 天然的財
      - 人工的財
    - 無形的財

財ᄂᆞᆫ大畧如此ᄒᆞ나社會의進步ᄅᆞᆯ從ᄒᆞ야自由財ᄂᆞᆫ漸次其範圍가減少ᄒᆞ나니譬건ᄃᆡ水ᄂᆞᆫ大畧自由財의範圍에在ᄒᆞ나水道ᄅᆞᆯ用ᄒᆞ야供給할時에ᄂᆞᆫ經濟的財에變移ᄒᆞ며光線과如ᄒᆞᆫ自由財도家屋을地下에建築ᄒᆞ고使用할時에ᄂᆞᆫ多少費用을要ᄒᆞᄂᆞᆫ故로經濟的財에變移ᄒᆞ나니如此히自由財의範圍가減少할同時에經濟的財ᄂᆞᆫ其種類가增加ᄒᆞ며研究에範圍도次第로增加ᄒᆞ나니라此에對ᄒᆞ야注意할바ᄂᆞᆫ以上所論에財와富ᄅᆞᆯ階同키不能홈이니富란者ᄂᆞᆫ經濟的財ᄅᆞᆯ多少히積置ᄒᆞᆫ以上에對ᄒᆞ야稱홈이요財란者ᄂᆞᆫ即經濟的財나財와富ᄅᆞᆯ同一ᄒᆞᆫ物노視홈이不可ᄒᆞ도다

哲學初步

學海主人

一、緒論

大凡哲學은其義甚廣ᄒᆞ야古來許多ᄒᆞᆫ學者가各樣不一의定義를提出ᄒᆞ엿ᄉᆞ나到底吾輩의遽定키難ᄒᆞᆫ바인즉玆에事物의原理를考究ᄒᆞᄂᆞᆫ學이라ᄂᆞᆫ漠然ᄒᆞᆫ定義로써滿足히定코져ᄒᆞ노니所謂別般의抵礙가無ᄒᆞᆷ을因ᄒᆞᆷ이라大抵物体運動의理를說ᄒᆞᆷ은物理學이라云ᄒᆞ고、分子化成의理를說ᄒᆞᆷ은化學이라云ᄒᆞ고、實物의長廣厚와數量을說ᄒᆞᆷ은數學이라云ᄒᆞ고、日月星辰의理를說ᄒᆞᆷ은天文學이라云ᄒᆞ고、動植物生存의理를說ᄒᆞᆷ은生理學이라云ᄒᆞ야此等諸科의總稱을科學或은理學이라又稱ᄒᆞ니其科目을分括ᄒᆞ면其範圍가廣大ᄒᆞᆫ듯ᄒᆞ나不然ᄒᆞᆫ者二件이有ᄒᆞ니第一은一方에偏在ᄒᆞᆫ故로全体를總括ᄒᆞ야其原理를考究키不能ᄒᆞ고第二ᄂᆞᆫ但只客觀을主張ᄒᆞ야主觀을不問ᄒᆞ니事物의蘊奧를考究키不能ᄒᆞᄂᆞ니假令(第一)物理學中에ᄂᆞᆫ社會의進化興亡之理를不論ᄒᆞ엿스며化學中에ᄂᆞᆫ運動의定則을不說ᄒᆞ엿스며數學中에ᄂᆞᆫ血液循環의理를不說ᄒᆞ엿ᄉᆞᆫ즉此가一方에偏僻ᄒᆞᆷ이아니며第二物体에現出ᄒᆞᄂᆞᆫ光線이網膜의映照ᄒᆞᆷ은解論ᄒᆞ엿스나物의眼目으로見解ᄒᆞᄂᆞᆫ所以ᄂᆞᆫ不說ᄒᆞ엿스며點이有ᄒᆞ고線이有ᄒᆞ며時間이有ᄒᆞ고空間이有ᄒᆞ며勢力이有ᄒᆞ고物体가有ᄒᆞᆷ은說明ᄒᆞ엿스나其所有를決定ᄒᆞᄂᆞᆫ觀念은何物인거슬不說ᄒᆞ고觀念의原理ᄂᆞᆫ捨之不顧ᄒᆞ엿스니其各自의一部만은考究ᄒᆞ엿스되客觀에相對ᄒᆞᆫ主觀과物体에相對ᄒᆞᆫ精神은不說ᄒᆞ엿스니故로理學으로ᄂᆞᆫ一定則

을但說ᄒᆞ고原理를考究홈은到底不能ᄒᆞ나然ᄒᆞ나哲學은不然ᄒᆞ야理學의諸科를摠括ᄒᆞ고一定의法則을解說ᄒᆞ야宏大ᄒᆞᆫ宇宙와微小ᄒᆞᆫ分子며永久ᄒᆞᆫ古今도一々히應用ᄒᆞ야無誤無錯의原理를說明ᄒᆞᄂᆞ니然則哲學은理學諸科以上의高尙ᄒᆞᆫ地位를占領ᄒᆞ고天地萬物의原理를網羅ᄒᆞ며過去現在及未來의事變을包括ᄒᆞ엿ᄉᆞ니故로左記二種의功用을有ᄒᆞᆫ者라稱ᄒᆞᆯ지로다

第一、哲學은心意를發達케ᄒᆞᄂᆞ니、大抵宇宙間에最貴最重ᄒᆞᆫ者ᄂᆞᆫ吾人이요吾人의最貴最重ᄒᆞᆫ者ᄂᆞᆫ心意인ᄃᆡ哲學이此貴重ᄒᆞᆫ心意를發達케ᄒᆞᄂᆞᆫ者인즉其功用의貴重ᄒᆞᆫ바를確知ᄒᆞᆯ바이오

第二、哲學은前陳과如히諸科學을總合ᄒᆞᆫ者니心理、倫理、論理、法理、政治、社會、歷史等諸學의根源이며此等諸學을確乎鮮明ᄒᆞ야完全ᄒᆞᆫ基礎를確定ᄒᆞ엿ᄉᆞ니此가哲學의功用이로다

然則哲學의範圍ᄂᆞᆫ如何ᄒᆞ뇨此ᄂᆞᆫ前述의大略으로足히說明ᄒᆞᆯ듯ᄒᆞ나大抵哲學이有始以來로今日ᄭᆞ지諸家의唱論이區々不一ᄒᆞ여確定을未及ᄒᆞ엿ᄉᆞ니今日以後에도亦是確定키가容易치못ᄒᆞᆯ지라故로哲學名稱의起源을先陳ᄒᆞ야其範圍에說及코져ᄒᆞ노라

最初에希臘人쎌니드가哲學의端緖를創開ᄒᆞ니當時에ᄂᆞᆫ其名稱도知者가鮮少ᄒᆞ엿고其後에피다슬라스時代에至ᄒᆞ여哲學과哲學者의言語를稍用ᄒᆞ엿고속클나듸스時代에至ᄒᆞ여ᄂᆞᆫ哲學의基礎가完全ᄒᆞᆫ地境에殆近ᄒᆞ엿스며아리스토델스時代에至ᄒᆞ여ᄂᆞᆫ完全ᄒᆞᆫ基礎를造成ᄒᆞ엿ᄂᆞᆫᄃᆡ哲學의原語필로쏘피(希臘語로哲學이라ᄂᆞᆫ語)ᄂᆞᆫ元來智識을愛ᄒᆞᆫ다ᄂᆞᆫ稱義요哲學者의原語필로솝

퍼ᄂᆞᆫ智識을愛ᄒᆞᄂᆞᆫ者라ᄂᆞᆫ意義이나但只智
識을愛ᄒᆞ고智識을愛ᄒᆞᄂᆞᆫ者라稱ᄒᆞᆷ으로ᄂᆞᆫ
遺憾이不無ᄒᆞ다ᄒᆞ야當時一般學者가種々
의語義를唱出ᄒᆞᆯ새피다쌀나쓰가哲學이라
ᄂᆞᆫ語義에定義를如左히先唱ᄒᆞ엿ᄉᆞ니
哲學이라云ᄒᆞᆷ은智識을愛ᄒᆞᆷ이니天道人
事를考究ᄒᆞ며萬有의存立을考究ᄒᆞᄂᆞᆫ學
이라ᄒᆞ엿고
속클라티쓰의門徒프레트ᄂᆞᆫ云ᄒᆞ되
哲學은不變不動의事理를考究ᄒᆞᄂᆞᆫ學이
며實際의事物을考究ᄒᆞ며所有의人力으
로神雲을模倣ᄒᆞᄂᆞᆫ者라ᄒᆞ엿고피다쌀나
쓰가哲學者라ᄂᆞᆫ語에對ᄒᆞ야定義를提出
曰人生은、오림픽祭(希臘에셔四年一回式執行ᄒᆞᄂᆞᆫ大祭名)
의遊戱와恰似ᄒᆞ니其中에利益을圖謀ᄒᆞ
ᄂᆞᆫ者도有ᄒᆞ며名譽를求ᄒᆞᄂᆞᆫ者도有ᄒᆞ나
哲學者ᄂᆞᆫ此兩者以外에卓出ᄒᆫ者니라ᄒᆞ
고
프레트가哲學者라ᄂᆞᆫ意義를唱出ᄒᆞ여曰
哲學者ᄂᆞᆫ實質을究極ᄒᆞᄂᆞᆫ者
라稱ᄒᆞ엿ᄉᆞ니피다쌀나쓰의哲學은唯物論
을主張ᄒᆞ엿고속클리라티쓰의哲學은倫理
의一方으로偏向ᄒᆞ엿스며프레트ᄂᆞᆫ觀念만
爲主ᄒᆞᆫ傾向이有ᄒᆞ엿ᄉᆞ니以上諸人의意
見으로써哲學의範圍를定키ᄂᆞᆫ到底至難의
事라故로아리스토델의主論으로써第一哲
學이라命名ᄒᆞᄂᆞ니其唱論에曰哲學은事物
終極의原理를考究ᄒᆞᄂᆞᆫ學이라ᄒᆞᆫ지라後人
이形而上學이라改稱ᄒᆞ엿스며알력산듸아
學派에至ᄒᆞ여ᄂᆞᆫ哲學의範圍를一層確定ᄒᆞ
고形而上學即實体學、心意學、合理神學、
世界形質學을包括ᄒᆞ고倫理學、審美學、
論理學等을附屬ᄒᆞ엿슨즉星霜의經過ᄒᆞᆷ을
從ᄒᆞ야哲學과形而上學이同一ᄒᆫ意義로傾

行ᄒᆞ엿더라爾來形而上學을純正哲學이라別稱ᄒᆞ엿스나英國碩學뻬콘이實驗哲學(實物에徵明ᄒᆞᆷ으로爲主ᄒᆞᆷ)을主唱ᄒᆞᆫ以來로同國學者록、스펜사等諸氏가此派에屬ᄒᆞ고德國學者칸트、피히틔、셀링、헤ㅣ겔等諸氏가佛國中興哲學者떼카ㅣ트派에屬ᄒᆞ야形而上學(論法으로由主ᄒᆞᆷ)을奉崇ᄒᆞ야旗職을各竪相爭ᄒᆞ엿스니形而上學은헤ㅣ겔에至ᄒᆞ야極點에達ᄒᆞ엿스며實驗學派ᄂᆞᆫ스펜사에至ᄒᆞ야極點에至ᄒᆞ엿슨즉兩氏哲學의相反이東西와恰似ᄒᆞ도다然則德國哲學은形而上學을爲主ᄒᆞ엿고英國哲學은形而下로브터形而上에進及코져ᄒᆞ엿스니其弊害를論及ᄒᆞ건ᄃᆡ英은비록着實ᄒᆞ나卑陋ᄒᆞᆫ方向에流去키容易ᄒᆞ겟고德은비록高尙ᄒᆞ나空漠ᄒᆞᆫ方面에陷入키容易ᄒᆞ겟스니一得이有ᄒᆞ면一失이更有ᄒᆞ여今日에至ᄒᆞ여서도畢竟其範圍가未定되엿도다

註英國哲學은純正哲學과心理學倫理學等을摠括ᄒᆞᆫ者니스펜사의所說을依據ᄒᆞ건ᄃᆡ哲學은左記와如ᄒᆞ니

哲學은理學을槪括ᄒᆞᆫ者이미理學範圍內에包在ᄒᆞᆫ者ᄂᆞᆫ勿論其範圍內에含入ᄒᆞ되神의性質과宇宙의無限有限은其範圍外에在ᄒᆞᆫ者인고로劃論ᄒᆞᆯ餘地가無ᄒᆞ니라

ᄒᆞ엿스니槪要를擧論ᄒᆞ건ᄃᆡ스펜사의主意ᄂᆞᆫ哲學은

哲學原理(卽哲學의原理를槪論ᄒᆞᆫ者)
生物學(卽動植物의原理를論ᄒᆞᆫ者)
心理學(卽人生의原理를論ᄒᆞᆫ者)
社會學(卽社會를組織ᄒᆞᆫ人生의原理를論ᄒᆞᆫ者)
倫理學(卽文明에最頂點에達ᄒᆞᆫ人生의原理를論ᄒᆞᆫ者)

此諸者로分列ᄒᆞ엿도다。本編에哲學의範圍를別定ᄒᆞᆫ바ᄂᆞᆫ無ᄒᆞ나以上諸家의唱說을依ᄒᆞ야其大意를左에揭載코저ᄒᆞ노라

一客이希臘哲學者아리스테파스의게問曰君의哲學을勤修ᄒᆞᆷ은何以뇨答曰宇宙萬物을利用코저ᄒᆞᆷ이니라

內에其質이無ᄒᆞ고外로其文을學ᄒᆞᆷ은脂를畵ᄒᆞ며氷를鏤ᄒᆞᆷ과恰似ᄒᆞ야時日을空費ᄒᆞ되其功만虛損ᄒᆞᄂᆞ니라

앗타쎌니氏ᄂᆞᆫ云ᄒᆞᄃᆡ宗敎를不信ᄒᆞᄂᆞᆫ者ᄂᆞᆫ不穩의生活을常作ᄒᆞᄂᆞ니라

포ㅣ프氏ᄂᆞᆫ云ᄒᆞᄃᆡ吾人은人生의大洋을漂流ᄒᆞᄂᆞ니道理ᄂᆞᆫ其羅針盤이요情慾은其颶風이니라

모ㅣ루氏ᄂᆞᆫ云ᄒᆞ되予ᄂᆞᆫ官職도不求ᄒᆞ며黃金도不願ᄒᆞ고有價値ᄒᆞᆫ無量의閑隙과機會를尊貴히忖度ᄒᆞᄂᆞ니故로黃金을爲ᄒᆞ여ᄂᆞᆫ些少ᄒᆞᆫ時間이라도用費코저아니ᄒᆞ노라

保護國論

日本法學博士有賀長雄原著
金 志 侃(譯述)

案ᄒᆞ건ᄃᆡ國과國의間에保護關係를生ᄒᆞᄂᆞᆫ原因이四種이有ᄒᆞ니或은個々單獨으로發動ᄒᆞ며或은二個以上이聯亘共作ᄒᆞ야一保護關係를生ᄒᆞ나니其種類를左에述ᄒᆞ노라

第一種保護國

玆에一國이有ᄒᆞ야完全ᄒᆞᆫ自主權을有ᄒᆞ며其文化의程度가또ᄒᆞᆫ列國에讓頭치아니ᄒᆞ나다만强國의間에介在ᄒᆞᆷ으로國力이微弱ᄒᆞ야自然히其獨立을支持ᄒᆞᆯ力이無ᄒᆞᆫᄃᆡ만일엇던强國에서該弱國을幷呑ᄒᆞ면該强國

의勢力이一時에擴張되야隣近强國의均衡을失ᄒᆞ야其累가比近列國의關係에及ᄒᆞᆯ患이有ᄒᆞ면此時에當ᄒᆞ야一强國이自國의利益을爲ᄒᆞ야該弱國의獨立을維持케ᄒᆞ고該國의獨立을護衛ᄒᆞᄂᆞᆫ地位에立ᄒᆞ야該弱國의內政과外交에ᄂᆞᆫ秋毫라도干涉ᄒᆞᆷ이無ᄒᆞ고다만必要ᄒᆞᆫᄃᆡ應ᄒᆞ야救援ᄒᆞᄂᆞ니이것이卽歐洲學者가稱ᄒᆞᄂᆞᆫ바護衛的保護國又ᄂᆞᆫ單純保護國이라

第二種保護國

玆에一國이有ᄒᆞ니其他域이世界交通의要路에當ᄒᆞᆷ으로其國을文明國交의列에加ᄒᆞ야各國과通商交通의道를開케ᄒᆞᆯ必要가有ᄒᆞ나其國이歐米多數의國民과其文明의系統이異ᄒᆞᆫ故로或은國土開放을拒絶ᄒᆞ며或은列國과通商交通ᄒᆞᄂᆞᆫ上에國際上의責任을完全케ᄒᆞᆯ能力이無ᄒᆞᆯ것갓타면該國과利益의關係가最多ᄒᆞᆫ强國은該國을引導ᄒᆞ야世界列國의伴侶에入케ᄒᆞ고其交際上의責任을完全케ᄒᆞ기爲ᄒᆞ야暫時代理로主權의一部를行ᄒᆞᄂᆞ니此種의保護ᄂᆞᆫ歐洲學者가稱ᄒᆞᄂᆞᆫ바後見的保護國、政治上保護國、眞正保護國、國際保護國等이是라

第三種保護國

玆에一國이有ᄒᆞ야文明의程度가低ᄒᆞ고國力이微弱ᄒᆞᆫᄃᆡ某强國이此를幷呑ᄒᆞ야利權을專行코자ᄒᆞ나明々地에倂呑ᄒᆞᆯ時에ᄂᆞᆫ或은反抗의恐이有ᄒᆞ며或은第三諸國의猜忌로因ᄒᆞ야外交上의紛議를釀成ᄒᆞᆯ虞가有ᄒᆞᆷ으로ᄡᅥ該弱國의主權은該强國이事然實行ᄒᆞ면셔아직該弱國의君主로君位의外形을保케ᄒᆞ고其餘威를藉ᄒᆞ야政治를專行ᄒᆞ며其名은保護國이라稱ᄒᆞ나니獨逸學者가此를稱ᄒᆞ야行政上保護國이라ᄒᆞᄂᆞ니라

第四種保護國

某强國이海外未關의壤土를自國殖民地로爲코자ᄒᆞ나一時에拓展의措置를取코자ᄒᆞ면大兵을動ᄒᆞ야多數의費가生ᄒᆞᆷ으로漸々進取ᄒᆞ되蠻族을內附케ᄒᆞ야該土族의所喜ᄒᆞᄂᆞᆫ物品을給ᄒᆞ고其土地를讓與케ᄒᆞ며保護를承認케ᄒᆞᆷ이오又ᄂᆞᆫ其業이完成치못ᄒᆞᆯ時에當ᄒᆞ야外他强國의占領이될가恐ᄒᆞ야몬저地圖上에其境界를畫ᄒᆞ야其强國의保護地라ᄒᆞ고列國의承認과또ᄂᆞᆫ默諾을經ᄒᆞ나니此種의保護ᄂᆞᆫ殖民的保護國이라稱ᄒᆞ나니라

世界風俗誌 譯述 (一)

文一平

現今世界ᄂᆞᆫ競爭世界오時代ᄂᆞᆫ交通時代라交通이頻繁ᄒᆞᆯ사록個人國家를勿論하고交際가隨而親密하ᄂᆞ니此時代에處한者ㅣ不得不他國々民의性質如何와習俗如何를多少曉得하야交際上에缺漏를避케함이今日의一急務가될뿐不啻라抑亦普通知識에莫大한補益이되리니於是乎外國風俗에對하야迅速講究ᄒᆞᆯ必要가起하도다然이나我國은從來此等風俗에關한書籍의著述이無하고近日에至하야如干外國에關한地理、歷史等教科書의發刊이有하나盖其地理、歷史의目的은地體의構造와過去의事實等에傾向을重置하고細微한人情風俗에ᄂᆞᆫ例外忖度ᄒᆞᆫ故로 我最愛하ᄂᆞᆫ諸靑年人士가비

록此를攻究ᄒᆞᆯ心이恒切하나求覽키未由하니엇지慨歎치안이리오所以로僕이鈍筆拙文을不辭하고玆에世界風俗誌를譯述하야同胞靑年의게一覽을供코자하노라

日本

序說

位置及地勢

日本國은亞細亞大陸東端에在하니幾千里間點々羅列한群島로成立지라面積은二萬七千餘方里오地勢는大陸沿岸에蜿蜒한狹長帶인딕到處에山岳이多하고平野가少하며河流가短하고海岸線이長하고또港灣에富하니라

氣候及風景

氣候는寒、熱、溫、三帶에屬하고風景은佳麗하니彼數千島嶼가點綴하야其間에江海가縈廻하고到處에火山岩이突兀하야地面이參差한딕松竹樹木을培植ᄒᆞ야一望四面에滿眸鬱蒼하야頗히美景을逞하더라

人種及禀性

日本上古人民은原始부터此地에住居한者안이오他國에셔移住한者라現在住民을大約四種에分類하나니 第一은最多數最有力ᄒᆞᆫ大和種族、第二은西南에住하야勇猛이素聞ᄒᆞᆫ熊襲種族、第三은北海道一隅에殘存ᄒᆞᆫ아이누種族、第四는、臺灣의蕃種이라人口總數는殆히五千萬에近ᄒᆞᆫ딕男子가女子의數爻보다五十萬이多하더라

日本人民(第三、第四、以外)의身長은男子가平均五尺二寸이며女子는五尺內外오心身이早熟早老하는傾向이有하야成年에達키前에夙成하고壯年에至하야는耄碌하는者ㅣ多하며人民의感情이激烈하야警急ᄒᆞᆫ

事를臨ᄒᆞ면前後를忘ᄒᆞ고突進ᄒᆞ는勇氣는富ᄒᆞ나經營勤勉ᄒᆞ야學理를研究ᄒᆞ며器械를發明ᄒᆞ는沈着忍耐性에乏ᄒᆞ고唯其摸倣ᄒᆞ는技倆은甚巧ᄒᆞ야他族에逈秀ᄒᆞ니此는古來로外國의文物을摸倣ᄒᆞᆫ結果에서出ᄒᆞ고또海島人民性質이自然히大陸과特異ᄒᆞ니라

言語及文字

言語는我國及蒙古語의組織과同一ᄒᆞ고發音이輕捷ᄒᆞ야語調가明瞭ᄒᆞ며文字는古代에無ᄒᆞ더니中古에支那文이輸入된以後로專혀支那文體를摸擬ᄒᆞᆷ에言語와文字가分岐兩立ᄒᆞ야甚히不便ᄒᆞ더니近世에至ᄒᆞ야數百年分離ᄒᆞ엿던語與文을劈破ᄒᆞ야言文一致를新造ᄒᆞᆫ以來로教育이普及ᄒᆞ고文化가速興ᄒᆞ니라

歷史上概見

神武天皇以來로三千年에殆近ᄒᆞᆫ지라此長日月間에艱難ᄒᆞᆫ時代와隆興ᄒᆞᆫ時代와改革進步時期와混亂退步時期가幾度循環ᄒᆞ야今日에遂至ᄒᆞ얏ᄂᆞᆫᄃᆡ明治維新에入ᄒᆞ야三十年間短歲月에混亂錯雜ᄒᆞᆫ事實과改革進就ᄒᆞᆫ狀態를記述ᄒᆞ노니元年에三百年來封建制度를一朝打破ᄒᆞ야所謂王政復古의實際를現出ᄒᆞ야社會組織에未曾有ᄒᆞᆫ大變動을與ᄒᆞ고其後間斷업시泰西文明을輸入ᄒᆞ야教育、政治、法律、其他百般事物에漸次政良을實行ᄒᆞ야十八年에內閣이初成立되고二十二年에帝國憲法을發布ᄒᆞ고二十三年에至ᄒᆞ야는國會의召集이有ᄒᆞ니於是에完全無缺ᄒᆞᆫ立憲君主國이되니라又於二十七年에民法을改正ᄒᆞ야人民의權理義務를確定ᄒᆞ고二十八年에는嘉永文久年間에諸外國과締結ᄒᆞᆫ通商條約을改訂ᄒᆞ야對等權을

文藝

廣告

本學報代金을收入ᄒᆞᆷ에便宜를從ᄒᆞ여京城과平安北道에ᄂᆞᆫ委托收金所를置ᄒᆞ엿싸오니京城서本報를購覽ᄒᆞ시ᄂᆞᆫ이ᄂᆞᆫ代金을

京城北署苑洞李甲氏宅留

金基玉 氏許로交付ᄒᆞ시고平安北道에서本報를購覽ᄒᆞ시ᄂᆞᆫ이ᄂᆞᆫ

平安北道定州南門內

洪成麟 氏許에交付ᄒᆞ심을敬要

太極學會 告白

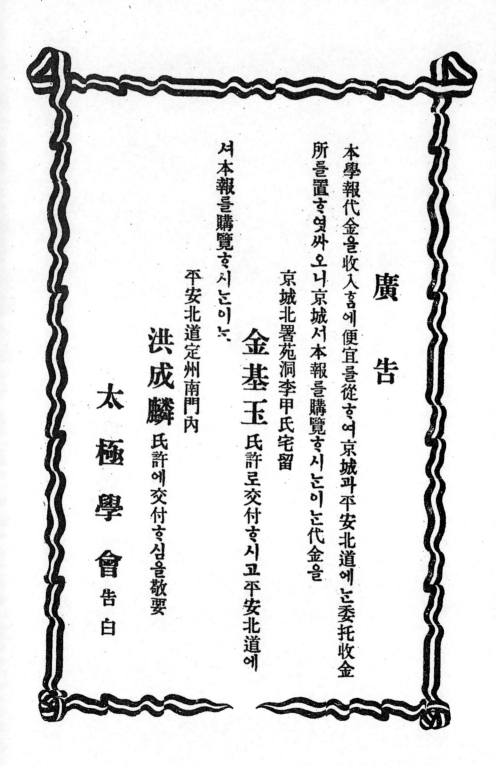

得ᄒᆞ고駸々進步ᄒᆞ야今日의地位에至ᄒᆞ니라

社會狀態

國民階級

維新前에ᄂᆞᆫ上으로皇族下로公家、武家、平民、賤民 四階級에區別ᄒᆞ야其制限의嚴重함이我國과彷彿ᄒᆞ더라公家에ᄂᆞᆫ五攝官等이有ᄒᆞ야皇帝를輔佐ᄒᆞ고武家에ᄂᆞᆫ德川將軍이江戶(今日東京)에據ᄒᆞ야三百幾十의諸候를管理ᄒᆞ고此等諸候ᄂᆞᆫ其管內人民의게對ᄒᆞ야生殺之權을恣行함의此에屬ᄒᆞᆫ諸臣은一層人民을蔑視하기를禽獸와갓치하더니維新以後로ᄂᆞᆫ門閥을打破ᄒᆞ야비록形式上으로ᄂᆞᆫ貴族賤民의階級이有ᄒᆞ나法律上으로ᄂᆞᆫ同等權理義務가有ᄒᆞ니라

今日에至ᄒᆞ야 ᄂᆞᆫ身分의貴賤과財產의多寡ᄂᆞᆫ不問ᄒᆞ고智識의明暗과才幹의優劣로人의價値를決定ᄒᆞ나니彼才智가有ᄒᆞᆫ者ᄂᆞᆫ將相地位라도容易히占ᄒᆞᆯ수잇고雖富貴의子弟라도才智가無ᄒᆞ면下等社會에沉溺ᄒᆞ야終身苦勞ᄒᆞ고또年來一部人士가不平을抱ᄒᆞ고社會主義를唱道ᄒᆞ더라

文藝

莊園訪靈

抱宇生

一週工課修盡이라日曜春光探訪코져竹杖麻鞋短瓢子로大森八景園에드러서니百花ᄂᆞᆫ紅々白々相間開ᄒᆞ야嬌態를자랑ᄒᆞ고長松은鬱々蒼々倒絶頂ᄒᆞ야琴聲을아리ᄂᆞᆫ듯江水潺々白鷗飛ᄒᆞ고漁歌一曲片舟行ᄒᆞ니

武陵桃源이아닌가帽子를松枝에脫掛ᄒᆞ고綠陰屛風芳草席에默々히안저스니萬慮飛去白雲間ᄒᆞ고莊周蝴蝶잠간되여宇宙를遍踏타가韓半島에도라드니物態는寂寥ᄒᆞ고愁雲만深鎖ᄒᆞᆫᄃᆡ可憐無罪ᄒᆞᆫ民族은祖宗遺業을誰의게付托ᄒᆞ며錦繡江山福樂園은誰의게讓與ᄒᆞ고極毒ᄒᆞᆫ鞭撻下에驅逐되여父子相別웬말이며轉於溝壑웬말인가四方八面放砲聲에義旗一翻愛國血은大韓民族精神이라同胞된我의心肝怒氣가大發ᄒᆞ미袖手傍觀不能이라一死로欲從ᄒᆞ더니瑪志尼의故事가思鼓를擊震이라猛然反醒에憮然自語曰噫라今日을當ᄒᆞ야相當ᄒᆞᆫ救濟의方策이無ᄒᆞ면雖是千萬의死라도終來에完全ᄒᆞᆫ結果를未得ᄒᆞ리라ᄒᆞ야心釰을自抑ᄒᆞ고撫膝長歎ᄉᆡᆼ각ᄒᆞ되良策을不得ᄒᆞ야默々히안졋더니日已暮矣라投宿ᄒᆞᆯ곳無路ᄒᆞ야이리저리人家를尋訪타가太白山下다々러서一曲二曲도라드니山은寂寞萬疊이고月은蒼涼黃昏인데前面을바라보니萬丈檀木碧陰下에一間草屋이隱々히遠映커늘急々히前進ᄒᆞ야門前에當到ᄒᆞ니蒼顔白髮에風度가非凡ᄒᆞᆫ一老翁이廢衣破笠으로愁色이滿顔ᄒᆞ야書案을獨倚ᄒᆞ고壁上에兩幅地圖만熟視ᄒᆞ거늘잠간바라보니大字로上面에橫書ᄒᆞ여스되第一은朝鮮圖라ᄒᆞ엿고第二는滿洲及蒙古圖라ᄒᆞ엿더라心中에自思ᄒᆞ되昔에漢室이傾頹ᄒᆞ엿슬時에襄陽隆中에如此ᄒᆞᆫ事가有ᄒᆞ엿더니今에韓室이危殆ᄒᆞᆫᄃᆡ奇蹟이相照ᄒᆞ니此必其人也否아心中에大喜ᄒᆞ야急々히門下에趨進ᄒᆞ야柴扉를두다리니老人이遑忙히出迎ᄒᆞ야室內로引導ᄒᆞ는지라隨入坐定ᄒᆞ야寒暄을問ᄒᆞᆫ後에老人이曰客은何人이며何로從ᄒᆞ야此에來

ᄒᆞ엿나뇨

答曰小生은本是韓國人으로國家의危亂을當ᄒᆞ야救濟의方策이無ᄒᆞ기로先生의高見을聞코저來ᄒᆞ엿거니와願컨ᄃᆡ鄙타말으시고一敎를垂ᄒᆞ옵소셔

老人이曰壯哉라此言이며奇哉라此言이여余의拜ᄒᆞᄂᆞᆫ비도國을憂ᄒᆞᄂᆞᆫ者며敬ᄒᆞᄂᆞᆫ비도國을憂ᄒᆞᄂᆞᆫ者라君言이如此ᄒᆞ니余雖老軀無知나엇지君을爲ᄒᆞ야一時의討論을敢惜ᄒᆞ리오大抵國家의一治一亂은自古有之어니와韓國의現今情況이如何ᄒᆞ뇨

答曰極度의破壞時代에處ᄒᆞ엿나이다然이나可畏ᄒᆞᆯ비ᄂᆞᆫ我의反對되ᄂᆞᆫ者가旺盛時代에處ᄒᆞ엿ᄉᆞᆸ니다

老人이曰極度의破壞時代를當ᄒᆞ엿스면速히建設을圖ᄒᆞᆯ지라만일遲緩ᄒᆞ면他人의建設을被ᄒᆞᆯ지며反對者의旺盛時代에處ᄒᆞᆷ은實노難ᄒᆞᆫ비어니와被反對者의게ᄂᆞᆫ破壞를催促ᄒᆞ며建設을速進케ᄒᆞᄂᆞᆫ利益이될지라ᄒᆞ노라

答曰然則엇지ᄒᆞ오릿가

老人이曰國家를爲ᄒᆞ야一死를不惜ᄒᆞᄂᆞᆫ者幾人이나有ᄒᆞ며一定ᄒᆞᆫ理想과一定ᄒᆞᆫ方策으로經營ᄒᆞᄂᆞᆫ者幾人이나有ᄒᆞ며ᄯᅩᄒᆞᆫ誠心이有ᄒᆞ뇨

答曰誠心이有ᄒᆞ며國家를爲ᄒᆞ야死코저ᄒᆞᄂᆞᆫ者도不少ᄒᆞ나一定ᄒᆞᆫ理想과一定ᄒᆞᆫ方策으로行ᄒᆞᄂᆞᆫ者ᄂᆞᆫ無ᄒᆞ며ᄯᅩᄒᆞᆫ賣國코저ᄒᆞᄂᆞᆫ者도多ᄒᆞ의다

老人이曰誠心이有ᄒᆞ며犧牲에甘投ᄒᆞᄂᆞᆫ者가多ᄒᆞ면一定ᄒᆞᆫ理想과一定ᄒᆞᆫ方策도亦從出來ᄒᆞ리니憂慮ᄒᆞᆯ것이無ᄒᆞ거니와韓國의現態가幾日을不越ᄒᆞ야四面衝突의變動이有ᄒᆞᆯ지니余가君의게對ᄒᆞ야討論의終結을

定코저ᄒᆞ노니速히準備ᄒᆞ라準備ᄂᆞᆫ即教育이라ᄒᆞ노라

答曰近日各處의學校가蜂起ᄒᆞ미教育의態度가希望이有ᄒᆞ외다마ᄂᆞᆫ或은朝刱暮廢ᄒᆞ며或은繼續ᄒᆞᄂᆞᆫ者가有ᄒᆞ여도妨害ᄒᆞᄂᆞᆫ者가多ᄒᆞ외다

老人이曰誠如君言이면韓國은危矣로다마ᄂᆞᆫ好事多障은人類社會에固有難免之理어니와此ᄂᆞᆫ一般國民의冒險附事的精神을渙發ᄒᆞᄂᆞᆫ原動力일가ᄒᆞ노라

答曰願컨ᄃᆡ其相當ᄒᆞᆫ方策을下教ᄒᆞ옵소서

老人이曰朝立暮止ᄒᆞᆷ은一定ᄒᆞᆫ方策이無ᄒᆞᆷ이라然이나余의意見을從ᄒᆞᆯ진ᄃᆡ幾個條件을陳述ᄒᆞ리라

第一條ᄂᆞᆫ全國教育機關을統一ᄒᆞᄂᆞᆫ것이必要ᄒᆞ며

第二條ᄂᆞᆫ其統一을爲ᄒᆞ야獻身ᄒᆞᄂᆞᆫ機關의確立ᄒᆞᆷ이可ᄒᆞ되十三道聯合總機關이可ᄒᆞ며

第三條ᄂᆞᆫ教師니教師가現今不足ᄒᆞ거든外邦에出學ᄒᆞᄂᆞᆫ有志人士로ᄒᆞ여금第二條機關에聯絡ᄒᆞ면不過幾年에教師가充分ᄒᆞᆯ지며

第四條ᄂᆞᆫ教育都機關의處所니此에對ᄒᆞ여ᄂᆞᆫ多小說明을要ᄒᆞᆯ지라君도知ᄒᆞᄂᆞᆫ바어니와韓國人民은其本來品性이美麗強活ᄒᆞᆫ程度ᄂᆞᆫ列強民族보다特優ᄒᆞ거니와由來鄙習에生活ᄒᆞᆫ故로雖是有志人士라도鄙習에沉淪키容易ᄒᆞᆫ즉不可不此機關은大都會處近方에靜閑ᄒᆞᆫ村落이可ᄒᆞᆯ지며

第五條ᄂᆞᆫ授教育者니其性質이師範에適當ᄒᆞᆫ者를擇ᄒᆞ되活潑勇敢의精神을特有

ᄒᆞᆫ者가可ᄒᆞ며其數ᄂᆞᆫ一定ᄒᆞ야全邦敎育界에充滿케ᄒᆞ되該授敎育者로ᄒᆞ여금第二條機關에關係를有케ᄒᆞ고一定ᄒᆞᆫ年限을定ᄒᆞ야師範을敎育ᄒᆞ되古昔스팔타國의制度를應用ᄒᆞᆯ지니라

答曰以上에對ᄒᆞ여ᄂᆞᆫ先生의下敎를順奉ᄒᆞ려니와今日韓國形勢에對ᄒᆞ야其敎育範圍가此에止ᄒᆞᆯ뿐이오닛가

老人이曰以上에言ᄒᆞᆫ바ᄂᆞᆫ內地에對ᄒᆞ야行ᄒᆞᆯ바어니와建設ᄒᆞᆷ에對ᄒᆞ야엇지此로써滿足타ᄒᆞ리오又一個方畧이有ᄒᆞ니即外邦에對ᄒᆞ야要求ᄒᆞᆯ바라此를實行ᄒᆞᆷ에對ᄒᆞ여ᄂᆞᆫ極히其人이無ᄒᆞ면不可ᄒᆞᆯ지니足히其責任을能擔ᄒᆞᆯ資格을擇ᄒᆞ야將來韓國에對ᄒᆞ야重大ᄒᆞᆫ關係를有ᄒᆞᆯ列邦에派遣ᄒᆞ야各々其相當ᄒᆞᆫ責任을負擔케ᄒᆞ되其要할바의種類ᄂᆞᆫ君도知ᄒᆞᄂᆞᆫ바인즉其說明을不要ᄒᆞ노라

答曰下敎ᄒᆞ신方策은實노韓國을再造ᄒᆞᄂᆞᆫ恩澤이라萬死라도報効ᄒᆞ려니와先生의下敎되로行ᄒᆞ야其理想을達코저ᄒᆞ면許多ᄒᆞᆫ歲月을要ᄒᆞᆫ然後에야可ᄒᆞᆯ지라方今時勢가累卵에處ᄒᆞ미如此ᄒᆞᆫ緩策을用ᄒᆞ면不及의歎이有ᄒᆞᆯ가ᄒᆞ노니願컨ᄃᆡ急救之策이無할넌지요

老人이曰ᄒᆡ君言도不可ᄒᆞᆷ은無ᄒᆞ거니와試思ᄒᆞ라世間萬事에相當ᄒᆞᆫ準備가無ᄒᆞ고所望의結果를得할理가何에在ᄒᆞ리오君은方今青年이라血氣의作用이過大ᄒᆞ야如此ᄒᆞᆫ言을發ᄒᆞ거니와大責任을擔任ᄒᆞᆫ者ᄂᆞᆫ恒常輕擧의敗를銘心ᄒᆞᆯ지라再三懇托ᄒᆞ니完全ᄒᆞᆫ準備를圖ᄒᆞᆫ後에完全ᄒᆞᆫ結果를待ᄒᆞ라種을播ᄒᆞ면結果를收ᄒᆞᆯ期限은時勢를從ᄒᆞ야遲速이有ᄒᆞ거니와君이不收ᄒᆞ면君의子孫도可ᄒᆞ며君의同志도可ᄒᆞ야百代에連

及흠도無妨타ᄒᆞ노라
答曰如此ᄒᆞᆫ責任을擔負ᄒᆞᄂᆞᆫ者ᄂᆞᆫ相當ᄒᆞᆫ資格을抱有흠이理의固然ᄒᆞᆫ비어니와小生과如ᄒᆞᆫ者ᄂᆞᆫ此責任을擔負ᄒᆞᆯ義務ᄂᆞᆫ有ᄒᆞ거니와其資格은未有ᄒᆞᆫ者인즉其資格에對ᄒᆞ야必要ᄒᆞᆫ秘訣을下敎ᄒᆞ시옵소셔
老人이曰一曰博愛、二曰至誠、三曰勇斷、四曰善守秘密이니此外에ᄂᆞᆫ其資格에對ᄒᆞᆫ要素를余ᄂᆞᆫ全然不知ᄒᆞ노라
謝曰小生을爲ᄒᆞ야許多ᄒᆞᆫ時間을費盡ᄒᆞ엿ᄉᆞ오니于心不安이오며如此ᄒᆞᆫ萬古不再之聖訓을下垂ᄒᆞ심에對ᄒᆞ여ᄂᆞᆫ百骨도難忘이로소이다………仍ᄒᆞ야姓名을揖問ᄒᆞᆫ즉老人이答曰余ᄂᆞᆫ此山主人이니不必多問이라ᄒᆞᄂᆞᆫ際에無情ᄒᆞᆫ溪笛一聲이困夢을驚罷ᄒᆞ니日色은已暮ᄒᆞᆫᄃᆡ遠山에尋巢鵲은不如婦를啼送이라精神을收拾ᄒᆞ야短歌一曲으로旅窓에歸來ᄒᆞ야잔々ᄒᆞᆫ灯불아리夢事를싱각ᄒᆞ니異常코奇妙ᄒᆞ다探景一夢이이뿐인가………

海底旅行

冒險生

第十一回 三士上陸獵獲未收 蠻氏襲艇矢石如雨

却說아氏ㅣ콘、넷兩人을率ᄒᆞ고一葉艇을萬頃波上에乘出ᄒᆞ니淸風은徐來ᄒᆞ고水波ᄂᆞᆫ不興이라一葦의所如를放任ᄒᆞ야海島ㅣ小灣에將近ᄒᆞ니넷氏ᄂᆞᆫ虎口를脫出ᄒᆞᆫᄃᆞ시喜踴雀躍ᄒᆞ야아氏를回顧曰吾輩ㅣ此島에上陸커든鳥獸를多數獵取ᄒᆞ야久廢ᄒᆞᆫ肉食을挽回흠이可ᄒᆞᆯ듯ᄒᆞ외다아氏答曰吾輩ㅣ가此島에上陸ᄒᆞ야鳥獸를獵取키ᄂᆞᆫ姑舍ᄒᆞ

고吾輩를啗食홀猛獸가現出ᄒᆞ면將次如何히홀고넷氏ㅣ笑曰世所謂猛獸라爲名ᄒᆞᆫ者가有홀지라도虎獅態豹等에不過홀지니如或逢着커든余ᄂᆞᆫ所有의腕力을出試ᄒᆞ라다余ㅣ近來海底의沈生物을未脫ᄒᆞ야陸獸를獵取ᄒᆞᆫ지가頗久ᄒᆞ엿거니와腕力을一出ᄒᆞ면何等所畏가有ᄒᆞ리오콘셀이笑曰君은過言을勿吐ᄒᆞ고肉食만只求ᄒᆞ라ᄒᆞ야相顧相笑ᄒᆞ며勇氣를鼓進ᄒᆞ야瞬時間에잘파島海岸에到着ᄒᆞ야艇舟를岸頭岩石에係置ᄒᆞ고岩石을攀登ᄒᆞ니無數ᄒᆞᆫ喬木은連列對立ᄒᆞᆫᄃᆡ鬱蓊々ᄒᆞᆫ綠葉은島景을自誇ᄒᆞ고兀出ᄒᆞᆫ峯岩은天然을畵出ᄒᆞ엿ᄉᆞ니眼前所在가無非博物家의玩賞物이라아氏ᄂᆞᆫ躇躕遠望ᄒᆞ야景色을探探호ᄃᆡ콘、넷兩人은少不關念ᄒᆞ고食物을只求홀식數十大椰子樹를把撓ᄒᆞ야滿熟自落ᄒᆞᄂᆞᆫ椰實을多數拾取ᄒᆞ고아氏를招ᄉᆞᄒᆞ야其味를嘗試ᄒᆞ니其味가雖美로ᄃᆡ數十顆를喫盡ᄒᆞ나飽氣ᄂᆞᆫ少無러라然이나넷氏ᄂᆞᆫ攀木撓枝ᄒᆞ야椰果만欲取커늘콘셀이挽留曰他所를進往ᄒᆞ면幾多의果物이不無이거늘何由로此椰子만只貪ᄒᆞᄂᆞᆫ가넷氏ㅣ曰是矣是矣라君言이可也로다ᄒᆞ야行步數十야드에他種果實은絶無ᄒᆞᆫ지라넷氏忽然發憤擧聲曰果物이何在오左顧右眄에不平의氣가頗有러라三十야드相距를進前ᄒᆞ미何許物이越便林下에橫走ᄒᆞ거늘넷氏ㅣ擧手一擊에其眉間을正中ᄒᆞ니奇恠一聲에與丸共斃라進前熟視ᄒᆞ니不過一狸라捨而不顧ᄒᆞ고二三時頃을進向ᄒᆞ야리마라云ᄒᆞᄂᆞᆫ一種植物의叢立ᄒᆞᆫ樹林을發見ᄒᆞ니此ᄂᆞᆫ熱帶地方植物이라果味頗良ᄒᆞ야麵包를可代ᄒᆞ미熱帶航海者들이常食을作ᄒᆞᆫ者이라넷氏ᄂᆞᆫ曾昔此果를善喫ᄒᆞ엿든고로一度

處에巨大喜不自勝ᄒᆞ야아氏를回顧曰今에如此好食物을摘得ᄒᆞ엿ᄉᆞ니不食이면不可라아ㅣ氏笑曰貴君의所欲이어든十分飽食ᄒᆞ라余亦拾食ᄒᆞ리라ᄒᆞ고草席에散坐ᄒᆞ야枯木을集燒ᄒᆞ고果物을向炮ᄒᆞ야柑勸相食ᄒᆞ니時過正午라歸路를探訪ᄒᆞᆯᄉᆡ넷氏愀然曰吾輩ㅣ此島에上陸ᄒᆞᆷ이例外幸運이니徐々히還鄕의策을講究ᄒᆞᆷ이何如오아氏掉頭不肯曰넷君의言도無理ᄂᆞᆫ아니나此ᄂᆞᆫ好個時機가아니니假令吾輩ㅣ暫時脫船의幸運을得ᄒᆞᆫ들茫々ᄒᆞᆫ此海島에서蠻人의侵害를如逢ᄒᆞ면後悔가莫及이니速히歸艦ᄒᆞ엿다가明日再獵이似好々ᄂᆞ로다넷氏默然良久에打膝低言曰余心已定이라君言을信從ᄒᆞ리라ᄒᆞ고摘得ᄒᆞᆫ果實을艇舟에滿載ᄒᆞ야五時半頃에노티라스에歸着ᄒᆞ니라

翌日早朝에獵具를再次整備ᄒᆞ고콘、넷 兩逢得ᄒᆞ미人을率ᄒᆞ고艇舟를再駕ᄒᆞ야길ㅣ샏아島를向進ᄒᆞᆯᄉᆡ넷氏ㅣ아、콘 兩人을回顧曰今日은鳥獸의美肉을應喫ᄒᆞ리니舊路를放棄ᄒᆞ고新路를取進ᄒᆞ쟈ᄒᆞ고新路를取漕ᄒᆞ야前日上陸處에서四五百尺西方에回着ᄒᆞ야携手上陸ᄒᆞ니此處ᄂᆞᆫ鳥類가頗多ᄒᆞ야萬樹綠陰이陰々ᄒᆞᆫ處에嚶々의聲을送ᄒᆞᄂᆞᆫ者도有ᄒᆞ여嚶々의鳴을弄ᄒᆞᄂᆞᆫ者도有ᄒᆞ야茫々ᄒᆞᆫ孤島中에遠遊ᄒᆞᄂᆞᆫ旅人을歡迎ᄒᆞᄂᆞᆫ듯三人心懷가愁中에喜色을相帶ᄒᆞ고或瞻或眺ᄒᆞ니皆是食料品物은아니라此處彼處로食料品을熱探ᄒᆞ더니콘셀이白鳩一羽와靑鴿一羽를獵獲ᄒᆞ여거ᄂᆞᆯ直時枯木을集燒ᄒᆞ야骨筋도無餘盡喫ᄒᆞ미於是三人氣力이飢困을僅免이라喜色相帶ᄒᆞ고談笑一班으로散獵須臾에三人이各히獵取物을相聚ᄒᆞ고山谷으로前進코져ᄒᆞ든際에山林陰翳ᄒᆞᆫ

ᄒᆞᆫ毒蛇가多數蟠在ᄒᆞ엿거늘一時進路를中止ᄒᆞ고回踵ᄒᆞᆯ時에忽然飛石이林中으로從來ᄒᆞ거늘三人이驚怪ᄒᆞ야急히回見ᄒᆞ니寂寞ᄒᆞᆫ山陰에人影이原絶ᄒᆞ엿스니但止怪異ᄒᆞᆯ뿐이러라忽然飛石이再次來落거늘콘셀이商量曰此ᄂᆞᆫ必也猿猴의所爲로다아氏曰否라此ᄂᆞᆫ蠻奴의所爲로다吾輩ㅣ長久히遲滯ᄒᆞ게ᄃᆞ면意外의禍를難免이니速히歸艦ᄒᆞᆷ이爲好々々로다言未訖에數百步를相隔ᄒᆞᆫ越便樹陰下에數可二十名의蠻人이弓箭과石投兒(망미)를各提ᄒᆞ고矢石을向射ᄒᆞᄂᆞᆫ지라아、넷氏兩人은獵取物을盡投ᄒᆞ고넷氏ᄂᆞᆫ沒數抱負ᄒᆞ야五分時間에艇舟에來着ᄒᆞᆯ식挺子를急搖ᄒᆞ야노티라스로向走ᄒᆞ니蠻奴ᄂᆞᆫ海岸에已着ᄒᆞᆫ지라三人이必死의氣力을盡費ᄒᆞ야虎口를僅免ᄒᆞ고노티라스에急上ᄒᆞ니當時네모ㅣᄂᆞᆫ客室에閉坐ᄒᆞ야樂器를弄彈ᄒᆞᄂᆞᆫ지라아氏ㅣ네모ㅣ의彈琴에爲妨을未覺ᄒᆞ고大呼曰艦長々々이여大事出矣라再次大呼ᄒᆞ되네모ㅣᄂᆞᆫ依然不知ᄒᆞᄂᆞᆫ지라三次大呼ᄒᆞ니네모ㅣ吃驚曰아公이여今日은獲物이應多로다아氏流汗을頻拭ᄒᆞ며曰不意에數多ᄒᆞᆫ蠻奴를逢着ᄒᆞ엿노라네모ㅣ曰然則諸君은蠻奴의攻擊을應受ᄒᆞ엿스리로다彼의數爻가幾何런고、아氏答曰無慮百餘名이로다네모ㅣ曰然則길샏ㅣ아全島蠻奴가依數集來로다彼가如何히노티라스를攻擊ᄒᆞᆯ지라도노티라쓰ᄂᆞᆫ憂事가毫無타ᄒᆞ야泰然히琴弦만更引ᄒᆞᆯ뿐이라아氏ᄂᆞᆫ憂心忡々ᄒᆞ야甲板上에再上ᄒᆞ야실샏ㅣ아島를向望ᄒᆞ니日色은已暮ᄒᆞᆫᄃᆡ蠻人은依然히海岸을不去ᄒᆞ고一面으로篝火를焚之ᄒᆞ며叫聲을時發ᄒᆞ니必是勇氣를誇壯ᄒᆞᄂᆞᆫ듯一邊으로艦長의所言을信ᄒᆞ야蠻

人의來侵을恐懼ᄒᆞ고一邊으로ᄂᆞᆫ炯月을長望ᄒᆞ야故鄕을遠思ᄒᆞ니凄然一身이所在를莫知라寢室에歸來ᄒᆞ야轉輾反側으로一寐를未成ᄒᆞᆯ뿐더러此夜ᄂᆞᆫ노티라스의欲窓을不閉ᄒᆞ고電光을如前히煒照ᄒᆞ니恰然히蠻人의來侵을固待ᄒᆞᄂᆞᆫ듯ᄒᆞᆫ지라아氏ᄂᆞᆫ愁懼無力ᄒᆞ되蠻人은電光의光輝를恐怖ᄒᆞ야此夜一夕은接近을未敢터라翌日에아氏ㅣ蠻人의來侵을恐懼ᄒᆞ야早朝에甲板上에서越岸을望見ᄒᆞ니其數가六七百名可量인ᄃᆡ退潮의機會를暗乘ᄒᆞ야노티라스로向來ᄒᆞᆯ形勢더라彼蠻人의形貌를槩察컨ᄃᆡ裸軆赤髮에顏色이眞黑ᄒᆞ고耳輪에骨製環物을每貫ᄒᆞ며手에ᄂᆞᆫ弓矢或은石投兒를各持ᄒᆞ엿ᄂᆞᆫᄃᆡ其中酋長爲名者ᄂᆞᆫ頭圍에玻製環을疊圍ᄒᆞ여猛獰ᄒᆞᆫ氣色이人目을咆驚터라衆口一聲에蠻語를向吐ᄒᆞ야喧嘩를不絕ᄒᆞ더니少焉에葉艇을出泛ᄒᆞ고一箇酋長이先次乘入ᄒᆞᆫ後에衆蠻이連船ᄒᆞ여노티라스를向來ᄒᆞ더라

雜錄

○張氏歸國　紳士張永翰氏ᄂᆞᆫ本以平南江東郡居有志人士로年前에數多ᄒᆞᆫ資本을獨出ᄒᆞ야該郡에經治學校를設立ᄒᆞ고聰俊子弟를盡心敎育ᄒᆞᆷ은世人이無非感嘆ᄒᆞᄂᆞᆫ바어니와去三月分에日本敎育界를視察ᄒᆞ기爲ᄒᆞ야東京에渡來ᄒᆞ엿더니其間一般視察을告畢ᄒᆞ고本月初에還國ᄒᆞ엿스니吾人은同氏의愛國熱誠을無限攢祝ᄒᆞᄂᆞᆫ바어니와我敎育界에對ᄒᆞ여ᄂᆞᆫ特著ᄒᆞᆫ實效가速히光揚되기를固待ᄒᆞ노라

○李氏歸國　紳士李章夏氏ᄂᆞᆫ本來基督敎

會에서名望이宿著ᄒᆞᆫ人士라往者光武九年夏에遊學次로北美에前往ᄒᆞ다가不幸히眼檢에落榜되매不得已歸國ᄒᆞᄂᆞᆫ路次에東京에來ᄒᆞ엿다가厥後에東洋宣敎會의設立ᄒᆞᆫ聖書學院神學部에入學ᄒᆞ야三載星霜에非常ᄒᆞᆫ困難을經盡ᄒᆞ더니今年春에全科를卒業ᄒᆞ고本月初에歸國ᄒᆞ엿스니吾人은同氏의成功에對ᄒᆞ야我邦精神界의一大新曙光이昇出ᄒᆞᆷ을祝賀不已ᄒᆞ노라

○海報特色　俄領海參威에居留ᄒᆞᄂᆞᆫ我同胞들이年前브터啓東學校를創立ᄒᆞ고靑年子弟를熱心敎育ᄒᆞ다더니今年春브터ᄂᆞᆫ時務의急迫ᄒᆞᆷ을尤極痛嘆ᄒᆞ야海朝新聞社를該港內에創設ᄒᆞ고純國文으로新聞을日刊發行ᄒᆞᄂᆞᆫᄃᆡ本會에도逐號寄贈ᄒᆞ니吾輩ᄂᆞᆫ其厚誼를感謝ᄒᆞ거니와同新聞의慷慨激切ᄒᆞᆫ言論이吾輩로ᄒᆞ여곰今日을痛悔ᄒᆞ고來頭를警醒케ᄒᆞ니吾人은同新聞의神聖ᄒᆞᆫ主義와犧牲의精神을千萬祝拜ᄒᆞ며兼ᄒᆞ여我一般同胞가陸續購覽ᄒᆞ기를切望ᄒᆞ노라

會事要錄

○去月十八日에本會任員會를本事務所에開ᄒᆞ고一般會員을申飭ᄒᆞ기爲ᄒᆞ야左開諸氏를擇定ᄒᆞ다

金志侃、金鎭初、李潤杜、金鴻亮、李寅彰

○去月十八日에本會任員會에서成川郡人士의支會請願ᄒᆞᆫ事에對ᄒᆞ여認許ᄒᆞ기로決議ᄒᆞ고十九日通常總會에提出ᄒᆞ야承認ᄒᆞ다

○去月十九日通常總會에桑港居留張仁煥田明雲兩氏義擧에對ᄒᆞ야本會에서義金百六圓七十三錢五厘를募集ᄒᆞ엿ᄂᆞᆫᄃᆡ第一回로玖拾圓桑港共立協會로傳托ᄒᆞ다

○去月十九日總會決議로本會通常會日을每月第一、第三日曜兩次로改定ᄒᆞ다

○本月十六日任員會決議로本會館을神田區仲猿樂町私立順天中學校舍를借用케ᄒᆞ다

○本月十六日에本會任員會를本事務所에開ᄒᆞ고本會々票를制定ᄒᆞ야一般會員이持用케ᄒᆞ기로決定ᄒᆞ고廿四日通常總會에提出ᄒᆞ야承認ᄒᆞ다

新入會員

成禎洙氏가今番本會에入會ᄒᆞ다

本報義捐人氏名

李殷燮氏　壹百圜

會員消息

○會員朴永魯氏ᄂᆞᆫ月前에攝養次로還國ᄒᆞ엿더니去月브터平安南道甑山郡私立彰新學校의名譽校師로熱心勤務ᄒᆞᆫ다더라

○會員李珍河氏ᄂᆞᆫ春期放學에歸國ᄒᆞ엿더니去月末에東京에渡來ᄒᆞ야如前히通學ᄒᆞ더라

○會員金禹範氏ᄂᆞᆫ昨年秋에渡來ᄒᆞ엿더니學資가未出ᄒᆞ야本月初에歸國ᄒᆞ다

○會員柳種洙氏ᄂᆞᆫ今番私立商工學校商業科에入學ᄒᆞ다

○會員金星起、李源觀兩氏ᄂᆞᆫ私立京北實業學校에入學ᄒᆞ다

○會員金淵祜氏ᄂᆞᆫ私立東京物理學校에入學ᄒᆞ다

○會員金有雨氏ᄂᆞᆫ私立京北中學校一年級에入學ᄒᆞ다

○平南成川郡有志人士들이本會支會를發

起請願ᄒᆞᆫ全文이如左ᄒᆞ니

敬啓者海外萬里에獨立의精神으로四千年國魂을保持ᄒᆞ고文明ᄒᆞᆫ學術의研究를主義ᄒᆞᆫ

貴會熱力의反射力이東半島에直接透明ᄒᆞ니一般春睡에困臥ᄒᆞᆫ內地同胞들이光線을熟視ᄒᆞ고一醒二覺에稍々感動ᄒᆞᄂᆞᆫ觀念이有ᄒᆞ와本人等이

貴支會를本郡內에設立ᄒᆞ기爲ᄒᆞ야玆에請願ᄒᆞ오니

査照認許ᄒᆞ심을敬要

隆熙二年四月五日

平南成川郡太極學會支會發起人

朴相駿、鄭基用、朴相穆
金贊聲、朴正熙、朴在能
全錫禧、朴在善、韓正述
朴相裕、金觀鍾、朴重熙

韓昌殷、朴琔洪、朴在淑
朴相奎、朴用熙、朴範壽
金舜鏞、朴在恒、

太極學會々長　閣下

光武十年八月廿四日創刊
隆熙二年五月二十日印刷
隆熙二年五月廿四日發行
明治四十一年五月二十日印刷
明治四十一年五月廿四日發行

●代金郵稅並新貨拾貳錢

日本東京市芝區白金三光町二百七十三番地
編輯兼發行人 金洛泳

日本東京市芝區白金三光町二百七十三番地
印刷人 金志侃

日本東京市芝區白金三光町二百七十三番地
發行所 太極學會事務所

日本東京市牛込區辨天町二十六番地
印刷所 明文舍

廣告

本會事務所를今番東京芝區白金三光町二百七十三番地本報發行所로移轉ᄒᆞ엿삽기玆以廣佈ᄒᆞᆷ

在日本東京芝區白金三光町二百七十三番地

太極學會事務所 告白

太極學報第卄一號
光武十年九月二十四日
明治三十九年九月二十四日 第三種郵便物認可
隆熙二年五月二十四日
明治四十一年五月二十四日 發行(每月一回發行)

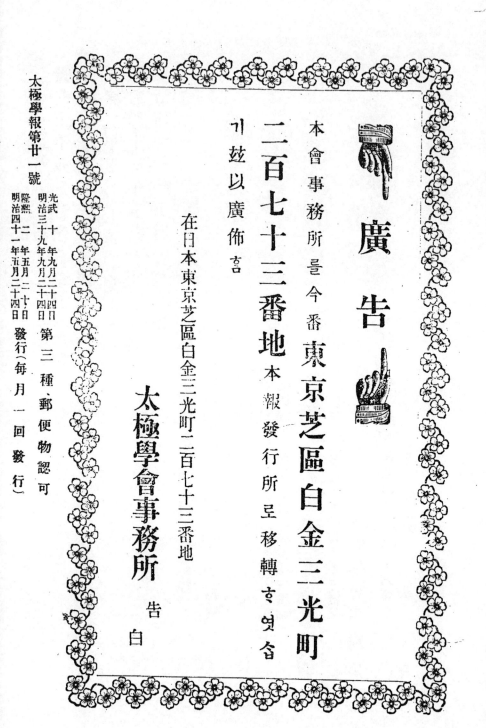

光武十年九月二十四日 明治卅九年九月廿四日 第三種郵便物認可

光武十年八月二十四日創刊

隆熙二年六月二十四日發行(每月廿四日一回)

太極學報

第貳拾貳號

太極學會發行

注意

△本報를購覽코져ᄒᆞ시ᄂᆞᆫ이ᄂᆞᆫ本發行所로通知ᄒᆞ시되居住姓名統戶를詳細히記送ᄒᆞ시며代金은郵便爲替로本會에交付ᄒᆞᆷ을要ᄒᆞᆷ

△本報를購覽ᄒᆞ시ᄂᆞᆫ僉君子씌셔住所를移轉ᄒᆞᄂᆞᆫ이ᄂᆞᆫ速히其移轉處所를本事務所로通知ᄒᆞ시옵

△本報ᄂᆞᆫ有志人士의購覽을便宜케ᄒᆞ기爲ᄒᆞ야出張所及特約販賣所를如左히定ᄒᆞᆷ

皇城中署東闕罷朝橋越便
朱翰榮冊肆（中央書舘內）

平安南道三和鎭南浦港築垌
金元燮家

平壤貫洞
耶蘇敎書院

平壤法首橋
大同書觀

平安北道定州郡南門內
洪成麟商店

北米國桑港韓人共立協會內
金永一住所

◎投書注意

一、諸般學術과文藝詞藻統計等에關ᄒᆞᆫ投書ᄂᆞᆫ歡迎ᄒᆞᆷ

一、政治上에關ᄒᆞᆫ記事ᄂᆞᆫ一切受納치아니ᄒᆞᆷ

一、投書의揭載與否ᄂᆞᆫ編輯人이撰定ᄒᆞᆷ

一、投書의添削權은編輯人의게在ᄒᆞᆷ

一、一次投書ᄂᆞᆫ返附치아니ᄒᆞᆷ

一、投書ᄂᆞᆫ完結ᄒᆞᆷ을要ᄒᆞᆷ

一、投書ᄂᆞᆫ縱十二行橫二十五字原稿紙에正書ᄒᆞᆷ을要ᄒᆞᆷ

一、投書ᄒᆞ시ᄂᆞᆫ이ᄂᆞᆫ居住와姓名을詳細히記送ᄒᆞᆷ을要ᄒᆞᆷ

一、投書當撰ᄒᆞ신이의게ᄂᆞᆫ本報當號一部ᄅᆞᆯ無價進呈ᄒᆞᆷ

太極學報第二十二號目次

太極學報第二十二號目次

論壇

講壇

學園

太極學報

第貳拾貳號

隆熙二年六月二十四日
明治四十一年六月廿四日
〔發行〕

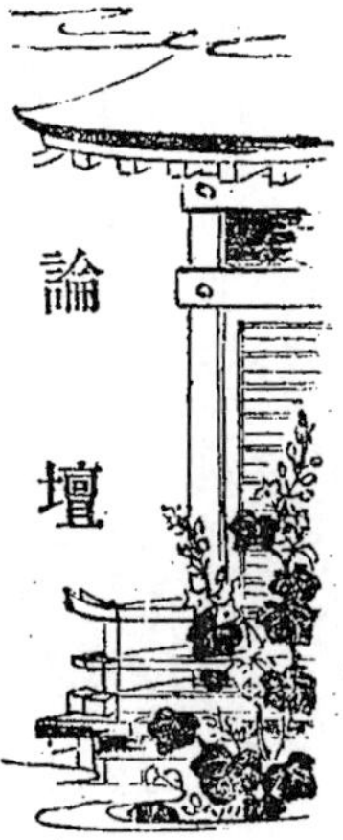

論壇

本報의過去及未來

本會가光武九年九月 日에發起ᄒᆞ고本報가光武十年八月日에創刊ᄒᆞ야本號ᄭᆞ지第二十二回에至ᄒᆞ야스니我大韓帝國社會上의月報名詞ㅣ生出ᄒᆞᆫ以後에若是히壽續ᄒᆞᆷ은初有ᄒᆞᆫ事이로다嗚呼라此豈偶然哉리오海外萬里에風雨가凄凉ᄒᆞ고天涯三島에霜雪이凜烈ᄒᆞᆫ中에孤成子立ᄒᆞᆫ蕞爾一法人이라中間悲慘ᄒᆞᆫ情景과艱險ᄒᆞᆫ狀況을多少經歷ᄒᆞ야스나百折不撓ᄒᆞ고萬挫不屈ᄒᆞᄂᆞᆫ勇膽義血이點々凝合ᄒᆞ며滴々團聚ᄒᆞ야如此ᄒᆞᆫ善果의爻象을發現ᄒᆞ엿스니會員諸同胞의苦心至誠은已無加論이어니와內地의一般社會며各道郡邑의有志ᄒᆞᆫ紳士諸氏가東雲을瞻望ᄒᆞ고齊聲一力으로扶導ᄒᆞ야幼穉ᄒᆞᆫ

腦髓中에祖國精神을大醒大呼ᄒᆞ며空乏ᄒᆞᆫ手袋裏에涸轍恩波를載噓載送ᄒᆞ야此地頭에到達ᄒᆞ엿도다內地의祖護만不特如是ᄒᆞᆯᄲᅮᆫ外라海外에住在ᄒᆞᆫ桑港布哇의同胞며上海々蔘의同胞가聲氣를相贈ᄒᆞ며心力을乃同ᄒᆞ야本報發行이數千餘部에達ᄒᆞ엿슨즉以若遐遠一隅의區々ᄒᆞᆫ一片孤忱이熙々播及치안는것은아니나我韓二千萬人口를較計ᄒᆞ면本報觀覽人士가萬分之一에不過ᄒᆞᆫ지라此가엇지本報의發行ᄒᆞᄂᆞᆫ本意라謂ᄒᆞ리오更히大呼一聲으로內地各社會各學校의代表者와有志ᄒᆞᆫ人士諸氏와外地에駐在ᄒᆞᆫ同胞諸氏의게敬告ᄒᆞ노니現今我大韓의遺存ᄒᆞᆫ權利가何物이有ᄒᆞᆫ가政治法律도我의所有가아니오財政軍權도我의所有가아니오山林川澤도我의所有가아니오民籍警察도我의所有가아니라我의一點一毫라도

人의게見奪한바ㅣ아니오我가一切事爲를不能ᄒᆞ야一朝에他手에奉獻ᄒᆞ얏슨즉足히怨懟ᄒᆞᆯ바ㅣ無ᄒᆞᆯ지요다만二千萬民族의精神이有ᄒᆞ다ᄒᆞᆯ지나一般國民의腦髓中에純全ᄒᆞᆫ精神이個々히有ᄒᆞ다云ᄒᆞ기亦難ᄒᆞ도다然ᄒᆞᆫ즉此精神을培養ᄒᆞ며鼓吹ᄒᆞᆯ方法을研究ᄒᆞᆯ진ᄃᆡ高山正芝의淚墨과瑪志尼의血筆노一般同胞를警醒ᄒᆞᄂᆞᆫ外에更無ᄒᆞᆫ지라所以로本會가諸位同胞의게同情을表ᄒᆞ고聲氣를聯絡ᄒᆞ야驥尾의蠅을決爲코저ᄒᆞᆯᄲᅮᆫ外라本報가本號로爲始ᄒᆞ야一倍淬礪ᄒᆞ야觀覽諸氏의注意ᄒᆞ심을要코져ᄒᆞ나文辞가空疎ᄒᆞ야感動의能力이欠缺ᄒᆞ니是를憂歎ᄒᆞ오나一團苦血은專注ᄒᆞᆫ바오며至於講壇學園ᄒᆞ여ᄂᆞᆫ世界의優越ᄒᆞᆫ科學을或譯述ᄒᆞ며或添削ᄒᆞᆫ바인즉敎科書一例로複比를作ᄒᆞᆯ지니敎育界의裨益은不可無ᄒᆞ리로다

庶幾我二千萬同胞가本會의一分微悃을矜憫히녁이사愛護를一層加賜ᄒᆞ며家々案頭에本報를愛讀ᄒᆞ야至誠所及에他日活舞臺上에太極旗의特色을發揚케ᄒᆞᆷ을是望是祝ᄒᆞ노라

決心의能力

金志侃

宇宙ᄂᆞᆫ廣濶ᄒᆞ고社會ᄂᆞᆫ複雜ᄒᆞᆫᄃᆡ微々ᄒᆞᆫ一點靈과區々ᄒᆞᆫ一塊肉으로自由自在히此世를處理코져ᄒᆞᄂᆞᆫ吾人々生은如何ᄒᆞᆫ精神과如何ᄒᆞᆫ方針으로能히宇宙間에突立ᄒᆞ며社會上에勇進ᄒᆞ야大事業大經營을試ᄒᆞᆯᄂᆞᆫ지此를完全히成就ᄒᆞ고良好ᄒᆞᆫ結果를得ᄒᆞ라면吾人의決心에在ᄒᆞ다斷言ᄒᆞᆯ지라譬ᄒᆞ건ᄃᆡ徒步로千里를行ᄒᆞᆯ時에前路의高山深水에跋涉의困難이無ᄒᆞᆫ바가아니나畢竟千里나遼遠ᄒᆞᆫ目的地에達ᄒᆞᆷ은行路人의決心에在ᄒᆞᆫ것이오一命을草芥ᄀᆞᆺ치棄ᄒᆞ고國民을警醒ᄒᆞᆯ時에刀刺刄傷으로肉體의苦楚叫痛이何境에至ᄒᆞ야스리오마ᄂᆞᆫ畢竟一死報國ᄒᆞᄂᆞᆫ目的을達ᄒᆞᆷ은殉國人의決心에在ᄒᆞᆫ것이오滅亡ᄒᆞ엿던國權을恢復ᄒᆞ고奴隷되엿던羈絆을脫出ᄒᆞᆯ時에戰爭殺戮의腥風血雨가如何ᄒᆞᆫ慘憺을當ᄒᆞ엿스리오마ᄂᆞᆫ畢竟人類의最大最貴ᄒᆞᆫ獨立自由의目的을達ᄒᆞᆷ은獨立國民의決心에在ᄒᆞᆫ것이오離墳墓棄親戚ᄒᆞ고生踈ᄒᆞᆫ萬里異域에一個孤蹤이寒窓殘燈下에形影을相吊ᄒᆞ며秋月春風에祖國의淚를洒ᄒᆞ면서含忍憤辱ᄒᆞ고幾年星霜에多少의困難이無ᄒᆞᆫ바아니나畢竟一定ᄒᆞᆫ目的의學問을成就ᄒᆞ고祖國에歸ᄒᆞ야大活動을試ᄒᆞᄂᆞᆫ것은留學生의決心이아니인가然則吾人의決心이事業成就에如許ᄒᆞᆫ偉大能力이有ᄒᆞ거ᄂᆞᆯ世人이此를硏究치아니ᄒᆞ고

徒然히世態에任情ᄒᆞ고風潮에投身ᄒᆞ야水中의浮萍과風前의醉草로一世를經過ᄒᆞ니於國에何益이며於身에何有리오此ᄂᆞᆫ即生命이나貪ᄒᆞ야禽獸와同歸ᄒᆞᆯ지니엇지可憐ᄒᆞᆫ人生이아니리오만일生命이나貴ᄒᆞ다言ᄒᆞ면禽獸도生命이有ᄒᆞ고草木도生命이無ᄒᆞᆫ것은아니나殺之則殺ᄒᆞ고食之則食은吾人의任意로하ᄂᆞᆫ바가아니인가所謂人生이라고稱하면서禽獸草木의生命과同一ᄒᆞᆫ境遇에當ᄒᆞᆫ것은何等民族을謂ᄒᆞᆷ인지即自國의獨立을失ᄒᆞ고自由가無ᄒᆞᆫ民族을謂ᄒᆞᆷ이니西國人의云ᄒᆞᆫ바世界게第一哀憐ᄒᆞᆫ것은獨立을失ᄒᆞᆫ國民이오人類에第一慘憺ᄒᆞᆫ것은自由가無ᄒᆞᆫ民族이라ᄒᆞ니如此ᄒᆞᆫ哀憐慘憺ᄒᆞᆫ地位에處ᄒᆞᆫ人生은如何ᄒᆞᆫ決心을取ᄒᆞᆯ가蔽一言ᄒᆞ고獨立을恢復ᄒᆞ며自由를完全히ᄒᆞᄂᆞᆫ것으로決心ᄒᆞᆯ지라獨立이無ᄒᆞ고自由가無ᄒᆞ면生命이ᄂᆡ의生命이아니이오財産이ᄂᆡ의財産이아니라然則獨立은ᄂᆡ의生命財産이오自由ᄂᆞᆫᄂᆡ의生命財産이니人生이此世에無生則已어니와有生則生命財産은絶對的有ᄒᆞᆯ것이오生命財産이有ᄒᆞᆫ즉獨立自由ᄂᆞᆫ絶對的有ᄒᆞᆯ것이라故로獨立自由와生命財産은暫時라도分離치못ᄒᆞᆯ關係가有ᄒᆞᆫ즉吾人은決心同時에生命財産으로獨立自由를ᄂᆡ기ᄒᆞ고獨立自由로生命財産을ᄂᆡ기ᄒᆞᆯ지라

法律學生界의觀念

松南

蓋法律者ᄂᆞᆫ主持世界之是非ᄒᆞ며劃定彼我之權限ᄒᆞ야使一般公衆으로共進於文明大同之域者ㅣ莫過於此耳라所以로古今東西之仁人君子殫竭心力ᄒᆞ야爲民定法이至公

至明ᄒᆞ며且繼軌賡作이隨時宜變遷ᄒᆞ고因國性損益은亦固所難免이로다故로孟的斯鳩는法理大家也로ᄃᆡ猶曰凡具智慧者ㅣ自定法律이라ᄒᆞ고伯林知理는法政大家也로ᄃᆡ猶曰理想之適應於時勢者ㅣ則政治之機体라ᄒᆞ니此二人者의言論이過去現在未來의國家社會에不二ᄒᆞᆫ公理를觀破ᄒᆞ얏다謂ᄒᆞᆯ지로다嗚呼라我學生同胞諸君이여將來我國文化의主人도我學生同胞며法律界의主人도我學生同胞며政治界의主人도我學生同胞며農工商實業界의主人도我學生同胞며我國의將興도我學生同胞의責이며我國의將亡도我學生同胞의責이로다然ᄒᆞᆫ즉今日我學生同胞의至重且大ᄒᆞᆫ負擔이何如ᄒᆞᆫ地位에處ᄒᆞ엿는가此는全國內一般社會의希望만如是ᄒᆞᆯ섇아니라我學生同胞의自負ᄒᆞᆷ도ᄯᅩᄒᆞᆫ如是ᄒᆞᆯ지로다現今我學生同胞의內外國에出學ᄒᆞ는界況을槪察컨ᄃᆡ科學에到達ᄒᆞᆫ者ㅣ其數萬餘名에幾至ᄒᆞᆫ지라數年前程度에比例ᄒᆞ면可謂括目相對라ᄒᆞᆯ지나一般學生中에法律學科에從事ᄒᆞ는者가十常八九以上인즉未知커라諸君의主見이國家의今日悲運이但以法律未明ᄒᆞᆫ一欵으로由ᄒᆞ엿다ᄒᆞ야然ᄒᆞᆫ것인가抑或種々頹國ᄒᆞᆫ病源이此에不止ᄒᆞ나時勢에適當ᄒᆞᆫ急務라ᄒᆞ야然ᄒᆞᆷ인가嗟夫라且猶我國의習慣이仕宦奴隷를甘作ᄒᆞ는舊染을尙未痛祛ᄒᆞᆫ지라終南捷徑을是圖ᄒᆞ야判事檢事에流涎ᄒᆞᆷ은아닌가以若諸君의彭脹ᄒᆞᆫ義血로卑瑣環屑ᄒᆞᆫ名利에區々是趨ᄒᆞ기는萬無ᄒᆞᆯ줄노認知ᄒᆞ나現著ᄒᆞᆫ爻象으로求觀ᄒᆞᆯ지면此等思想이永無ᄒᆞ다謂ᄒᆞ기도難ᄒᆞ도다嗚呼라偉大ᄒᆞ신我學生同胞여慈悲ᄒᆞ신我學生同胞여我를濟ᄒᆞ실救主시며我를活ᄒᆞ실帝禪이

시라豈其然乎리오豈其然乎리오目下宗
社의岌業과生靈의困難이溢目軼掌홈을慘
不忍見ᄒᆞ야拯救홀熱望은心頭가如燬ᄒᆞ고
嚮進홀程塗ᄂᆞᆫ津涯를莫憑ᄒᆞ야一般學界의
高岸을一顧ᄒᆞ니往々最大ᄒᆞᆫ堂屋에ᄂᆞᆫ大書
特書曰法律專門學校라一分有志ᄒᆞᆫ靑年이
야當場所見에誠饜홀處가此外에更無ᄒᆞᆫ듯
ᄒᆞ지라所以로今日學界全部가法律一科에
만通歸ᄒᆞ기ᄂᆞᆫ決코此에由홈이로다嗚呼라
國家의程度가幼穉ᄒᆞ야各種敎育이並行發
展ᄒᆞ기ᄂᆞᆫ實所難期나現方國權이墮落ᄒᆞ고
民族이澌滅홀境遇에當ᄒᆞ엿슨즉單純ᄒᆞᆫ法
律노ᄂᆞᆫ中興의基礎를計圖ᄒᆞ기ᄂᆞᆫ決코不能ᄒᆞ
리로다.必也農工商實業을發達ᄒᆞ야財產을
培殖ᄒᆞ며電氣化實學을研究ᄒᆞ야機械를準
備ᄒᆞ며哲學을講釋ᄒᆞ야道德을養成ᄒᆞ면於
是乎國富民强ᄒᆞ야獨立不拔의基를作홀지
니孟的斯鳩의智慧도此中에서釀出홀지니
라時勢와國性을因ᄒᆞ야左折右衷키ᄂᆞᆫ不必
預論이로다西人이有言曰萬國公法이不如
一門大砲라ᄒᆞ고又曰公法이權利同等ᄒᆞᆫ國
에야施行ᄒᆞᆫ다ᄒᆞ니現以我國之貧弱으로法
學士辨護士가千百萬名이有ᄒᆞᆫ들實力의養
成이缺乏ᄒᆞ면國家에何益이有ᄒᆞ리오如此
히苦口呶々홈이實노法律을勿學ᄒᆞ라홈이
아니라法律也政治也實業也凡他各種學科
에分門從事ᄒᆞ야他日合流의勢와束箭의力
을成ᄒᆞ면完全ᄒᆞᆫ國家가泰山盤石上에突立
ᄒᆞ기ᄂᆞᆫ指日可待ᄒᆞ리니唯我學生同胞여深
思之熟慮之어다

우리父老여

浩然子

嗚呼父老여吾輩青年으로今日文明時代에生出케ᄒᆞᆷ도父老의所存을因ᄒᆞᆷ이요吾輩青年으로今日活舞臺上에演出케ᄒᆞᆷ도父老의所賜를因ᄒᆞᆷ이나於戲父老여喜歡이無盡ᄒᆞ고感恩이無量호ᄃᆡ一邊으로ᄂᆞᆫ父老를痛論ᄒᆞ고父老를深怨ᄒᆞ노니何者오大抵人類ᄂᆞᆫ一般이라能力이同一ᄒᆞ고慾望이同一ᄒᆞ거ᄂᆞᆯ他人은文明天地에自由의福樂을無限히享受ᄒᆞᄂᆞᆫᄃᆡ吾輩ᄂᆞᆫ何故로今日의塗炭을當케ᄒᆞ엿ᄂᆞᆫ지此ᄂᆞᆫ父老諸氏가時勢를不察ᄒᆞ고國家를爲ᄒᆞ야遠計를不立ᄒᆞ고眼前만只覷타가今日을致ᄒᆞᆫ過責이아닌가世界萬國이宗教學術界에對ᄒᆞ여ᄂᆞᆫ皆是長은取ᄒᆞ고短은棄ᄒᆞ야各其國民程度에相當히適用ᄒᆞ엿ᄂᆞᆫᄃᆡ我의父老ᄂᆞᆫ三千年來의孤陋ᄒᆞᆫ儒教만崇拜ᄒᆞ야形式主義를主張ᄒᆞ고成美를不取ᄒᆞ며改進을不計ᄒᆞ야青年子弟로單純清潔ᄒᆞᆫ精神上에孔孟을印刻ᄒᆞ야自國思想이欠少케ᄒᆞ엿ᄉᆞ니此ᄂᆞᆫ父老諸氏의頑迷ᄒᆞᆫ過責이아닌가向者甲乙砲響이世界를轟動ᄒᆞ되父老諸氏ᄂᆞᆫ何等預備도無ᄒᆞ엿고何等儆醒도無ᄒᆞ며何等防禦도無히稀迷閑臥ᄒᆞ야外人의鼻息만但窺타가必也外族의跋扈를恣行케ᄒᆞ엿ᄉᆞ니此ᄂᆞᆫ父老諸氏가無能無心ᄒᆞᆫ過責이아닌가由來神聖銳敏ᄒᆞᆫ我民族의青年子弟가聰俊ᄒᆞᆫ氣槩와健全ᄒᆞᆫ思想이世界他民族以上에優越ᄒᆞ되教育이不行ᄒᆞ고奬勵가不行ᄒᆞ야畢竟懶弱ᄒᆞᆫ氣質을成瀆ᄒᆞ고如或若干의留意ᄒᆞᆫ人士가有ᄒᆞᆯ지라도羅譽釣名의一器具를作ᄒᆞ야甚至於一學校로ᄃᆡ一定ᄒᆞᆫ理想과鞏固ᄒᆞᆫ目的을不立ᄒᆞ고朝建暮廢ᄒᆞ며今設明止ᄒᆞ야全國內所謂教育現

象이平生一樣에但止ᄒᆞ니此ᄂᆞᆫ父老諸氏가私名私益만只圖ᄒᆞ야公利公德心에全昧ᄒᆞᆫ過責이아닌가國家現象은昨日이不如一昨ᄒᆞ고今日이不如昨日ᄒᆞ야悲慘ᄒᆞᆫ光景과岌業ᄒᆞᆫ狀態가忍見忍聞處가아니로ᄃᆡ父老ᄂᆞᆫ夢想間에라도憂國의氣色이全無ᄒᆞ고奇怪罔測ᄒᆞᆫ仕宦熱만腹中에充溢ᄒᆞ야皺顔白髮에今日死明日死를不知ᄒᆞ면서도參奉主事의一個借啣을求得ᄒᆞ기貪官汚吏의게請錢을多納ᄒᆞ고其充本으로地方人民을抑壓ᄒᆞ야無事를有事라指目ᄒᆞ야民財를勒奪ᄒᆞ야官民間에不共戴天之讎를相結ᄒᆞ야其遺毒으로今日我社會를痛極處에驅陷ᄒᆞ엿스니此ᄂᆞᆫ父老諸氏가同胞를相殘ᄒᆞ고同胞를虐待ᄒᆞᆫ過責이아닌가由來青年子弟로弱年이至十ᄒᆞ면晩婚을恨憂ᄒᆞ야軟々弱質노婚禮를成行ᄒᆞ야有爲健康ᄒᆞᆫ青年吾輩로懶弱ᄒᆞᆫ体質을傳成ᄒᆞ엿스니此ᄂᆞᆫ父老諸氏가不明無識ᄒᆞᆫ過責이아닌가陳々禾粟이西倉에腐盡ᄒᆞ고鎖々青銅이東庫에銹鎖ᄒᆞ되同族同胞의饑渴은不恤ᄒᆞ고寒死를不顧ᄒᆞ며社會上公益處에ᄂᆞᆫ雖一分錢이라도体毛를竦慄ᄒᆞ고實業界가莫甚ᄒᆞᆫ恐慌을當ᄒᆞ되金錢의融通을不肯ᄒᆞ야經濟界가悲慘ᄒᆞᆫ今日을當케ᄒᆞ엿스니此ᄂᆞᆫ父老諸氏가黑暗庸愚ᄒᆞᆫ過責이아닌가近來青年子弟가清新ᄒᆞᆫ精神으로新學을志願ᄒᆞ야學校에入學을爲言ᄒᆞ면頑迷固執의命令으로恐喝이無數ᄒᆞ고鞭責이甚至ᄒᆞ야青年의健全ᄒᆞᆫ精神을無底牢獄에禁錮ᄒᆞ며所謂近來自稱開化者도不過數百里許에父子의相別을未忍ᄒᆞ고財產을吝惜ᄒᆞ야其子의留學을不許ᄒᆞ니此ᄂᆞᆫ父老諸氏의姑息未決ᄒᆞᆫ過責이아닌가於千萬事가無非父老의罪責이요無非父老의誤行이

어거늘何等企望이如許히豊多ᄒᆞ고何許方策이將來를挽回ᄒᆞ겟기에泰然自若ᄒᆞ야日夕風流로獵酒好色을爲事ᄒᆞ야靑年吾輩로放蕩의影響을隱受케ᄒᆞ고도悛改의思想이毫無ᄒᆞ니此ᄂᆞᆫ父老諸氏의過責이아닌가嗚呼父老여知耶否耶아胡爲乎此極에至ᄒᆞᄂᆞ뇨言念及此에血淚가滿眶이라於是乎父老底意에惡感을不避ᄒᆞ고諤々의數言을陳論ᄒᆞ노니嗚呼父老여往者ᄂᆞᆫ不誅ᄒᆞ고來者를追求ᄒᆞ되時晩을勿恨ᄒᆞ고今日이라도醉夢을猛醒ᄒᆞ야陋習을打破ᄒᆞ시면吾輩靑年의活動ᄒᆞᆯ好機運을廣開ᄒᆞ려니와不然이면靑年吾輩ᄂᆞᆫ活動을未得이니其累若何며其禍如何오 父老 父老여深思深思여다

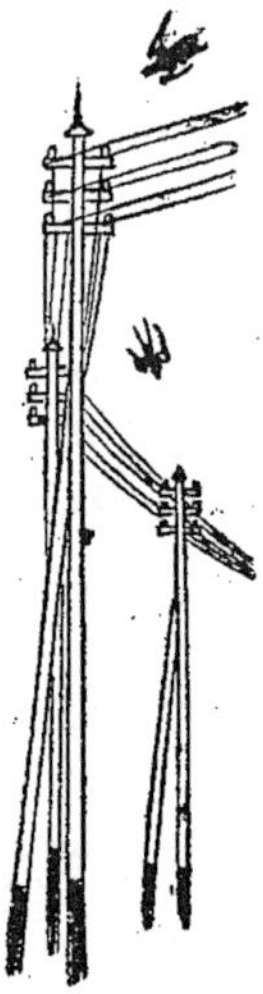

有大奮發民族然後有大事業英雄

中叟

氣象이極慘則有時而哭ᄒᆞ고情節이少舒則有時而歌ᄒᆞ야亂呼焉狂躍焉者를謂之大奮發民族耶아曰否々며號令이得行則有時而喜ᄒᆞ고智勇이或困則有時而怒ᄒᆞ야叱咤焉震暴焉者를謂之大事業英雄耶아亦曰否否로다大抵大奮發民族云者ᄂᆞᆫ其歌也其哭也ㅣ가一己의一時關係를由ᄒᆞᆷ이絶無ᄒᆞᆫ지라我能自由焉歌ᄒᆞ고不能自由焉哭ᄒᆞ며我能獨立焉歌ᄒᆞ고不能獨立焉哭ᄒᆞ며我能富强焉歌ᄒᆞ고不能富强焉哭ᄒᆞ며我能文明焉歌ᄒᆞ고不能文明焉哭ᄒᆞ야一夫一婦之歌也에全國江山이一齊歌呼ᄒᆞ며一竪一孺之哭也에全國林葱이一聲哭泣ᄒᆞ야一歌之有思也의其國이能興ᄒᆞ고一哭之有思也의其國이

能感ᄒᆞ야死生焉與同ᄒᆞ고休戚焉與同이其非大奮發民族耶아大事業英雄의資格을求觀ᄒᆞᆯ진ᄃᆡ臨時應變ᄒᆞᄂᆞᆫ謀畧이種々不一ᄒᆞ나其範圍ᄂᆞᆫ大同ᄒᆞᆫ지라一喜一怒가自己에由치안코一死一生을茶飯으로視ᄒᆞ야大事業의目的을進取ᄒᆞᆷ이一往無前ᄒᆞ며百折不回ᄒᆞ야千山萬嶽이一時에崩坼ᄒᆞ더라도不以爲意ᄒᆞ고怒濤驚瀾이脚下에號鳴ᄒᆞ야도不改其容ᄒᆞ며猛虎가牙爪를舞ᄒᆞ야도不動ᄒᆞ고霹靂이項上에旋ᄒᆞ야도不驚ᄒᆞ며擧世의俗論이囂々하야도我의主見이如故ᄒᆞ며政派의鎭壓이紛々하야도我의主見이如故ᄒᆞ야惟是慈善慈悲ᄒᆞᆫ一心으로一定ᄒᆞᆫ目的地에勇赴ᄒᆞᄂᆞᆫ者ㅣ曰英雄其人이라雖如此ᄒᆞᆫ英雄이倔起ᄒᆞ야大事業을經營ᄒᆞᆯ지라도單純ᄒᆞᆫ一二英雄의能力으로非常ᄒᆞᆫ大功을奏ᄒᆞ기決코難ᄒᆞ도다必也一般民族이大奮發을加ᄒᆞ야一號令에千萬人이同聲을諸ᄒᆞ고一擧手에千萬人이同情을表ᄒᆞ야死生休戚을一致可決ᄒᆞᆫ後에야大英雄이此中에서生出ᄒᆞᆯ지오大事業이亦此中에서生出ᄒᆞᆯ지로다是故로西人이有言曰世界ᄂᆞᆫ鑄出英雄之冶工場이라ᄒᆞ니斯言이信矣로다現今我國을環顧ᄒᆞ건ᄃᆡ大奮發ᄒᆞᆫ民族이有ᄒᆞ다謂ᄒᆞᆯ가設或幾個奮發ᄒᆞᆫ同族이有ᄒᆞ더라도亂呼狂躍에幾近치아닌가嗚呼我民族同胞여堂々神聖靈苗로血氣가尙有ᄒᆞ거든土地家屋을盡失ᄒᆞ야巢居ᄒᆞᆯ處가無ᄒᆞ야도奮發ᄒᆞᆯ줄不知ᄒᆞ며山林川澤을盡奪ᄒᆞ야營作ᄒᆞᆯ處가無ᄒᆞ야도奮發ᄒᆞᆯ줄不知ᄒᆞ며爾를奴隷로使用ᄒᆞ야도是甘ᄒᆞ며爾를牛馬로鉗勒ᄒᆞ야도是順ᄒᆞ야毫絲奮發의心이無ᄒᆞ니人性이有ᄒᆞ고야此를可忍ᄒᆞ리오第試思之ᄒᆞ라雖乳臭의孩兒라도己手의執ᄒᆞᆫ物을他人의게

讓與ᄒᆞ기를不肯홈은天性이固然ᄒᆞᆯ뿐더러設或强奪을被ᄒᆞ면大聲叫啼ᄒᆞ야期於更索ᄒᆞ거늘嗚呼我二千萬同胞ᄂᆞᆫ生命財産을盡數被奪ᄒᆞ야도一叫一啼를不能ᄒᆞ고慘々黯々ᄒᆞᆫ地獄에轉輾陷入ᄒᆞ니嗚呼라不忍言不忍聞者矣로다民族이如此어니大事業英雄이何處로從ᄒᆞ야出ᄒᆞ깃ᄂᆞᆫ가單拳으로破秦ᄒᆞ든項羽도麾下子弟八千이有ᄒᆞ얏고呼風喚雨ᄒᆞ든諸葛亮도部下精兵百萬이有ᄒᆞ얏ᄉᆞ며北米의獨立主華盛頓도無名華盛頓에團體力을賴ᄒᆞ얏고試觀日本之維新也에吉田翁이挺身一呼ᄒᆡ伊藤大隈井上後藤板桓諸子가風起水涌而出ᄒᆞ야今日效果에至ᄒᆞ얏도다嗚呼라向者에八千弟子가無ᄒᆞ얏드면項羽가初不渡江ᄒᆞ야슬것이오百萬精兵이無ᄒᆞ얏드면諸葛이初不抗魏ᄒᆞᆯ것이오華盛頓部下에無名華盛頓이無ᄒᆞ면北米獨立을不可期ᄒᆞᆯ것이오吉田門下에藤隈諸子가無ᄒᆞ면吉田의名譽가埋沒ᄒᆞ여슬지라然ᄒᆞᆫ즉英雄이大英雄의徽號를得홈도全國民族이隨聲齊應홈에在ᄒᆞ고事業이大事業의結果를得홈도全國民族이同心齊力홈에在ᄒᆞ도다假使今日我國의民族程度로ᄂᆞᆫ十百英雄이一時에輩出ᄒᆞᆯ지라도如何히成功ᄒᆞᆯ兆朕이無ᄒᆞ도다拿坡崙、訥耳遜은曠世名將也로ᄃᆡ兒童을驅ᄒᆞ야隊伍를編ᄒᆞ면必敗ᄒᆞᆯ것이오麥志倫哥倫布ᄂᆞᆫ航海大家也로ᄃᆡ寸葦를乘ᄒᆞ고風濤를遇ᄒᆞ면必危ᄒᆞᆯ지라今에我國의一般民族이奮發을大加ᄒᆞ야曰我의體膚ᄂᆞᆫ可損이언정我의自由ᄂᆞᆫ不可失이라ᄒᆞ며我의手足을可斷이언정我의獨立은不可奪이라ᄒᆞ야一定ᄒᆞᆫ帿鵠을注目치아니면英雄의着手가無路ᄒᆞᆯ것이오設又着手ᄒᆞ더리도甲乙의覆轍이在前ᄒᆞ리로다然ᄒᆞᆫ則

民族同胞가一朝一夕이라도亟々奮發ᄒᆞ야我ᄅᆞᆯ活ᄒᆞ실大英雄을喚起ᄒᆞ며我ᄅᆞᆯ救ᄒᆞ실眞英雄을求見ᄒᆞᆯ지어다英雄의淵藪가名區勝地와深山別巷이아니라英雄을胚胎ᄒᆞᄂᆞᆫ門이卽學校며英雄을製造ᄒᆞᄂᆞᆫ塲이卽學校로다嗚呼라一般同胞여學校敎育을擴張ᄒᆞ야大事業ᄒᆞᆯ英雄을養成ᄒᆞ며社會敎育을組織ᄒᆞ야大奮發ᄒᆞᆯ民族을結合ᄒᆞᆯ지어다且內外國遊學ᄒᆞᄂᆞᆫ同胞여民族을皷動ᄒᆞ야奮發心을發生케ᄒᆞᆯ者ㅣ諸君이아니며英雄을延攬ᄒᆞ야事業的을經營ᄒᆞᆯ者ㅣ諸君이안닌가昔에德相俾斯麥이勝法凱旋ᄒᆞᄂᆞᆫ路에小學校의功을先拜ᄒᆞ얏ᄉᆞ니功을善知ᄒᆞᆫ者라謂ᄒᆞᆯ지로다今日我國의國權挽回와民權恢復이大英雄에在ᄒᆞ다ᄒᆞ나大英雄을產出ᄒᆞᄂᆞᆫ門戶ᄂᆞᆫ學校라ᄒᆞᆯ지오學校ᄅᆞᆯ擴張ᄒᆞᄂᆞᆫ原因은民族奮發에在ᄒᆞ다ᄒᆞ노니嗚呼同胞여亟々奮發ᄒᆞᆯ지어다

守舊가反愈於就新

楊 致 中

嗚呼天尊地卑ᄒᆞ니陰陽이分이오陰陽이已分에寒暑가更迭이라緣此而海外風霜이於焉間四五載라其間多少苦況은男兒의一時例事니論ᄒᆞᆯ바아니나天時가變遷에人事가亦然은雖曰常理나以我留學諸君으로論ᄒᆞ면何人勿拘ᄒᆞ고異域에裘葛만屢更ᄒᆞ고實地의思想은毫無에至ᄒᆞ여ᄉᆞ니豈可無撼時之興懷歟아玆搆一言蕪辭ᄒᆞ야敬告于我同胞諸君ᄒᆞ노라

海濶島出ᄒᆞ니東西가辨이오東西가已辨에萬國이交通이오萬國이交通에擧世가變易이라擧世가變易에强弱이不同ᄒᆞ고强弱이

不同에勝敗가亦異ᄒᆞ고勝敗가亦異에危急이接踵ᄒᆞ고危急이接踵에存亡이當頭로다此時를當ᄒᆞ야我韓四千餘年禮義文明의國으로今日野蠻部落에墮落ᄒᆞᆷ은誰怨誰尤리오凡吾同胞의自作ᄒᆞᆫ禍孽이라今我韓全局에守舊와就新이互相紛紜ᄒᆞ야是非向背가胡至此極고然이나余ᄂᆞᆫ彼의守舊가無妨ᄒᆞᆯ줄노思ᄒᆞ노라守舊ᄂᆞᆫ舊來의傳習만墨守ᄒᆞ야日就月將에進步됨은無ᄒᆞ나外國人의紹介가되여自國에被害케ᄒᆞᆷ은決코不行ᄒᆞ니死后라도三千里疆土에有義鬼ᄂᆞᆫ될지오且所謂就新者ᄂᆞᆫ出身於海外ᄒᆞ야如干ᄒᆞᆫ學問과大槪ᄒᆞᆫ言語等工夫에나涉獵이되면文明의智識이發ᄒᆞᆫ듯시愛國의思想이有ᄒᆞᆫ듯시或參於社會ᄒᆞ며或登于演壇ᄒᆞ야三寸舌에高辯雄談으로米國獨立史上事實과印度亡國史上狀態를歷々可觀ᄒᆞᆫ듯시次第로說明ᄒᆞᆯ時에其言만聽ᄒᆞ면無非濟世의雄이오保國의士라其人의其心을忖度ᄒᆞᆫ즉但形式的으로만新思想이有ᄒᆞᆫ듯ᄒᆞ고實地上으로ᄂᆞᆫ秋毫의可觀ᄒᆞᆯ思想이無ᄒᆞ니此等皮殼으로엇지獨立의期望이有ᄒᆞ리오可惜哉々々々本國에居ᄒᆞ신某々諸氏ᄂᆞᆫ數多ᄒᆞᆫ子侄을外國에命送ᄒᆞ시고互相樂告曰吾의子ᄂᆞᆫ于今留學四五年에今年이면中學校卒業을맛치고大學校로入ᄒᆞᄂᆞᆫ걸或者曰吾의侄은明年이면大學校卒業을맛치ᄂᆞᆫ걸ᄒᆞ면셔樂々喜々ᄒᆞ야留學生卒業歸日은即天下太平春四方無一事가될줄노確信無疑ᄒᆞ시ᄂᆞᆫ저父兄들愛子의情이至極에莫知其惡은似或其然이어니와其子侄된者의父를欺ᄒᆞ며君을欺ᄒᆞᆷ은罪不容喩라罪比山海에山이云輕ᄒᆞ고海가云淺이라豈不醒心注意哉아如是然々過去ᄒᆞ다가ᄂᆞᆫ所謂 皮開化의 陋名을未免

ᄒᆞᆯ지오爲天下者가된듯시自己家産을沒數盡賣하여다가外國遊覽에蕩盡하고一幅卒業狀이나圖得하면錦衣還鄕갓치欣然歸國하여到處마다卒業章을袖出하고我는明治大學卒業生이니我는帝國大學卒業生이니하면서彼不共戴天ᄒᆞᆯ仇敵의게日夜로阿附하야汚穢ᄒᆞᆫ卒業章으로政海에仕宦을釣得ᄒᆞᆯ香餌를作하니此亦賣國輩의一類라此等腐敗ᄒᆞᆫ卒業生으로獨立켜니明日노興ᄒᆞᆯ國이今日노廢ᄒᆞᆯ지니寒心慘憺에口不可成言이로다然이나既往은勿諫이어니와來頭는不可不求로다自今以后는舌端의愛國誠은擲而棄之하고心上에獻身的으로履而行之하여今日目下斧鉞이當前하더리도讓頭치말고進々無已하여後日守舊輩의唾笑를勿致ᄒᆞᆯ지어다

講 壇

世界文明史

椒 海 譯述

東洋文明

印度

아리안人種은一名은印度歐羅巴人種이라稱ᄒᆞ니印度及歐羅巴의主要ᄒᆞᆫ民族을包含ᄒᆞᆫ故로命名ᄒᆞᆫ所以인되歐羅巴人에는希臘人拉丁人、듀돈人（德國人）겔트人、슬랍人、이其範圍內에入ᄒᆞ고亞細亞에는印度及波斯人民이其範圍內에包入ᄒᆞ니라

以上諸國人이同一의種族인것을發見ᄒᆞᆫ者는言語學으로써基線을숨엇스니大抵印度의古語산크릿트（梵語）를以上他諸國古語와比較ᄒᆞ야同一ᄒᆞᆫ地方에棲居ᄒᆞ엿든同

種인거슬發見ᄒᆞ엿더라

아리안人種의祖先原居地에關ᄒᆞ여ᄂᆞᆫ東西學者의唱論이不同ᄒᆞ나大体ᄂᆞᆫ西方亞細亞옥스트河畔박트리아나近方으로原居地를確定ᄒᆞ니此ᄂᆞᆫ有史以前時代라人口의蕃殖과外敵侵襲等의事情을因ᄒᆞ야人種의移動을開始ᄒᆞᆯ시一派ᄂᆞᆫ西方裏海南岸으로브터알메니아와小亞細亞地를經過ᄒᆞ야希臘羅甸民族이되고一派ᄂᆞᆫ東方힌ᄯᅮ구시山脈을越ᄒᆞ야信度河를渡ᄒᆞ야광자브로브터天竺半島에南下ᄒᆞ야印度아리안民族이되고又一派ᄂᆞᆫᄡᅡᆨ트리아나로브터사리피山을踰ᄒᆞ야南面으로波斯民族이되엇ᄉᆞ니（其移動의途次歷程은玆에不說ᄒᆞ노라）故로歐羅人文이印度波斯人文으로素是同一의狀態를作ᄒᆞᄃᆡ土地氣候의影響과外來民族의勢力을抽列ᄒᆞ야其文化의根本的精神을看破ᄒᆞᆯ時ᄂᆞᆫ吾人은此三者에對ᄒᆞ야아리안的人文의特性을發現ᄒᆞ리니人文史上의有味處가此에不外ᄒᆞ리로다。 距今數十年前々지ᄂᆞᆫ西人이自稱歐洲以外에ᄂᆞᆫ歷史가無ᄒᆞ다ᄒᆞ야希臘、羅馬로筆을始起ᄒᆞ고其他東洋各國에ᄂᆞᆫ何等關係가無ᄒᆞᆫ줄노自認ᄒᆞ엿ᄉᆞ니勿論莫大ᄒᆞᆫ謬見이거니와今日에至ᄒᆞ여ᄂᆞᆫ東洋亞細亞의人文이歐洲의古代歷史와密接ᄒᆞᆫ關係가有ᄒᆞᆷ을覺破ᄒᆞ엿ᄉᆞ니假令希臘羅馬의技術과니々베의技術노其聯絡을精細히逐究ᄒᆞ고埃及의象形文字와亞叙利亞의楔形文字로兩國歷史的關係上에新生面을開拓ᄒᆞ엿ᄂᆞ니東洋諸國이希臘羅馬에對ᄒᆞᆫ關係도種々히考索ᄒᆞᆯ지라故로歐洲人文의歷史를解得코져ᄒᆞ면東洋文化를先考ᄒᆞᆷ이可ᄒᆞ리로다

今에年代를依據ᄒᆞ야東洋各國의人文을觀

察컨ᄃᆡ埃及은支那最古人文記錄一千年以前에已爲人文이高級程度에達ᄒᆞᆫ듯ᄒᆞ고巴比倫은印度人이이란地方遊蓄을爲事ᄒᆞᆯ時에已爲文化의中點에達ᄒᆞᆫ듯ᄒᆞ고印度人文은西曆紀元前一千五百年頃에信度河畔을沿進ᄒᆞ야其梵語가完全ᄒᆞᆫ文學的言語를作ᄒᆞ엿스나然ᄒᆞ나印度의韋陀ᄂᆞᆫ最古의文學이아니오埃及의프리트스가分明三千年前의記錄이니此로써推考컨ᄃᆡ同國象形文字의創始가最古時代에在ᄒᆞᆷ을可知ᄒᆞᆯ지요갈ᄃᆡ아人의祖先은神學을有ᄒᆞ고法制를有ᄒᆞ야스며支那文學의最古者ᄂᆞᆫ尙書今文、易山海經이로ᄃᆡ西曆紀元前一千一二百年에不過ᄒᆞᄂᆞ니然則紀元前二千八百年頃에埃及三王朝가已爲農業、工藝、美術、社會制度가大体의整備를具有ᄒᆞ엿고기쩨의스윙쓰와其附近에金字塔이人類의最大製作이며天文學은最早發達ᄒᆞᆫ者인ᄃᆡ埃及에ᄂᆞᆫ紀元前二千七百八十二年이요巴化倫은二千二百三十四年이나支那에ᄂᆞᆫ一千二百年에不過ᄒᆞ니此로써推察ᄒᆞ면人文의最古者ᄂᆞᆫ埃及이爲先이오其次ᄂᆞᆫ巴比倫의含民族이요次ᄂᆞᆫ印度波斯요次ᄂᆞᆫ支那니其方向으로써觀察ᄒᆞ면西方에서東方으로向進ᄒᆞ엿도다

(上)印度

北에ᄂᆞᆫ天下의最高山히말라야山脈이巍々히萬古의雪城을高築ᄒᆞ고西北方에ᄂᆞᆫ信度河의廣原이茫々히際涯가無ᄒᆞ고東에ᄂᆞᆫ恒河의大江이洋々히分流ᄒᆞ야支流一脉이프리시이千里의沃野를灌漑ᄒᆞ며一帶의高原은西方으로브터東方에漸走ᄒᆞ야正南이漸狹ᄒᆞ고絶南의고모링一角은渺茫無涯印度洋의烟波를接連ᄒᆞ야亞細亞大陸南部의一

大楔形을形成ᄒᆞ니此ᄂᆞᆫ卽印度國이라
印度의土地ᄂᆞᆫ元來肥沃無比ᄒᆞᆫ中에信度恒河兩江沿岸에ᄂᆞᆫ地味가饒沃ᄒᆞ고生産이豊富ᄒᆞ며고모링南八度를出ᄒᆞ면此處ᄂᆞᆫ赤道直下니南大洋의定期風이定期의甘雨를賫來ᄒᆞ야河流로써土地를灌漑ᄒᆞ고人民은衣食에耕作의劬勞가無ᄒᆞ고生來에安逸遊樂으로事爲를作ᄒᆞ며海에ᄂᆞᆫ眞珠가多産ᄒᆞ고地에ᄂᆞᆫ黃金이産出ᄒᆞ며樹木에ᄂᆞᆫ菓實과香芬이飮料를充足ᄒᆞ고椰子樹의鬱蒼ᄒᆞᆫ翳陰은晝間에炎天을掩閉ᄒᆞ고夜間에ᄂᆞᆫ雨露를避케ᄒᆞ며葉은結ᄒᆞ야衣를製ᄒᆞ고果ᄂᆞᆫ採ᄒᆞ야食을作ᄒᆞ니彼炎日下에困臥ᄒᆞᆫ長身黑面人으로晩涼을吸嘯ᄒᆞ고소마酒一盃後에恍然히就睡ᄒᆞᄂᆞᆫ狀況을想見건ᄃᆡ印度人文의特質이如何ᄒᆞᆷ을覺破ᄒᆞᆯ더히오雄大ᄒᆞᆫ山岳과汪洋ᄒᆞᆫ江河에變幻奇怪ᄒᆞᆫ自然現象과怪麗異大ᄒᆞᆫ自然的産物이며極熱極暑의天候가아리안民族人文上에明白ᄒᆞᆫ特質을印刻ᄒᆞ엿도다

印度ᄂᆞᆫ古來로一定ᄒᆞᆫ獨立國家의統治를不受ᄒᆞᆫ故로其終에ᄂᆞᆫ完然ᄒᆞᆫ異種의文化와特性을持有ᄒᆞᆫ民族의展覽場을作ᄒᆞ엿ᄉᆞ나然ᄒᆞ나其人文의中心은吾人이叙陳코져ᄒᆞᄂᆞᆫ印度아리안民族이로다

大体로觀察ᄒᆞᆯ時ᄂᆞᆫ印度에二個人種이有ᄒᆞ니一은드라세따스요一은아리안이니前者ᄂᆞᆫ니시차다스民族인ᄃᆡ南部세간으로主據地를作ᄒᆞ고後者ᄂᆞᆫ紀元前二千年頃에信度河의流源팡자브地에入來ᄒᆞ야西北에셔東南으로向進ᄒᆞ야人文의進途를開拓ᄒᆞ야信度恒河兩大江의中間세간高地西北部를占居ᄒᆞ니此民族이印度人民의主强ᄒᆞᆫ勢力을掌握ᄒᆞᆫ者요下層民族에至ᄒᆞ여ᄂᆞᆫ드라세다

스에屬ᄒᆞᆫ者가不少ᄒᆞ니뜨라세다스ᄂᆞᆫ言語宗敎가全數히아ᄅᆞ的人民을模倣ᄒᆞᆫ者러라時를經ᄒᆞ고世를移ᄒᆞ야二民族의混合이漸成ᄒᆞ미아ᄅᆞ民族도그故鄕옹스트河畔을遺却ᄒᆞ고반자브及카샐平原으로其母國을作ᄒᆞ니大盖此地方은아ᄅᆞ民族이一種遊牧民族이되여西部亞細亞에서天竺半島에至ᄒᆞ야韋陀經에現在ᄒᆞᆫ自然宗敎를興起ᄒᆞᆫ處所러니漸次東向ᄒᆞᆷ을從ᄒᆞ야아ᄅᆞ民族이耕作을漸知ᄒᆞ고人文發展의基礎를完建ᄒᆞ엿스니此가紀元前一千五百年頃이더라

歷史譚第二十回

크롬웰傳(前號續) 崇古生

晩年

君主政体를打破ᄒᆞ야共和政体를作ᄒᆞ고上院을撤廢ᄒᆞ야參議院을變作ᄒᆞ니英國政治界가於此에一大指揮官을要求ᄒᆞᄂᆞᆫ지라其人物에對ᄒᆞ야ᄂᆞᆫ크롬웰以外에야誰를要求ᄒᆞ리오此ᄂᆞᆫ크롬웰이正是得意의秋라彼로羅馬古英雄의野心을抱有ᄒᆞ엿든들簒奪의計를速取ᄒᆞ엿슬여니와彼ᄂᆞᆫ時々大言ᄒᆞᆷ과如히渠의破壞ᄒᆞᆫ바를建設ᄒᆞ기로써理想을確定ᄒᆞ야一向前進ᄒᆞᆯ식有名ᄒᆞᆫ文章大家밀톤으로秘書官을命ᄒᆞ고詩歌를善作ᄒᆞ야共和自由를讚頌ᄒᆞ더라然ᄒᆞ나찰스王을斬頭臺上에一擧ᄒᆞᆷ을因ᄒᆞ야國民의反對를未免ᄒᆞ더니忽然찰스王의僞書가世에一出ᄒᆞ미國民이爭先表情ᄒᆞ야絕代詩人의文筆노도風潮의所激을未禦ᄒᆞ야一般人民이新政府를非常히攻擊ᄒᆞ고王政復古의聲이國中에遍滿ᄒᆞ더라

就中新政府의反對를先唱ᄒᆞᆫ者ᄂᆞᆫ아일넨드

에在ᄒᆞᆫ王黨의一派니아일넌드는境僻地險ᄒᆞ야遠征軍旅의入境이甚難ᄒᆞᆷ으로王黨이到處에跋扈自滿ᄒᆞ야淸敎徒에屬ᄒᆞᆫ者는男女老幼를勿論ᄒᆞ고擧皆慘殺ᄒᆞ며新政府의警察署와警備隊를從數襲破ᄒᆞ니所以로아일린드一方이頃刻間에暗殺演劇場을變作ᄒᆞ미人民塗炭의聲이國會를驚動ᄒᆞᆯ뿐더러勇敢無比ᄒᆞᆫ루ㅣ벨트親王이海軍을驅來ᄒᆞ야其勢猖獗ᄒᆞ며兼ᄒᆞ여스코틀린드와王黨이奮起ᄒᆞ니스코틀린드는原來王黨의巢窟이라長老派의勢力이跋扈無常ᄒᆞ더니아일린드王黨의擧兵을一聞ᄒᆞ고即時故찰스王의長男웰스親王을推立ᄒᆞ야皇帝를삼고크롬웰을大逆無道로宣言ᄒᆞ야兵勢를盛備ᄒᆞ고잉글린드를侵來ᄒᆞ니라

當時크롬웰이諸州의飛報를接受ᄒᆞ고親征을企圖ᄒᆞᆯ次에鐵騎가再三催促ᄒᆞ는지라드듸여大軍을盡發ᄒᆞ야遠征의道를踏登ᄒᆞᆯ식背後에反逆者를猶恐ᄒᆞ야一朔間에푸리스톤城을彷徨타가아일린드國境에闖入ᄒᆞ야九個月後에아일린드의反亂을消蕩ᄒᆞ니라然ᄒᆞ나渠의一平生傳記中에最上暗黑의汚點을描出ᄒᆞ엿ᄉᆞ니何者오彼가背後에迫至ᄒᆞ는스코틀린드의勁敵을因ᄒᆞ야一刻이라도早速히平定ᄒᆞ기를決心ᄒᆞ고로惡魔도猶咀ᄒᆞᆯ大虐殺을遂行ᄒᆞᆯ식渠의反逆者와其族戚을無數히虐殺ᄒᆞ고市府를破壞ᄒᆞ며家屋을燒棄ᄒᆞ고로渠의死後에도크롬웰의咀呪가아일린드到處에不撤ᄒᆞ엿더라此時를當ᄒᆞ야스코틀린드王黨의義兵이益々猖獗ᄒᆞ야頃刻間에全土가其手中에悉歸ᄒᆞᆫ지라己而요軍兵을잉글린드에引入ᄒᆞ야倫敦府를侵迫코저ᄒᆞ거늘크롬웰이此急報를及聞ᄒᆞ고旗鼓를回翻ᄒᆞ야倫敦에歸來ᄒᆞᆯ식沿道人

民이戰捷將軍을歡迎ᄒᆞ기爲ᄒᆞ人야山人海를成ᄒᆞ엿더라싸일한을經過ᄒᆞᆯ식其親友一人이大聲呼出曰賢哉라親友여君을爲ᄒᆞ야觀光者가如此히多數總集ᄒᆞ엿도다크롬웰이冷笑曰余로斬首臺上에引上코져ᄒᆞ면此十倍의人數가群集치아니면不可라ᄒᆞ니由來彼의輕薄ᄒᆞᆫ人情을可知로다

當時國會軍大都督펠프악스가王軍征討의命을固辭ᄒᆞᆫ지라크롬웰이아일린드로從歸ᄒᆞᆫ後三日에再次스코틀린드를向케되미南征北伐에心身의休隙은少無ᄒᆞ나陶治訓鍊ᄒᆞᆫ鐵騎를領率ᄒᆞ고最後의大飛躍을演出코져ᄒᆞ더라

當時스코틀린드의有名ᄒᆞᆫ驍將은싸벳、레스리니軍勢를整齊ᄒᆞ고次第로잉글린드를寇入타가크롬웰의出兵을一聞ᄒᆞ고단발의險固地를占據ᄒᆞ야 國會軍을抵抗ᄒᆞ니元來단발은헬혜쓰灣에臨在ᄒᆞᆫ一小都會라後面에ᄂᆞᆫ스코틀린의大山脉을連帶ᄒᆞ고前面에ᄂᆞᆫ渺茫無涯ᄒᆞᆫ蒼海原을抱回ᄒᆞ야自然의天險이如干의尋常處가아닐섇더러스코틀린드의內地를闖入코져ᄒᆞ면不可不經由處이라昇降이殆近百餘里인ᄃᆡ敵將싸벳、레슬이二萬三千의精兵을領率ᄒᆞ고險口를抗據ᄒᆞᄂᆞᆫ지라一千八百五十年八月末에此地에上陸ᄒᆞ야直時手下兵을帶率ᄒᆞ고타발近方에來會ᄒᆞ야敵勢를觀察ᄒᆞ니到底히敗滅의方策이無ᄒᆞᆫ지라或輕兵을出驅ᄒᆞ야挑戰ᄒᆞ며或鉄騎를當頭ᄒᆞ야示威ᄒᆞ되一不應戰ᄒᆞ미크롬웰軍은遠途長驅에糧食이又盡ᄒᆞ니疾疫이漸生ᄒᆞ고軍氣가沮喪ᄒᆞᄂᆞᆫ지라크롬웰이憂慮難方타가九月二日에至ᄒᆞ야크롬웰이好個의時機를發見ᄒᆞ고타발平原을橫流ᄒᆞᄂᆞᆫ一泥河를沿步ᄒᆞ며勦敵方針을馳

究라가一計를透得ᄒᆞ고軍令을急下ᄒᆞ야明日戰備를盛齊ᄒᆞᆯ셰此夜未明에河原左岸에서「萬軍之主」의聲이大擧ᄒᆞ니此ᄂᆞᆫ크롬웰軍이오對岸에서도「萬軍之主」聲이大起ᄒᆞ니此ᄂᆞᆫ스코를란드軍이라於是凄凉ᄒᆞᆫ和聲이兩起ᄒᆞ자戰火가相交ᄒᆞᆯ셰크롬웰이砲隊를先出ᄒᆞ야레스리의本隊를防禦ᄒᆞ고勇敢無比ᄒᆞᆫ鐵騎를指揮ᄒᆞ야一擧兩翼으로右左를脅擊코져ᄒᆞ엿더니戰地가不便ᄒᆞ야完美ᄒᆞᆫ成效를未收ᄒᆞ며千萬辛苦로僅々設備ᄒᆞᆫ戰畧이水泡와空消ᄒᆞ더라然ᄒᆞ나勇敢ᄒᆞᆫ鐵騎ᄂᆞᆫ一當百의銳勇을盡傾ᄒᆞ야東衝西突ᄒᆞ니彼레스리軍이山崩雪潰ᄒᆞ야所措를罔知라國會軍은勇氣가倍蓰ᄒᆞ야敵後를襲殺ᄒᆞ니敵兵이된발平原을放棄ᄒᆞ고란멘險嶺을向走ᄒᆞᄂᆞᆫ지라當日未明에크롬웰이軍勢를整齊ᄒᆞ고舊約詩篇一百十七編을朗誦ᄒᆞ니萬軍이齊聲同應하야士卒은死心만只有ᄒᆞ고尉官은生氣가無ᄒᆞ야一向皷進ᄒᆞᆯ셰此役에敵陣死者가三千人이오捕勇가一萬人이라更一層敢死兵을盛募ᄒᆞ야三千里長途의遠征을不計ᄒᆞ고一向驅逐ᄒᆞ야數月後에원스터城을攻入ᄒᆞ야新王찰스二世를大陸으로放逐ᄒᆞ고其後一年에스코를린드地가悉平되다

兒童教育說

研究生

大凡人이始生ᄒᆞᆯ時에智慧靈敏을具有ᄒᆞᆫ者라及其三四歲ᄒᆞ야言語를粗解ᄒᆞ면所見의物을指ᄒᆞ야名詞와名義를父母의게叩問ᄒᆞᄂᆞᆫ것은天然的求知心이發生ᄒᆞᆫ然故라是時에其父母된者ㅣ隨問詳告ᄒᆞ야物質과物名

을解得ᄒᆞ도록重言復言ᄒᆞ여야天然的求知心이漸次發展ᄒᆞ야來頭의指問ᄒᆞᆯ良心이流出ᄒᆞᆯ터이오不然ᄒᆞ야或其事爲의忽忙ᄒᆞᆷ을因ᄒᆞ든지問答의支離ᄒᆞᆷ을因ᄒᆞ야孩童의叩問ᄒᆞᄂᆞᆫ것을揮之喝之ᄒᆞ면柔芽갓치發生ᄒᆞ든求知心이忽然胃縮ᄒᆞ야更히叩問ᄒᆞᆯ思想이自消ᄒᆞᆯ지라其早始豫敎ᄒᆞᄂᆞᆫ道에關繫가何如ᄒᆞ리오是故로泰西에一慈母가有ᄒᆞ야大兒ᄂᆞᆫ年齡이四歲오小兒ᄂᆞᆫ一歲라一日은慈母가有事出外ᄒᆞᄂᆞᆫ지라大兒를命ᄒᆞ야小兒의就寐ᄒᆞᆫ時間에面上의蠅을驅케ᄒᆞ엿더니大兒가蠅鞭을執ᄒᆞ고床에踞ᄒᆞ야小兒의假臥眠寐ᄒᆞᄂᆞᆫ形容을俯視ᄒᆞ니其天然ᄒᆞᆫ呼吸과口鼻眉眼의皺動ᄒᆞᆷ이眞實노造物者의活畵手段이神能ᄒᆞᆫ理想을感動ᄒᆞᄂᆞᆫ지라이여蠅鞭을釋ᄒᆞ고其慈母의染色ᄒᆞ든遺器를搜取ᄒᆞ야小兒의傍에蹲伏ᄒᆞ여紙片에其兒形을摸畵ᄒᆞᄂᆞᆫ際에其慈母가自外入來ᄒᆞ거ᄂᆞᆯ因ᄒᆞ야其紙片과染器를隱置ᄒᆞ고恐或綻露ᄒᆞ면責辭를被ᄒᆞᆯ가危慄ᄒᆞᄂᆞᆫ中이라母가其兒의動止가殊異ᄒᆞᆷ을因ᄒᆞ야其所爲를問ᄒᆞᆫ즉閉口欺實ᄒᆞ다가屢次申問을難堪ᄒᆞ야不得已ᄒᆞᆫ境遇에該紙片을呈露ᄒᆞ고責辭ᄂᆞᆫ依例히有ᄒᆞᆯ줄노知ᄒᆞ야俯首待罪ᄒᆞ더니其母가本來家庭敎育의善良思想이特有ᄒᆞᆫ지라其紙片을觀覽ᄒᆞ다가稱贊ᄒᆞ야曰善矣哉라此畵여恰似兒容이라ᄒᆞ고因ᄒᆞ야其背를撫ᄒᆞ면서愛意를層加ᄒᆞ니其兒가良心이此를由ᄒᆞ야活々焉潑々焉ᄒᆞ야自後로ᄂᆞᆫ紙片을求見ᄒᆞ면圖畵를是事ᄒᆞᆷ으로十五歲內外에泰西의圖學大家가되얏다ᄒᆞ니向者에其母가所見이不經ᄒᆞ야一言一辭의責喝만有ᄒᆞ얏드면天良의技能이消塞ᄒᆞ야如此ᄒᆞᆫ好結果를不得ᄒᆞ리니其關繫ᄒᆞᆫ影響이胥壞으

로論치못ᄒᆞ리로다大抵兒輩의遊戲가不一ᄒᆞ야或團土瑣石을層堆ᄒᆞ야도보며或木條鐵片을斷鍊ᄒᆞ야도보며或射戈游泳ᄒᆞ며或馳走競鬪가各其性質의所嗜와技能의所長으로自然ᄒᆞᆫ戲玩을適求ᄒᆞᄂᆞᆫ지라其家庭範圍內에셔所嗜所長의動作을善々히導察ᄒᆞ야無理ᄒᆞᆫ壓責을勿加ᄒᆞ고所求ᄒᆞᄂᆞᆫ理想을啓發ᄒᆞ면完全ᄒᆞᆫ人格을陶鑄ᄒᆞ야將來學校教育의大助를作ᄒᆞᆯ지어늘我國은原來家庭教育이缺乏ᄒᆞ야文母의胎教와孟母의三遷教를口頭로만空說ᄒᆞ고慈母되ᄂᆞᆫ資格을專혀蒙昧ᄒᆞ여乳度의飢飽와襁褓의寒濕이不能齊均ᄒᆞ야天然ᄒᆞᆫ病因은理所難免이오求知心이發生ᄒᆞᆯ年齡이되면所見의物品方向을指問ᄒᆞ더ᄅᆡ도動輒喝責ᄒᆞ야口吻을噤啞케ᄒᆞ며戲玩을執持ᄒᆞ야屈伸進退ᄒᆞ면房舍를汙穢ᄒᆞᆫ다庭欄을壞損ᄒᆞᆫ다ᄒᆞ야手足을束縛케ᄒᆞ니如此히桎梏을受ᄒᆞᆫ小兒輩가엇지活動思想이有ᄒᆞ리오孩提時에歷史가如是ᄒᆞᆫ지라七八歲에及ᄒᆞ야書塾에入學ᄒᆞᆫ즉曰天曰地니日月은爲明燭이니馬上에逢寒食이니ᄒᆞᄂᆞᆫ句語로案前에束坐ᄒᆞ고口唇이生糊로록左右搖首에腦髓가慌惚ᄒᆞ야一字도終日不記ᄒᆞᄂᆞᆫ境遇가種々ᄒᆞᆫ지라於是乎先生이怒氣가勃々ᄒᆞ고苦吻이砰々ᄒᆞ야自頭至尾에鞭箠가浪藉라哀此軟柔氣血이縱能保養有方이라도能眞淸眞粹ᄒᆞ며眞完眞堅은固難個々確信커든黑暗窓戶에風日을不見ᄒᆞ고苦坐危慄ᄒᆞ던至軟至弱ᄒᆞᆫ體膚를酷毒ᄒᆞᆫ鞭責下에犬羊갓치壓迫ᄒᆞ야魂神이飛出케ᄒᆞ니嗚呼라不忍言不忍聞者矣로다設或其中에聰明이特有ᄒᆞᆫ者有ᄒᆞᆯ지라도自七八歲로至十二三歲ᄭᆞ지ᄂᆞᆫ兒童에記憶世代라師位에居ᄒᆞᆫ者가其記憶力을識諳ᄒᆞ

야恒常其力에不滿ᄒᆞ게教授ᄒᆞ여야記憶力이漸長할거시여날此를不爲ᄒᆞ고其聰明을過獎ᄒᆞ야過度ᄒᆞᆫ學課를濫授ᄒᆞ니於是에用力이比重ᄒᆞ야腦髓에膜이傷을被키易ᄒᆞᆫ지라因ᄒᆞ야向日聰明ᄒᆞ든小兒가次第로無能昧知ᄒᆞᆫ人을扮作ᄒᆞ리니此를十分注意할處로다嗚呼라彼泰西學校教育界를槪見ᄒᆞ건ᄃᆡ教師된者가小學校生徒를教授할時에卑近易曉ᄒᆞᆫ事物上으로爲先指示ᄒᆞ야其實質과實狀을燭得ᄒᆞ야然々領可ᄒᆞᆫ後에國文를讀習ᄒᆞ고入學ᄒᆞᄂᆞᆫ門路가階級이不紊ᄒᆞ야滋味를易得할ᄲᅮᆫ아니라學校教授ᄒᆞᄂᆞᆫ時間이常定이特有ᄒᆞ고休息ᄒᆞᄂᆞᆫ時間이認許가自在ᄒᆞ야厭煩症이斷絶케ᄒᆞ며師生間에慈愛情이懇切ᄒᆞ야畏㤼ᄒᆞᄂᆞᆫ心이無ᄒᆞ고敬信ᄒᆞᄂᆞᆫ望이重ᄒᆞᆫ즉其開心誘導ᄒᆞᆯ方이此中에서生할지로다現今我國에教育界가比前擴張ᄒᆞ야스나家庭教育에對ᄒᆞ여ᄂᆞᆫ慈母의資格이準備ᄒᆞ야兒童의求知心을啓發할兆朕이有ᄒᆞ며學校教育에對ᄒᆞ여ᄂᆞᆫ小學教師의資格이準備ᄒᆞ야兒童에記憶力을發揮할能力이有한가此를至極히切望ᄒᆞᄂᆞᆫ故로友人의所聞을記ᄒᆞ야教育界의有志ᄒᆞᆫ諸君子의게一覽을供코쟈ᄒᆞ노라

競爭의根本

抱宇生

此複雜ᄒᆞᆫ世界의狀態를觀察ᄒᆞ니實노一般生物의競爭舞臺로다在昔有史以來로人類의經營行動이於千萬態로互相激烈ᄒᆞᆫ競爭을常試ᄒᆞ엿스며更히未來를推想ᄒᆞᆯ지라도人類가消滅키前에ᄂᆞᆫ如何ᄒᆞᆫ能力이有ᄒᆞᆯ지라도此競爭의波勢를排除키不能ᄒᆞᆯ지라盖

其競爭의形式은種々有之ᄒᆞ니或於戰爭而現出ᄒᆞ며或於殖民而現出ᄒᆞ며或於外交政策而現出ᄒᆞ며或於貿易而現出ᄒᆞ야千態萬狀으로從其形勢而現來ᄒᆞᄂᆞ니所謂古今歷史도此競爭의遺跡을後世에紹介ᄒᆞᆷ이로다然則如此ᄒᆞᆫ遺跡을地球上에繼續存在케ᄒᆞᆫ原因이何에在ᄒᆞ뇨或曰人類ᄂᆞᆫ原來平和를主張是愛ᄒᆞᄂᆞᆫ者라云ᄒᆞ나至於事實ᄒᆞ야ᄂᆞᆫ日刻도其激烈ᄒᆞᆫ競爭을演出치아니키 不能ᄒᆞ니此果何由哉아

一言으로論定컨ᄃᆡ其根本的原因은生存에在ᄒᆞ도다大凡生物이其生命을地球上에享有ᄒᆞᆫ以上에ᄂᆞᆫ此에永續을圖ᄒᆞ며此에繁殖을企ᄒᆞᄂᆞᆫ關念이有意無意間에現出ᄒᆞ야一息間에도隱藏키不能ᄒᆞ도다萬一此地球가宗教家等의夢想과如ᄒᆞᆫ一種天國福樂界를作ᄒᆞ야氣候가同一ᄒᆞ며土地의肥沃이同一ᄒᆞ야如何ᄒᆞᆫ地方을勿論ᄒᆞ고衣食住居의困難이無ᄒᆞ면此競爭을有誰夢想이리오設或有之라도此ᄂᆞᆫ一時娛樂的競爭에不過ᄒᆞᆯ지로다然이나其事實則全然反此ᄒᆞ야氣候가各不同ᄒᆞ며山川形勢가各不均ᄒᆞ며地味厚薄과水利의便否等이亦相不同ᄒᆞ니吾人類가處此不均之地上ᄒᆞ야不幸에處ᄒᆞᆫ者ᄂᆞᆫ他人의幸運을要奪ᄒᆞ며他人도亦是其奪取를免키爲ᄒᆞ야勉力ᄒᆞᆷ은自然之勢어니와設或地上에產物이如何히豊富ᄒᆞᆯ지라도其數ᄂᆞᆫ限界가有ᄒᆞ며人類ᄂᆞᆫ其數가日增月加ᄒᆞ야其數의限界가無ᄒᆞ니有限之物로無限之物을支需키不能ᄒᆞᆷ은理勢固然이라然則雖是幸福天地下에生活ᄒᆞᄂᆞᆫ人類라도從來에ᄂᆞᆫ生活의困難을漸加ᄒᆞᄂᆞᆫ故로其不足을補充키爲ᄒᆞ야他地方利益을竊奪ᄒᆞᆷ에至ᄒᆞᄂᆞ니於此에弱肉을强食이라自己의系統을繼續

ᄒᆞ며種類를繁殖케ᄒᆞᆯ絶大的慾望을有ᄒᆞᆫ者는一般動物의天然的性質이어늘嗚呼라同胞諸君이여我의滅亡을誰가悲ᄒᆞᆯ者有ᄒᆞ며我의繁殖을誰가悅ᄒᆞᆯ者有ᄒᆞ리오我의土地는富沃ᄒᆞᆫ데我의仇敵은不奪ᄒᆞ면不厭ᄒᆞ니驚覺哉어다哀我同胞여忿怒哉어다哀我同胞여諸君은今日을當ᄒᆞ야誰를待ᄒᆞ며誰를賴ᄒᆞᄂᆞᆫ가一人이失政에天下亂을是責ᄒᆞ며一人이一怒에天下安을是待ᄒᆞᄂᆞᆫ가此亦是責是待ᄒᆞᆯ바로다마ᄂᆞᆫ國家의治亂이時代를從ᄒᆞ야異同이有ᄒᆞᄂᆞ니專制的時代에ᄂᆞᆫ一人이失政에天下亂ᄒᆞ며一人이一怒에天下安ᄒᆞ엿거니와現今은民族主義가大漲ᄒᆞᆫ時代라民族的時代에ᄂᆞᆫ民族이失責ᄒᆞ면國이亡ᄒᆞ고民族이一怒ᄒᆞ면國이興ᄒᆞᄂᆞ니試看ᄒᆞ라彼美國의今日이何를從ᄒᆞ야出來ᄒᆞ엿ᄂᆞᆫ가有口者皆曰華盛頓을從ᄒᆞ야出來ᄒᆞ엿다ᄒᆞ되余ᄂᆞᆫ大言曰否라ᄒᆞ노니當時에英政府가六十餘年戰役을經過ᄒᆞ미經濟의困難이大甚ᄒᆞ야美洲殖民地에租稅를加ᄒᆞ야其補缺을圖ᄒᆞᆷ이美洲人民이此를絶對的反對ᄒᆞ고由來의宿怨이於此에熾烈ᄒᆞ미及其反對의實行을擧ᄒᆞᆯ時에華盛頓을薦用ᄒᆞ야其成功을奏ᄒᆞ엿스니美國의今日이엇지華盛頓을從ᄒᆞ야成ᄒᆞ엿스리오其國民의憤發을從ᄒᆞ야出來ᄒᆞ엿도다嗚呼라同胞諸君이여諸君이一怒ᄒᆞ면我國이安ᄒᆞ며不然ᄒᆞ면雖是絶世的英雄이輩出ᄒᆞᆯ지라도我國은永滅을不免ᄒᆞᆯ지니憤發哉어다同胞諸君이여

大凡動物의競爭은生命維持를原因ᄒᆞ야始起ᄒᆞᄂᆞ니近日旅行家와蠻地探險家의傳說을由ᄒᆞ건ᄃᆡ彼蠻人等이互相衝突ᄒᆞ며互相殺伐ᄒᆞᆷ이皆其食物을要求ᄒᆞᆯ뿐만아니라此食物을貯藏키爲ᄒᆞᆷ이라ᄒᆞ니此로써推測ᄒᆞ

면現今文明社會에諸般問題가彼蠻人의生活問題의一變ᄒᆞᆫ者에不過ᄒᆞ도다如此히競爭의原因은生命維持에在ᄒᆞᄂᆞ니生命을維持키爲ᄒᆞ야個人間에競爭이生ᄒᆞ며團體間에競爭이生ᄒᆞ며國家間에競爭이生ᄒᆞᄂᆞ니萬一人類로부터下等動物ᄶᅡ지自己一個의目的만要求ᄒᆞ면其競爭이一個一個間에起ᄒᆞᆯ뿐이오萬一個々的競爭만有ᄒᆞ면人類以下諸般生物은其消滅을不免ᄒᆞᆯ지며人類라도最强最悍ᄒᆞᆫ者以外에ᄂᆞᆫ其生命을保存키不能ᄒᆞᆯ지라於此에生命維持以外에同族保護라ᄒᆞᄂᆞᆫ一種本性이更有ᄒᆞ니此ᄂᆞᆫ進化論者의詳細ᄒᆞᆫ說明을不待ᄒᆞᆯ지라도吾人이日常的經驗을推ᄒᆞ야可知ᄒᆞᆯ지라彼蠻人도自己의種族을保護키爲ᄒᆞ야ᄂᆞᆫ勞苦를不厭ᄒᆞ며他地方에移住ᄒᆞᆯ지라도自己種族의繁榮增加를計圖치아니ᄒᆞᄂᆞᆫ가彼獅子도食物이無ᄒᆞ면其雛를互相奪食ᄒᆞᄂᆞ食物만有ᄒᆞ면彼我間에其雛를互相保守ᄒᆞᄂᆞ니蠻人禽獸도亦然커든況乎文明社會에處ᄒᆞ야勝敗를決鬪ᄒᆞᄂᆞᆫ者야自己의幸福을計圖ᄒᆞᆯ同時에國家의繁榮을爲ᄒᆞ야其生命을犧牲에供키不能ᄒᆞᆯ가一向者에米國太平洋沿岸에盛行ᄒᆞᆫ日本人排斥問題와如ᄒᆞᆫ者도其原因은非止一再ᄂᆞ重大ᄒᆞᆫ原因에對ᄒᆞ야ᄂᆞᆫ種族保護的競爭에不過ᄒᆞ도다然則歷史라ᄒᆞᄂᆞᆫ者ᄂᆞᆫ一種車輪과如ᄒᆞ야生活維持의一輪과種族保護의一輪을恒常回轉ᄒᆞᄂᆞᆫ者니萬一此兩輪으로主眼을作ᄒᆞ야觀察치아니ᄒᆞ면決코歷史의眞狀을覗키不能ᄒᆞᆯ지로다此兩種本性을從ᄒᆞ야現出ᄒᆞᆫ世界人類의活動이從來의二大潮流을分作ᄒᆞ고各히不同ᄒᆞᆫ方面을向ᄒᆞ야奔湯ᄒᆞ미一潮ᄂᆞᆫ西流ᄒᆞ며一潮ᄂᆞᆫ東流ᄒᆞ야互相衝突의機會가稀少ᄒᆞ엿다가至

于十九世紀ᄒᆞ야ᄂᆞᆫ其交際가漸次頻繁터니至于二十世紀今日ᄒᆞ야ᄂᆞᆫ其競爭이許多方面을從ᄒᆞ야益々激烈ᄒᆞᄂᆞᆫ中에日露戰役과如ᄒᆞᆫ者가其意志를表示ᄒᆞᆫ지라於此에黃禍說을唱導ᄒᆞᄂᆞᆫ者有ᄒᆞ며白禍說을唱導ᄒᆞᄂᆞᆫ者도有ᄒᆞ엿도다然則將來의歷史ᄂᆞᆫ所謂黃白人種의本能性戰爭을記錄ᄒᆞᆯ지요刻下에岌切ᄒᆞᆫ世界的問題ᄂᆞᆫ人種競爭으로要點을作ᄒᆞᆯ디니於此에同種의相護相扶와異族의可排可斥이吾人眼孔에暴露ᄒᆞ엿거ᄂᆞᆯ嗚呼라同一ᄒᆞᆫ黃人種中에도白人種의心性을持有ᄒᆞᆫ者가無ᄒᆞᆫ지此ᄂᆞᆫ吾人의宿抱ᄒᆞᆫ疑點이기로以上數言을瑣陳ᄒᆞ야諸君子의參考를一供코저ᄒᆞ노라

家庭敎育法

金 壽 哲 譯述

第三章 衛生

第二節 衛生方法

第二、住居

住居ᄂᆞᆫ寒熱、風雨、霜露等을防禦키爲ᄒᆞ야備ᄒᆞᄂᆞᆫ者니비록消極的目的에不過ᄒᆞ나또ᄒᆞᆫ積極的으로其身体의發育을增進ᄒᆞ며精神敎育上에便益을與ᄒᆞᆷ이頗多ᄒᆞᄂᆞ니故로於是에土地의選擇과家屋構造의良否等에就ᄒᆞ야가장硏究ᄒᆞᆯ必要가有ᄒᆞ리로다

(A) 土地의選定

土地ᄂᆞᆫ道德上幷衛生上에無害ᄒᆞ고또ᄒᆞᆫ通行上에便利ᄒᆞᆫ處所를選擇ᄒᆞᆯ지니此ᄂᆞᆫ精神敎育上으로도必要ᄒᆞᆯ뿐外라體育方面으로도重要点이되ᄂᆞ니然則衛生上으로ᄂᆞᆫ土地

의性質、高低와空氣의良否、及飮料水의善惡等에關ᄒᆞ야精密ᄒᆞᆫ攻究를致ᄒᆞᆯ지오道德上으로ᄂᆞᆫ兒童의性質及習慣에及ᄒᆞᆯ影響을考慮치아니치못ᄒᆞᆯ지니만약住居를이믜確定ᄒᆞᆫ境遇에在ᄒᆞᆫ者면不得已ᄒᆞᆷ을未免ᄒᆞᆯ지나將來此를經營ᄒᆞᄂᆞᆫ者ᄂᆞᆫ모름이此土地選擇에嚴重ᄒᆞᆫ注意를加ᄒᆞᆯ지니라大概家屋은一時에容易히改造ᄒᆞᆷ을得ᄒᆞ나土地를變更ᄒᆞᆷ은極히困難ᄒᆞᆫ事이니엇자十分硏究를加치아니ᄒᆞ리오

以上土地選定의理由를述終ᄒᆞ엿슨즉更進ᄒᆞ야實際驗定法에及코져ᄒᆞ노니第一노可述ᄒᆞᆯ者ᄂᆞᆫ即飮料水의性質이라飮料水ᄂᆞᆫ一日이라도缺치못ᄒᆞᆯ榮養品이니만약其性質이不良ᄒᆞ면諸種의病源이될지니라또以次로可驗ᄒᆞᆯ者ᄂᆞᆫ土地의高低及乾濕이니此를知코져ᄒᆞ면地下의水面을반다시驗ᄒᆞᆯ지니水面이高ᄒᆞ면即低地를未免ᄒᆞᆯ지라故로斯와如ᄒᆞᆫ土地ᄂᆞᆫ응당避ᄒᆞᆯ지오且適當의高地가無ᄒᆞᆯ時ᄂᆞᆫ他로붓터土를持來ᄒᆞ야其土地를高케ᄒᆞ야써濕地의害를避ᄒᆞᆷ이可ᄒᆞ고又癈物塵埃等이埋沒된土地를또ᄒᆞᆫ避치아니치못ᄒᆞᆯ지니此等의土地ᄂᆞᆫ有機物노붓터有毒ᄒᆞᆫ瓦斯를蒸發케ᄒᆞ야病源을作ᄒᆞᆷ이多大ᄒᆞᄂᆞ니故로此를驗ᄒᆞᆷ에ᄂᆞᆫ土地를限二三尺掘見ᄒᆞᆷ이可ᄒᆞ니라더욱詳細ᄒᆞᆫ點에至ᄒᆞ야ᄂᆞᆫ建築學者의意見을問ᄒᆞᆷ이極可ᄒᆞ니라

(B) 家屋의構造

家屋을建築ᄒᆞᆷ에ᄂᆞᆫ몬져其材料를選擇ᄒᆞᆯ지니現今我國에서用ᄒᆞᄂᆞᆫ材料에ᄂᆞᆫ木材石材煉瓦等이有ᄒᆞ나石材ᄂᆞᆫ其價가太高ᄒᆞᆷ으로使用키容易치못ᄒᆞ고煉瓦ᄂᆞᆫ또ᄒᆞᆫ濕氣를吸收키恐ᄒᆞᆫ즉가장木材로써適當ᄒᆞᆫ材料를作ᄒᆞᆯ지니라材料가이믜定ᄒᆞ면또ᄒᆞᆫ其樣式을

確定치아니치못ᄒᆞᆯ지니樣式에는平屋이有ᄒᆞ며二階建이有ᄒᆞ며三階建이有ᄒᆞ며四階建이有ᄒᆞ나統計上衛生上에適當ᄒᆞᆫ者는二階建이即是니死亡者의比較를見ᄒᆞᆷ이二階建에는가장少ᄒᆞ고三階以上에는가장多ᄒᆞᄂᆞ니故로二階以上에는住居치아니ᄒᆞᆷ이可ᄒᆞ니라又家屋의方向도衛生上注意를要치아니치못ᄒᆞᆯ지니此는南向이가장良好ᄒᆞ며市街의店舖와如ᄒᆞᆫ者는此制에强據키難ᄒᆞ나其北面의家는가장不可ᄒᆞ니라

從來我國에서는紙로糊ᄒᆞᆫ窓戶를用ᄒᆞ야寒氣를防禦ᄒᆞ나此가非常ᄒᆞᆫ外氣의寒冷에는室內에寒冒의媒介를作ᄒᆞᆷ에至ᄒᆞᄂᆞ니故로冬期에는玻璃로作ᄒᆞᆫ窓戶를用ᄒᆞ야寒氣의侵入을防禦ᄒᆞ며上部에는廻轉窓을設置ᄒᆞ야換氣法을作ᄒᆞᆷ이可ᄒᆞᆯ지니라

第三、睡眠

身体를勞働ᄒᆞ면疲勞를生ᄒᆞ고精神을使用ᄒᆞ면倦怠를生ᄒᆞᄂᆞ니이믜此疲勞倦怠를感ᄒᆞᆷ에此를恢復키前에는다시身体의運動、精神의活動을營키不能ᄒᆞᄂᆞ니此가即休息의必要ᄒᆞᆫ所以니라且身体의必要는單히一時의休息으로因ᄒᆞ야醫ᄒᆞᆷ을得ᄒᆞ나精神에至ᄒᆞ야는더욱廣大ᄒᆞᆫ休息을要ᄒᆞᄂᆞ니大槪睡眠은神經中樞의疲勞를醫ᄒᆞ고再次活動ᄒᆞᆯ準備를遂ᄒᆞ는者라故로睡眠中은가장平靜ᄒᆞᆫ位地에在ᄒᆞ야十分ᄒᆞᆫ休息을取ᄒᆞᆷ이可ᄒᆞ니幼少ᄒᆞᆫ兒童의比較的長時間의睡眠을貪ᄒᆞ는者에게는生後一年間은十六時間乃至二十時間의睡眠을要ᄒᆞᆷ이可ᄒᆞᆯ지니라故로此時期에當ᄒᆞ야는가장深快ᄒᆞᆫ睡眠을營케ᄒᆞᆷ에注意치아니치못ᄒᆞᆯ지니라

第四、沐浴

沐浴은皮膚衛生上에가장肝要ᄒᆞᆫ者이니幼

兒에在ᄒᆞ야는特殊ᄒᆞᆷ을覺破ᄒᆞ겟도다兒童의盛ᄒᆞᆫ成長發育은恒常多量의垢滓를生ᄒᆞ고脂肪質의汚物을排泄ᄒᆞᆷ으로써날도沐浴식혀其皮膚의淸潔을謀치아니치못ᄒᆞᆯ지니沐浴에는冷水浴、溫浴、海水浴等이有ᄒᆞ나幼兒에게는溫浴을식힘이가장宜當ᄒᆞ니海水의溫浴이면其効益이更大ᄒᆞᄂᆞ니라

浴湯의溫度는攝氏三十八度乃至四十五度의範圍를取ᄒᆞᆷ이可ᄒᆞ니入浴의時間은十分乃至二十分을定ᄒᆞᆷ이可ᄒᆞ고長時間은反히身体에害를及ᄒᆞᄂᆞ니其回數는生後一年間은每日一回式ᄒᆞ되漸次其度를減ᄒᆞᆯ지라도每週二回는不怠ᄒᆞᆷ이可ᄒᆞ며浴後는가장注意ᄒᆞ야外氣에믓치안토록乾燥ᄒᆞᆫ衣服으로即纏ᄒᆞᆯ지니라

第四節 衛生의原則

第一、衣服의選擇은衛生의法則에從ᄒᆞᆯ지니衣服의目的은身体各部를養護ᄒᆞ야外界로붓터侵入ᄒᆞᄂᆞᆫ疾病을防禦ᄒᆞᆷ에在ᄒᆞ니故로季節을隨ᄒᆞ야選擇치아니치못ᄒᆞᆯ지라故로冬期에는絨布、綿布를用ᄒᆞ고夏期에는痲布等을用ᄒᆞᆷ이一般法則이니라

第二、衣服은經濟的을要ᄒᆞᆯ지나大槪衣服은消極的衛生의一種이되ᄂᆞᆫ者라身体發育에對ᄒᆞ야積極的効用에는不在ᄒᆞ도다故로衣服의材料를選ᄒᆞᆷ에는單히衣服本來의目的에適ᄒᆞᆯ만ᄒᆞᆫ程度에止ᄒᆞ고華美ᄒᆞᆫ者를避ᄒᆞ야차라리此에要ᄒᆞᄂᆞᆫ財로써滋養品에供ᄒᆞᆷ이可ᄒᆞᆯ지니라

第三、住居는淸潔ᄒᆞᆷ을要ᄒᆞᆯ지니假使土地의選定材料의選擇、構造의方法等은衛生의法則에適ᄒᆞᆯ지라도家屋의周圍、及其內部의淸潔法이不行ᄒᆞ면到底히無益에終ᄒᆞᆯ지니故로恒常洒掃를勵行ᄒᆞ야病源을驅除

홈이肝要ᄒᆞ니라
第四、睡眠中異狀에注意홈을要홀지니睡眠이休息에最良方法이됨은前述과如ᄒᆞ거니와活潑ᄒᆞᆫ兒童에就ᄒᆞ야ᄂᆞᆫ就眠後往々驚夢ᄒᆞ야安眠을不得ᄒᆞᄂᆞ니其激烈ᄒᆞᆫ時ᄂᆞᆫ憂懼를來ᄒᆞ야心搏呼吸의不調를生ᄒᆞ며流汗으로븟터顏色을變ᄒᆞ야甚至於驚駭慟哭홈이有ᄒᆞᄂᆞ니斯와如ᄒᆞᆫ時ᄂᆞᆫ가만히兒童을醒覺식켜即時抱起ᄒᆞ야安穩ᄒᆞᆫ狀態를復홈이可ᄒᆞ니라

學 園

哲學初步

學海主人

論據

(第一)空間、時間、物質、運動、勢力

彼天象을仰觀ᄒᆞ라太陽의体大가我地球一百五十萬倍가되고地球와相距가大畧三億八千九百二十萬里라云ᄒᆞ니其大其遠을想像컨ᄃᆡ吾人의思力으론到底推及키未能ᄒᆞ되此ᄂᆞᆫ我太陽系의一部분이라今에太陽系의大約을擧列컨ᄃᆡ地球와如ᄒᆞᆫ遊星이二百餘個요月과如ᄒᆞᆫ衛星이大凡十餘個라云ᄒᆞ니遊星中最遠者를想察컨ᄃᆡ太陽에셔十二億萬里相距되ᄂᆞᆫ海王星이有ᄒᆞ니然則太

陽系의周圍가十二億萬里의二倍即二十四億萬里可量이요此에太陽体大의直經四十九億萬里를加ᄒᆞ면七十三億萬里니太陽系로만도七十三億萬里의空間을占有ᄒᆞ엿슬지라此로써觀察컨ᄃᆡ總天体는如何히遠大ᄒᆞᆫ空間을占有ᄒᆞ엿슬넌지

諸君이여彼天空에碁布羅列ᄒᆞᆫ星宿를仰見ᄒᆞ라其中에恒星(吾人肉眼으로能見者)만도其數大略六千個라ᄒᆞ니萬一觀天器를據見ᄒᆞ면其數가幾千萬인거슬未知ᄒᆞᆯ지며恒星云者는無非我太陽과同大되는者도有ᄒᆞ고太陽보다尤大ᄒᆞᆫ者도多ᄒᆞᆯ뿐外라幾百個의遊星과幾千個의衛星을持有ᄒᆞ엿슬지니其直徑을言ᄒᆞ면少不下數億千萬里의圓大ᄒᆞᆫ空間을占有ᄒᆞ엿슬더히오吾人의最近ᄒᆞᆫ地位에在ᄒᆞᆫ恒星이地球에서一百九十二兆億萬里를距在ᄒᆞ엿는ᄃᆡ其光線이一秒間에十八萬六千哩式을進行ᄒᆞ야五萬年後에야地球에到達ᄒᆞᆫ다ᄒᆞ니此一事로見ᄒᆞᆯ지라도宇宙의巨大를可測ᄒᆞᆯ더히오

次는時間이니此亦是無限無極ᄒᆞᆫ者라吾人이通常億萬年前事를推考컨ᄃᆡ漠々ᄒᆞ야際涯가無ᄒᆞ고億萬年以後를將望ᄒᆞᆯ지라도亦是渺々茫々ᄒᆞ니嗟呼라時間의限極이여吾人은到底히想像치못ᄒᆞ리로다然則空間과時間의觀念은何로從生ᄒᆞᄂᆞ뇨此는勢力(即力)의抵抗을因生ᄒᆞ는者니大凡宇宙間의無數ᄒᆞᆫ物質이無非相凝相集ᄒᆞ야其親和力으로萬種의形態를組成ᄒᆞ엿스나然ᄒᆞ나吾人으로物体의存在與否를認知ᄒᆞᆷ은但止眼力으로도不可及이요聽力으로도不可及인즉物体의感觸을實驗ᄒᆞᆫ然後에야비로소其存在를認識ᄒᆞᆯ지니何故오大抵目見으로만物体의存在를證明키가到底不可能의事

實인즉其例를暫陳컨ᄃᆡ幼兒나野蠻人은經驗의不贍을因ᄒᆞ야鏡面에映見ᄒᆞᄂᆞᆫ己顔과水面에照懸ᄒᆞᄂᆞᆫ其姿를見ᄒᆞ면或은我의仇讐가作亂ᄒᆞᆷ으로誤認ᄒᆞ고或은水神이變化ᄒᆞᆷ으로써自認ᄒᆞ야自恐自懼의行動이夥多치아니ᄒᆞ뇨然ᄒᆞ나多少經驗이曾有ᄒᆞ고實例를涉有ᄒᆞᆫ者ᄂᆞᆫ思見上에少許도誤解가無ᄒᆞᄂᆞ니今에目前에椅子一介가有ᄒᆞᆷ을見ᄒᆞ고吾人의手足으로抵觸ᄒᆞᆷ에力의抵抗을覺知ᄒᆞ야物体의存在를始認ᄒᆞ려니와彼鏡裡의映姿ᄂᆞᆫ眼目에ᄂᆞᆫ能視ᄒᆞ되感觸도不能ᄒᆞ고抵抗도未敢ᄒᆞ니然則時間의觀念과空間의觀念이勢力을因ᄒᆞ야始知ᄒᆞᄂᆞᆫ者라云ᄒᆞ리로다

(第二)物質의不滅

一盃의水도曝晒ᄒᆞᆯ時ᄂᆞᆫ頃刻間에乾盡ᄒᆞ고一丁의蠟燭도燃燒ᄒᆞᆯ時ᄂᆞᆫ須臾에燒盡ᄒᆞᄂᆞ

니吾人凡眼으로此를觀察컨ᄃᆡ水與蠟燭이一切盡去無遺ᄒᆞᆫ듯ᄒᆞ나然ᄒᆞ나其實은乾盡ᄒᆞᆫ바도아니요消滅ᄒᆞᆫ바도아닌즉水ᄂᆞᆫ太陽熱을受ᄒᆞ야氣体로變去ᄒᆞ엿스되物質은依然히存在ᄒᆞ야秋毫도增減이無ᄒᆞᆷ으로早晩間寒冷을當ᄒᆞ면雲雨도되고霜雪도되여泉河가以之爲源ᄒᆞ고江海가以之爲淵ᄒᆞ며蠟燭은水素炭素로組成된者이미空氣中의酸素를當ᄒᆞ면結合ᄒᆞ야烟이되고焰이되여空氣中에飛散ᄒᆞ나亦是物質(水素、炭素)은依然히空氣中에現在ᄒᆞᄂᆞ니然則字宙間에存在ᄒᆞᆫ物質은天地開闢의初브터未來永遠ᄭᆞ지少許의增減이無ᄒᆞ고如或新生消滅ᄒᆞᆫ者ᄂᆞᆫ但止諸物質로生成ᄒᆞᆫ物体의固体가液体가되고液体가固体가되ᄂᆞᆫ것이니外觀上으로其容量만增減ᄒᆞᆯ뿐이로다

(第三)運動의斷續

運動云者ᄂᆞᆫ一彌一漲ᄒᆞ야波瀾을成ᄒᆞ되終是一樣의狀態를不成ᄒᆞᄂᆞ니假令月에盈昃이有ᄒᆞ고海에潮汐이有홈과如히石을水에投入ᄒᆞ면水ᄂᆞᆫ波紋을作ᄒᆞ고易에云ᄒᆞ기를尺蠖의屈홈은伸延을爲홈이라ᄒᆞ며吾人도行步ᄒᆞᆯ時ᄂᆞᆫ足趾를不得不屈伸ᄒᆞ고禽鳥도飛動ᄒᆞᆯ時ᄂᆞᆫ羽翼을翱翔ᄒᆞ며泳魚도鰭尾를伸縮ᄒᆞ고遊星도自轉公轉의運動이有ᄒᆞ고時計도右方에서左方으로左方에右方을向ᄒᆞ야回轉을不止ᄒᆞ미一日에晝夜가有ᄒᆞ고一年에寒暑가有ᄒᆞ며年에凶豊이有ᄒᆞ고天에晴陰이有ᄒᆞ며草木에榮枯가有ᄒᆞ니此가無非運動의大波瀾이요

吾人身体上에도此를應用컨ᄃᆡ健康과疾苦가有ᄒᆞ며熱에高低가有ᄒᆞ고少年브다壯年에至ᄒᆞ기ᄭᆞ지ᄂᆞᆫ体量이次第增加ᄒᆞ고壯年으로브터老年에至ᄒᆞ기ᄭᆞ지ᄂᆞᆫ体量이次第減下ᄒᆞ되精細히調見컨ᄃᆡ少年時代로브터壯年時代에至ᄒᆞ기ᄭᆞ지其間에도体量의增減이有ᄒᆞ고壯年時代로브터老年時代에至ᄒᆞ기ᄭᆞ지도亦是其然ᄒᆞᄂᆞ니更一層細言ᄒᆞ쟈면一日半時數分數秒의間일지라도体量의增減이有ᄒᆞᄂᆞ니此分秒間의增減은運動의小波瀾이요數月或은一年의稍々히增減홈은運動의大波瀾이며

吾人心力도亦然ᄒᆞ야眠이有ᄒᆞ고覺이有ᄒᆞ며思가有ᄒᆞ고休가有ᄒᆞ며樂이有ᄒᆞ고苦가有ᄒᆞ며悲가有ᄒᆞ고喜가有ᄒᆞ야稍大의波瀾을常作ᄒᆞᆯᄲᅮᆫ더러喜怒哀苦에緩急의別이有ᄒᆞ야忽喜忽怒ᄒᆞ고乍欣乍悲ᄒᆞ니此亦小波瀾을成ᄒᆞᆫ者요

社會도亦是此理에不外ᄒᆞᄂᆞ니

第一은人口로先陳ᄒᆞᆯ지라大抵人口가蓄殖ᄒᆞ야其國富로支撑키不能ᄒᆞᆯ時ᄂᆞᆫ衣食

의欠乏을因ᄒᆞ야年豊에ᄂᆞᆫ凍餒의苦를未免ᄒᆞ고凶年에ᄂᆞᆫ餓莩가橫路ᄒᆞᆯ뿐더러或은他邦에移住를爲務ᄒᆞ고或은自盡을是圖ᄒᆞ며或은疾病에橫罹ᄒᆞ야於是乎人口가減少ᄒᆞᆯ지요人口가減少ᄒᆞᆫ後數十百年을經過ᄒᆞ면國富가人口보다剩餘가有ᄒᆞᆷ으로써人口가再次蕃殖ᄒᆞᄂᆞ니然則一增一減에際限이無ᄒᆞᆫ者요

第二ᄂᆞᆫ物價로爲言ᄒᆞ노니大抵需要가供給보다增多ᄒᆞᆯ時ᄂᆞᆫ物價가自然貴騰ᄒᆞ고物價가騰貴ᄒᆞ면需要가漸減ᄒᆞ야供給이豐贍ᄒᆞᆫ故로物價가自然減下ᄒᆞ엿다가需要가再次增加ᄒᆞᆯ時ᄂᆞᆫ物價가更貴ᄒᆞᄂᆞ니然則物價의高低ᄂᆞᆫ彼遊星의運轉과如히騰貴減落이回轉不已ᄒᆞᄂᆞᆫ者요

第三治亂興亡進步에對ᄒᆞ야陳述컨ᄃᆡ支那聖人이周易에泰卦를定ᄒᆞᆫ後야否卦를又定ᄒᆞ며師卦를定ᄒᆞᆫ後에比卦를又定ᄒᆞ엿ᄉᆞ니此와如히國의興亡盛衰가無代無之ᄒᆞ야夏가亡ᄒᆞ미殷이興ᄒᆞ고殷이亡ᄒᆞ미周가興ᄒᆞ야秦漢三國、晉、南北朝、隋、唐、宋、金、元、明、淸이互相興廢ᄒᆞ엿고西史를暫考컨ᄃᆡ希臘의文明이極度에達ᄒᆞ미亡ᄒᆞ야羅馬가興ᄒᆞ고羅馬가亡ᄒᆞ미日耳曼이興ᄒᆞ고西班牙가興ᄒᆞ미英에挫折되고一時歐州를席捲ᄒᆞᆫ拿破崙으로도웰링돈게의敗를當ᄒᆞ엿ᄉᆞ니此ᄂᆞᆫ治亂의交迭이요

政治風俗等의進否로爲言컨ᄃᆡ壓制가極甚ᄒᆞ야ᄂᆞᆫ自由政治가現出ᄒᆞ고自由政治가放逸에至近ᄒᆞ면壓制가復至ᄒᆞᄂᆞ니彼쥬아트朝의壓制가찰스一世에至ᄒᆞ야極甚ᄒᆞ미不世英雄크롬웰이共和政治를變成ᄒᆞ엿스나不過二三世에弊政이又現ᄒᆞ

야第二의革命을更起ᄒᆞ여머니米國의獨立을鼓吹ᄒᆞ고佛國의革命을醸出ᄒᆞ엿ᄉᆞ니然則此種諸說을一々히枚擧키ᄂᆞᆫ無暇ᄒᆞ나都是運動의斷續을表出ᄒᆞᄂᆞᆫ大波瀾이로다

動物의生殖法

抱宇生

現今世界에生活을寄ᄒᆞᆫ一般生物은其種類의如何를勿論ᄒᆞ고自然히發生되ᄂᆞᆫ者無ᄒᆞᄂᆞ니各其自己와恰似ᄒᆞᆫ者로由ᄒᆞ야漸次進化ᄒᆞᆫ者인故로生物이라名稱ᄒᆞᆫ者ᄂᆞᆫ반다시其系統을繼續ᄒᆞ며種類를繁殖케ᄒᆞ기爲ᄒᆞ야一定ᄒᆞᆫ法規를從ᄒᆞ야生殖ᄒᆞᄂᆞ니此를生殖法이라稱ᄒᆞ며此生殖法을二種에分ᄒᆞ건ᄃᆡ第一은有性生殖法이니此有性生殖法은生殖中에가장進步ᄒᆞᆫ者인ᄃᆡ高等動物뿐만아니라下等動物이라도大槪此法으로生殖ᄒᆞᄂᆞᆫ者多ᄒᆞ도다此有性生殖法을從ᄒᆞ야繁殖ᄒᆞᄂᆞᆫ動物은其体에特別ᄒᆞᆫ器官이有ᄒᆞ야其中에生殖原素를貯藏ᄒᆞᄂᆞ니此器官을生殖器官이라稱ᄒᆞ며生殖器官內에含蓄ᄒᆞᆫ生殖原素도雄性과雌性의別이有ᄒᆞ야雄性原素를貯藏ᄒᆞᆫ器官을雄性生殖器官이라ᄒᆞ며雌性原素를貯藏ᄒᆞᆫ器官을雌性生殖器官이라ᄒᆞ며雄性原素와雌性原素가合同ᄒᆞᆫ然後에一個卵을釀作ᄒᆞ고此卵이漸次長成ᄒᆞ야幾多의變化를經過ᄒᆞᆫ後에一新個体를成ᄒᆞᄂᆞ니如此ᄒᆞᆫ法을從ᄒᆞ야繁殖ᄒᆞᄂᆞᆫ者를雄雌生殖法이라稱ᄒᆞ며此法外에雄性生殖法이有ᄒᆞ니此法은一個動物이雄原素와雌原素를兼有ᄒᆞᆫ者라此를雄雌同体라稱ᄒᆞ며此雄雌同体의甲乙兩者가合同ᄒᆞᆯ時에ᄂᆞᆫ甲의雄

原素는乙의雌原素가吸收ᄒᆞ며乙의雄原素는甲의雌原素가吸收ᄒᆞ야各一個卵細胞를釀作ᄒᆞᄂᆞ니라如此히甲乙雄雌同體가一時合同ᄒᆞᆯ時에ᄂᆞᆫ甲乙이各々一個의卵을胞孕ᄒᆞᄂᆞ니即水蛭、蚯蚓、蝸牛等이是也며

第二ᄂᆞᆫ無性生殖法이니此法은非雄非雌의動物이能히自己의系統을繼續ᄒᆞᄂᆞᆫ者를謂ᄒᆞᆷ이라此無性生殖法을更히二種에分ᄒᆞ건ᄃᆡ

第一은分体法이니此法은一個動物이自己의体를二個或一個以上에割ᄒᆞ야其繁殖의目的을達ᄒᆞᄂᆞᆫ者니即아메바와如ᄒᆞᆫ者며

第二ᄂᆞᆫ發芽法이니此法은無性生殖法의漸次進步ᄒᆞᆫ者인ᄃᆡ動物体의一部에서一種芽萠을發生ᄒᆞ야此芽萠이長成ᄒᆞᆫ後에一個完全ᄒᆞᆫ動物을成ᄒᆞᄂᆞᆫ者라此發芽法을兩種에分ᄒᆞ건ᄃᆡ一은分離發芽法이니此法을從ᄒᆞ야繁殖ᄒᆞᄂᆞᆫ者ᄂᆞᆫ大槪下等動物中에其例가不少ᄒᆞ되腔腸動物門(体內空虛ᄒᆞᆫ者니剖割ᄒᆞ야觀ᄒᆞ면竹筒과恰似ᄒᆞᆫ動物의一般을稱ᄒᆞᆷ)에屬ᄒᆞᆫ者의此法으로繁殖ᄒᆞᄂᆞᆫ者가最多ᄒᆞ니即하이드라가其一例에適當ᄒᆞ도다此하이드라ᄂᆞᆫ其体長이二三分乃至三四分에不過ᄒᆞ며其色은綠色或은茶褐色을帶ᄒᆞ고體形이種々變化ᄒᆞ되皆圓柱形을作ᄒᆞᆫ者인ᄃᆡ池沼等淡水에棲息ᄒᆞ되水草의莖葉에其一端을附着ᄒᆞ고一端은端頭中央에口가有ᄒᆞ며口의周圍에ᄂᆞᆫ數個纖長의觸手를輪生ᄒᆞ야此觸手로敵을攻擊ᄒᆞ며食物을捕攫ᄒᆞ야中央口에引入ᄒᆞ고更히內部食道에納ᄒᆞ야次第消化後에其滋養分을吸收ᄒᆞ야生活ᄒᆞ다가成熟期에達ᄒᆞ면生殖作用을始作ᄒᆞ야體의一部가先次突出ᄒᆞ야漸々長成ᄒᆞ미一個芽萠을現出ᄒᆞᄂᆞ니此芽萠의形體

ᄂᆞᆫ本體와同一ᄒᆞᆫ지라更히本體에서落離ᄒᆞ야獨立의生活을營作ᄒᆞᄂᆞ니라

二ᄂᆞᆫ團體發芽法이니一個의體가漸次萠芽를發出ᄒᆞ야其數가幾何에至ᄒᆯ지라도互相分離치아니ᄒᆞ고同一ᄒᆞᆫ血官內에서其生活을營作ᄒᆞᄂᆞᆫ團體的動物이니卽珊瑚蟲類가是也라以上所陳ᄒᆞᆫ바를左에圖示ᄒᆞ노라

- 生殖法
  - 有性生殖法
    - 雌雄生殖法
    - 雌雄同体生殖法
  - 無性生殖法
    - 分體法
    - 發芽法
      - 分離發芽法
      - 團体發芽法

果樹剪定法

(前號續) 金志侃

冬期剪定法 續

直立ᄒᆞᆫ枝幹을橫으로切斷ᄒᆯ時에ᄂᆞᆫ其切斷ᄒᆞᆫ面을水平面으로切ᄒᆞ지말고좀斜面으로切ᄒᆞ야雨水가停滯되지아니케ᄒᆯ지라平面으로切ᄒᆞ면枝幹은其髓部로부터腐敗ᄒᆞᄂᆞ니라大抵枝幹의切口ᄂᆞᆫ될수잇ᄂᆞᆫᄃᆡ로其面積을小케ᄒᆯ지니만일面積이廣ᄒᆞ면其切斷口가容易히癒合치아니ᄒᆞᄂᆞᆫ지라冬期剪定은夏期剪定의摘梢摘葉을行ᄒᆞᆫ後에果樹를矮生仕立ᄒᆯ目的으로ᄒᆞᆷ이라（矮生仕立이라ᄒᆞᆷ은卽樹形을矮小케ᄒᆞᆷ이라）元來果樹ᄂᆞᆫ何地를勿論ᄒᆞ고病害와虫害의侵襲을免치못ᄒᆞᄂᆞᆫ것이나그害를豫防ᄒᆞ고驅除ᄒᆯ時에ᄂᆞᆫ藥液의撒布나毒氣의燻烟法을行ᄒᆞᄂᆞᆫ것인ᄃᆡ果樹가長大ᄒᆞ면到底히此法을施치못ᄒᆞ겟ᄂᆞᆫ故로果樹를短小케剪定ᄒᆞᆷ이라

樹勢의抑壓

環狀剝皮法

大概植物의根으로부터枝幹에上昇ᄒᆞᄂᆞᆫ養

液은幹의中心에存ᄒᆞᆫ維管束(木의속)을通過ᄒᆞ야葉에達ᄒᆞ야同化液이되야다시根에流降ᄒᆞ야植物體를養成ᄒᆞᄂᆞᆫ것인ᄃᆡ葉에셔同化液이되야根에流降홀時에ᄂᆞᆫ幹의中心으로通過치아니ᄒᆞ고幹의外皮部를通過ᄒᆞᄂᆞᆫ故로만일地上部의幹皮를環狀으로剝皮ᄒᆞ면上下의交通이遮絕되ᄂᆞᆫ時에ᄂᆞᆫ根으로부터上昇ᄒᆞᄂᆞᆫ養液은依然히幹의中心을通過ᄒᆞ야葉에ᄶᅡ지上昇ᄒᆞ나葉으로부터同化液이되야流降ᄒᆞᄂᆞᆫ養液은剝皮ᄒᆞᆫ部分ᄶᅡ지來ᄒᆞ야其處에停滯되야其剝皮部以上의枝幹은其停滯ᄒᆞᆫ養液이多홈으로一時에肥大ᄒᆞᄂᆞᆫ傾向이有ᄒᆞ나根의部分은全히新生發展을停止ᄒᆞ고現狀을維持키難ᄒᆞ야上昇ᄒᆞᄂᆞᆫ養液量도減ᄒᆞ나니그럼으로此를利用ᄒᆞ야樹勢抑壓ᄒᆞᄂᆞᆫᄃᆡ此剝皮法을應用ᄒᆞ나니라

剝皮를行홀時에ᄂᆞᆫ갓幅圓을廣케ᄒᆞ지말지라樹勢의强홈을觀測ᄒᆞ야剝皮를適當ᄒᆞ게行ᄒᆞ면樹勢를抑壓ᄒᆞᆫ後에上部의樹皮間으로부터漸々新生發展ᄒᆞᄂᆞᆫ形成層은下部와다시連絡을通ᄒᆞ야舊時의健全體를回復ᄒᆞ지마ᄂᆞᆫ만일幅圓이너머廣大ᄒᆞ면下部와連絡ᄒᆞ기前에根이飢渴枯死ᄒᆞ나니라

環狀剝皮ᄂᆞᆫ果枝가主幹과相接ᄒᆞᆫ部分에行ᄒᆞ야果枝上에結ᄒᆞᆫ果實을豊大케ᄒᆞᄂᆞᆫᄃᆡ應用ᄒᆞᄂᆞᆫ것이라其理由ᄂᆞᆫ其枝上에셔同化된養液이此剝皮部에停滯되야枝上에貯積ᄒᆞ야果實에注流홈으로果實이豊大케되고味가良好ᄒᆞ게되나니라

砧木의變更(砧木은接木ᄒᆞᄂᆞᆫ根木이라)

砧木에穗木을(穗木은接木홀枝木이라)接ᄒᆞᄂᆞᆫ理由ᄂᆞᆫ接木의同種과異種을勿論ᄒᆞ고總히樹勢를弱ᄒᆞ게홈이니兩木의接合部에

維管束의組織은圓滿ᄒᆞᆫ連絡이되지못ᄒᆞ고接合部에障害를與ᄒᆞ야養液流通의制限이有ᄒᆞᆷ으로果實은同化物質이豊富ᄒᆞ야生長이良好ᄒᆞ고品質이改良되나니라

또ᄂᆞᆫ同種으로相接ᄒᆞᄂᆞᆫ것보다異種으로接木ᄒᆞᆷ이一層더發育性을弱ᄒᆞ게ᄒᆞᆷ으로結果가良好ᄒᆞᆷ을得ᄒᆞ나니譬ᄒᆞ건ᄃᆡ梨를榲桲砧木에接ᄒᆞ며蜜柑을枳殼에接ᄒᆞᆯ時에ᄂᆞᆫ其果樹가矮小ᄒᆞ게되야結果가良好ᄒᆞ도다

異種으로相接ᄒᆞ야矮小性이되ᄂᆞᆫ種類

梨의穗ᄂᆞᆫ榲桲砧木과木瓜砧木에接ᄒᆞᆷ

林檎의穗ᄂᆞᆫ薔薇砧木에接ᄒᆞᆷ

桃의穗ᄂᆞᆫ李砧木에接ᄒᆞᆷ

柑橘의穗ᄂᆞᆫ枳殼砧木에接ᄒᆞᆷ

枇杷의穗ᄂᆞᆫ榲桲砧木에接ᄒᆞᆷ

剪根

植物의地中의部分과地上部分의關係

根과幹枝의關係ᄂᆞᆫ極히密接ᄒᆞ야兩者의勢力은恒常平均ᄒᆞᆫ故로土地가肥沃ᄒᆞ야根의發育이盛ᄒᆞ면枝幹의發育도盛ᄒᆞ고土地薄瘠ᄒᆞ야根의發育이不良ᄒᆞ면枝幹의發育도또ᄒᆞᆫ不良ᄒᆞᆫ지라그럼으로地中의根部에排水가不良ᄒᆞ던지病害虫의寄生이有ᄒᆞ야根의生育을害ᄒᆞᆯ時에ᄂᆞᆫ地上部의枝幹이곳其影響을受ᄒᆞ야非常ᄒᆞᆫ衰狀을呈ᄒᆞ나니故로樹勢가强盛ᄒᆞ야結實이太晩ᄒᆞ거나或果實이落下ᄒᆞᆯ時에ᄂᆞᆫ剪根法을行ᄒᆞ야樹勢를衰弱케ᄒᆞ나니라

剪根은冬期剪定ᄒᆞᆯ時에行ᄒᆞᄂᆞᆫᄃᆡ其方法은樹의大小와勢力의如何를斟酌ᄒᆞ야强ᄒᆞᆫ것은廣ᄒᆞ게ᄒᆞ고弱ᄒᆞᆫ것은狹ᄒᆞ게ᄒᆞ되主幹의周圍에直徑으로一尺乃至三尺의溝를環狀으로幅一尺可量을堀ᄒᆞ야其處에現出ᄒᆞᆫ根을切斷ᄒᆞ고그ᄃᆡ로數三日間空氣에曝露

케ᄒᆞᆫ後에前과如히土를覆置ᄒᆞ면樹勢抑壓의効가有ᄒᆞᄂᆞ니라

更植

環狀으로溝를堀ᄒᆞ야根을切斷ᄒᆞ라면枝根만露出ᄒᆞ고主根은依然히地中에在ᄒᆞ야地의下層에深入ᄒᆞ야水濕을吸收ᄒᆞ며또ᄂᆞᆫ土質이輕粗ᄒᆞ고地形이傾斜ᄒᆞᆫ處에ᄂᆞᆫ地下水의面이低ᄒᆞ미空氣가地下에深히浸入ᄒᆞ야地下層에ᄂᆞᆫ植物의養料가富有ᄒᆞᆷ으로다만枝根만剪切ᄒᆞ야도勢力을減損치못ᄒᆞᄂᆞᆫ故로如斯ᄒᆞᆫ境遇에ᄂᆞᆫ果樹更植法을行ᄒᆞᄂᆞ니라更植은全히園地를變換ᄒᆞᆷ이아니오다만果樹를堀起ᄒᆞ야兩隣이相接ᄒᆞᆫ것을交換更植ᄒᆞᆷ이라如何히勢力이强ᄒᆞᆫ樹木이라도其狀態를一新케ᄒᆞᄂᆞ니라

斜植

斜植은果樹의主幹을傾斜ᄒᆞ게植ᄒᆞᄂᆞ니通常四十五度의斜角으로ᄒᆞᆷ이라(四十五度ᄂᆞᆫ樹가半쯤橫斜케ᄒᆞᆷ이라

元來植物은根으로부터養液이上昇ᄒᆞᄂᆞᆫ理由ᄂᆞᆫ濃度를異케ᄒᆞᆫ二液의滲透作用으로基礎가됨인ᄃᆡ地球의引力을反抗ᄒᆞ야低所의根으로부터高所의葉에ᄭᆞ지達ᄒᆞ지마ᄂᆞᆫ其養液이葉에達ᄒᆞ야同化液이된後에ᄂᆞᆫ專히地球의引力을順應ᄒᆞ야下降ᄒᆞᄂᆞᆫ것이라故로直立ᄒᆞᆫ枝幹은其勢力이强ᄒᆞ고發育이盛ᄒᆞ나傾斜ᄒᆞᆫ枝幹은勢力이弱ᄒᆞ고衰ᄒᆞᄂᆞ니라如此ᄒᆞᆫ自然的原理를利用ᄒᆞ야人工으로斜植法을行ᄒᆞ야樹勢를弱ᄒᆞ게ᄒᆞᄂᆞ니라

(未完)

衛生問答

金英哉

問、吾人의首宰되ᄂᆞᆫ腦의衛生法은何如오

答、腦ᄂᆞᆫ身體의首府라百般命令이此로從出ᄒᆞᄂᆞ니其健全與否가直接으로身體各部에多大ᄒᆞᆫ影響을傳及ᄒᆞᄂᆞᆫ지라故로嚴重ᄒᆞᆫ頭盖骨이覆在ᄒᆞ고又其上에多數ᄒᆞᆫ毛髮로保護ᄒᆞ엿ᄉᆞ며

腦ᄂᆞᆫ其質이豆腐樣과如히柔軟ᄒᆞᆫᄃᆡ大小二種으로區別ᄒᆞ니延髓브터下方은脊髓에直通ᄒᆞ야數多의廻轉과溝壑을持有ᄒᆞ엿ᄉᆞ니此溝壑이深ᄒᆞ면深ᄒᆞᆯᄉᆞ록知識이發達ᄒᆞᆷ인ᄃᆡ動物中에ᄂᆞᆫ人類가第一이요、其次ᄂᆞᆫ猿猴니라

腦의衛生法은格別의至難ᄒᆞᆫ事가아니니其方法을言ᄒᆞ자면大抵身體各部가勿論何部ᄒᆞ고使用ᄒᆞ면使用ᄒᆞᆯᄉᆞ록發達ᄒᆞ고使用치아니면使用치아니ᄒᆞᆯᄉᆞ록漸次減退衰弱ᄒᆞᆷ과如히腦도使用ᄒᆞᄂᆞᆫ거시第一의衛生인ᄃᆡ時々로適當ᄒᆞᆫ休息을要求ᄒᆞᄂᆞ니만일使用과休息上에相當善良ᄒᆞᆫ規律이無ᄒᆞ면何等用處가無ᄒᆞᆯ지라然則容易히爲言ᄒᆞ자면自朝至暮에所看事務를嚴正히時間으로計定ᄒᆞ야假令三度食事를定食ᄒᆞᆫ後職務에從事커나做課에專心커나運動乃至睡眠等ᄭᆞ지一々히時間을劃定ᄒᆞᆷ이腦衛生의第一門이오此를勵行ᄒᆞᆷ에ᄂᆞᆫ種々의細則이有ᄒᆞᆫ즉玆에其大略을列擧ᄒᆞ노라

第一은自家分數에相當ᄒᆞᆫ事爲니此를實行ᄒᆞ려면自巳의嗜好ᄒᆞᄂᆞᆫ바職業을善히撰擇ᄒᆞᆷ이可ᄒᆞᆯ지라何者오非他라勿論何人ᄒᆞ고自家의願爲ᄒᆞᄂᆞᆫ職業은不識不知之間에趣味를得進ᄒᆞ야別般苦勞를不積ᄒᆞ되相當히

一進展을遂ᄒᆞ거늘異常토다世上에所謂醫學家는其子弟性質의祿々與否는一不介意ᄒᆞ고醫業을强續ᄒᆞ는이도有ᄒᆞ며法律을强勸ᄒᆞ는父老도有ᄒᆞ나此는誤迷太甚ᄒᆞᆫ事니其結果는腦만痛惱ᄒᆞᆯ뿐이오何等成效가無ᄒᆞᆯ지니然則靑年輩가自家의嗜好를定立ᄒᆞᆯ時는年齡과境遇를照應ᄒᆞ야其父兄或은敎育者와十分確論을建立ᄒᆞᆫ後에確定ᄒᆞᆷ이必要ᄒᆞᆯ지로다

一般神經質을持有ᄒᆞᆫ者는思慮가費少ᄒᆞ고感情이激出ᄒᆞ는職業을經營ᄒᆞᆷ이不可ᄒᆞ니學者醫師等은念外일지라故로此等人은戶外의職業에從事ᄒᆞᆷ이可ᄒᆞᆯ거시오身體가虛弱ᄒᆞᆫ人은工場及役場間의勞働이劇烈커나生活이不規則ᄒᆞᆫ職業은穩合치아니ᄒᆞᄂᆞ니故로此等人은一面으로醫師의意見을徵參ᄒᆞᆷ이可ᄒᆞᆯ듯ᄒᆞ도다

腦의衛生은心慮가大痛患이니喜怒哀樂間에精神을激切히感動치안토록注意ᄒᆞᆯ거시오又는虛榮心을排斥ᄒᆞᆯ지라虛榮心은元來身分不相應處에서起ᄒᆞ는者니此를遂達치못ᄒᆞ면不平을雙唱ᄒᆞ고怨恨이疊出ᄒᆞ야必也神經이衰弱ᄒᆞᆷ에至ᄒᆞ며身體를太勞케ᄒᆞᆷ도不可ᄒᆞ니大盖身體나腦를疲勞케ᄒᆞᆯ境遇에는相當ᄒᆞᆫ休養을給與ᄒᆞ되一日의休養에는一夜의睡眠、一週의勞役이면一日의休憩、一年의勉勵면一個月間의保養이相當ᄒᆞᆯ지며더욱心身에疲勞가雜多ᄒᆞᆫ職業에從事ᄒᆞ는者는特別ᄒᆞᆫ注意를要ᄒᆞᆯ지라然ᄒᆞᆫ즉腦의休養은睡眠이必要ᄒᆞᆫ良藥일지라然ᄒᆞ나世上에誤解者는프레데릭大王과나폴레온이一日五時의睡眠으로大英雄의事業을能成ᄒᆞ엿다ᄒᆞ야通常五時間의睡眠으로滿足을得ᄒᆞᆫ다ᄒᆞᄂᆞ니此는特別의事項이오誤

鮮의太甚ᄒᆞᆫ者여니와吾人은一日八時間의睡眠으로最合ᄒᆞ다ᄒᆞ노니만일此以上에睡眠ᄒᆞᆷ이有ᄒᆞ면睡度가過多ᄒᆞ야反害를未免ᄒᆞᆯ터히며

睡眠은安眠을注意ᄒᆞᆯ지니吾人習慣이成良ᄒᆞ면一日六時間으로도可足ᄒᆞᆯ지나要点은安眠이第一睡터히오睡眠以外에ᄂᆞᆫ戶外散策이나或은室內体操가適當ᄒᆞᆯ터히오稗史小說演劇塲을觀覽ᄒᆞᆷ은往々反害를被ᄒᆞᆯ거시오夏節에轉地休養이必要ᄒᆞᆯ지로다

俚諺에云ᄒᆞ기를健全ᄒᆞᆫ精神은强壯ᄒᆞᆫ身体에宿在ᄒᆞᆫ다ᄒᆞᆷ과如히剛健ᄒᆞᆫ精神과强固ᄒᆞᆫ意志ᄂᆞᆫ鉄石ᄀᆞᆺ튼體格을要求ᄒᆞᄂᆞ니故로運動을盛勵ᄒᆞ고食事에操心ᄒᆞ야身體를强壯케ᄒᆞ고冷水浴을勤行ᄒᆞ야神經系統의養生을連續ᄒᆞ며飮食物에ᄂᆞᆫ烟草(卷烟草도包含)、酒類、唐草、胡椒、及其他辛味를持有ᄒᆞᆫ食物과茶、코피、等屬은一切勿飮ᄒᆞ라其他ᄂᆞᆫ腦를打擊커나同時에二個以上의事件을思度지말며硬固ᄒᆞᆫ枕類(假令木枕類)ᄂᆞᆫ一切勿用ᄒᆞ라以上은腦衛生法의大綱이니必要件도亦不少ᄒᆞᆫ즉讀者諸君은文脈의何如와接續何如ᄂᆞᆫ勿顧ᄒᆞ고相當ᄒᆞᆫ强壯法을講究ᄒᆞᆯ지어다

化學初步

朴廷義

塩素 Cl 35,5

塩素ᄂᆞᆫ天然이單躰로ᄂᆞᆫ別無ᄒᆞ나나트리움과化合ᄒᆞ야塩化나트리움即食塩이되여多量으로存在ᄒᆞᄂᆞᆫ黃色氣體인ᄃᆡ特種의臭氣를有ᄒᆞ고一升水에二升이溶解되며其重量은空氣의二倍半이되ᄂᆞ니라

此氣體는特別히水素와化合ᄒᆞ기容易ᄒᆞᆫ고로水素와塩素를混合ᄒᆞ여日光을當케ᄒᆞ면곳爆發ᄒᆞ야塩化水素를生ᄒᆞᄂᆞ니라

塩素製法

(一)二酸化간간윰(MnO_2)과食塩을混合ᄒᆞ야此에硫酸을注入ᄒᆞ면反應되여塩素와硫酸만간윰及酸性硫酸曹達을得ᄒᆞ고(二)二酸化만간윰에塩酸을注入ᄒᆞ면亦是塩素와塩化만간윰을得ᄒᆞᄂᆞ니라

塩素는五色染物을容易히除去ᄒᆞᄂᆞᆫ고로洋紙製造에所用되ᄂᆞ니라

塩素、水素、化合物($ClH.$)

塩化水素는塩素、水素의直接化合ᄒᆞᆫ無色氣體인ᄃᆡ臭氣와酢味를有ᄒᆞ고一升水에五百升이溶解되ᄂᆞᆫᄃᆡ其溶液을塩酸이라稱ᄒᆞᄂᆞ니라

塩酸中에鐵、錫、亞鉛等의金屬을投入ᄒᆞ면

溶解되여水素와金屬塩化物의溶液을生ᄒᆞᄂᆞ니라

塩化水素는食塩에硫酸을加ᄒᆞ야熱ᄒᆞ면製得ᄒᆞ나炭酸曹達을製造ᄒᆞᆯ時에副産物이되ᄂᆞᆫ것인즉別노製造ᄒᆞᆯ必要가無ᄒᆞ리로다

塩素와酸素의化合物은가장危險ᄒᆞᆫᄃᆡ別노用處도無ᄒᆞᆫ고로製치아니ᄒᆞᄂᆞ니라

弗素、臭素、沃素

此三元素及此等의化合物은塩素及其化合物과恰似ᄒᆞᄂᆞ니라

弗素 F 19

弗素는綠黃色의氣躰인ᄃᆡ其天然化合物弗化갈시움卽螢石(FCa)은冶金工業과弗化水素製造에所用되ᄂᆞ니라弗化水素螢石粉末에硫酸을加ᄒᆞ야白金或은鉛器(硝子器ᄂᆞᆫ不可)에두고熱ᄒᆞ면製得ᄒᆞᄂᆞᆫ것인ᄃᆡ其性質은刺激性의臭氣를有ᄒᆞ고水에溶解ᄒᆞ

기容易ᄒᆞᆫ지라其溶液은磁器又ᄂᆞᆫ(硅酸塩을含有ᄒᆞᆫ) 物質을侵蝕ᄒᆞᄂᆞᆫ고로硝子等에文字及圖畵를描ᄒᆞᄂᆞᆫᄃᆡ要用ᄒᆞᄂᆞ니라

臭素 Br 80 沃素 I 127

臭素及沃素의化合物은海水中에少量으로混在ᄒᆞᆫ고로海草를燒ᄒᆞ야其灰液을熱ᄒᆞ면得ᄒᆞ깃고其化合物은製藥에用ᄒᆞᄂᆞ니라

硫黃 S 32

硫黃은天然히存在ᄒᆞᆫ黃色團體인ᄃᆡ火山地方에서多數産出되고其化合物은硫化銅、鉛、鉄、等의礦石이되여産ᄒᆞᄂᆞ니라硫黃을空氣中에서燃燒ᄒᆞ면黃色 焰을發ᄒᆞ야亞硫酸을生ᄒᆞ며또硫黃을熱ᄒᆞ면攝氏一百十度에黃色液體가되고四百四十度에至ᄒᆞ면沸騰ᄒᆞ야黃色氣躰가되ᄂᆞ니라

其特殊ᄒᆞᆫ性質은金屬과容易히化合ᄒᆞ며水에ᄂᆞᆫ溶解치아니ᄒᆞ나硫化炭素에溶解되ᄂᆞ니라

硫黃의가장重要ᄒᆞᆫ用途ᄂᆞᆫ硫酸及火藥製造ᄒᆞᄂᆞᆫ데在ᄒᆞ니라

硫黃 水素化合物 H_2S

硫化水素ᄂᆞᆫ有臭(腐敗ᄒᆞᆫ鷄卵의惡臭)無色ᄒᆞᆫ氣體인ᄃᆡ火山을噴出ᄒᆞᄂᆞᆫ氣體中에混在ᄒᆞ며或礦泉中에溶解되여잇ᄂᆞ니라

硫化水素ᄂᆞᆫ硫化鉄或은硫化銅에硫酸或은塩酸을加入ᄒᆞ야製得ᄒᆞ며此ᄂᆞᆫ分析에用ᄒᆞᄂᆞ니라

硫黃 酸素化合物

(一)二酸化硫黃(亞硫酸)은銅을硫酸中에서熱ᄒᆞ면發生ᄒᆞᄂᆞᆫ有臭(硫黃을燃燒ᄒᆞᆯ時에生ᄒᆞᄂᆞᆫ臭氣) 無色ᄒᆞᆫ氣體라 一升水에五十升溶解ᄒᆞ며此氣體도塩素와又치物質의雜色을能히除去ᄒᆞᄂᆞᆫ고로夏節所用麥藁帽子製造에必要ᄒᆞ니라

(二)三酸化硫黃(無水硫酸)은固體인ᄃᆡ水를맛나면化合ᄒᆞ야硫酸을生ᄒᆞ나硫酸工場에서特別히製造ᄒᆞᄂᆞᆫ法이有ᄒᆞ니라

硫黃 炭素化合物 S_2C

硫化炭素ᄂᆞᆫ惡臭를有ᄒᆞᄂᆞᆫ無色液體인ᄃᆡ常溫에揮發ᄒᆞ면攝氏四十七度에沸騰ᄒᆞ야甚한可燃性을有ᄒᆞᆫ고로此에點火ᄒᆞ면靑色火焰을發ᄒᆞ야燃燒되ᄂᆞᆫᄃᆡ其時에二酸化炭素와亞硫酸을生ᄒᆞᄂᆞ니라

硫化炭素ᄂᆞᆫ燐、硫黃、油等을溶解ᄒᆞᄂᆞᆫ特性이有ᄒᆞ고또甚毒ᄒᆞᆫ고로此를燃燒ᄒᆞ야其惡臭로써害虫을消滅ᄒᆞᄂᆞ니라

硫黃과木炭을混合ᄒᆞ야熱ᄒᆞ면氣體를發生ᄒᆞᄂᆞᆫᄃᆡ此를冷却케ᄒᆞ면液體의硫化炭素를得ᄒᆞᄂᆞ니라

文藝

送留學生歸國

松南

大凡偉人達士之行動一擧足而有足爲天下法一擧手而有足爲天下則是故昔者蘇秦出則列國合去則列國散謝安石出則蒼生安處則蒼生危此二人者之出處去留能使列國蒼生散合焉安危焉非力能扛鼎氣能吸海以致此也其雄辯謀畧能與時勢俯仰隨人心屈伸以濟當時大事也今諸君이遊學東瀛已有年所矣風氣之古今殊異講之已久不必贅論其將以所學之術歸諸祖國之日當如何實施乎其計將屈於某太郞某次郞之膝下而丐沾升斗之餘瀝則不足甚究如使我所學覺我二千萬同胞皷我三千里彊土文明之富强之自由

文藝

廣告

本學報代金을收入ᄒᆞᆷ에便宜를從ᄒᆞ야京城과平安北道에ᄂᆞᆫ委托收金所를置ᄒᆞ엿싸오니京城셔本報를購覽ᄒᆞ시ᄂᆞᆫ이ᄂᆞᆫ代金을

京城北署苑洞李甲氏宅留

金基玉 氏許로交付ᄒᆞ시고平安北道에셔本報를購覽ᄒᆞ시ᄂᆞᆫ이ᄂᆞᆫ

平安北道定州南門內

洪成麟 氏許에交付ᄒᆞ심을敬要

太極學會 告白

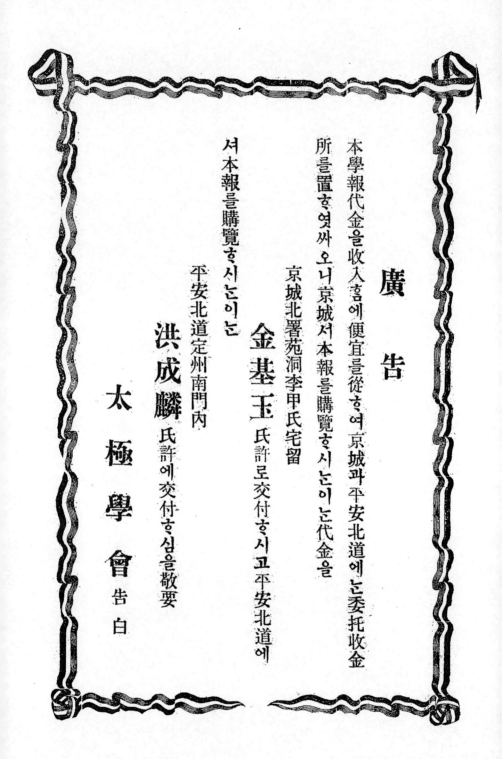

之獨立之必先審其內地人民程度風土性質各因其所好而開導之結合心力勸奬學問次第饗應全國風靡勢固然矣若曰我同胞腐敗矣頑固矣而排之斥之亦內地同胞其將曰彼遊學外國者皆換心易腸不可以同族齒列矣彼此苟如是也諸君雖有升天絕人之才呼風喚雨之術無可施措矣所學之將歸無用理所必至以若諸君之宏見博識必不如是已所占知矣隻影三島備嘗艱苦而謳吟我祖國單身萬里冒涉崎險而悲弔我同族諸君之熱血旣已如是矣今於歸國之日其有思乎其各學科卒業諸君其心猶曰我則法律已熟矣使我同胞知有天賦自由無失我自由無奪人自由立於國家社會之文明範圍內享有其安寧福樂而乃已曰我則農科學已嫺矣農政與農會設法組織期使民產發展苟我同胞茫不知曉趨不聯合重告之申諭之奏實效乃已其他工商諸學卒業諸君罔不如是則富强計圖容易可致一般同胞其將爲東瀛遊學生徒歌舞而歡迎之於是乎同聲相應大成團合何事何爲擲籌可辦矣其所學之目的於玆焉達矣嗚乎諸君行矣乎且其覲親次還鄕諸君白髮高堂可悅父母倚望青年幽閨快慰弱妻斷腸其人情上洽滿歡喜孰過於此若諸君此行只區々如此而止則竊爲不取也遭此遑汲時代一日而服義務則享一日之福二日服義務則享二日之福須於還覲之日拜上闈而何色向中庭而怡顏孝慈之道於斯至矣出而歷訪有志長老與青年同胞學術上所見所聞時局上所損所益敷心悉腹懇告之詳說之浸々挽入於社會界教育界則嗟我神秀靈敏之同胞必無知而不爲之理矣竊顧我千餘名遊學諸君俱是各道列郡之人矣其將自道自郡而各自警醒普及波潮如捷桴皷矣諸君或其勿辭勞苦也耶嗚

平諸君此行推觀外面雖若尋常大影響大關係其若是也夫嗚乎諸君行矣哉

送農學士金鎭初氏之本國

金源極

古人이有言曰貧賤憂戚은庸玉汝于成也라ᄒᆞ니正히氏를謂홈이로다氏의將行의他無所贈이오贐之以文ᄒᆞ노니請컨ᄃᆡ氏의多少歷史를先敍ᄒᆞ노라氏는平南肅川人이라氣宇가磊落ᄒᆞ고志節이純卓ᄒᆞ야學術에有志ᄒᆞᆫ지라 光武六年秋(氏의年이二十三)에日本에渡來ᄒᆞ야同九年冬에普通科를修了ᄒᆞ고學費의難繼홈을因ᄒᆞ야歸國ᄒᆞ엿다가同十年春에日本에再渡ᄒᆞ야同秋九月에東京帝國大學農科에入學ᄒᆞ야修業홀ᄉᆡ氏의家勢가赤立無聊홈으로中間學費를自擔키難ᄒᆞ야三旬九食의境遇가種々ᄒᆞ다리도其强壯ᄒᆞᆫ大志와非常ᄒᆞᆫ熱心이終始晏然ᄒᆞ야期於히百尺竿頭를進步홈의至盡ᄒᆞᆫ誠力으로學問의目的을達ᄒᆞ야今年六月에卒業ᄒᆞ얏스며且內外地同胞를警醒키爲ᄒᆞ야本太極會의刱立會員으로庶務를管理ᄒᆞ고中間許多ᄒᆞᆫ風波와無數ᄒᆞᆫ困難을冒涉ᄒᆞ야一心向上홈으로本會의今日盛況을奏ᄒᆞ얏도다愉快哉라氏의義務여我國青年同胞가無非氏의熱望으로就學ᄒᆞ면誰ㅣ가遊學을不能ᄒᆞ리오但家室을是樂ᄒᆞ며煖飽를是圖ᄒᆞ야生平行動이牖下穀蟲에不過ᄒᆞ야我堂々ᄒᆞᆫ神聖帝國의民族으로今日猛虎暴狠이競擇其肉ᄒᆞ는變局을茫然不覺ᄒᆞ니氏의罪人을難免ᄒᆞ리로다嗚呼라氏가本國의目下急務가不一不二ᄒᆞ나既富方穀의先訓을是遵ᄒᆞ

며富國强兵의時務를特覺ᄒᆞ야農學을爲先講修ᄒᆞᆫ것이오且念我國이元來實業上最所主務者ㅣ惟一農產而已라所以로我同胞의慣習ᄒᆞᆫ實業을奬勵發展ᄒᆞ기爲ᄒᆞ야別項의艱苦를備嘗ᄒᆞ얏도다嗚呼我內地同胞의實業界를概察ᄒᆞ건ᄃᆡ農業家가十常八九以上이될지라如此ᄒᆞᆫ專門農鄕으로農學의研究가都斂ᄒᆞ고一切其業을蠢々貿々ᄒᆞᆫ下等社會의手에任地ᄒᆞ야相土簡稼의嘉種을不察ᄒᆞ며轉瘠爲沃의肥料를不講ᄒᆞ며但히土地를廣作ᄒᆞ면穀類를多得ᄒᆞᆯ줄로認知ᄒᆞ니不思何處가大抵一夫의力이有限ᄒᆞ거ᄂᆞᆯ廣作의實效가小農의勤功을難敵ᄒᆞᆯ뿐外라一夫의所耕을數人이力作ᄒᆞ면公益의比較가何如ᄒᆞ며且或窮農家ᄂᆞᆫ資本이不給ᄒᆞ야外人債款을是蒙ᄒᆞ다가田土家屋을沒數讓渡ᄒᆞᄂᆞᆫ弊가頻々ᄒᆞ니如此不已ᄒᆞ면地段의有盡은可見ᄒᆞᆯ지니豈不痛歎이며且至於園藝牧畜ᄒᆞ야ᄂᆞᆫ施術有方이면無限ᄒᆞᆫ財源을可히戈取ᄒᆞᆯ것이어ᄂᆞᆯ由來我國은此를餘業으로侮視ᄒᆞ얏스니可哀可闕ᄒᆞ도다今에氏가還國ᄒᆞᄂᆞᆫ日에爲先諸農家의舊謬를改革ᄒᆞ고新業을發達ᄒᆞ야將次農業上旣富旣庶ᄒᆞᆫ家國을作ᄒᆞ리로다然ᄒᆞ나氏ᄂᆞᆫ巨室을造ᄒᆞᄂᆞᆫ工師와如ᄒᆞᆫ지라其大木小木을能求能斲ᄒᆞᆯ責任은內地一般同胞의게在ᄒᆞᆫ줄로認ᄒᆞ노니必也農會를組織ᄒᆞ고株金을鳩聚ᄒᆞ야內外國의善良ᄒᆞᆫ穀果牧畜種을購入ᄒᆞ며試驗場을特設ᄒᆞ야國民의게模範을廣視ᄒᆞ며肥料를精擇ᄒᆞ야沃瘠을均宜케ᄒᆞᄂᆞᆫ諸般實力이單純히一二人의能資ᄒᆞᆯ바ㅣ아니라資本家實業家勞働家ㅣ가互相結合ᄒᆞ야會社를擴張ᄒᆞᆫ然後에可히氏의所學을展布ᄒᆞ며全國의富庶를可圖ᄒᆞᆯ지라然ᄒᆞᆫ즉我一般同胞

가氏를爲ᄒᆞ야歡迎ᄒᆞ며氏를爲ᄒᆞ야歌舞ᄒᆞᆷ도氏의志願이아니오但氏의實業上開心勸告를是順是從ᄒᆞᆷ을渴望ᄒᆞ리니同胞여聽之哉어다然치아니면氏가同胞를對ᄒᆞ야一斗의血로謝ᄒᆞᆯ지언정決코公賊의奴顏婢膝을不作ᄒᆞ리니同胞여深思之어다更히氏를向ᄒᆞ야一言을贊賀ᄒᆞ노라我同胞의忠愛思想과靈敏慧竇ᄂᆞᆫ世界萬國의優越ᄒᆞᆫ地位를素占ᄒᆞᆫ지라閉關長夜에久沉ᄒᆞ얏든昏夢이忽然히醒覺ᄒᆞ기ᄂᆞᆫ萬無ᄒᆞᆯ理라或以木鐸으로警之ᄒᆞ며或以洪鐘으로鼓之ᄒᆞ야一警而一醒ᄒᆞ고二鼓而二醒즉中天午日이青邱山河에遍照ᄒᆞᆯ時間이自有ᄒᆞ리니以若氏의堅忍不拔ᄒᆞᄂᆞᆫ力으로此言을何待ᄒᆞ리오마ᄂᆞᆫ相愛ᄒᆞᄂᆞᆫ誼에相勉ᄒᆞᄂᆞᆫ道를亦不可已로다嗚呼라氏여行矣어다

是日也에滿心興感

牧丹山人

是日은何日也오即隆熙二年六月二十一日也라本會諸員이本報主筆金源極氏의歡迎會를設行ᄒᆞᄂᆞᆫ듸臨時會舘은神田區順天中學校内로定ᄒᆞ엿더라是日上午七時頃에細雨가霏々ᄒᆞ고微風이拂々ᄒᆞ야正히丈夫의意思를帮助ᄒᆞᄂᆞᆫ도다余가于時에氏를帶同ᄒᆞ야該舘에進ᄒᆞᆯᄉᆡ電車를搭乘ᄒᆞ고一時間을費了ᄒᆞ야目的地에到達ᄒᆞ니時已午前九點이러라導者를隨ᄒᆞ야塲内에入ᄒᆞ니會席이正頓ᄒᆞ고禮式이已備ᄒᆞᆫ지라會長이開會를請ᄒᆞ고氏를上坐에請邀ᄒᆞ다會長金洛泳氏가開會趣旨를說明ᄒᆞ니滿塲이喜色을聳動ᄒᆞ더라會長이余를引導ᄒᆞ야氏의歷史를一般會員에게紹介說明ᄒᆞ라ᄒᆞ민余亦氏로

同히相知ᄒᆞᆫ지가未久ᄒᆞ나氏가渡此ᄒᆞᆫ以後로寢焉同室ᄒᆞ며食焉同床이一旬이已餘ᄒᆞᆫ지라其間知遇의相感ᄒᆞᆷ이豈無ᄒᆞ리오向者瑪志尼가與加里波的으로始遇也에相話가不過一夕이로ᄃᆡ少年伊太利의半島風雲이自此占期ᄒᆞ엿거든況余ᄂᆞᆫ氏로더부러同留ᄒᆞᆫ지此에比ᄒᆞ면日字가十倍가過ᄒᆞᆫ지라엇지相遇의未久ᄒᆞᆷ으로氏의歷史의陳述ᄒᆞᆷ을辭ᄒᆞ리오應聲登壇ᄒᆞ야氏가內地에在ᄒᆞᆯ時에教育의熱誠과社會의主義로三十有年을活動ᄒᆞ야實效를續奏ᄒᆞ든餘에今次에ᄂᆞᆫ日本遊學生界를視察ᄒᆞ고本會報編輯事務를贊成ᄒᆞ기爲ᄒᆞ야萬里異域에艱險을冒涉ᄒᆞᆫ義務를一々佈明ᄒᆞ니滿場이無限ᄒᆞᆫ榮光을極口感謝ᄒᆞ더라會長이金鴻亮氏를引導ᄒᆞ야祝辭를陳述케ᄒᆞ니同氏가氏에對ᄒᆞ야本會의渴望ᄒᆞ던情意와欣握ᄒᆞᆫ感懷를爲先說明ᄒᆞ고本會의現狀과未來를繼陳ᄒᆞ야互相擔負의義務를拜祝ᄒᆞ니滿場이一致同情이더라於是乎會長이氏에게高明ᄒᆞᆫ演說을請ᄒᆞ니一般會員이目을拭ᄒᆞ고手를額ᄒᆞ야漆夜의火先과大旱의電聲과如히渴望ᄒᆞᄂᆞᆫ지라氏가起身登壇ᄒᆞ야活々氣象으로長聲大告에曰本員이在於咸南一隅ᄒᆞ야本會僉同胞의粹面과德音은曾未相承ᄒᆞ엿스나僉同胞를爲ᄒᆞ야想望ᄒᆞ기ᄂᆞᆫ已久ᄒᆞ엿더니今에好風을借ᄒᆞ야芝蘭同室의喜를當ᄒᆞ여스니我心非石이리豈不榮感이리오嗚呼諸君이여諸君의情景을忖度ᄒᆞ미一邊悲慘ᄒᆞ고一邊壯快ᄒᆞ도다萬一國際가太平ᄒᆞ엿드면室家의和樂을是甘ᄒᆞ야安寧福祉를享有ᄒᆞ겟거늘嗚呼라天步가多艱ᄒᆞ야宗社의悲運이今日罔極에至ᄒᆞᆷ을見ᄒᆞ고雙手單拳으로擊天ᄒᆞᆯ義勇이奮發ᄒᆞ야萬里海外에風雨가凄

涼ᄒᆞ고霜雪이凜々ᄒᆞᆷ을忍耐ᄒᆞ야今日如此ᄒᆞᆫ地頭에到ᄒᆞ엿스니可哀ᄒᆞᆯ만ᄒᆞ고可賀ᄒᆞᆯ만ᄒᆞ도다然ᄒᆞ나今日에無似ᄒᆞᆫ本員을因ᄒᆞ야如此ᄒᆞᆫ盛會ᄅᆞᆯ開ᄒᆞ고歡禮ᄅᆞᆯ盡ᄒᆞ니區々ᄒᆞᆫ本員에게ᄂᆞᆫ無限ᄒᆞᆫ榮光을得ᄒᆞ엿스나本會全體에對ᄒᆞ야ᄂᆞᆫ名譽ᄅᆞᆯ汚損ᄒᆞᆷ이不少ᄒᆞ도다嗚呼諸君이여余가自私의感謝ᄒᆞᆫ言論만陳述ᄒᆞᆷ이不可ᄒᆞᆫ즉不得不諸君을爲ᄒᆞ야一言을相勉코져ᄒᆞ노라現今我國의現狀이遑々汲々ᄒᆞᆷ은諸君이共知ᄒᆞᄂᆞᆫ바ㅣ어니와舊大韓을破壞ᄒᆞᆯ手段도諸員이오新大韓을組織ᄒᆞᆯ手段도諸君이라諸君은今日로븟터另加心力ᄒᆞ야我一般同胞ᄅᆞᆯ警醒之鼓發之ᄒᆞ야文明에共進케ᄒᆞᄂᆞᆫ것이可ᄒᆞ고不然이면哲學政學各種博學에到達ᄒᆞᆯ지라도實施ᄒᆞᆯ處가無ᄒᆞᆯ지라期於히內外同胞ᄅᆞᆯ結合ᄒᆞ야本會가他日國會가되기ᄅᆞᆯ計圖ᄒᆞ야太極旗ᄅᆞᆯ二十世紀新舞臺上에顯揚ᄒᆞ기ᄅᆞᆯ十分顒祝ᄒᆞ노라ᄒᆞ니言訖에滿場이拍手喝采에歡聲이長時ᄅᆞᆯ拖ᄒᆞ더라李潤柱氏가答辭ᄅᆞᆯ陳述ᄒᆞᆫ後에會長이閉會ᄅᆞᆯ說明ᄒᆞ고茶菓禮ᄅᆞᆯ行ᄒᆞ다

嗚呼快哉라今日이何日고吾太極學會의再昌ᄒᆞᄂᆞᆫ日이오吾太極學報의無前ᄒᆞᆫ紀念日이로다余ㅣ於是에特히興感이油然ᄒᆞ야玆에一言을尾陳ᄒᆞ노니愛我內外僉會員은其垂聽焉이어다

本會가一蕞爾外島에客立ᄒᆞ야於焉四個星霜을經歷ᄒᆞ미我內外有志同胞의贊成을多賴ᄒᆞ야今日此頭에至ᄒᆞ엿도다然ᄒᆞ나蹤跡이尙不免雙影이러니何幸近年以來로僉同胞가齊心奮發ᄒᆞ사曰龍義曰永柔曰成川曰東萊各郡에文會가種々發起ᄒᆞᆯ뿐外라本報購覽이日益擴張ᄒᆞ고聲氣가日益普通ᄒᆞ야

本會의希望이稍々有現ᄒᆞ더니至於今春ᄒᆞ여는內外僉會員이一層加努ᄒᆞ야二千餘圜義捐이增加ᄒᆞ엿고會務의發展이尤進一步ᄒᆞ야今日에本報主筆人이亦來ᄒᆞ엿스니起自今日ᄒᆞ야本會報를一培擴張ᄒᆞ고僉員으로ᄒᆞ여곰多年苦望을遠慰코져ᄒᆞ노라

嗚呼我同胞가既往愛顧는已無加論이어니와亦自今日노內外地一般同胞가益加愛護ᄒᆞ야더욱完美ᄒᆞᆫ結果를是見ᄒᆞᆷ을顒祝不已ᄒᆞ노라

俚語

十六歲達觀人 朴徠均

넷적에ᄒᆞᆫ富家翁이잇스니積穀은如山ᄒᆞ고積金이滿庫라또牧畜을盛히ᄒᆞ야牛馬의匹數는其數가多々ᄒᆞ거니와그穀食과金錢을盜賊에게나或鷄鼠에게일을가念慮ᄒᆞ야險ᄒᆞᆫ마와奸詐ᄒᆞᆫ고양이를만히養ᄒᆞ는지라그러나翁이養ᄒᆞᆯ줄만알고가르치는方法을몰나그마와고양이가도리혀主家를모히ᄒᆞᆯ흉계를做出ᄒᆞ야一日은고양이가主家의어린닭을잡아먹고자ᄒᆞ나主人의눈에걸니면罪를님을가두려워ᄒᆞ야山너메수풀속에가서살기를ᄭᅬ여어린닭의잇는곳을자세히가르치고말ᄒᆞ기를얼마를잡아오던지서로分食ᄒᆞ자언약ᄒᆞ고其夜에果然살기를유인ᄒᆞ야그닭을몰수히잡아다가分食ᄒᆞ엿더라마란놈은主家의積置ᄒᆞᆫ美饌을춤흘녀먹고져ᄒᆞ되또ᄒᆞᆫ主家의눈을두려워밤이면隣家의간특ᄒᆞᆫ식냥마를쥬쵹ᄒᆞ야美饌을時々로도적ᄒᆞ여먹는지라如此ᄒᆞᆷ으로自然히主家의牧畜과穀食이零星ᄒᆞ야차々産業이궁핍ᄒᆞᆷ에니르며또도적과쥐가임의로황힝ᄒᆞ야

필경에는一粒一金을安保ᄒᆞ기어려위其家가滅亡의患을當ᄒᆞ엿다ᄒᆞ니寒心ᄒᆞᆫ일이로다向者에富家翁으로ᄒᆞ여곰知識이잇서스면ᄀᆡ와고양이가다사람의말을알아듯는者라어려슬적부터가라쳐가로ᄃᆡ고양아너는쥐를잡아너ᄋᆡ집의쥐무리를업시ᄒᆞ는것이네직칙이니잘注意ᄒᆞ여라ᄒᆞ고ᄀᆡ야너는너ᄋᆡ집의도적을잘딕히여밤이면他人을짓는것이네직칙이니잘注意ᄒᆞ여라ᄒᆞ야時々로가라치면서먹을것도잘주고사랑ᄒᆞ는뜻을각별이ᄒᆞ엿더면제가비록미물이라도주인의뜻을감사히녁일ᄲᅮᆫ더러가라친말을연골부터드른연고로필경에主家를모히ᄒᆞᆯ理가만무ᄒᆞ켓거늘主翁이그럿치못ᄒᆞ고但以ᄀᆡ가잇스면도적을딕히고고양이가잇스면쥐를잡는줄노알엇다가이런낭픽를당ᄒᆞ엿고그主人집이망ᄒᆞ는날에그고양이와ᄀᆡ도쫏차飢死를難免ᄒᆞ엿스니이는主人도自作之孽이오고양이와ᄀᆡ도亦自手衝目이로다슬푸지라이말을드르미눈물이산々ᄒᆞ도다우리三千里疆土와二千萬人民을爲ᄒᆞ야警告ᄒᆞᆯ만ᄒᆞ도다

記者曰壯哉라君의年이才己十六에言辭가何其深奧也오可爲萬古誤國者之一覽이로다

詞 藻

遊上野公園　　松南 春 夢 人

綠樹芳陰路四分、臨天高樹御園云、
古今產物輸成海、內外遊人集似雲、
隆盛遺臺碑有感、德川畫壘鼓相聞、
奇觀未了因扶病、歸路電車帶日曛、

觀動物園

鱗介羽毛難記名、形々色々又聲々、
臺池苑囿口常誦、今日親觀知實情、

時感
中 叟

海樓日夜客心淸、林樹蔽天雨送聲、
十載經營餘一釰、快剸豺虎謝輿情、

又
長林晩悟

夏雨乍收夜亦淸、池塘處々亂蛙聲・
終宵問答因時事、淨掃風雲是我情、

臨不忍池
雙城樵夫

萬朶芙蓉百尺橋、烟波不動野迢々、
東都士女臨風感、杜宇孤魂誰更招、

祝太極學會
石上隱人

有一法人立海東、靑丘萬里氣相通、
天連故國蒙恩雨、地絕遐濱耐烈風、
三戶楚謠前後繼、十年越膽古今同、
山河帶礪書盟日、太極旗高宇宙中、

又 (2)
永明居士

遠離羇跡向於東、太極高名專世通、
光生萬里靑邱旭、根托三區玄海風、
報記多年忠所貫、歡迎全國義相同、
擎天豪傑齊聲起、誰識國權在此中、

送金鎭初(農學卒業生)
斗南一人

翩々征馬踏烟塵、是日江湖雲物新、
勸進數觴重寄語、獻身贖我一邦人、

又 (3)
莜丹山人

海東四載苦經塵、之子學科已就新、
自古我韓農產地、實施可富國中人、

慰牧丹山人生朝韵
松南春夢人

父母勞恩感此時、爲君記贈蓼莪詩、
故人厚饋誠多謝、忘却天涯遠別離、

雜錄

○青校移轉　東京에在혼大韓基督青年學院은由來神田區同會舘內에設置ᄒᆞ엿더니近日에ᄂᆞᆫ新來學生이多數에達ᄒᆞ야校舍가狹窄혼故로留學生監督部內로移接ᄒᆞ엿ᄂᆞᆫᄃᆡ現在學生數爻가近百餘人이라더라

○留學生卒業　留學生崔錫夏、全永爵、李東初、洪聖淵、李熙轍、梁大卿、李善暻、李鍾大諸氏ᄂᆞᆫ明治大學法科를卒業ᄒᆞ고崔寧軾氏ᄂᆞᆫ早稻田大學政治科를卒業ᄒᆞ고柳淇英氏ᄂᆞᆫ京都法政大學法科를卒業ᄒᆞ고南基允、徐成學、崔海弼、權泰佑、韓浩錫諸氏ᄂᆞᆫ日本警視廳練習所警務課를卒業ᄒᆞ여다더라

○感賀熱心　慶尙南道晉州郡金甲淳氏ᄂᆞᆫ新舊博通혼文學家로特別혼愛國心이有혼

지라本報創刊以來로逐號購覽홀뿐外라附近同志를多數勸覽ᄒᆞ야一方開進에稍々有望ᄒᆞ고本會에對ᄒᆞ야表示ᄒᆞᄂᆞᆫ同情이極爲感謝ᄒᆞ니如此혼志士ᄂᆞᆫ可謂國民의先導者라ᄒᆞ노라

會事要錄

○慶南東萊府有志人士金鳳贊姜禹奎氏等이本會支會를發起請願혼故로本月十二日任員會에셔認許ᄒᆞ기로可決혼後에二十一日臨時總會에承認ᄒᆞ야認許ᄒᆞ다

○本月二十一日에本報主筆金源極氏歡迎會를本會舘에開ᄒᆞ다

○平北龍義支會々長白鎭珪氏의報告를據혼즉同支會에셔去月中旬에平北各學校聯合大運動會를擧行ᄒᆞ엿더라

○今年夏期에本會에셔各支會를視察ᄒᆞ며

本報代金과贊成金을收合整理홀次로特別委員을內地에派送케ᄒᆞ엿는ᄃᆡ本會長金洛泳氏가被選되여來七月二十日頃에出發赴任ᄒᆞᆫ다더라

○平南成川郡支會에서ᄂᆞᆫ知識交換上에實效를期收키爲ᄒᆞ야同郡內에新聞雜誌公衆縱覽所를設置홀預定이라더라

會員消息

○會員蔣舜鳳氏ᄂᆞᆫ留學次로本月中旬에東京에渡來ᄒᆞ다

○會員尹禹濬氏ᄂᆞᆫ年前에渡來ᄒᆞ엿다가其間還國ᄒᆞ엿더니去月末에留學次로東京에渡來ᄒᆞ다

○會員金德潤、朴炳瑄兩氏ᄂᆞᆫ夏期放學에覲親次로本月十八日에出發歸國ᄒᆞ다

○會員金鎭初氏ᄂᆞᆫ東京帝國大學農科를卒業ᄒᆞ다

○會員鄭庸璦、李大衡兩氏ᄂᆞᆫ日本警視廳練習所에서警察課를卒業ᄒᆞ다

○會員金鎭鳳氏ᄂᆞᆫ覲親次로本月二十日에發程歸國ᄒᆞ다

○會員李學瀅氏ᄂᆞᆫ月前브터腦病으로田端腦病院에서治療中이라더라

○會員崔錫根氏ᄂᆞᆫ日本警視廳練習所에入學ᄒᆞ다

○會員李承鉉氏ᄂᆞᆫ本以學資가不贍ᄒᆞᆫ고로非常ᄒᆞᆫ困難을盡經ᄒᆞ더니月前브터肺病이發生ᄒᆞ야某々有志人士의補助로東京湯島醫院에入院治療ᄒᆞ더니到底히速効를未期ᄒᆞ여扶病還國ᄒᆞ다

○會員林景燁氏ᄂᆞᆫ年前에渡來ᄒᆞ야不贍ᄒᆞᆫ學資로無常ᄒᆞᆫ艱難을盡經ᄒᆞ더니某々有志諸氏가愛護同寓ᄒᆞ야限三年間寫眞術을鑽

習ᄒᆞ더니去月에畢業ᄒᆞ고本月中旬에歸國ᄒᆞ엿더라

新入會員

張德允、李瑢煥、金永燧、諸氏ᄂᆞᆫ今番本會에入會ᄒᆞ다

永柔郡支會新入會員

李炳道、金永杜、金迺鏞、李致薰、金公模、金道默、李致相、金洛豊、車濟遠、金洛謙、韓元益、李正彬諸氏ᄂᆞᆫ永柔支會에入會ᄒᆞ다

太極學報義捐人氏名

張春梓氏 壹圜

成川郡支會任員錄

會 長 朴相駿 評議員 金贊聲

副會長 鄭基用 朴珽恒

總務員 朴相穆 朴在淑

朴珽洪 事務員 韓正述

李承夏 會計員 朴珽恒

馬應三 書記員 朴正熙

金永珣 司察員 全錫禧

金麟祐

會員錄

朴相駿 朴相裕 朴重熙 李承夏 金賢吉

鄭基用 金觀鍾 朴用熙 馬應三 朴相郁

朴相穆 韓正述 全錫禧 金麟祐 韓相煒

全贊聲 朴在淑 朴在恒 金永珣

朴正熙 朴珽洪 金舜鏞 鄭東根

朴在能 朴範洙 朴珽恒 朴炳日

朴在善 朴相奎 朴冕熙 朴昇熙

東萊府支會任員錄

會 長 姜禹奎 總務員 金鳳甲

副會長 金智河 評議員 鄭壽駉

鄭相夏
金敎玟
嚴廷斗
徐潤洪

司察員 金祥璉 崔禧鳳 白龍海 李相瑨 徐性杓

會計員 金鳳贊

事務員 金冀燦

會員錄

姜禹奎 徐潤洪 徐性杓 朴芝秀 崔南福
金智淳 金鳳贊 金鎭華 李政雨 權容俊
金鳳甲 金冀燦 朴文榮 宋誠國 李龍雨
鄭壽馹 金祥璉 宋永信 李相秀 金辰杓
鄭相夏 崔禧鳳 金甲千 朴贊鎬
金敎玟 白龍海 金泰植 白恩永
嚴廷斗 李相瑨 權英澤 李相泳

光武十年八月廿四日創刊
隆熙二年六月二十日印刷
隆熙二年六月廿四日發行
明治四十一年六月二十日印刷
明治四十一年六月廿四日發行

●代金郵税並新貨拾貳錢

日本東京市芝區白金三光町二百七十三番地
編輯兼發行人　金洛泳

日本東京市芝區白金三光町二百七十三番地
印刷人　金志侃

日本東京市芝區白金三光町二百七十三番地
發行所　太極學會事務所

日本東京市牛込區辨天町二十六番地
印刷所　明文舍

太極學報第廿二號

光武十年九月二十四日
明治三十九年九月二十四日 第三種郵便物認可

隆熙二年六月二十日
明治四十一年六月二十四日 發行（每月一回發行）

光武十年九月二十四日
明治卅九年九月廿四日
第三種郵便物認可

光武十年八月二十四日創刊

隆熙二年七月二十四日發行（每月廿四日一回）

太極學報

第貳拾參號

太極學會發行

注意

△本報를購覽코저ᄒᆞ시ᄂᆞᆫ이ᄂᆞᆫ本發行所로通知ᄒᆞ시되居住姓名統戶를詳細히記送ᄒᆞ시며代金은郵便爲替로本會에交付ᄒᆞᆷ을要ᄒᆞᆷ

△本報를購覽ᄒᆞ시ᄂᆞᆫ僉君子씌셔住所를移轉ᄒᆞᄂᆞᆫ이ᄂᆞᆫ速히其移轉處所를本事務所로通知ᄒᆞ시옵

△本報ᄂᆞᆫ有志人士의購覽을便宜케ᄒᆞ기爲ᄒᆞ야出張所及特約販賣所를如左히定ᄒᆞᆷ

皇城中署東闕罷朝橋越便 **朱翰榮冊肆**（中央書館內）

平安南道三和鎭南浦港築垌 **金元燮家**

平城鍾路 **太極書館**

平壤貫洞 **耶蘇教書院**

南安州平城內 **安陵書館**

平壤法首橋 **大同書觀**

平安北道定州郡南門內 **洪成麟商店**

北米國桑港韓人共立協會內 **金永一住所**

（特 告）本學報가活版所의不幸ᄒᆞᆫ事故가有ᄒᆞᆷ을因ᄒᆞ야一朔頃이나遲滯ᄒᆞ엿사오니購覽ᄒᆞ시ᄂᆞᆫ諸氏ᄂᆞᆫ 照亮ᄒᆞ심을敬要

◎投書注意

一、諸般學術과文藝詞藻統計等에關ᄒᆞᆫ投書ᄂᆞᆫ歡迎ᄒᆞᆷ

一、政治上에關ᄒᆞᆫ記事ᄂᆞᆫ一切受納치아니ᄒᆞᆷ

一、投書의揭載與否ᄂᆞᆫ編輯人이撰定ᄒᆞᆷ

一、投書의添削權은編輯人의게在ᄒᆞᆷ

一、一次投書ᄂᆞᆫ返附치아니ᄒᆞᆷ

一、投書ᄂᆞᆫ完結ᄒᆞᆷ을要ᄒᆞᆷ

一、投書ᄂᆞᆫ縱十二行橫二十五字原稿紙에正書ᄒᆞᆷ을要ᄒᆞᆷ

一、投書ᄒᆞ시ᄂᆞᆫ이ᄂᆞᆫ居住와姓名을詳細히記送ᄒᆞᆷ을要ᄒᆞᆷ

一、投書當撰ᄒᆞ신이의게ᄂᆞᆫ本報當號一部를無價進呈ᄒᆞᆷ

特別廣告

○內外圖書出版

○教科書類發兌

○新聞雜誌取次

○學校用品販賣

京城中署東闕罷朝橋越邊

本店 中央書館 朱翰榮

平安北道宣川邑川邊

支店 新民書會 安濬

太極學報第二十三號目次

論壇

講壇

學園

太極學報

第貳拾參號

隆熙二年七月二十四日
明治四十一年七月廿四日 〔發行〕

論壇

賀李熙直義務

一記者

我國之畿湖文學이古稱洛閩相等이라宏儒達士와名臣碩輔가濟々輩出ᄒᆞ야五百年文明風化를鼓動ᄒᆞ며三千里禮義俗尙을倡導ᄒᆞᆫ淵海가惟此畿湖是已로다夫何末流之弊를不能善救ᄒᆞ야同一儒家而有門戶之各立ᄒᆞ며同一士族而有黨派之各殊ᄒᆞ야此論이一行에彼不免覆敗ᄒᆞ고彼論이一行에此不免撲滅ᄒᆞ야前儺後儺가無非其人이오至於四黨之外에ᄂᆞᆫ雖有周公之德과孔明之才라도不齒人後ᄲᅮᆫ外라其賤視侮遇가奴隷若牛馬若ᄒᆞ엿ᄉᆞ니一般同胞의悲慘ᄒᆞᆫ歷史ᄂᆞᆫ畿湖諸君子가亦又製出ᄒᆞ엿도다嗚呼라世界가不古ᄒᆞ고國家가多難ᄒᆞ야舊日爭門이自然히氷消瓦解ᄒᆞᆫ지라其或仕宦家들은升斗餘瀝을丐霑ᄒᆞ야某太郞某次

郎의奴顔婢膝을自足ᄒᆞ고不知爲耻ᄒᆞ며又或山林家들은尊攘空談을漫叫ᄒᆞ야某先正某先生의蠹簡蠅墨을區々株守ᄒᆞ야不察時變ᄒᆞ니嗚呼라畿湖江山이眞面目을已失ᄒᆞ엿도다假使某太郞某次郞으로我國에易地而生ᄒᆞ엿스면諸公等仕宦은不必自足ᄒᆞᆯ것이요某先正某先生으로今日에易地而出ᄒᆞ엿스면諸公等의學術을不必株守ᄒᆞᆯ지라此를慨嘆不已ᄒᆞ야故國을西望ᄒᆞ고掩泣長吁ᄒᆞ엿더니近日皇城報紙를接讀ᄒᆞᆫ즉第二面에大書特書曰感荷李熙直氏義捐이라ᄒᆞ엿ᄂᆞᆫᄃᆡ其辭意를節畧ᄒᆞᆫ즉氏ᄂᆞᆫ忠南堤川居前議官이라特以世傳沓庫二百斗落으로分屬畿湖西北兩學會ᄒᆞ야以補敎育之需라ᄒᆞ니嗚乎라此消息이何消息고救主耶蘇의天來福音이此가아니며帝釋如來의普濟道音이此가아닌가此問題가何問題오英國苛歛之餘에瓦妬다일너가再生ᄒᆞ엿스며奴馬專制之極에馬丁路得이復生ᄒᆞ엿도다此를聞ᄒᆞ고此를觀ᄒᆞᄂᆞᆫ日에三島留學生一同이祖國을向ᄒᆞ야瞻望百拜ᄒᆞ고畿湖江山을又向ᄒᆞ야俯伏三呼ᄒᆞ며瀝血一辭를妄陳ᄒᆞ노라大抵我國畿甸內外와江湖南中에有名ᄒᆞᆫ素封巨戶와無數ᄒᆞᆫ黃金大屋이在々撲地ᄒᆞ엿ᄉᆞ나國家社會의觀念이絕無ᄒᆞ고天演陶汰의思想이全昧ᄒᆞᆯ뿐外라暖衣飽食에自逸ᄒᆞ야公益上事業을例外로排斥ᄒᆞ야도花柳蕩費에一朝傾橐은不惜ᄒᆞ며觀察郡守運動場에靑銅이有臭ᄒᆞ고僧齋巫禱詭異術에黃金이亂飛ᄒᆞᆯ지언정堂々ᄒᆞᆫ國民資格培養ᄒᆞᄂᆞᆫ敎育費에對ᄒᆞ야ᄂᆞᆫ如何ᄒᆞᆫ施措가寥々無聞이러니嗚呼라人傑은地靈이오文學은天性이라畿湖山水의磅礴渟蓄ᄒᆞᆫ精神氣靈이國家의悲運을觀感ᄒᆞ야氏를胚胎ᄒᆞ야抱送ᄒᆞᆷ이로

다夫財産者ᄂᆞᆫ生活의要素라無德而尊ᄒᆞ며無勢而熱ᄒᆞ야危可使安이오死可使活이惟財而已라ᄒᆞᆯ지어ᄂᆞᆯ民則不然ᄒᆞ야傳來靑氈을國家社會에一朝傾獻ᄒᆞ니區々ᄒᆞᆫ肉眼으로見ᄒᆞ면揣摩가不及ᄒᆞ리로다嗚呼라今日이何日고國家가覆敗ᄒᆞᄂᆞᆫ日에ᄂᆞᆫ民族의滅亡이立至ᄒᆞ고國家가富强ᄒᆞᄂᆞᆫ日에ᄂᆞᆫ民族의福樂이自生ᄒᆞᄂᆞᆫ지라現今國勢의澌裂이餘地가更無ᄒᆞ야一般同族이萬丈地獄에匍匐轉入ᄒᆞᄂᆞᆫ悲境을目不忍見ᄒᆞ야一勺의水를車薪에投ᄒᆞ야스니精力所到에天日을可回요至誠所及에金石을可透라惟皇上帝가至公至仁ᄒᆞ시니如此ᄒᆞᆫ熱誠의人民이在ᄒᆞᆫ國으로ᄒᆞ야곰興隆ᄒᆞᆯ期會를必賜ᄒᆞ기ᄂᆞᆫ豫言ᄒᆞ리로다然ᄒᆞ나國家ᄂᆞᆫ一二人의能力으로成立ᄒᆞᆫ者ㅣ아니라凡他一般國民이一致心力ᄒᆞ야齊聲一呼ᄒᆞᆫ後에야傾廈를可支오九鼎을可扛이어ᄂᆞᆯ全國許多ᄒᆞᆫ財産家가何를觀望ᄒᆞ며何를思惟ᄒᆞᄂᆞᆫ가國民에部分은固有ᄒᆞ고天賦의理想은無殊ᄒᆞ깃기ᄂᆞᆯ國家興亡을夢外로視ᄒᆞ고同胞休戚을度外에置ᄒᆞ야同一ᄒᆞᆫ漏船中에서神色이自若ᄒᆞ야私橐을止括ᄒᆞ니人性이有ᄒᆞ면寧容若是리오嗚呼噫嘻라財産家諸位同胞가良知良能이固已不餒ᄒᆞᆫ지라豈其如是리오但히産業에經營으로時局의變遷과國際의慘毒이今日罔極ᄒᆞᆫ境遇에抵到ᄒᆞᆷ을眞實히觸覺치못ᄒᆞ고前日封建時代의思想이執滯ᄒᆞᆫ緣故로此極에至ᄒᆞᆫ것이오知而不行ᄒᆞᆫ事實은決斷코아닐지로다自今以後로諸位同胞가李氏의義務를繼軌賡作ᄒᆞ면國家가文明에嚮進ᄒᆞ기ᄂᆞᆫ指日可期ᄒᆞ리니雖萬里海外에孤子ᄒᆞᆫ螳螂의臂라도同聲奮呼ᄒᆞ기ᄂᆞᆫ死且不辭ᄒᆞᄂᆞᆫ지라玆에李氏를爲ᄒᆞ야賀ᄒᆞ고國家前

途를爲ᄒᆞ야視ᄒᆞ고財産家諸位同胞를爲ᄒᆞ야忠告를一供ᄒᆞ노니惟我一般同胞여其垂聽哉어다

竊爲我咸南紳士同胞放聲大哭

松南

同胞가至慶이有ᄒᆞ면歌ᄒᆞ고至哀가有ᄒᆞ면哭홈은人情所在에固不能免焉이로다嗚乎痛矣라我北韓同胞여精神이有ᄒᆞᆫ가臟腑가存ᄒᆞᆫ가耳目口鼻가完全ᄒᆞ더리도精神이無ᄒᆞ면死人이라홀것이오頭顱肢體가完全ᄒᆞ더리도臟腑가敗ᄒᆞ면肉屍라홀지니死人과肉屍를見ᄒᆞ고失聲下淚치아닐者ㅣ誰가有ᄒᆞ며大哭驚倒치아닐者ㅣ誰가有ᄒᆞ리오今日이何日인가閉關鎖國ᄒᆞ얏든舊世界가忽變ᄒᆞ야互換交通ᄒᆞᄂᆞᆫ新時代를作ᄒᆞ얏스며優勝劣敗ᄒᆞᄂᆞᆫ新舞臺를起ᄒᆞ얏도다如此ᄒᆞᆫ新時代新舞臺에處ᄒᆞ야先天夢事를尙說ᄒᆞ고時局의形況如何를初不講究ᄒᆞ니精神이無ᄒᆞᆫ人이我北韓同胞가아니며臟腑가敗ᄒᆞᆫ人이我北韓同胞가아닌가嗚乎同胞여諸氏의平日眼孔이六州五洋에ᄂᆞᆫ尙矣莫及ᄒᆞ야슬지나本國內三千里彊域을一次擡視ᄒᆞ라風景不殊의歎이自不能無홀것이오社會界의活動과敎育界의勇進이何如ᄒᆞᆫ地頭에到ᄒᆞ얏ᄂᆞᆫ가最近ᄒᆞᆫ關西一路를試觀ᄒᆞ라箕城附近內外에小學校設立이數百餘處오至於該府各村ᄒᆞ야ᄂᆞᆫ有難紀數ᄲᅮᆫ外라該道各郡에小學設立이各不下數三百處라甚至今春聯合大運動會에集合數爻가萬餘名에達ᄒᆞ얏고隊伍의井々方々홈과氣象의活々潑々홈이觀者로ᄒᆞ여곰失色ᄒᆞ고聞者로ᄒᆞ여곰

驚膽케혼지라嗚乎라同一國土오同一種族이어놀今日優劣의特色이何故로此에至ᄒᆞ얏는가全國中央漢城을溯望ᄒᆞ라到處高樹層屋은無非某中學校某專門學校요東家兒西家童이無非小學生中學徒요甚至勞働水商之夜學堂과長老社會之講研所가碁布星森ᄒᆞ야滿城人海가飜作讀書山林ᄒᆞ니吁亦壯矣로다繼至於三南ᄒᆞ야는舊日惀惰의癮이已結ᄒᆞ고頑固의癖이已痼ᄒᆞ얏스나近日風潮의劇烈홈을感覺ᄒᆞ야次第運動홀뿐外라內京外國에遊學ᄒᆞ는生徒가居多ᄒᆞ얏스며海西一省은關西의爻象과如히極히活動ᄒᆞ는地位에는到達치못하얏스나內京外國의學生界를細觀ᄒᆞ면可히甲乙을爭衡홀것이오關東一省은素是純全혼太古江山이라世界風雲을塞耳難聞ᄒᆞ는中에昨年以來로士兵의鋒刃과日兵의砲聲에人民이魂魄을已失혼지라其情景이極點悲慘에當ᄒᆞ얏스나近日報聞上에往々히學校發起의趣旨書가揭布ᄒᆞ니烈風三日에何處不到리오窃觀全國敎育界의擴張이若是烝進ᄒᆞ고是慶是歌ᄒᆞ기를不已于中ᄒᆞ얏더니本記者가今春에本國京城으로부터日本東京에渡來ᄒᆞ야內外遊學生界를視察ᄒᆞ니學生諸氏의實地程度가將來國家의基礎를恢復ᄒᆞ며人民의權利를扶殖홀지라萬里海外에多年風霜을冒險ᄒᆞ고隻身天涯에獨夜寒灯을伴眠ᄒᆞ든忍耐力이腦髓에結果ᄒᆞ야瑪志尼의事業과盧援의學說을皷唱홀者ㅣ此中에盡有혼지라此諸氏가率皆本國何地의人인가曰十常五六이平安南北道오曰湖海畿嶺의人士가複雜ᄒᆞ얏는지라奈之何咸南一區는韓國全幅內의서缺脫ᄒᆞ얏는가戶外風潮가若是震盪ᄒᆞ거놀桃源洞裏에春睡方濃ᄒᆞ야日高三

丈ᄒᆞ도록神馬尻輪을暗隨ᄒᆞ며井底의天을是觀ᄒᆞ고管孔의斑을是窺ᄒᆞ야瀛海樓臺上의新鮮ᄒᆞᆫ風氣中에出遊ᄒᆞᄂᆞᆫ者ㅣ一人도絕無ᄒᆞ니若此不已ᄒᆞ면將來國力이復生ᄒᆞ고民權이回到ᄒᆞᄂᆞᆫ日이라도政府社會의奴隷資格이나甘作ᄒᆞᆯ지오獨立自由의活動能力이專無ᄒᆞ야以若堂々ᄒᆞᆫ豊沛故都의神聖ᄒᆞᆫ民族으로轉移無常ᄒᆞᆫ一野蠻部落을難免ᄒᆞ리니可哀ᄒᆞ다我咸南同胞며可憐ᄒᆞ다我咸南同胞로다況今日은智我而愚人ᄒᆞᄂᆞᆫ時代라誰가諸貴同胞의黑暗無路ᄒᆞᆫ悲慘情景을見ᄒᆞ고眞心眞力으로大聲叫導ᄒᆞᆯ者ㅣ有ᄒᆞᆫ가本記者ㅣ亦咸南人이라一部同胞의密接關係가有ᄒᆞᆷ으로登岸望津에不忍掩泣ᄒᆞ고大哭一聲을是發ᄒᆞ노라嗚乎同胞여精神을喚起ᄒᆞᆯ지어다臟腑를收拾ᄒᆞᆯ지어다文學家者流들아腐敗ᄒᆞᆫ性命의空談과章句의末技가皆是太平時代에消遣할資料에不過ᄒᆞᆯ것이아닌가腥風血霖과砲烟彈雨下에能히此랄用할데有한가商工、理、化、電汽、聲光、諸學에從事ᄒᆞ야實力을養成할지어다資本家者流들아田畑이遍野ᄒᆞ고金銀이滿櫃한들國家가覆敗ᄒᆞᄂᆞᆫ日에富貴를獨享할能力이有할가自己衣食을供奉ᄒᆞᆫ以外의財産은學校設立의補助와遊學生徒의旅費를勿惜ᄒᆞᆯ지어다老而不死ᄒᆞᆫ頑固者流들아自己平生을已誤ᄒᆞ얏거든靑年將來의道途ᄭᆞ지沮戲치말지어다鄭堪錄이니南朝鮮이니呼風喚雨ᄒᆞᄂᆞᆫ眞人이니砲穴에生水ᄒᆞ고瀛船이擱海ᄒᆞᄂᆞᆫ道術이니各種恠誕罔測ᄒᆞᆫ鄙談俚語로亂啼狂叫ᄒᆞ야靈特ᄒᆞᆫ子弟의新鮮ᄒᆞᆫ腦髓를淆雜케ᄒᆞ니亡國의原因은諸公이罪를辭치못ᄒᆞ리로다電線瀛路가六大洲五大洋을羅織圍繞ᄒᆞ얏거ᄂᆞᆯ南朝鮮이空中에浮在

ᄒᆞ며水中에設備ᄒᆞᄂᆞᆫ砲가有ᄒᆞ거ᄂᆞᆯ砲穴에生水ᄒᆞᆫ들何關이有ᄒᆞ며鐵甲으로山岳가치裝置ᄒᆞᆫ巨艦이有ᄒᆞ야猛風險礁가猶不能動損이어ᄂᆞᆯ此에何術를施할가不得不學術이共進ᄒᆞ고實力이齊等ᄒᆞᆫ後에야可히爭衡保存ᄒᆞᆯ것은婦孺의所見이어ᄂᆞᆯ茫々然懵々然ᄒᆞ야此極에至ᄒᆞ엿도다嗚呼라旣往은勿諫이어니와來者를可追ᄒᆞᆯ지어다有志ᄒᆞᆫ靑年同胞들아慧眼이具有ᄒᆞ고思潮가膨脹ᄒᆞᆫ者ㅣ我靑年同胞가아닌가心을殫ᄒᆞ고力을竭ᄒᆞ야學校維持에從事할지어다內京外國에遊學할者가亦我靑年同胞가아닌가我北韓社會로ᄒᆞ여곰文明世界에超登케할者도我靑年同胞며國力과民權을挽回할者도亦我靑年同胞로다同胞同胞여聽之哉어다悲痛所激에言語ᄂᆞᆫ無倫ᄒᆞ나苦淚熱血은海雲을觸瀉ᄒᆞᄂᆞᆫ지라嗚呼同胞여聽之哉어아

士習의腐敗

觀海客

夫士者ᄂᆞᆫ國의元氣라國家의安危와生靈의休戚을已任으로視ᄒᆞ야一夫가不獲이라도則曰時予之辜라ᄒᆞ며時勢의變常과學術의損益을實地로究ᄒᆞ야萬難이在前이라도則曰是吾可往이라ᄒᆞᆫ然後에야士라可謂ᄒᆞᆯ지라近日我國의士林風景을槪見ᄒᆞ니最可寒心ᄒᆞᆫ處이로다國家의至危와生靈의極戚이罔極에至ᄒᆞ야도秦瘠을越視ᄒᆞ며時勢의如何히變遷ᄒᆞᆷ과學術의如何히益展ᄒᆞᆷ을初不講究ᄒᆞ고江湖의魚鳥와山林의麋鹿을伴ᄒᆞ야世로더부러相忘ᄒᆞ며人으로더부러自絶ᄒᆞᆯ뿐外라平日所講ᄒᆞᆫ者ㅣ曰心曰性曰詩曰賦에不過ᄒᆞ니干戈相見ᄒᆞᄂᆞᆫ時代를遭ᄒᆞ야何術이有ᄒᆞ리오所謂士로爲名ᄒᆞᆫ者의識見

이如此히固陋ᄒᆞ고經綸이如此히埋沒ᄒᆞᆫ境遇에到ᄒᆞ야ᄂᆞᆫ즉宜乎亟々히奮發ᄒᆞ야世界의活動ᄒᆞᄂᆞᆫ爻象과人群의進化ᄒᆞᄂᆞᆫ形況을洞察無遺ᄒᆞ야知彼知己의大勝利ᄅᆞᆯ預算ᄒᆞ야公益上事業을一日이라도早速히猷爲ᄒᆞᆯ것이어날日昨에京城傳說을聞ᄒᆞᆫ즉所謂遐鄕韋布의士라稱ᄒᆞᄂᆞᆫ者流가千里에負笈ᄒᆞ고上來ᄒᆞᆫ者ㅣ百餘名이라或人이其魁偉ᄒᆞᆫ行動과淳質ᄒᆞᆫ資格을見ᄒᆞ고國家社會事에對ᄒᆞ야有益ᄒᆞᆯ意見을發表ᄒᆞ고一般同族으로ᄒᆞ야곰文明에共進케ᄒᆞᆯ義務思想이有ᄒᆞᆫ가ᄒᆞ야歛衽起敬ᄒᆞ야其上京ᄒᆞᆫ目的을問ᄒᆞᆫ즉曰成均舘司業應試生이라嗚呼噫噫라此輩의目的이此에不過ᄒᆞ도다昔에唐陽城이國子司業이되야敎授의實效가至今流芳ᄒᆞ얏시니諸君이此事業을繼作코자ᄒᆞᄂᆞᆫ가諸君의學術이唐陽城에讓頭치안일것은已所預期나陽城으로ᄒᆞ여곰今日에再生ᄒᆞ얏시면時宜의義務ᄅᆞᆯ殫力ᄒᆞ고世變의機微ᄅᆞᆯ適應ᄒᆞ야國中子弟ᄅᆞᆯ敎授ᄒᆞᆯ지오諸君의區々ᄒᆞᆫ虛啣을圖得ᄒᆞ기爲ᄒᆞ야但히長安의米價만翔貴케ᄒᆞ야流害가公衆에及케ᄒᆞᆷ과如치아니ᄒᆞᆯ지라諸君은試思之ᄒᆞ라司業이란名稱을淸宦으로知ᄒᆞ야然ᄒᆞᆷ인가大抵官職이란것은相當ᄒᆞᆫ任務가有ᄒᆞᆫ것이어날今에何樣職責이無ᄒᆞᆫ印紙一片을獵得ᄒᆞ기로熱心이繃中ᄒᆞ야東馳西走ᄒᆞ니桃源春夢이移轉ᄒᆞ야黃粱枕을作ᄒᆞ얏도다士平士平여若是히腐敗ᄒᆞ얏ᄂᆞᆫ가十年前時代ᄅᆞᆯ遭ᄒᆞ엿드면此ᄅᆞᆯ帶ᄒᆞ고鄕村에下去ᄒᆞ야或曰文科同等이오或曰南臺一体라藉稱ᄒᆞ야衆人坐中에意氣가自若ᄒᆞ야首頭의座次나或可占領ᄒᆞᆯ것이날今日則民目이稍明ᄒᆞ고思潮가漸變ᄒᆞ야雖閭巷愚夫라도行政司法의官吏ᄅᆞᆯ尙

히大視치안커든區々히無職無責ᄒᆞᆫ假啣을崇拜ᄒᆞᆯ理가萬無ᄒᆞᆫ지라時局과人心의一變이此에至ᄒᆞ얏거날諸君이獨不能察乎아萬鍾으로中國의室을辭ᄒᆞᆫ者ᄂᆞᆫ鄒孟子가其人也오共和의大統領으로草野農夫ᄅᆞᆯ還作ᄒᆞᆫ者ᄂᆞᆫ美洲華盛頓이其人也오官爵을不書ᄒᆞ고退陶晩隱이라自云ᄒᆞᆫ者ᄂᆞᆫ本朝李文純이其人也라此三君子의學術과道德이古今을轟振ᄒᆞ며宇宙ᄅᆞᆯ橫貫ᄒᆞ야其功이國家에被ᄒᆞ고其澤이生靈에施ᄒᆞᆷ은諸君도共知ᄒᆞᄂᆞᆫ바어이와時勢에適當ᄒᆞ며實地에着行ᄒᆞᆫ義務로此에至ᄒᆞᆷ이오旅進旅退ᄒᆞᄂᆞᆫ榮辱으로엇지芥意가有ᄒᆞ리오士氣의腐敗가此에極ᄒᆞ얏시니國民의程度ᄅᆞᆯ可知ᄒᆞᆯ지로다嗚呼悲夫라旣往은勿說이어니와來者ᄅᆞᆯ可追어다現今世界萬國이各種科學을發明ᄒᆞ야法律大學을卒業ᄒᆞ면曰法律學士라其所學을應用ᄒᆞᆷ의民刑商法과一般訴訟에部決이如流ᄒᆞ야國家의安寧秩序ᄅᆞᆯ維持케ᄒᆞ며工業大學에卒業ᄒᆞ면曰工業學士라其所學을應用ᄒᆞᆷ의瀛輪磨械와各種製造에運用이如神ᄒᆞ야人民의生活計圖ᄅᆞᆯ奠安케ᄒᆞ며農商電光學校에卒業ᄒᆞᆫ者가及其應用에無不如是ᄒᆞᆫ지라是以로士로爲名ᄒᆞᆫ者가箇々히實學이有ᄒᆞ야適合ᄒᆞᆫ天職이自在ᄒᆞᆫ지라엇지我國의所謂士者가陳篇故墨의唾沫이나粗解ᄒᆞ야空々然ᄒᆞᆷ과如ᄒᆞ리오是以로其國이富强ᄒᆞ고其民이文明ᄒᆞ야今日雄洲大陸에虎視雄飛ᄒᆞᆷ이로다諸君도亦此勢ᄅᆞᆯ深察ᄒᆞ야各樣科學을繼自今日로研究溯觀ᄒᆞ면平昔優越ᄒᆞᆫ文學으로其覺知ᄒᆞᄂᆞᆫ能力이可謂事半功倍ᄒᆞᆯ지라於是乎一般人族을鼓動ᄒᆞ야各科學校ᄅᆞᆯ樹之如林ᄒᆞ고廣之如海ᄒᆞ면英雄豪傑이風起水涌ᄒᆞ리니國家의富强과人

民의文明이立至홀지라于斯時也에諸君이自由獨立臺의主人翁을作ᄒᆞ야無限ᄒᆞᆫ大榮光을萬古에發現ᄒᆞ리니엇지區々ᄒᆞᆫ一個虛名司業에止ᄒᆞ리오余도亦士林의一部分이라諸君의碌々逐々홈을慨然ᄒᆞ야如此히呶々홀ᄲᅮᆫ아니라全國士林이此에浸染ᄒᆞ면國權挽回홀可望이永杜ᄒᆞ기로玆에一言을仰佈ᄒᆞ오니嗚呼라司業諸君이여

性質의改良

中 叟

嗚呼我二千萬同胞民族이여四千載傳來歷史를試觀ᄒᆞ라爾祖爾父도人의奴隸며我祖我父도人의奴隸며政治法律界도人의奴隸며學術界도人의奴隸라千百事爲上에一毫主觀이絕乏ᄒᆞ고人을是崇是拜ᄒᆞ는奴隸를甘作ᄒᆞ다가今日漏船問慘의悲運을遭ᄒᆞ엿도다嗚呼라既往은勿說ᄒᆞ고將來를可追홀지어늘今日政治法律界를觀察홀진ᄃᆡ守舊派의火線이一邊隱伏ᄒᆞ야種々胥動曰堯舜文武의政을乃可法이라ᄒᆞ며列祖列宗의憲을不可變이라ᄒᆞ니堯舜文武와列祖列宗이神聖ᄒᆞ신人君으로其治法政模가可謂盡善盡美나一時普洽에適當ᄒᆞ고萬世常行ᄒᆞ기는萬無홀理라是以로因時損益은三代의難免ᄒᆞᆫ것이여늘膠柱의所見이此에不過ᄒᆞ니是는古人의奴隸된習慣이政治法律界에尙在ᄒᆞ엿스며開進派의愛國血誠과行政司法上硏究가目下의項門一針이라國家의維新홈도此에在ᄒᆞ며人民의進化홈도此에在ᄒᆞ다홀지나間或西風에心醉ᄒᆞ며外潮에顚倒ᄒᆞ야內國의情形과程度를不察ᄒᆞ고萬里遠程을一步에超到코져ᄒᆞ니亞刺飛의覆轍이

豈不可畏리오是ᄂᆞᆫ外人의奴隷된思想이政治法律界에新入ᄒᆞ엿도다一層을離ᄒᆞ야學術界를槪察ᄒᆞ니壯哉라靑年同胞며偉哉라靑年同胞로다其活潑勇進ᄒᆞᄂᆞᆫ思想과慧敏英特ᄒᆞᆫ精神이能히江山을呼吸ᄒᆞ며宇宙를籠絡ᄒᆞ야沉船破甑ᄒᆞ고單拳으로强秦을擊破ᄒᆞ든項羽의銳氣가種々ᄒᆞ고弊衣乞食ᄒᆞ며著書斥法ᄒᆞ든盧梭의學說이頻々ᄒᆞ야衰頹ᄒᆞᆫ國家로ᄒᆞ여곰中興ᄒᆞᆯ可望이稍現ᄒᆞ며腐敗ᄒᆞᆫ民族으로ᄒᆞ여곰蘇醒ᄒᆞᆯ來漸이暗著ᄒᆞ나百分의一二缺ᄒᆞᆫ點을不得不一擧ᄒᆞ야忠告ᄒᆞ노라

嗚呼라我國人士가支那古史를崇拜ᄒᆞ든餘習이忽變ᄒᆞ야泰西新史를一層轉移慕羶ᄒᆞᄂᆞᆫ惡慣이今日에最極ᄒᆞ엿도다那破崙은泰西의曠世名將이라其勇膽戰略이所可艶慕이나我東洋成吉思汗의餘烈에釀出ᄒᆞᆫ者요華盛頓은共和政治의首倡이라其偉勳巍績이所可敬服이나孟子不云乎아左右ㅣ皆曰賢이라도未可也며諸大夫皆曰賢이라도未可也며國人이皆曰賢然後에察之ᄒᆞ야見賢焉然後에用之라ᄒᆞ니當時ᄂᆞᆫ專制時代라時君이采用치아니ᄒᆞᆷ으로共和政治가行치ᄂᆞᆫ못ᄒᆞ엿스나共和政治의思想은孟子로브터始ᄒᆞᆫ것이오瓦茹와樹大渾은工業大家也로되李舜臣氏의龜船制度가發揮ᄒᆞ엿스면輕重을可爭ᄒᆞᆯ것이요須太仁은敎育大家也로ᄃᆡ越王句踐의二十年生聚敎訓ᄒᆞᆫ方法에不過ᄒᆞᆫ즉其人才의優劣은東西의別이無ᄒᆞ도다然ᄒᆞ나彼泰西列强은前人의事業을精益求精ᄒᆞ며巧益生巧ᄒᆞ야凡諸事爲에一定ᄒᆞᆫ學術을確定ᄒᆞ야後人의硏究ᄒᆞᆯ門路를豫備ᄒᆞ엿슨즉今日日本의富强ᄒᆞᆷ도此門路를隨學ᄒᆞ야東洋의牛耳를執ᄒᆞ엿스나自國을是

崇是拜ᄒᆞᄂᆞᆫ特性이一團大和魂을做出ᄒᆞ엿거ᄂᆞᆯ今日我國學生中에好新尙奇ᄒᆞᄂᆞᆫ一種弊源이撒但妖魔를伴到ᄒᆞ야動曰西哲을可師라ᄒᆞ니噫彼拿巴倫華盛頓諸氏가一時의英雄으로其國勢民情을照應ᄒᆞ야覇業을作成ᄒᆞ엿ᄉᆞ나此等事業이一々히我國에適當ᄒᆞᆯ理도決無ᄒᆞᆯ터힌즉所長을取ᄒᆞ고所短을棄ᄒᆞ야次第硏究ᄒᆞ면自由獨立의思想이健全不拔ᄒᆞᆯ것이어ᄂᆞᆯ此를反ᄒᆞ야西人의一唾라도是甘ᄒᆞ며一嚬이라도是效ᄒᆞ야曰我國의言語文字ᄂᆞᆫ都是無味라ᄒᆞ며東洋의法政學術은都是野蠻이라ᄒᆞ니嗚呼라始終如此면外人의奴隷ᄂᆞᆫ必不免乃已ᄒᆞᆯ지니此를痛哭지아닐者ㅣ誰가有ᄒᆞ리오嗚呼라我二千萬民族의四千載奴隷文券을繳消ᄒᆞ고自由獨立臺에地位를占領케ᄒᆞᆯ者ㅣ誰인가一則曰我靑年學生이며二則曰我靑年學生이로다法律政治를學修ᄒᆞᄂᆞᆫ同胞여我의自由覺性을由ᄒᆞ야憑證ᄒᆞ여我國의時勢民情을參照ᄒᆞ야求觀ᄒᆞ고法政學의奴隷를作치말지어다歷史學을硏究ᄒᆞᄂᆞᆫ同胞여堯舜孔孟을別ᄒᆞᆫ人品으로勿思ᄒᆞ고泰西諸哲을別ᄒᆞᆫ人品으로勿識ᄒᆞ야我도耳目聰明이俱有ᄒᆞ니聖賢을可作이요英雄을可期라ᄒᆞ야歷史學의奴隷를作치말지어다宗敎를崇信ᄒᆞᄂᆞᆫ同胞여永生의福音에만迷惑치말고天賦自由의理想을擴充ᄒᆞ야宗敎의奴隷를作치말지어다外國言語文字를講習ᄒᆞᄂᆞᆫ同胞여自國文言을貴重히녁이고外人의所長ᄒᆞᆫ學術을輸入ᄒᆞᆯ計圖로是勉ᄒᆞ야外國의奴隷를作치말지어다貴ᄒᆞᆫ것은我의自由며我의獨立이라我學生同胞가此自由權과此獨立權을覓還치못ᄒᆞ면誰가更有ᄒᆞ랴오嗚呼라同胞諸君이여今日以後로奴隷性質을永爲痛祛ᄒᆞᆯ

지어다不然이면滅亡의患이隨至홀지로다前者에古人의奴隸된一端으로도國際가此에至ᄒᆞ엿거든今日에至ᄒᆞ여는外人의奴隸一端을添增ᄒᆞ야此奴隸彼奴隸가互相衝突ᄒᆞᄂᆞᆫ境遇를難免ᄒᆞ리니國이엇지保存홀方畧이有ᄒᆞ리오我學生同胞여十分注意홀지어다

政海의投入ᄒᆞᄂᆞᆫ靑年

牧丹山人

嗚呼我靑年同胞여今日政治界의萎靡不振ᄒᆞᆫ爻象을見ᄒᆞ고奮臂着手코져ᄒᆞᄂᆞᆫ者幾人인가相愛相爭ᄒᆞᄂᆞᆫ地에一言을敢告ᄒᆞ노라孔子ㅣ不云乎아「知所以修身則知所以治人이오知所以治人則知所以治天下國家라」ᄒᆞ엿스니諸君이此를講之已久矣리라豈能自我修身之道가有所盡至耶아由來我國에政黨의覆轍이前後相尋ᄒᆞ엿스니其修身之道가或可未盡而然耶아請言其所以然ᄒᆞ리라往在甲申之擧에一二志士가主唱改革之論ᄒᆞ야使我四千年鎖國으로期欲一朝維新ᄒᆞ니其勇進思想과活潑手段이非不可觀이나但時勢의如何와民族의程度를不能覺察ᄒᆞ고閃忽下步타가蹉跌을難免ᄒᆞ엿스니此는急激의失敗라謂홀지오繼至乙未之擧ᄒᆞ야幾個英雄이創獨立之門ᄒᆞ고啓自由之路ᄒᆞ야一般舊面目을洗括ᄒᆞ엿스니可謂劇烈ᄒᆞᆫ風潮라홀지나但히外人의跋扈를是賴ᄒᆞ고自國의實力을不養ᄒᆞ다가北隣의伺釁을竟被ᄒᆞ야海外에一齊奔竄ᄒᆞ니嗚呼噫噫라前車後車가一軆에同歸ᄒᆞ엿도다夫何國步가多難ᄒᆞ야保護宣言이意外發現ᄒᆞ야四

三年來로掌握政柄이問是誰家英雄고衆論이紛紜ᄒᆞ고國是가未定이라倀鬼의指目을甘受ᄒᆞ며奴隷의羞辱을自招ᄒᆞ엿도다嗚呼라此豈本心이리오我의慧眼이不足ᄒᆞ야當初目的을不修ᄒᆞ고稍々變化ᄒᆞ야今日唾罵를受홈이로다然ᄒᆞᆫ즉以上諸位政派가祖國을愛ᄒᆞ는思想도今日青年에不及홈이아니오同族을愛ᄒᆞ는思想도今日青年에不及홈이아니나但卵을持ᄒᆞ고晨을求ᄒᆞ며瓢를乘ᄒᆞ고海를渡ᄒᆞ고져ᄒᆞ다가天下後世의笑柄을作ᄒᆞ엿스니英雄이雖有ᄒᆞ나時를察ᄒᆞ고勢를乘치못ᄒᆞ면百戰百敗ᄒᆞ기는原定ᄒᆞᆫ理라今에諸君이政治法律에卒業ᄒᆞᆫ學士도有ᄒᆞᆯ터이오共和改革의施措ᄒᆞᆯ方略도講ᄒᆞ엿슬지라其突飛勇進ᄒᆞ야局面을打破ᄒᆞ고布席을徐圖ᄒᆞᆯ思想이綳中ᄒᆞ더ᄅᆡ도相當ᄒᆞᆫ準備가無ᄒᆞ면相當ᄒᆞᆫ價値가亦無ᄒᆞ리니以若諸君의膨脹ᄒᆞᆫ義血노如何ᄒᆞᆫ方法을試코져ᄒᆞ는가만약破壞建設兩者에注意ᄒᆞᆯ진ᄃᆡ一曰精神的、物質的에就ᄒᆞ야自己의先修ᄒᆞᆫ學問으로或言論著述ᄒᆞ야一般國民에게表示ᄒᆞ며公益事業을繼續振作ᄒᆞ야我를信仰케ᄒᆞ며我를敬服케ᄒᆞ야如此히生聚教訓홈이幾十年에不出ᄒᆞ야一號令一擧手에風從響應ᄒᆞ리니於是乎에大飛躍을如意做成ᄒᆞ리니華盛頓의事業도諸君이可以再做ᄒᆞᆯ지오吉田翁의偉勳도諸君이可以復圖ᄒᆞᆯ지라不然ᄒᆞ고今日暗昧ᄒᆞᆫ民智와幼穉ᄒᆞᆫ國步에單純히幾個青年諸君으로는精神的文明을圖ᄒᆞ여도猛虎亂叫之場에一手로抵敵치못ᄒᆞᆯ지오物質的文明을圖ᄒᆞ여도狂潮亂沸之際에隻身으로難濟ᄒᆞ리니畢竟自保ᄒᆞᆯ計策이渺然ᄒᆞ야倀鬼를不作ᄒᆞ면奴隷를自願ᄒᆞ리니可畏可戒ᄒᆞᆯ者이로다昔에美國의하밀

돈은十八歲에獨立戰爭의宣言書를草ᄒᆞ엿고그랏드스돈은二十三歲에社會表面에現出ᄒᆞ엿스니今日諸君의盛齡이可히甲乙을爭ᄒᆯ지라其政治界에對ᄒᆞ야如何ᄒᆞᆫ講究가必有ᄒᆞ리니吾儕ᄂᆞᆫ拭目待之ᄒᆞ노라

講壇

歷史譚 第二十一回

椒海

크롬웰傳 (前號續)

其翌年에크롬웰이倫敦에歸來ᄒᆯ식市民은歡迎極盛ᄒᆞ고參議院은特使를아일린드에派遣ᄒᆞ야功勳을遠賀ᄒᆞ며議長市長警察官은車蓋를相連ᄒᆞ야歡呼의聲이倫敦府中을崇動ᄒᆯ뿐더러參議院은功勞를尙報키爲ᄒᆞ야四千磅의年金을增加ᄒᆞ고한프돈宮殿으로ᄂᆞᆫ其官邸를作ᄒᆞ니於是에크롬웰의榮華時代가臨期ᄒᆞᆫ지라크롬웰이身命을不惜ᄒᆞ고一向前進ᄒᆞ야革命의大事業을遂行ᄒᆞ엿ᄉᆞ니理想所到에何事不成이리오故로君主政体가再翻ᄒᆞ야共和政体를變成ᄒᆞᆫ지라.然ᄒᆞ나英國民이流弊에久沉ᄒᆞ야何等脅力이毫無ᄒᆞ미破壞主義를實行ᄒᆞ든크롬웰이엇지建設主義가無ᄒᆞ랴世人이皆是크롬웰傲慢無情을雙唱ᄒᆞ엿ᄉᆞ나彼가無勢力ᄒᆞᆫ國會를解散ᄒᆞ고四十餘名代議士를罵祝ᄒᆞᆫ바가何等罪過랴故千六百五十三年에新國會를招集ᄒᆯ식國會가護國官의大號를奉加ᄒᆞ며建設政治에ᄂᆞᆫ多少의反抗이有ᄒᆞ엿스나아밀린드地方도反亂의聲이不聞ᄒᆞ고順諄히三國同盟을完成ᄒᆞ야塗炭에久陷ᄒᆞ엿든英國々民이大平和의年月을得ᄒᆞ엿더라

크롬웰이大成功을遂ᄒᆞᆫ後에平穩ᄒᆞᆫ其故鄕을時思ᄒᆞ엿건만宦海多事에所欲을未遂ᄒᆞ고四處에恠々ᄒᆞᆫ陰謀가出沒ᄒᆞ야一時라도休安을未得다가千六百五十八年九月三日에馬上에落死客이되여英國革命事業이半途에中廢ᄒᆞ니嗚呼라彼의一生이여誰가哀矜치아니라오然ᄒᆞ나英國人民은今日ᄭᆞ지其盛見을感謝無窮ᄒᆞᆯ지며

述者曰大哉크롬웰이여君이한듸돈一隅에서孤起ᄒᆞ야엇지如許ᄒᆞᆫ大事業을遂ᄒᆞ며英國人民으로今日의自由王을作케ᄒᆞ엿ᄂᆞ뇨奇謀恠術이出沒無常ᄒᆞᆫ第二法老찰스를斬首臺上에一擧ᄒᆞ엿ᄉᆞ니君은第二摩西의理想을能遂치아니ᄒᆞ엿ᄂᆞ뇨嗚呼라余가君을頌祝ᄒᆞ고君을追悼ᄒᆞᄂᆞᆫ바어니와今日第三法老가奇恠罔測의手段으로無罪ᄒᆞᆫ半島國에無數ᄒᆞᆫ蒼生을虐待ᄒᆞ고神聖ᄒᆞᆫ自由를抑奪ᄒᆞ야死境이不遠ᄒᆞ엿ᄉᆞ니嗚呼라君이여東亞天地에ᄂᆞᆫ君과如ᄒᆞᆫ大英雄이無ᄒᆞᆯ가余가嘗聞ᄒᆞ니英國山川이極麗極精ᄒᆞ야英雄이輩出이라ᄒᆞ니果然가否아未知커니와君이革命家에政治家에軍略家에前無後無ᄒᆞᆫ最大의理想을持有ᄒᆞ여由來東西洋革命大波瀾의原動이되엿ᄉᆞ니壯ᄒᆞ고奇ᄒᆞ도다然ᄒᆞ나余가君을追思ᄒᆞᆷ에君의事業을欽羨ᄒᆞᆷ이아니오但只君이社會의罪惡을撲滅ᄒᆞ고人民의自由福樂을完回키爲ᄒᆞ야百敗에不挫ᄒᆞ고千折에不撓ᄒᆞ야衝天의理想과銷地의熱誠으로心身을犧牲에供코져ᄒᆞᆷ은余가滿腔의同情을表ᄒᆞ야君을敢히嚬效코져ᄒᆞ노니嗚呼크롬웰이여君의信仰과君의善行으로上帝의永生冕을受戴ᄒᆞ고光明ᄒᆞᆫ極樂園에서無窮ᄒᆞᆫ福樂을享

受ᄒᆞ려니와大抵英國江山이君을誕生ᄒᆞᆷ은時勢의帮助를因ᄒᆞᆷ이니嗚呼時勢時勢여더半島江山도精靈의氣姿와岌嶪의時勢가君의出世ᄒᆞ든當年으로더브러比同ᄒᆞᆫ處地를當ᄒᆞ엿ᄉᆞ니엇지一個크롬웰이한팅든城에만生出ᄒᆞ랴故로余가君을追思ᄒᆞ고君을追賀ᄒᆞᄂᆞᆫ同時에려半島江山을向ᄒᆞ야世界江山中에最大ᄒᆞᆫ光榮을預期ᄒᆞ노라

二十歲僅內外靑年의 教育範圍

雙城樵夫

大凡人이自七八歲로至十五六歲ᄭᆞ지ᄂᆞᆫ身体와思想이不完全ᄒᆞᆫ時代라其開放的修養을爲ᄒᆞ야特別히自由를許ᄒᆞᄂᆞᆫ것이어니와及自十七八歲로至二十三四歲ᄭᆞ지ᄂᆞᆫ身体와思想이日益發展ᄒᆞ고日就健全ᄒᆞ야所見과所聞의感觸을善히模範ᄒᆞᄂᆞᆫ時代라此時를際ᄒᆞ야教育範圍內에稠密히拘束치아니ᄒᆞ면荒에出ᄒᆞᆫ放豚을易作ᄒᆞᆯ지라是以로學校內에서一般指揮를猛省勇行ᄒᆞ야教師된者ᄂᆞᆫ教科의授受와品行의正否를一層注目ᄒᆞ며校監諸員은勤慢의行動과進退의如何를加意伺察ᄒᆞ며校長은規則을一遵ᄒᆞ야絲毫違反者의게容貸를勿許ᄒᆞᆫ然後에該學徒의一切動作語默이此를模範ᄒᆞ야曰愛國이目的이라ᄒᆞ면其目的에決死勇往ᄒᆞᆫ터이요曰農工商業이目的이라ᄒᆞ면其目的에決死勇往ᄒᆞᆯ터이요曰電氣化學이目的이라ᄒᆞ면其目的에決死勇往ᄒᆞᆯ지라如此히定向이不貳ᄒᆞ고學力이純潔ᄒᆞᆫ青年으로實地履行ᄒᆞᄂᆞᆫ日에야泰山을可運이요大海를可截이라將來國家社會에着手一進ᄒᆞ면何難이有ᄒᆞ

리요만은不然ᄒᆞ야其開放을姿任ᄒᆞ면眼孔은妄尊ᄒᆞ고慧竇ᄂᆞᆫ雜塞ᄒᆞ야椅子에踞坐ᄒᆞ고漆板을盱瞻ᄒᆞ니只應學說이不足稱快라忽然一朝에轟世掀天ᄒᆞᄂᆞᆫ別術이何在ᄒᆞᆫ가ᄒᆞ야學校課目에情意가稍踈ᄒᆞ고張三李四를種々相逢ᄒᆞ야捕風捉雨의慷慨ᄒᆞᆫ空談을日事ᄒᆞᄂᆞᆫ지라於是乎撒担邪魔가乘虛覘入ᄒᆞ야曰今日萬國通用言語에ᄂᆞᆫ英語가最好라ᄒᆞ면今日에學英語ᄒᆞ고英文이最好라ᄒᆞ면又學英文ᄒᆞ며又有人曰日文日語가最好라ᄒᆞ면明日에學日文日語ᄒᆞ며又有人曰漢文이最好라ᄒᆞ면又明日에學漢文ᄒᆞ며又有人曰實業이最好라ᄒᆞ며又明日에學實業ᄒᆞ며又有人曰政治法律이最好라ᄒᆞ면又明日에學政治法律ᄒᆞ야學至千百科ᄒᆞ며續經億萬日이라도畢終所得이空殼虛影에不過ᄒᆞ리니敎育이如此ᄒᆞ면初不如無ᄒᆞᆯ지오不特如是라一定ᄒᆞᆫ志向이無ᄒᆞ면酒肆를過ᄒᆞᆯ時에ᄂᆞᆫ酒가我의所欲이될지오花樓를過ᄒᆞᆯ時에ᄂᆞᆫ花가我의所欲이될지라轉輾變化ᄒᆞ야學校範圍外에出ᄒᆞᆯ뿐外라國家法律外에違行ᄒᆞᄂᆞᆫ境遇에到ᄒᆞ리니如此ᄒᆞᆫ靑年을國中에遍滿히養成ᄒᆞ면其國이何如ᄒᆞᆫ地位에落在ᄒᆞᆯ가ᄒᆞ면諸君이此에即答曰其國이滅亡無餘라ᄒᆞ리니然즉今日我國을環顧ᄒᆞ라靑年學界가能히我國으로ᄒᆞ야곰興隆케ᄒᆞᆯ地位에到達ᄒᆞ엿다고確實히認키難ᄒᆞ도다甲乙更張ᄒᆞᆫ後로京鄕學校가現 如曉星ᄒᆞ야스나學校管理의法이在々失當ᄒᆞ야猿猴의效人을未免ᄒᆞ엿스니實學이何處로從ᄒᆞ야出ᄒᆞ리요或修學ᄒᆞᄂᆞᆫ靑年을對見ᄒᆞ면意想이種々浮躁ᄒᆞ야自國의言語文字의精粗取舍를初不得知ᄒᆞ고動輒指斥ᄒᆞ며乃曰新學이最好라ᄒᆞ니新學의最好ᄂᆞᆫ有口者皆誦이

오有耳者皆聞이나其最好의如何原因에對ᄒᆞ며는請渠詳說이면亦鶻圇含糊에使人反迷라新學의眞理를渠又能解면舊學의可棄可取를未必不知ᄒᆞᆯ지라彼가新舊學問에未能窺眞ᄒᆞ고但以風聲鶴唳의孼開化의一種을作ᄒᆞᆫ者流니可哀可憐ᄒᆞᆫ비며又或如何ᄒᆞᆫ靑年을對見ᄒᆞᆫ즉自國教育程度에比較ᄒᆞ여도最下級에在ᄒᆞᆫ지라遊學의偉大ᄒᆞᆫ風聲만聞ᄒᆞ고居然出洋ᄒᆞ야外人의一言半辭라도自國鄕里에人士보다殊異ᄒᆞᆷ을聞ᄒᆞ면正理에違越與否를不揣ᄒᆞ고輒曰此는文明紳士의高說이라ᄒᆞ야變習歎行이中間에或雜ᄒᆞ여슬지라도崇拜艶慕ᄒᆞ기를猶恐不及ᄒᆞ니此는無他라早教豫備의確見이無ᄒᆞᆫ緣故며又或妄따ᄒᆞ는談話를聞ᄒᆞᆫ즉東洋江山에不足可學이요西洋에遊學ᄒᆞᆫ然後에야可得眞詮이라ᄒᆞ니嗚呼라此人者流가能히東洋教育界에는優等을占有ᄒᆞᆫ者인가然ᄒᆞᆫ즉過言은아니로다만은今日東洋時局을觀ᄒᆞᆫ지라도日本의實業工手의發達과武備忠勇의健全은白人種의驚膽ᄒᆞᆫ비라我의程度로는此를眞實模範코자ᄒᆞᆯ지라도十數年經營으로는奏効가難ᄒᆞᆯ것이어날輕想이何로此에到ᄒᆞ엿는가若其地球上一遍遊覽으로論ᄒᆞ면可히宏大ᄒᆞᆫ氣節노許與ᄒᆞ려니와若已東洋에所學處가無ᄒᆞ다ᄒᆞ면決코妄談이라ᄒᆞᆯ지로다大抵人의腦髓가萬理를包有ᄒᆞ엿스나複雜히費用ᄒᆞ면專一ᄒᆞᆫ精神을難得ᄒᆞᆯ지라所以로普通智識을教授ᄒᆞᆫ後에야各學科에分門專業ᄒᆞ야至精且大ᄒᆞᆫ實効를收ᄒᆞ는故로瓦妬는火輪의硏究로平生의專力을盡ᄒᆞ야後世에公益을播傳ᄒᆞ엿고毛於壽는電氣의發明으로傳世의實悟를經ᄒᆞ야萬國의交通을始開ᄒᆞ엿스니精神의專注ᄒᆞ는비에至

難ᄒᆞᆫ事가無ᄒᆞ거ᄂᆞᆯ胡爲乎青年諸君이高尙ᄒᆞᆫ空言만是尙ᄒᆞ고應用ᄒᆞᆯ實學은所言에不及ᄒᆞᄂᆞᆫ가此가青年諸君의所失이아니라青年의模範時代를當ᄒᆞ야學校敎育의範圍가不完全홈으로此에至홈이니最所注意ᄒᆞᆯ지로다余가是를憂ᄒᆞ야前號의兒童敎育說을略記ᄒᆞ고青年敎育時代의敎育範圍를且紀ᄒᆞ야一般學界의紹介를作코저ᄒᆞ노니內地各校에代表諸君이여ㅣ

스사로敎育ᄒᆞᆯ지어다

抱宇生

吾人이此世에處ᄒᆞ야敎育을受할機關과其便利와大少厚薄이各相其形勢를從ᄒᆞ야差異가有ᄒᆞᄂᆞ니或은中學科를修了키不能ᄒᆞᆫ者도有ᄒᆞ며或은大學을徑由ᄒᆞ고更히歐美諸邦學界에趣附ᄒᆞ야其理想의學術을完成ᄒᆞᄂᆞᆫ者도有ᄒᆞ거니와吾人이最大不幸ᄒᆞᆫ者라謂ᄒᆞᆯ비ᄂᆞᆫ小學校의敎育도滿足키受치못ᄒᆞ야一般平等敎育의地位를點得지못ᄒᆞᆫ者ㅣ와特別히高等敎育에最可恰當ᄒᆞᆫ天賦의才能을抱有ᄒᆞᆫ者라도身分의不如意ᄒᆞᆫ境遇를當ᄒᆞ야其本望의成功을奏치못ᄒᆞᄂᆞᆫ者로다然이나他方面으로觀察ᄒᆞ건ᄃᆡ吾人이一生을經過ᄒᆞᆯ時에學文을修得ᄒᆞᆯ機會가幾多有之ᄒᆞ나擧皆自己의不勤勉不注意를因ᄒᆞ야遺失ᄒᆞᄂᆞᆫ지라大槪敎育의根底ᄂᆞᆫ自巳의게在ᄒᆞᄂᆞ니스사로敎育홈이即敎育의本色이라從古及今에스사로敎育홈이無ᄒᆞ고敎育의效果를收ᄒᆞᆫ者無ᄒᆞ도다敎育의機關과敎育의便宜가無하되偉人傑士가輩出ᄒᆞ며敎育의機關과敎育의便宜가有ᄒᆞ되劣夫庸流가無키不能ᄒᆞᄂᆞ니試看ᄒᆞ라本朝李珥ᄂᆞᆫ外

賊의門下에生長ᄒᆞ야齎身의資가末由ᄒᆞ엿스되終來에ᄂᆞᆫ靑邱에大儒를作ᄒᆞ엿고韓信은淮陰에匹夫로乞食漂母ᄒᆞ고受辱胯下ᄒᆞ엿스되軍略大家의光榮을得ᄒᆞ엿스며車胤은螢火代燭의生活노도當時一大學術家의華名을得ᄒᆞ엿고日本總州漁村에流寓ᄒᆞ던物徂徠도手中에只有大學諺解一卷而已로되德川家三百年治世의第一文豪의地位를得ᄒᆞ엿스며荀昱은其祖荀淑의敎育을受ᄒᆞ엿스되反逆의陋名을不免ᄒᆞ엿고猶太ᄂᆞᆫ耶蘇의聖徒로되耶蘇를敵人의게賣與ᄒᆞ엿스니敎育의要가但其受動的敎育에만不在ᄒᆞᆷ은此를由ᄒᆞ야證知키容易ᄒᆞ거니와만일他人의模型만是依ᄒᆞ야自己의敎育을圓美精滿케ᄒᆞᆫ다ᄒᆞᆯ자면孔子의弟子三千은擧皆三千孔子가될지며耶蘇의弟子ᄂᆞᆫ擧皆耶蘇가될자며釋迦의弟子도亦皆釋迦가될지로다마ᄂᆞᆫ事實則此에反ᄒᆞᄂᆞ니吾人은敎育의機關과敎育의便宜가具乏ᄒᆞᆫ靑年을向ᄒᆞ야深厚ᄒᆞᆫ同情으로其前道에橫臥ᄒᆞᆫ無上의榮光과非常의成功을祝拜不已ᄒᆞ거니와諸君의前程에對ᄒᆞ야默想ᄒᆞ건ᄃᆡ幾多의好機會가항상諸君을舞待ᄒᆞᄂᆞ니諸君은自醒自進ᄒᆞ야一生難再到之機會로ᄒᆞ여곰諸君을泣送케말지어다三人이行이必有我師라ᄒᆞ엿스니吾人은主觀的學習의科程에만預定키不能ᄒᆞ고所感所觸의諸般事物에對ᄒᆞ야知識을增加케ᄒᆞ며品性을修養케ᄒᆞᆯ者가有ᄒᆞ면此를收得ᄒᆞᆷ에對ᄒᆞ야寸毫라도遲疑키不能ᄒᆞᆯ지로다此世界ᄂᆞᆫ一般眞理를抱括ᄒᆞᆫ一種大學校라吾人의心性이腐敗ᄒᆞ야自暴自棄에放逸ᄒᆞ면已어니와眞理를探訪코저ᄒᆞ면耳를一傾ᄒᆞ면雖是臨席之會話間이라도一種講義錄을發見키能ᄒᆞ며目을一注ᄒᆞ면雖

是每朝暼見之新聞紙라도幾多의敎訓을得키容易ᄒᆞ야一動一靜이具是我師니學資의不足을過憾치말며外邦出游의不能을過悲치말며中途廢學의不幸을自傷치말고反復自醒에沈重自戒ᄒᆞ야研究的精神의發揮와自由的性情의養成에對ᄒᆞ야全心全力을注下ᄒᆞ야吾人의本務的職業에從事ᄒᆞ되目的地에不達ᄒᆞ면不止ᄒᆞᄂᆞᆫ決志를確立홀지라大槪學問은專門學에만限界을定키不能ᄒᆞᄂᆞ니學問의本意ᄂᆞᆫ人의人되ᄂᆞᆫ道를會得ᄒᆞ야此를實行홈에不外ᄒᆞᄂᆞᆫ지라法律經濟醫學文學等諸般專門學도畢境에ᄂᆞᆫ人生의事業에對ᄒᆞ야其一斑을資助홈에不過ᄒᆞᄂᆞ니專門學以外에ᄂᆞᆫ學問이無ᄒᆞ다稱ᄒᆞᄂᆞᆫ者와學校以外에ᄂᆞᆫ學問을修得키不能ᄒᆞ다ᄒᆞᄂᆞᆫ者ᄂᆞᆫ學問의眞意와學問修得方法의如何를不解ᄒᆞᄂᆞᆫ者라可謂할지니人類의一般敎養에對ᄒᆞ야收得홀機會가學校以外에多在홈은論을不待ᄒᆞ려니와今日과如ᄒᆞᆫ科學의風潮가大熾烈ᄒᆞᆫ時代에在ᄒᆞᆫ吾人은自巳의決心과自己의勤勉만是有ᄒᆞ면充分ᄒᆞᆫ專門의科學을如何ᄒᆞᆫ程度ᄭᆞ지ᄂᆞᆫ修得키容易ᄒᆞ도다如此히論홈이學校의敎育을一毫라도非難홈이아니라專혀敎育上不運兒의게對ᄒᆞ야論ᄒᆞᆫ비라然이나敎育上幸運兒라할지라도此論을無視키不能할뿐만아니라此를不依하면決코完全ᄒᆞᆫ結果를得키不能할지로다吾人이諷示와喩辭訓戒等에對ᄒᆞ여ᄂᆞᆫ他를從ᄒᆞ야受할비有ᄒᆞ거니와其融化實踐에對ᄒᆞ여ᄂᆞᆫ스사로敎育홈이無ᄒᆞ면不能할지니大抵研究的精神은항상心志를雄快淸鮮케ᄒᆞ며自修的性情은人의感情을健全和平케ᄒᆞᄂᆞ니年老者가此를持ᄒᆞ면死에至토록其心志가不老할지며少年壯者가此를持

ᄒᆞ면其氣志가日新又日新ᄒᆞ야進步의界限이無할지니人生의快樂이此에서加할者何에在ᄒᆞ리요孔子曰學而時習之면不亦悅乎아ᄒᆞ엿스며。소크라데스曰自務圓滿者ᄂᆞᆫ最賢者也며自覺其務進圓滿者ᄂᆞᆫ最福者也라ᄒᆞ엿스니東西哲人之見이相距不遠이로다嗚呼라後之志學者가豈無心得處哉

家庭教育法

金壽哲 譯述

第一編 精神教育

第一節 精神教育의意義

總論

精神의教育과身體의成長은恒常並行키不能ᄒᆞᆫ者니何者오大概兒童이初生ᄒᆞ엿슬時에ᄂᆞᆫ身体의各機關은자못具備ᄒᆞ엿스나精神作用의發達은甚히幽微ᄒᆞ야恰然히無意識의狀態에在ᄒᆞᆫ지라그러나無로붓터有ᄂᆞᆫ不生ᄒᆞᆫ다ᄂᆞᆫ大原則에依ᄒᆞ면반다시精神作用에就ᄒᆞ여서도突如히外界로붓터附與되ᄂᆞᆫ것시아니나抑其吾人이認識ᄒᆞᄂᆞᆫ範圍內에其根據가存在ᄒᆞᆫ것은亦明確ᄒᆞ도다兒童心理學ᄂᆞᆫ恒常這般의研究를說明ᄒᆞ야써精神教育의基礎를定ᄒᆞ며其方法을示ᄒᆞᄂᆞᆫ者니余輩가玆에論ᄒᆞᄂᆞᆫ精神教育은即家庭教育에適當ᄒᆞᆫ者라故로兒童心理學을主로삼아이믜說明ᄒᆞ야得ᄒᆞᆫ材料에據ᄒᆞ면가장效果가有ᄒᆞᆯ줄노信ᄒᆞ노라今에便宜을爲ᄒᆞ야精神教育을分ᄒᆞ야知育、德育、情育三者로定ᄒᆞ나此ㅣ原來科學的分類에不在ᄒᆞᆫ즉實際教育을施ᄒᆞᄂᆞᆫ上에就ᄒᆞ야ᄂᆞᆫ或此分科에拘泥치아니ᄒᆞᆷ이亦可ᄒᆞ도다假令個々別々히教育의方法을採코져ᄒᆞ나到底히行키不得ᄒᆞᄂᆞ니或은三者를同時에行케ᄒᆞ며或은

二者를並行케ᄒᆞᆷ도有ᄒᆞᆯ지니此는實地其任에當ᄒᆞᆫ者가十分의考慮로써斟酌을加치아니치못ᄒᆞᆯ지니라

第二節　精神敎育의必要

知識明晰、感情融和、意志强固ᄒᆞᆫ人物을養成ᄒᆞᆷ은精神敎育의任務라盖人의價値는精神發達의程度에由ᄒᆞ야定ᄒᆞ며强壯ᄒᆞᆫ身体는健全ᄒᆞᆫ精神에由ᄒᆞ야其眞價가益々表現ᄒᆞᄂᆞ니上來述來ᄒᆞᆷ과如히幼兒의精神界는가장軟弱ᄒᆞ야初生兒의動作은무릇本能作用又는反射作用인故로아직意志的行動에出치못ᄒᆞᄂᆞ니故로此를만약同狀態되로放任置之ᄒᆞ면精神敎育은勿論ᄒᆞ고맛ᄎᆞᆷᄂᆡ無告可憐ᄒᆞᆫ境遇에終ᄒᆞᆯ지라原來外界의事物노붓터來ᄒᆞᄂᆞᆫ刺激은自然의敎育을施키不得ᄒᆞ나其勢力이複雜ᄒᆞ야順序가無ᄒᆞ면其結果의過酷ᄒᆞᆫ것은人爲의補助가아니면

到底히安全ᄒᆞ고利益이有ᄒᆞᆫ進步를見키不能ᄒᆞᆯ거니라

凡人은賢愚善惡의分이有ᄒᆞ며貧富貴賤의別이有ᄒᆞ야各其運命이多ᄒᆞᆷ은實노精神敎育의良否에依ᄒᆞ야定ᄒᆞᄂᆞᆫ者니此에對ᄒᆞ야는寸時도注意를不怠ᄒᆞᆯ것이로다하물며幼兒의敎育은自然의經過에任ᄒᆞᄂᆞᆫ時에는將來悲慘ᄒᆞᆫ境遇에陷케ᄒᆞ야再次救濟키不能ᄒᆞᆷ에至ᄒᆞᆷ이리오故로父母된者는身體敎育에注意ᄒᆞᄂᆞᆫ同時에是等可憐의幼兒를養育敎導ᄒᆞ야將來獨立의生活를營케ᄒᆞᆯ基礎를豊與ᄒᆞᆯ진뎌

第三節　精神敎育에對ᄒᆞᆫ謬見

今日我國內에一般家庭이아직것家庭敎育을不認ᄒᆞᄂᆞᆫ家庭도多ᄒᆞ거니와제긔覺得ᄒᆞᆫ家庭을試察ᄒᆞ더라도精神敎育에對ᄒᆞ야는謬見이最大ᄒᆞ니第一노痛歎ᄒᆞᆯ바ㅣ는幼兒

의게知識을賦與홈으로써精神教育의全部가되ᄂᆞᆫ줄노思홈이로다此ᄂᆞᆫ單히家庭에만如是홀ᄲᅮᆫ아니라小學校에就ᄒᆞ여서도오히려此渦中에在ᄒᆞᆫ者ㅣ不少ᄒᆞ니即各種의學科를教授ᄒᆞ면吾事ㅣ終이로다ᄒᆞ야學校以外에對ᄒᆞᆫ行爲ᄂᆞᆫ조곰도關念치아니ᄒᆞ고甚至於放課時間中이라도全然不顧ᄒᆞᄂᆞᆫ者가有ᄒᆞ나嗚呼라아직것小學教育의目的을了解치못ᄒᆞᆫ者流가多ᄒᆞ도다이믜此와如ᄒᆞᆫ謬見에陷홈으로브터精神教育은單히學校에서만行ᄒᆞᄂᆞᆫ것이오家庭에就ᄒᆞ야서ᄂᆞᆫ行키不得ᄒᆞᆫ者로思ᄒᆞᄂᆞᆫ現況이로다

試ᄒᆞ야兒童의遊戲ᄒᆞᄂᆞᆫ樣을見ᄒᆞ라彼等이樹木의葉을摘取ᄒᆞ며其果實를食홈은植物學을學코져홈이오又蜂을殺ᄒᆞ며蟬을捕홈은動物學에從事코져홈이오蛇를捕ᄒᆞ야皮를剝홈은解剖學을研究코져홈이오河에遊ᄒᆞ며山에登홈은地理學을研究코져홈이오日月星辰의如何홈을問홈은天文學을研究코져홈이니此와如히兒童이行ᄒᆞᄂᆞᆫ바ㅣᄂᆞᆫ다學問이아님이아니로다然則知識을賦與홈은다못學校에서만行ᄒᆞᄂᆞᆫ事業일줄노思ᄒᆞᄂᆞᆫ謬見은恒常父母의腦裡를驅ᄒᆞ야兒童의發ᄒᆞᄂᆞᆫ問을蔑視ᄒᆞ며質ᄒᆞᄂᆞᆫ事項에不答케ᄒᆞ야드듸여兒童으로ᄒᆞ여곰失望케홈은一般의惡習이라此ㅣ엇지兒童精神의發達를阻害홈이少타謂ᄒᆞ리오

第四節 精神教育의要件

第一、精神教育은身體發達에應ᄒᆞ야行홀것이니

이믜論홈과如히精神教育은ᄒᆞᆫ갓文字로써授홈에도不在ᄒᆞ고또高尙ᄒᆞᆫ感情을養成ᄒᆞᄂᆞᆫ意에도不在ᄒᆞ며또兒童으로ᄒᆞ여곰嚴格ᄒᆞᆫ規律下에生活케홈에도不在ᄒᆞ고全혀軟

弱發育中에屬ᄒᆞᆫ幼兒身体에影響치아닐度에就ᄒᆞ야 知識의範圍를擴張 ᄒᆞ며圓滿ᄒᆞᆫ感情을養ᄒᆞ며兼ᄒᆞ야道德的行爲를導ᄒᆞᆷ에在ᄒᆞ도다故로生理學에依ᄒᆞ야身体發達의理를知ᄒᆞ고心理學의助를假ᄒᆞ야心象發達의狀態를曉ᄒᆞ야兩者가서로俟ᄒᆞ야서로衝突를不來ᄒᆞᄂᆞᆫ教育을施ᄒᆞᆷ이肝要ᄒᆞ니라

第二、精神教育은興味를有케ᄒᆞᆯ것이니할발르派ᄂᆞᆫ興味를喚起ᄒᆞᆷ으로써教授의目的을숨ᄂᆞ니其意ㅣ大概興味ᄂᆞᆫ意志를刺激興奮케ᄒᆞ며스ᄉᆞ로努力의念을起케ᄒᆞ고저ᄒᆞᆷ에在ᄒᆞᆷ이로다故로此를小學校時代에主를숨아教授ᄒᆞᆷ에適ᄒᆞ나또ᄒᆞᆫ家庭教育에就ᄒᆞ여서도此를據치아니치못ᄒᆞᆯ지니兼ᄒᆞ야家庭時代의兒童은小學校時代에比ᄒᆞ야幼稚ᄒᆞ야變化를特好ᄒᆞᄂᆞ니大概同一의事業이倦怠를生키易ᄒᆞᆷ은興味가少ᄒᆞᆫ所以니라眞實노知育에關ᄒᆞᆫ事實은殊히興味를喚起케ᄒᆞᆷ에足ᄒᆞᆫ材料를供給함이가장必要ᄒᆞ며其他情育、德育에至ᄒᆞ여서도兒童으로ᄒᆞ여곰愉快ᄒᆞᆫ裡에서道德的行爲에慣케ᄒᆞ며美情愛情等을喚起케ᄒᆞᆷ에十分努力ᄒᆞᆯ지니라

學 園

物理學의자미스러온이야기

抱宇生

뉴톤의說 (Newton)

諸君도知ᄒᆞᄂᆞᆫ비어니와銀杏樹가初秋를當ᄒᆞ면杏과如히丸大ᄒᆞᆫ實을結ᄒᆞ야自然히零落ᄒᆞᄂᆞ니、如何ᄒᆞᆫ理를緣ᄒᆞ야零落ᄒᆞᄂᆞ냐

ᄒᆞ면吾人이通常答ᄒᆞ기를腐敗ᄒᆞᆷ을因ᄒᆞ야落ᄒᆞᆫ다ᄒᆞᆯ지나、不撓不引ᄒᆞ되、如此히自然零落ᄒᆞᆷ이、豈非異常哉아、반다시、其理由가有ᄒᆞᆯ지라。

此에對ᄒᆞ여는一種滋味가有ᄒᆞᆫ說이有ᄒᆞᄂᆞ니自今一百四十年前即西曆千六百六十八年夏에뉴톤의修學ᄒᆞ던大學校에一種疫病이流行ᄒᆞ야不得已學校를休케되는故로氏가自己鄉里에歸ᄒᆞ야自修ᄒᆞ던中에一日은暑氣가太甚ᄒᆞ야室內에서工夫키難堪ᄒᆞᆫ故로靑凉ᄒᆞᆫ樹蔭裏에休憩코저ᄒᆞ야探訪ᄒᆞ던次에一大林檎樹下에到ᄒᆞ야脫帽灑風터니一介赤熟ᄒᆞᆫ林檎이面前에落下ᄒᆞᄂᆞᆫ지라만일通常人과如ᄒᆞᆯ지면此를尋常히看過ᄒᆞ고拾食ᄒᆞᆯ而已로되氏는決코尋常ᄒᆞᆫ人이아니라此林檎이人의撓引을不由ᄒᆞ고自然히落下ᄒᆞᆷ은반다시無形의動作이有ᄒᆞ야此를落下케ᄒᆞᆷ이라思慮ᄒᆞ고種々의理를研究實驗ᄒᆞ야終來에는此宇宙間에一種引力이라ᄒᆞᄂᆞᆫ力이有ᄒᆞ야物体와物体間에恒常働作ᄒᆞᆷ으로如何ᄒᆞᆫ物体를勿論ᄒᆞ고互相引合ᄒᆞ랴ᄂᆞᆫ力이有ᄒᆞᆷ을知ᄒᆞᆫ지라此가뉴톤의萬有引力을發明ᄒᆞᆫ源因이라此萬有引力을依ᄒᆞ면林檎의落下ᄒᆞᄂᆞᆫ理由를足키推測ᄒᆞᆯ지니地球와林檎間에互相引合ᄒᆞᄂᆞᆫ引力이有ᄒᆞᆫ故로人의撓引을不要ᄒᆞᆯ지라도自然히零落ᄒᆞᆷ이로다盖其如此ᄒᆞᆫ引力이有타ᄒᆞᆯ진ᄃᆡᆫ彼許多林檎이彼我를勿論ᄒᆞ고悉皆落下ᄒᆞᆯ지라然이나林檎과地球間에引力이弱ᄒᆞ야林檎이成熟키前에ᄂᆞᆫ落下케ᄒᆞ기不能ᄒᆞᆫ故로林檎이成熟ᄒᆞ야其가지의附着力이弱ᄒᆞ여지기를待ᄒᆞ야落下케ᄒᆞᆷ이라然則如此히如何ᄒᆞᆫ物体를勿論ᄒᆞ고互相引合ᄒᆞᄂᆞᆫ力이有ᄒᆞ다ᄒᆞᆯ지면假設机上에在ᄒᆞᆫ二個의球라도互

相廻轉ᄒᆞ야相合지아니치못ᄒᆞᆯ지라然이나事實則此에反ᄒᆞ야其地位ᄅᆞᆯ全然不變ᄒᆞᆷ은何者오ᄒᆞ면卽此兩球間에도互相引合ᄒᆞᄂᆞᆫ力이有ᄒᆞ나그러나球와球의引力이地와球의引力보단弱ᄒᆞᆫ故로球와球가轉合키不能ᄒᆞᆷ이니라

此引力은宇宙間에延亘彌滿ᄒᆞ야無物不働ᄒᆞ나니月이地球의周圍ᄅᆞᆯ日日廻轉ᄒᆞ야每夜에彼明耀ᄒᆞᆫ面을地球에對照ᄒᆞᆷ도全혀月과地球間에働ᄒᆞᄂᆞᆫ引力을源因ᄒᆞᆷ이오地球가三百六十五日間에太陽의周圍ᄅᆞᆯ一廻轉ᄒᆞ야晝夜의變遷이有ᄒᆞᆷ도ᄯᅩᄒᆞᆫ地球와太陽間에引力이有ᄒᆞᆷ을源因ᄒᆞᆷ이로다

此地球上에載在ᄒᆞᆫ物体ᄂᆞᆫ其形質에如何ᄒᆞᆫ者을勿論ᄒᆞ고반다시其重量이有ᄒᆞᆷ은此引力이有ᄒᆞᆫ所以니物体와物体間에其引力이强ᄒᆞ면其物体의重量이重ᄒᆞ며其引力이弱ᄒᆞ면其重量이輕ᄒᆞ며ᄯᅩᄒᆞᆫ物体가大ᄒᆞ면重量이重ᄒᆞ며物体가小ᄒᆞ면重量이輕ᄒᆞᄂᆞ니引力과物体間에ᄂᆞᆫ一定ᄒᆞᆫ正比例의關係ᄅᆞᆯ有ᄒᆞᄂᆞᆫ故로其引力을卽重이라ᄒᆞᄂᆞ니라

然則만일此引力의働이止ᄒᆞᆯ지면諸君은宇宙間에一番物体가如何ᄒᆞᆫ狀態ᄅᆞᆯ呈ᄒᆞᆯ줄노推測ᄒᆞᄂᆞᆫ가余가諸君을代ᄒᆞ야先答ᄒᆞ거니와非常이滋味가有ᄒᆞᆫ問題가起來ᄒᆞᄂᆞ니만일引力의働이卒止ᄒᆞᆯ것갓타면地球上에在ᄒᆞᆫ物体ᄂᆞᆫ擧皆重量이無ᄒᆞᆯ지니雖是三尺弱女라도山如之石鐵을容易히運移ᄒᆞᆯ지며諸君의住居ᄒᆞᄂᆞᆫ大厦高樓라도生活上便易ᄒᆞᆫ處所에任意運移ᄒᆞ리니便利가莫且爲大ᄒᆞ리로다만은一方으로ᄂᆞᆫ巨大ᄒᆞᆫ危險處가有ᄒᆞ니卽夜間에諸君이眠居時에雖是微風이吹來ᄒᆞᆯ지라도諸君의住屋은風勢ᄅᆞᆯ從ᄒᆞ야海中에投去ᄒᆞᆯ지며如何ᄒᆞᆫ物을空中에投上

ᄒᆞᆯ지라도一定ᄒᆞᆫ處所에達ᄒᆞᆫ以後에ᄂᆞᆫ更히昇上ᄒᆞᆯ理도無ᄒᆞᆯ지며落下ᄒᆞᆯ理도無ᄒᆞᆯ지며吾人의身体를一次踊躍ᄒᆞ야地을離ᄒᆞ면更히落下키不能ᄒᆞ야空中生活을長送ᄒᆞᆯ지니危險이莫且爲甚토다更一層推想ᄒᆞᆯ지면地球의廻轉이止ᄒᆞ야晝夜의辨이其平均을失ᄒᆞᆯ지니地球의各半面은長晝長夜의別世界를作ᄒᆞᆯ지며春夏秋冬의序가無ᄒᆞᆯ지라我韓國江山이春三月好時節에花開鳥囀ᄒᆞᆯ時를當ᄒᆞ야此引力이卒止ᄒᆞᆯ지면長々의奇景을一觀ᄒᆞᆯ지나極寒嚴冬을當ᄒᆞ야如此ᄒᆞᆯ지면凍死의慘況을難免ᄒᆞᆯ지로다然이나宇宙의自然的組織은異常코奇妙ᄒᆞ야吾人의所感을喚起ᄒᆞᄂᆞᆫ또다嗚呼라引力이一止ᄒᆞ면宇宙間萬物이如此複雜不同ᄒᆞ깃거든人間社會의大勢가一變ᄒᆞ면倘如何哉아 未完

化學講義

金鴻亮

石炭々스（瓦斯）

硝子製或은金屬製의烟竹通의屈曲ᄒᆞᆫ形容과如ᄒᆞᆫ레돌트라ᄒᆞᄂᆞᆫ器에鋸屑狀或은細粉狀의石炭을器容의半分쯤盛ᄒᆞ야二口를有ᄒᆞᆫ受器의一端에連ᄒᆞ고此受器를冷水를盛ᄒᆞᆫ皿上에置ᄒᆞ야冷케ᄒᆞᆫ然後에레돌트를熱케ᄒᆞ야石炭의蒸氣를發生케ᄒᆞ면此蒸氣가受器를通過ᄒᆞ다가受器의冷氣를因ᄒᆞ야蒸氣의一部ᄂᆞᆫ水와如ᄒᆞᆫ液体가되야受器內에殘留ᄒᆞ고一部ᄂᆞᆫ受器一方의口를從ᄒᆞ야々스라ᄒᆞᄂᆞᆫ氣體가되야奔出ᄒᆞᄂᆞ니此々스에火를點ᄒᆞ면焰을揚ᄒᆞ야燃ᄒᆞ며레돌트器內에ᄂᆞᆫ本炭或骸炭이殘留ᄒᆞᄂᆞ니此理ᄂᆞᆫ原來에石炭이其兩質을含有ᄒᆞ엿든故이라如

此ᄒᆡ石炭으로製造ᄒᆞᆫ까스를即石炭瓦斯라稱ᄒᆞᄂᆞᆫᄃᆡ此까스ᄂᆞᆫ種々의氣體를含有ᄒᆞ엿스니即水素와메단이其重要ᄒᆞᆫ者며小量의에티렌과벨젤과酸化炭素와無水炭酸과窒素와硫化水素와아무모니아等을含有ᄒᆞᆫ지라石炭瓦斯가燃燒할時에ᄂᆞᆫ水素와메단과及酸化炭素ᄂᆞᆫ熱를生ᄒᆞ며에티렌과아세티렌과及벨제ᄂᆞᆫ光을發ᄒᆞᄂᆞ니以上六種氣體ᄂᆞᆫ石炭瓦斯의肝要ᄒᆞᆫ成分이ᄂᆞ其他ᄂᆞᆫ無用ᄒᆞᆫ物質인故로此를除去ᄒᆞᆷ에對ᄒᆞ야도其方法이有ᄒᆞ되此에ᄂᆞᆫ略之ᄒᆞ노라

焰의成分

可燃性物質(可히燃ᄒᆞ여질物質)에火를點ᄒᆞᆯ時에焰을發ᄒᆞᆷ은石炭이石炭瓦斯로變ᄒᆞ야焰을發ᄒᆞᄂᆞᆫ理와同一ᄒᆞᄂᆞ니其物質이임의氣體가되던지不然ᄒᆞ면固体或液体일지라도燃燒熱을因ᄒᆞ야氣體가되지아니치못ᄒᆞᄂᆞ니라今에蠟燭에火를點코저ᄒᆞ야其心炷에火를近接ᄒᆞ면其熱을因ᄒᆞ야心炷에付着ᄒᆞ엿든蠟은溶解되야直이氣体가되ᄂᆞᆫ故로燒燃을始作ᄒᆞᄂᆞ니如此히始作ᄒᆞᆫ焰의熱을因ᄒᆞ야下面에蠟이또ᄒᆞᆫ漸次溶解되야液体가되고此液体가更히熱氣의作用을因ᄒᆞ야心炷를從ᄒᆞ야昇來ᄒᆞ야此處에서氣化ᄒᆞ고次第로燃燒ᄒᆞ야焰을發ᄒᆞᄂᆞ니라此焰에風을吹送ᄒᆞ면即時에消滅됨은風이焰에接ᄒᆞ야其溫度를低下케ᄒᆞ야發火點以下에至케ᄒᆞᄂᆞᆫ故이니라　通常洋燈에도同一ᄒᆞᆫ變化를起ᄒᆞ거니와但此時에ᄂᆞᆫ燃質을溶解ᄒᆞᆯ必要가無ᄒᆞᆫ故로石油가直接으로心炷를從ᄒᆞ야昇來ᄒᆞ야氣化ᄒᆞᆫ然後에燃ᄒᆞ야焰을發ᄒᆞᄂᆞ니라此洋燈의口金의下部에ᄂᆞᆫ數多ᄒᆞᆫ細孔이有ᄒᆞ야空氣를流入케ᄒᆞ며石油의蒸氣ᄂᆞᆫ此流入ᄒᆞᆫ空氣中에含有ᄒᆞᆫ酸素를取吸

ᄒᆞ야燃燒ᄒᆞ며其周圍에餘存ᄒᆞᆫ空氣ᄂᆞᆫ熱을受ᄒᆞ야膨脹ᄒᆞ야重量이輕ᄒᆞ여지ᄂᆞᆫ故로燈皮를通ᄒᆞ야昇出ᄒᆞᆯ同時에口金邊에數多ᄒᆞᆫ細孔으로ᄂᆞᆫ新空氣가流入ᄒᆞ야燃燒를熾烈케ᄒᆞᄂᆞ니故로燈皮를用ᄒᆞ면空氣의流通이良好ᄒᆞ야石油ᄂᆞᆫ油煙을吐치아니ᄒᆞ고完全히燃燒ᄒᆞᄂᆞ니라

焰의構造

蠟燭을仔細히檢察ᄒᆞ면三種의部分으로成造됨을見ᄒᆞᆯ지니

第一部即心炷의周圍에ᄂᆞᆫ暗黑ᄒᆞᆫ部分이有ᄒᆞ니此部分은即蠟의氣化ᄒᆞᆫ者가空氣에觸지아니ᄒᆞᆫ故로尙未燃燒ᄒᆞᆫ處이며

第二部ᄂᆞᆫ即第一部의周圍에在ᄒᆞᆫ圓錐形의部分인ᄃᆡ其光輝가最强ᄒᆞᄂᆞ니此部分은空氣의供給이尙未充分ᄒᆞ야炭素의一部가微粒을作ᄒᆞ야析出ᄒᆞᄂᆞ니此炭素의微粒이灼熱ᄒᆞᆷ으로光明을發ᄒᆞᆷ이며

第三部即第二部의外部에ᄂᆞᆫ空氣의供給이充分ᄒᆞᆫ故로炭素ᄂᆞᆫ全然燃燒ᄒᆞ야無水炭酸이되ᄂᆞᆫ故로熱氣ᄂᆞᆫ最强ᄒᆞ고光輝ᄂᆞᆫ稍弱ᄒᆞ야殆然難見의狀態를呈ᄒᆞᄂᆞ니라

今에金網의一片을燭火의中央에插入ᄒᆞ면原來金屬은熱을導키易ᄒᆞᆫ物인故로燭火의熱을迅速히導去ᄒᆞ야金網의上面의焰은熱의度가減下ᄒᆞ야發火點以下에達ᄒᆞᄂᆞᆫ故로燃키不能ᄒᆞ고、다만、金網下面의焰만如前히燃ᄒᆞᄂᆞ니라、此金網이焰에接ᄒᆞ엿던部分을撿察ᄒᆞ건ᄃᆡ焰의中部에接觸ᄒᆞ엿든金網의部分은其色이暗黑ᄒᆞ며此暗黑ᄒᆞᆫ部分의周圍에ᄂᆞᆫ光輝가有ᄒᆞᆫ輪形의部分을形作ᄒᆞ며其外部即第三部에ᄂᆞᆫ熱氣가最强ᄒᆞᆷ을因ᄒᆞ야金網이强烈ᄒᆞᆫ熱度로赤熱되ᄂᆞ니라、又ᄂᆞᆫ白紙一片을迅速히燭火中에壓下ᄒᆞ엿

焰의構造

다가更히迅速히取出ᄒᆞ면油烟은中心에附着치아니ᄒᆞ고其外部에圓形을作ᄒᆞᆷ을見ᄒᆞᆯ지라洋燈의焰의構造도또ᄒᆞᆫ蠟燭과同一ᄒᆞᄂᆞᆫ蠟燭과如히明瞭키ᄂᆞᆫ不能ᄒᆞᄂᆞ니라

焰의光

焰의光을强케ᄒᆞ랴면其中에灼熱ᄒᆞ여진固体의存在를要ᄒᆞᄂᆞ니蠟燭과洋燈等의焰中에ᄂᆞᆫ炭素라ᄒᆞᄂᆞᆫ固体의微粒이赤熱ᄒᆞ여져서在ᄒᆞᆫ故로强ᄒᆞᆫ光을發ᄒᆞᄂᆞ니此ᄂᆞᆫ上篇焰의構造에서述ᄒᆞᆷ과如ᄒᆞ거니와如何히焰의光이弱ᄒᆞᆯ지라도白金과如ᄒᆞᆫ因体를挿入ᄒᆞ야赤熱케ᄒᆞ면焰은其光을忽然增加ᄒᆞᄂᆞ니라又ᄂᆞᆫ近年에나도리움과셀이라稱ᄒᆞᄂᆞᆫ稀有ᄒᆞᆫ元素의酸化物노製造ᄒᆞᆫ圓筒狀의網으로써石炭瓦斯와如히光輝가最弱ᄒᆞᆫ焰을覆ᄒᆞᆯ지라도忽然히電氣燈의光輝에서尤勝ᄒᆞᆫ白光을得ᄒᆞᄂᆞ니此燈을發明ᄒᆞᆫ人의名을取ᄒᆞ야아우얼燈(AUER'S Lamp)이라稱하ᄂᆞ니라

安全燈

可燃体가燃燒ᄒᆞᆯ時에ᄂᆞᆫ其發火點의相當ᄒᆞᆫ熱을要ᄒᆞᆷ은金網을燭火中에挿入ᄒᆞᆫ實驗에見ᄒᆞᆫ비어니와此理를應用ᄒᆞ야英國化學者데비(Davy)ᄂᆞᆫ金網으로燈火를包ᄒᆞ야安全燈을製造ᄒᆞᆫ지라此安全燈을石炭坑內에서用ᄒᆞᆯ時에ᄂᆞᆫ메돈이라ᄂᆞᆫ氣体와空氣의混合物이燈火에接近ᄒᆞᆯ지라도但燈內에서輕微ᄒᆞᆫ爆聲을發ᄒᆞ야人의警戒를惹起ᄒᆞᆯ뿐이요其焰이金網을通過ᄒᆞ야外面에出치못ᄒᆞᄂᆞᆫ故로多大ᄒᆞᆫ爆發을生ᄒᆞᆯ危險이無ᄒᆞ니라

메ᄐᆞᆫ(沼氣) CH_4

메ᄐᆞᆫ은無色無臭의氣体인ᄃᆡ植物質이沼澤中에서腐敗홀時에生ᄒᆞᄂᆞᆫ故로棒을用ᄒᆞ야其泥土를攪拌ᄒᆞ면메ᄐᆞᆫ은氣体인故로輕ᄒᆞ야水面上으로浮上ᄒᆞᄂᆞ니此메ᄐᆞᆫ을水를盛ᄒᆞᆫ硝子圓筒中에集取ᄒᆞᄂᆞ니라此氣体ᄂᆞᆫ光輝가無ᄒᆞᆫ青色의焰을揚ᄒᆞ야燃ᄒᆞ며此氣体와空氣의混合ᄒᆞᆫ氣体에火를近接ᄒᆞ면劇烈ᄒᆞᆫ爆發을生ᄒᆞᄂᆞᆫ故로石炭坑內에서燈火의不注意를因ᄒᆞ야往々爆發이起ᄒᆞ더니近日에ᄂᆞᆫ安全燈이發明된故로其危險이無ᄒᆞᄂᆞ니라

物理學講義

金鉉軾

滑車

滑車라ᄒᆞᄂᆞᆫ거ᄉᆞᆫ車輪이自由回轉ᄒᆞᄂᆞᆫ車인ᄃᆡ用道ᄂᆞᆫ用力의方向을變ᄒᆞ거나或은小力으로重ᄒᆞᆫ物體를ᄭᅳ러올니기爲ᄒᆞ야用ᄒᆞᄂᆞᆫ것이니라滑車에ᄂᆞᆫ動滑車와定滑車의二種이有ᄒᆞ고ᄯᅩ此二種으로合成된滑車도有ᄒᆞ니라

甲圖

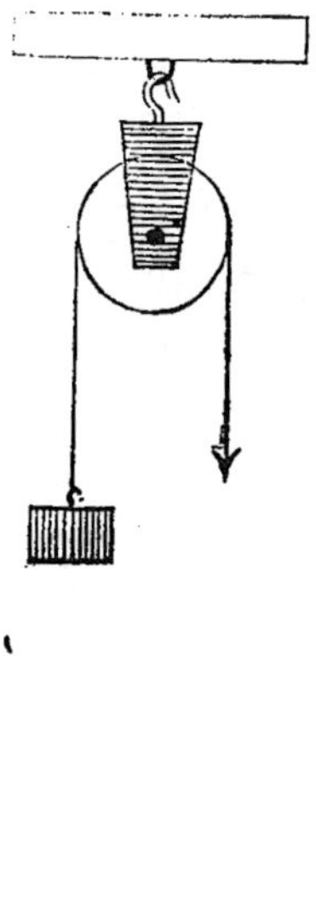

甲圖ᄂᆞᆫ定滑車인ᄃᆡ周圍에溝를有ᄒᆞᆫ車輪이臺에懸ᄒᆞᆫ水平軸(水平은傾斜홈이無ᄒᆞᆫ거슬云홈이오軸은車輪의中心을貫ᄒᆞᆫ棒이라)으로貫掛ᄒᆞ여잇고又車輪에繩을掛ᄒᆞ야其一端에物體를懸ᄒᆞ고他端에力을加ᄒᆞ야此를ᄭᅳ러올니무로다만用力에方向을變

ᄒᆞᄂᆞᆫᄃᆡ用ᄒᆞᄂᆞ니라此理ᄅᆞᆯ應用ᄒᆞ야井水ᄅᆞᆯ汲出ᄒᆞ면ᄭᅳ러나리우ᄂᆞᆫ力으로ᄭᅳ러올니ᄂᆞᆫ力을ᄃᆡ신ᄒᆞᄂᆞᆫ便利가有ᄒᆞᄂᆞ니라

乙圖

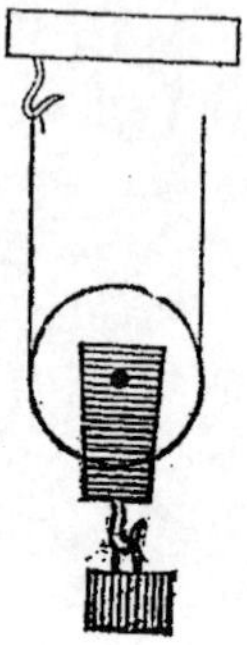

乙圖ᄂᆞᆫ動滑車인ᄃᆡ此에懸ᄒᆞᆫ物體와ᄀᆞ치昇降ᄒᆞᄂᆞ니라今에此滑車ᄅᆞᆯ廻繞ᄒᆞᆫ二弦의繩을平行되ᄂᆞᆫ거ᄉᆞ로見ᄒᆞ면上으로ᄭᅳ러올니ᄂᆞᆫ二力과物體ᄅᆞᆯ下으로ᄭᅳ니ᄂᆞᆫ力은互相平行이라故로滑車의重量이無ᄒᆞᆫ것으로ᄉᆡᆼ각ᄒᆞ면三平行力(即二弦의糸와物體의重量)이釣合(釣合은甲乙兩力이互相反對方面으로엇던物體ᄅᆞᆯ을글時에其物體가同一ᄒᆞᆫ位置에在ᄒᆞ야動치안난거서라)ᄒᆞ기爲ᄒᆞ야ᄂᆞᆫ二弦의繩이物體ᄅᆞᆯ上으로ᄭᅳ러을니ᄂᆞᆫ合力은此物體의重量과갓지아니치못ᄒᆞᆯ지라故로今에繩의一端을一兩重되ᄂᆞᆫ力으로ᄭᅳ러올니면二兩重되ᄂᆞᆫ物體와釣合ᄒᆞᆷ을得ᄒᆞᆯ지라然則物體의運動은엇던物體가靜止ᄒᆞ여슬時에物體와物體間에磨擦力(磨擦力은甲物의凸凹과乙物의凸凹이서로맛초엿든거시서로拔出ᄒᆞᄂᆞᆫᄃᆡ要ᄒᆞᄂᆞᆫ力을稱ᄒᆞᆷ이라)이無ᄒᆞᆫ것으로ᄉᆡᆼ각ᄒᆞ면一便에甚小ᄒᆞᆫ力을加ᄒᆞᆯ지라도運動을始作ᄒᆞᄂᆞᆫ故로今에空氣와物體間에ᄂᆞᆫ磨擦力이殆無타ᄒᆞᆯ지라도無妨ᄒᆞᆫ故로此理ᄅᆞᆯ依ᄒᆞ야一兩重으로ᄭᅳ니ᄂᆞᆫ一端에稍大ᄒᆞᆫ力을用ᄒᆞ면二兩重되ᄂᆞᆫ物體ᄅᆞᆯ ᄭᅳ러올니기能ᄒᆞᆯ지라

丙圖

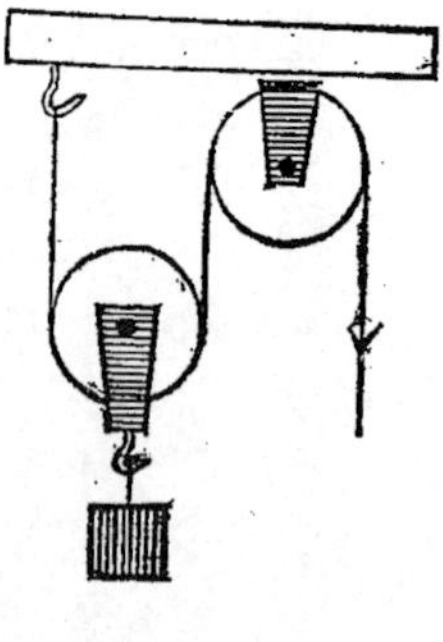

二十兩重

丙圖는動滑車와定滑車로合成된者인ᄃᆡ右에滑車는定滑車요左에滑車는動滑車이라前과同理로써假令繩의一端을十兩重되는重力으로된니면動滑車에懸혼二十兩重과釣合홈을得할지라故로繩의一端에十兩重보단稍大혼十一兩重되는力으로ᄭᅳᆯㅣ면二十兩重되는物體를ᄭᅳ러올니기能할지라然이나此動滑車를用ᄒᆞ는時에는用力ᄒᆞ는되는有益ᄒᆞ나時間에는損ᄒᆞᄂᆞ니라

圖丁

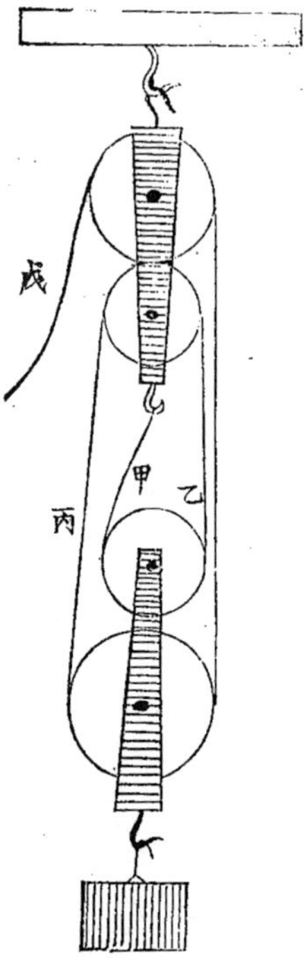

四兩重

丁圖도動滑[illegible]定滑車으로合成된者인ᄃᆡ此滑車에對[illegible]甲乙丙丁四弦의繩이互相平行한다ᄒᆞ고ᄯᅩ甲乙丙丁四弦이動滑車에用力ᄒᆞ는四兩重과釣合ᄒᆞ얏ᄯᅡᄒᆞ면四弦의繩이各々同一한力으로用力ᄒᆞ는故로此四兩重을四弦에分ᄒᆞ면各々一兩重式될지라然則此四弦의一弦을ᄭᅳ러올니면四兩重되는物體을ᄭᅳ러올닐자라故로今에一兩重으로用力ᄒᆞ는丁弦을ᄭᅳ러올니기爲ᄒᆞ야戊弦에一兩重보단稍大혼力으로用力ᄒᆞ면全體四兩重되는物體를ᄭᅳ러올니기能할지라今에以上에在혼丁圖와갓치構造ᄒᆞ되其動滑車와定滑車의數을各々三個式ᄒᆞ면繩의一端에用力ᄒᆞ는거시一兩重된時에는六兩重되는物體와釣合홈을得ᄒᆞᄂᆞ니라然故로一兩重보단稍大혼力을繩의一端에加ᄒᆞ면六兩重되는物體를ᄭᅳ러올님을得할지라故로

兩便에滑車를加ᄒᆞ면加할사록小力으로重ᄒᆞᆫ物體를容易이ᄭᅳ러올닐지라
又三個의動滑車와一個의定滑車를用ᄒᆞ야丙圖滑車와갓치構造ᄒᆞ면前理와갓치繩의一端에用力ᄒᆞᄂᆞᆫ一兩重의力은八兩重의物體와釣合함을得할지라今에또動滑車의數를一個加ᄒᆞ야構造ᄒᆞ면釣合ᄒᆞᄂᆞᆫ物體ᄂᆞᆫ十六兩重이되고또一個를增加ᄒᆞ야構造ᄒᆞ면釣合ᄒᆞᄂᆞᆫ物体ᄂᆞᆫ三十二兩重이될지라故로動滑車의數를加ᄒᆞ면加할ᄉᆞ록小力으로重ᄒᆞᆫ物體를ᄭᅳ러올니기能할지라

알키메데스氏(ARCHIMEDES)의說

竹 庭

現今時代ᄂᆞᆫ人智가進步되야如何ᄒᆞᆫ物을勿論ᄒᆞ고舉皆人工으로製造키能ᄒᆞᆫ一種重寶世界를作ᄒᆞᆫ지라生糸ᄂᆞᆫ蠶의繭이無ᄒᆞ면造키能ᄒᆞ다ᄒᆞ엿스나近日에ᄂᆞᆫᄭᅡ라스(Glass. 琉璃)를細延ᄒᆞ야絹布를製造키能ᄒᆞ며植物의糸筋(糸와如ᄒᆞᆫ細筋)을紡ᄒᆞ야藥을塗ᄒᆞ면足히生糸의絹布를凌笑ᄒᆞ며人造金으로指環等粧飾物을製造ᄒᆞᆯ지라도其光澤이天然的黃金에讓頭치아니ᄒᆞᄂᆞ나如此히學問은世界를寶重케ᄒᆞᆯ同時에狡猾者流ᄂᆞᆫ此를利用ᄒᆞ야詐僞의行動을無日不作ᄒᆞ거니와此等詐僞도또ᄒᆞᆫ學理를因ᄒᆞ야豫防키能ᄒᆞᆯ지니此에人造金指環이有ᄒᆞᆯ지라도其重를測量ᄒᆞ면純金의指環과同一ᄒᆞᆫ体積에對ᄒᆞ야人造金指環의重量이輕ᄒᆞᆫ故로其眞假를測定ᄒᆞ거니와假令諸君이二十斤純金으로會票를造ᄒᆞ기爲ᄒᆞ야金工의게付托ᄒᆞ엿다가此를造來ᄒᆞᆯ時에ᄂᆞᆫ如何ᄒᆞᆫ方策을用ᄒᆞ야其詐僞與否를認知ᄒᆞᆯᄭᅡ? 생각컨ᄃᆡ大

端히困難ᄒᆞᆯ지라

如此ᄒᆞᆫ事가自今二千百數十年前에有ᄒᆞ엿ᄂᆞᆫᄃᆡ有名ᄒᆞᆫ理學者알키메데스라ᄒᆞᄂᆞᆫ人이此의認解를發明ᄒᆞᆫ지라其來歷을畧述ᄒᆞ건ᄃᆡ

알키메데스의恩友시라큐스國王히ㅣ로가一日은一塊黃金을金工의게與ᄒᆞ야金冠을造來ᄒᆞ라ᄒᆞ엿더니未幾에此를造來ᄒᆞᆫ지라王이其金工의詐僞가有ᄒᆞᆯᄉᆞ疑ᄒᆞ야此를認解코저ᄒᆞ되適當ᄒᆞᆫ方策을不得ᄒᆞ야不得已此金冠을其友알키메데스氏의게任與ᄒᆞᆫ지라氏가當時大理學者라ᄒᆞᆯ지라도此외眞僞를辨證ᄒᆞᆷ에對ᄒᆞ여ᄂᆞᆫ別般의方策이亦無ᄒᆞ야大端히苦心ᄒᆞ던中에一日은沐屋에往ᄒᆞ야湯桶에投入ᄒᆞᆫ즉湯水가此를因ᄒᆞ야溢出ᄒᆞᄂᆞᆫ지라於此에恍然一覺이心頭에想來ᄒᆞᄂᆞᆫ지라氏가自思ᄒᆞ되金冠에劣質의混物이有ᄒᆞ야其體積이增加ᄒᆞ엿스면余가湯桶에入ᄒᆞᄆᆡ湯水가排出됨과同一ᄒᆞᆫ理로此金冠과此와同一ᄒᆞᆫ重量의黃金을各々水를滿盛ᄒᆞᆫ器에沈入ᄒᆞ면器內의水가溢出ᄒᆞᆯ지니其溢出ᄒᆞᆫ水의重量을各測ᄒᆞ야兩者의重量이同一ᄒᆞᆯ時에ᄂᆞᆫ詐僞가無ᄒᆞ려니와兩者의重量이不同ᄒᆞ야金冠을沈入ᄒᆞᆯ時에排出된水의重量이大ᄒᆞ면其詐僞也必矣라ᄒᆞ고念之到此에喜快를不勝ᄒᆞ야舞蹈를不知ᄒᆞ고湯桶에서飛出ᄒᆞ야衣物을不暇着ᄒᆞ고裸體로馳歸ᄒᆞ야히ㅣ로王의게前後所歷을一々告知ᄒᆞ고充分ᄒᆞᆫ滿足의答案으로王의大褒賞을受ᄒᆞᆫ지라此理를應用ᄒᆞ면彼會票等의眞僞도可이解得ᄒᆞᆯ지로다

氏ᄂᆞᆫ自今一千一百九十二年前에유롭(歐羅巴)南方地中海中에在ᄒᆞᆫ시시리ㅣ島의一部되ᄂᆞᆫ시라큐스市에서始生ᄒᆞ엿ᄂᆞᆫᄃᆡ本

是非常ᄒᆞᆫ天才라其若年에亞弗利加南端에當時學問中心地되ᄂᆞᆫ亞歷山大府에修業次로往ᄒᆞ야種々의學理를研究ᄒᆞ며許多의發明을試得ᄒᆞ엿ᄂᆞᆫᄃᆡ其中一二의例를左에述陳ᄒᆞ노라

前述ᄒᆞᆫ바金冠의事項을因ᄒᆞ야水中에沈ᄒᆞᆫ物體의重量은物體가水中에沈ᄒᆞᆯ時에排出된水의重量을減ᄒᆞᆫ것과同一ᄒᆞᆷ을發明ᄒᆞᆫ지라此가알키메대스의固体의比重을測量ᄒᆞᄂᆞᆫ有名ᄒᆞᆫ法則인ᄃᆡ假令十九斤의黃金을水中에入ᄒᆞ면其重量은一斤이減ᄒᆞ야十八斤이되ᄂᆞ니此被減된一斤은即十九斤의黃金과同一ᄒᆞᆫ体積의水의重量과同ᄒᆞᆫ故로黃金의重量이水의重量의十九倍됨을可知ᄒᆞᆯ지라故로黃金의比重을十九라ᄒᆞᄂᆞ니라

氏가又有一奇事ᄒᆞ니시라큐스市가羅馬의功擊을受ᄒᆞ엿슬時에히-로王을爲ᄒᆞ야一種戰具를發明ᄒᆞ엿ᄂᆞᆫᄃᆡ此로써日光을反照ᄒᆞ야敵艦을燒破ᄒᆞ엿스니此가即反射鏡의發明이며又ᄂᆞᆫ氏가槓杆(形如曲尺인ᄃᆡ左右端이相等ᄒᆞᆫ一種權衡物이라)의非常히有用ᄒᆞᆷ을知罷ᄒᆞ고恒常言ᄒᆞ되木枕一個를余의게與ᄒᆞ라然ᄒᆞ면余가足키地球를運轉ᄒᆞ리라ᄒᆞ엿스니此言이여實노理에適合ᄒᆞ도다諸君도日常目睹ᄒᆞᄂᆞᆫ비의明證이有ᄒᆞ거니와長棒의一端을巨石下에挿入ᄒᆞ고棒下石近處에一個木枕을撐置ᄒᆞᆫ後에他端을壓下ᄒᆞ면徒手로ᄂᆞᆫ到底히運動키不能ᄒᆞᆫ者라도容易히運移ᄒᆞᄂᆞ니槓杆의効力을於此에可知라

若棒의長이非常이長ᄒᆞ야其一端을地球一方에撐接ᄒᆞ고其下地球太近處에一個木枕을撐置ᄒᆞᆫ然後에他端을壓下ᄒᆞᆯ수가有ᄒᆞ면地球ᄂᆞᆫ勿論ᄒᆞ고地球의千百倍라도能히運

轉홀지로라

此外에도氏가히로王을爲ᄒᆞ야螺旋이라ᄒᆞᄂᆞᆫ器械를發明ᄒᆞ야王의巨大ᄒᆞᆫ軍艦의底面에殘溜ᄒᆞᆫ水를汲出홈에用ᄒᆞ엿ᄂᆞᆫᄃᆡ今日에도沼池等의水를汲用홈에對ᄒᆞ야此를用ᄒᆞᄂᆞᆫ者多有ᄒᆞᄂᆞ니其製造法은左圖와如ᄒᆞᆫ者인ᄃᆡ曲尺九尺쯤되ᄂᆞᆫ筒裏에나사를ᄃᆡ려세우되筒의內面과나사의壕가密接히相着

(螺旋器械)

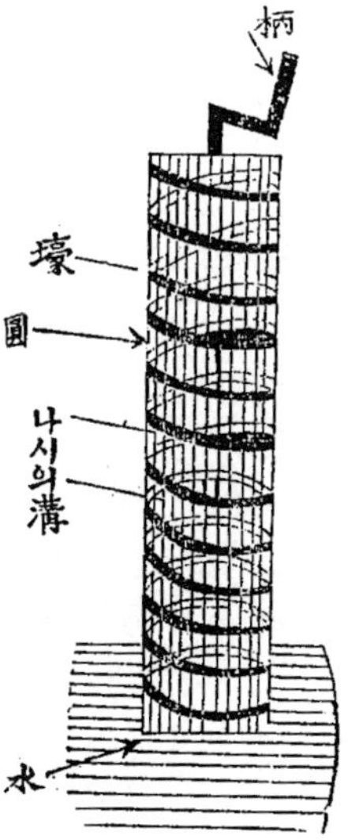

ᄒᆞ야些少의間隙이無ᄒᆞ게ᄒᆞ되柄을廻轉홀時에容易히나사가廻轉케ᄒᆞᆫ者이라此螺旋器械를水中에偃立ᄒᆞ고其柄을廻轉ᄒᆞ면나사ᄂᆞᆫ昇降이無ᄒᆞ고다만本處에서廻轉홀뿐이로되水ᄂᆞᆫ下方으로나사의溝를從ᄒᆞ야昇ᄒᆞᄂᆞ니라

鷄卵의貯藏法

觀物客

鷄卵은長久히空氣中에放置ᄒᆞ면乃終에ᄂᆞᆫ腐敗ᄒᆞᄂᆞ니元來物質의腐敗ᄒᆞᄂᆞᆫ理由ᄂᆞᆫ空氣中에存在ᄒᆞᆫ「박테리아」(細菌)의作用을因홈이라此「박테리아」ᄂᆞᆫ溫度와水分과養分의三者를得ᄒᆞ면何時라도繁殖ᄒᆞ야其腐敗作用을逞ᄒᆞᄂᆞ니夏期에物質이腐敗ᄒᆞ기易홈은其溫度의高홈을因ᄒᆞᆫ바라然而高山과大洋의空氣를除ᄒᆞᆫ外에ᄂᆞᆫ到處에「박테리아」無ᄒᆞᆫ空氣ᄂᆞᆫ未有ᄒᆞ니空氣가流通ᄒᆞᄂᆞᆫ以上에ᄂᆞᆫ何處든지物質의腐敗를免치못홀지라卵은其殼과밋皮膜에無數의

小孔이有ᄒᆞ야容易히空氣가侵入ᄒᆞᄂᆞᆫ故로「박레리아」가此를因ᄒᆞ야卵內에侵入ᄒᆞ야腐敗作用을逞ᄒᆞᄂᆞ니라是故로卵을長久히貯藏코저ᄒᆞ면其殼의小孔을塞ᄒᆞ야外氣의侵入을防ᄒᆞ며卵內濕氣의蒸發을拒ᄒᆞ야其內容物의乾燥를拒홈에在ᄒᆞᆫ지라其方法은種々有ᄒᆞ나主要ᄒᆞᆫ것을擧ᄒᆞ면左와如ᄒᆞ니

(一)石灰水를新製ᄒᆞ야大瓶에充滿ᄒᆞ고其內에鷄卵을浸入ᄒᆞ면永久히貯藏홈을得ᄒᆞ고

(二)現時에第一廣行ᄒᆞᄂᆞᆫ方法은少許의酒石酸과食塩을添加ᄒᆞᆫ石灰乳中에卵을浸ᄒᆞ야써干乾ᄒᆞᄂᆞ니라

(三)卵殼의外面에「바라후힝」或은「아라비아」護謨或은豚脂를塗ᄒᆞ야木灰中에貯ᄒᆞᄂᆞ니臘을油에溶解ᄒᆞ야塗ᄒᆞ면更히好結果를得ᄒᆞᄂᆞ니라

(四)卵을水硝子(硅酸水曹達)에浸ᄒᆞ야도또ᄒᆞᆫ有效ᄒᆞᆫ지라

(五)卵을防腐劑「사리질」酸液에浸ᄒᆞ야도可ᄒᆞᆫ지라

(六)短期間卵을貯藏ᄒᆞ랴면空氣의流通이善良ᄒᆞᆫ冷所를擇ᄒᆞ야稻糠、切稈、栗實等의中에卵을貯藏ᄒᆞ야도可ᄒᆞ고또風氣善通ᄒᆞᄂᆞᆫ冷處에、木板에、所要의圓孔을穿ᄒᆞ야此에脚을附ᄒᆞ고每孔에卵의大ᄒᆞᆫ一端을下面으로ᄒᆞ야써据置ᄒᆞ야도可ᄒᆞ니라

(七)實驗家의說을由ᄒᆞ면卵의尖ᄒᆞᆫ端을下로ᄒᆞ야食塩中에顆々히相觸지아니ᄒᆞ게埋置ᄒᆞ면八九個月間은腐敗ᄒᆞᆯ憂가無ᄒᆞ다ᄒᆞ며

(八)卵을布製囊에入ᄒᆞ야限一分時間을湯水에浸ᄒᆞ면長久히貯藏홈을得ᄒᆞᄂᆞ니是

는鷄卵의蛋白部가熱을爲ᄒᆞ야周圍의外側에凝固ᄒᆞ야써膜狀이되야外氣의侵入을防ᄒᆞᄂᆞᆫ故니라

詞藻

謝金甲淳盛意

松南 金源極

偉人鍾出嶺南天、信愛同情今有年、麾下義旗高莫伴、胸中學海濶無邊、遂將木鐸大鳴響、警破桃源深鎖眠、千里相思相不見、悲歌釰策夕陽燕

又

菽丹山人 金壽哲

文明風化大韓天、活潑精神一少年、深變獨倚杞天畔、遠想溯從葭水邊、靈犀相照結交契、帛雁時來警醉眠、七十諸城他手寄、齊人何日報酬燕

述懷

觀海客

渡海三旬絆一籠、方音土俗驗殊同、此身愧作荆蠻態、何日挽回華夏風、然且奇觀能不己、何須局見若將終、西望告我儒門友、參古酌今是執中

異域感懷

石上逸民

俯仰乾坤掃刼灰、釰歌步上望鄕臺、瀛雲多事山容暗、蠻笛無心夜景催、可恨春秋書不作、第看剝復理將來、英雄忠義滿腔血、變化椎花處々開

漫吟

沛城樵夫

笑倚扶桑望々然、六洲壯觀眼前門、蛟龍
巢窟多風雨、螻蟻都城漲火烟、天地有心
時局造、英雄無事海樓眠、相逢知己非容
易、獨抱牙琴泣涕漣

送本會의支會視察員金洛泳

信天生

華駕西超鄉國春、擎天義勇少年人、昇平
舊鑰千家鮮、獨立畵旗八域巡、警衆演談
能注血、合時學說快醒神、知君此路籌多
少、願使東洋保齒唇

遊芝區公園

巾叟

禪門初入淡無塵、四顧青林物色新、徐々
巾屨登佳境、穰正往熙來無數人

贈逸見嘉兵衛

松南春夢

愧吾局見井蛙同、十載經營今渡東、大海
翻蒼雲霧畔、群山濃碧樹林中、文明國步
可推占、信厚隣情相感通、異域遐蹤蒙厚
賜、爲君欲奏伯牙桐

燈夜遊吉原

斗南一人

花烟柳雨滿中城、曲々青樓喚客聲、強挽
征衫行不得、始知人世別風情

國文風月三首

牧丹山人

나는가네

나는가네정조하、하긔방학틈을타、고국산
천도라가、우리부모보겟다、여러분찰이

스오、자나서나니나라、실석라놀지말고
、힘뜰써쥰비ᄒᆞ자

화(和)　　石上逸民

잘々가게어하々、고향갈길졍죠타、오늘
리별잠시간、둉추되면또본다、부모위로
ᄒᆞᆫ연후、동포권고잘ᄒᆞ라・국권회복ᄒᆞᄂᆞᆫ
날、독립가불더보자

又(和)　　長林主人

귀국ᄒᆞᄂᆞᆫ너죠하、슌식간에차를타、오늘
밤손ᄂᆞᆫ호나、라별이서분ᄒᆞ다、만리히외
의쓴일、부모쎄말ᄒᆞ여라、또다시깁쎄만
나、독립쥰비히보자

送牧丹山人金壽哲還國

松南　金源極

是日橋門送故人、汽笛一轉海無津、歡迎
消息青年會、怡悅私情白髮親、言念鄉山
非舊相、邇來學界幾新民、知君來往多經
紀、警告同胞大醒神

七月二十二日新橋驛餞別諸學生有感

頭山逸民

四十青年成一團、新橋祖道海雲闌、燈城
花爛明如晝、車路雷轟走似丸、到此占知
天下大、從前自愧井中觀、諸君臨別同三
唱、萬々斯年我大韓

遊淺草公園記

松南 春夢

是日은隆熙二年七月九日也라霖雨가快霽ᄒᆞ고風日이少佳ᄒᆞᆫ데同留學友ᄂᆞᆫ試驗을因ᄒᆞ야다上學ᄒᆞᆫ지라獨坐無聊ᄒᆞ엿더니適會에金友志侃氏가叩門揖余曰子로더부러一遊키를願ᄒᆞᆫ지已久ᄒᆞ엿스나但日氣가不調ᄒᆞ야尙此未遑ᄒᆞ야耿々浩歎ᄒᆞᆫ바ㅣ러니今日은天氣가和暢에行樂이可合ᄒᆞ니盍往觀之오顧余初寄客情이恒多齟齬ᄒᆞ야雖欲連日遊觀이나語音方向이俱是生澀ᄒᆞ야行動을不得自由ᄒᆞ고戶庭의內에長時屈沉ᄒᆞ니

엇지遠遊의本心이리오幸氏가余의如是ᄒᆞᆷ을知ᄒᆞ고偕往을枉請ᄒᆞ니余ㅣ敢히不從ᄒᆞ리오드ᄃᆡ여蹶然穿履ᄒᆞ고數百武外를出ᄒᆞ야電車를搭乘ᄒᆞ고銀坐通과新橋場을歷過ᄒᆞ미氏가다詳明히指示ᄒᆞ야初行ᄒᆞᄂᆞᆫ人으로ᄒᆞ여곰瞭然히曉知케ᄒᆞ며其容接情愛가眞實노感動ᄒᆞᆷ이有ᄒᆞ더라行ᄒᆞᆫ지一時餘에下車ᄒᆞ야淺草公園內에入ᄒᆞ니殿宇ᄂᆞᆫ臨天ᄒᆞ고庭欄은平濶ᄒᆞᆫ데問之ᄒᆞ니曰觀音寺라人山人海에磨肩以入ᄒᆞ니其棟桷制度ᄂᆞᆫ我國宮室과頗類ᄒᆞ고廣長을比較ᄒᆞ면四方百餘步가洽滿ᄒᆞᆫ지라其宮制의極頭宏壯ᄒᆞᆷ이和國의第一名刹이라稱ᄒᆞᆯ너라次第로行進ᄒᆞ야寺後에入ᄒᆞ니有曰噴水管이라圓池石欄에數十枝派가長鯨이噴波ᄒᆞᆷ과如ᄒᆞ야淸凉이衣를襲ᄒᆞ며其管上에立ᄒᆞᆫ石人이佛像과便同ᄒᆞ며其傍에神馬牧畜場이有ᄒᆞ니其

文藝

廣告

本學報代金을收入ᄒᆞᆷ에便宜를從ᄒᆞ여京城과平安北道에ᄂᆞᆫ委托收金所를置ᄒᆞ엿ᄊᆞ오니京城서本報를購覽ᄒᆞ시ᄂᆞᆫ이ᄂᆞᆫ代金을

京城北署苑洞李甲氏宅留

金基玉氏許로交付ᄒᆞ시고平安北道에서本報를購覽ᄒᆞ시ᄂᆞᆫ이ᄂᆞᆫ

平安北道定州南門內

洪成麟氏許에交付ᄒᆞ심을敬要

太極學會告白

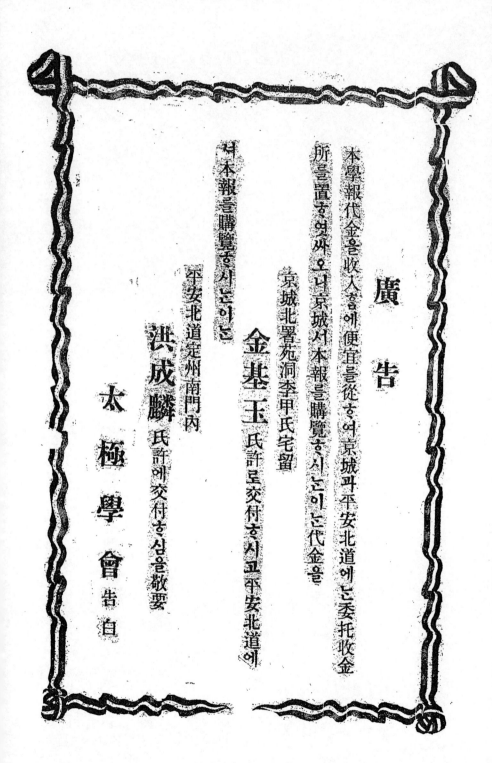

事神尙怪의惡習은比我尤甚ᄒᆞ더라또數武를歷入ᄒᆞ니有曰協律社라鍾鼓管籥이人의聽聞을眩ᄒᆞ며屋宇簾楣가人의視瞻을聳ᄒᆞᄂᆞᆫ지라於是에劵을售ᄒᆞ야場에入ᄒᆞ니觀聽이環繞ᄒᆞ야ᄉᆞ나其坐階가次々鱗高ᄒᆞ야多數ᄒᆞᆫ男女가相望에抵觸치아니ᄒᆞ니規模의發達ᄒᆞᆷ을於此에可驗이로다其遊戱를觀ᄒᆞᆫ즉俳優倡妓가前後雜出ᄒᆞ야奇々怪々ᄒᆞᆫ百般演劇은枚說ᄒᆞ기難ᄒᆞᆫ더라數時를經ᄒᆞ야出場ᄒᆞ야또一處에到ᄒᆞ니大書曰水中世界라ᄃᆞ되여其中에入ᄒᆞ니石檻鏡波에色々鱗介가順性으로涵養ᄒᆞᄂᆞᆫ지라氏가指言ᄒᆞ야曰此水가新入舊出ᄒᆞᄂᆞᆫ故로酸素를能通ᄒᆞ야此物이能히生活ᄒᆞᆫ다ᄒᆞ며嘉境을漸入ᄒᆞ야見ᄒᆞ니曰洛龜餘種이라ᄒᆞᄂᆞᆫ者ㅣ有ᄒᆞᆫ지라曰嗚呼噫嘻라爾가胡爲乎此에到ᄒᆞ얏ᄂᆞ뇨以若至靈의物로人의檻牢를被ᄒᆞ엿ᄉᆞ니其亦不祥也ㅣ宜矣로다爾其眞龜耶아未可知也로다其餘에曰海驢水虎云者가別段成形ᄒᆞ야摹記ᄒᆞ기難ᄒᆞ더라ᄃᆞ되여出門ᄒᆞ야活動寫眞舘에入ᄒᆞ니雜々ᄒᆞᆫ人叢中에燈燭은明沒ᄒᆞ고金鼓ᄂᆞᆫ長短ᄒᆞᆫ데一壁紙幅이十百變幻ᄒᆞ야形々色々의人類가乍現乍出ᄒᆞ야歌哭이或時로起ᄒᆞ며舞蹈가或時로現ᄒᆞ니此乃古今天下에未料ᄒᆞᆫ事實이로다氏가指言ᄒᆞ야曰此ᄂᆞᆫ電氣의所使라ᄒᆞ며또出ᄒᆞ야一高樓를見ᄒᆞ니是ᄂᆞᆫ日露戰爭紀念閣이라海軍大將東鄕平八郞과陸軍大將大山巖의偉績이人의耳目을照耀ᄒᆞ더라또一處에到ᄒᆞ니即日本古來風俗의說道ᄒᆞᄂᆞᆫ舘이라其男女의爭鬩ᄒᆞᄂᆞᆫ榜樣과衣服飮食居處의具가舊式이瞭然ᄒᆞ야觀ᄒᆞ미甚히質朴暗昧ᄒᆞ더라於焉日이暮ᄒᆞᆫ지라能히盡覽치못ᄒᆞ고未盡ᄒᆞᆫ風光을他日에留期ᄒᆞ야氏로더부

러還홀식慨然談論ᄒᆞ야曰此所謂三代盛時에臺池鍾鼓의與民同樂者也로다由來我國이口로其書를誦ᄒᆞ여스나實行ᄒᆞᆫ者ㅣ有ᄒᆞᆫ가大槪此國이如此ᄒᆞᆫ公園을設立ᄒᆞ고人民의게寺觀의淸淨홈을示ᄒᆞ야其宗敎의主旨를發表ᄒᆞ며人民의게音律의協和홈을示ᄒᆞ야無常ᄒᆞᆫ逸志를懲戒ᄒᆞ며人民의게魚鱉의樂을示ᄒᆞ야其動物의性質을解釋ᄒᆞ며人民의게活畵의法을示ᄒᆞ야其技術의巧敏홈을啓發ᄒᆞ며人民의게表忠ᄒᆞ는意를示ᄒᆞ야其勇敢의思想을奬勵ᄒᆞ며人民의게古今俗尙을示ᄒᆞ야其程度의行進을鑑知케ᄒᆞ는도다以上許多演觀이一種도尋常ᄒᆞᆫ遊戱가絶無ᄒᆞ고無非國民으로ᄒᆞ여곰進化ᄒᆞ는具ㅣ니嗚呼我同胞아此를鑑ᄒᆞ야或興起홀가因ᄒᆞ야氏를作別ᄒᆞ고歸ᄒᆞ야此를畧記如右홈은內地同胞의坐覽를供코져홈이로다

東西氣候差異의觀感

觀海客

山野는茫々ᄒᆞ고風雨는凄々ᄒᆞᆫᄃᆡ海上小舘에獨坐ᄒᆞᆫ一孤客이其思也ㅣ 悠々로다大抵天地가廣漠ᄒᆞ고陰陽이循環ᄒᆞ야四時의迭遷과三光의照臨이率普가惟均홀듯하나太陽의光射斜直과照線遠近을因ᄒᆞ야寒暖이不齊홈은原定될理이나同一ᄒᆞᆫ緯線과同一ᄒᆞᆫ經度內에風雷雨雹과寒暑燥濕이互相懸殊홈은平日未料ᄒᆞᆫ事實이로다余가客月初에本國漢城에來遊할식(陰曆五月初吉)日氣가炎熱ᄒᆞ야單衣가流汗을不勝ᄒᆞ며雨澤이鮮少ᄒᆞ야田家가旱乾을是憂홀뿐아니라街衢巷曲에我心憚暑의歌謠가在々打耳ᄒᆞ더니越數日에日本東京에遊覽홀次로京釜一番列車를搭乘ᄒᆞ고釜山港에到着(陰

五月五日）ᄒᆞ니夕陽이已西ᄒᆞ고海雲이遮升ᄒᆞ야臨岸一望에流汗이快收ᄒᆞᆫ지라因ᄒᆞ야大艦을駕ᄒᆞ고海洋에泛ᄒᆞ야四顧를盱瞻ᄒᆞ니鯨波蜃樓가涯畔이渺無ᄒᆞ더라翼日朝에馬關港에到着ᄒᆞ야山野를注視ᄒᆞ니地勢의排布ᄂᆞᆫ我地와無異ᄒᆞ나森林栽培와街途清潔은錦繡江山을轉成ᄒᆞ얏도다車期를近待ᄒᆞ야良久徘徊ᄒᆞ니時己上午九點이라客子衣襟이尙히凉冷을不禁이러라因ᄒᆞ야東京直行列車를搭乘ᄒᆞ고一晝一夜有半을駛行ᄒᆞᄂᆞᆫᄃᆡ中路經歷ᄒᆞᆫ觸感은許多ᄒᆞ나大畧農事에狀況은我地嶺湖에榜樣과恰似ᄒᆞ고山原의軀殼은我地畿洛에形態가種有ᄒᆞᆫ지라然ᄒᆞ나雲陰이交駁ᄒᆞ고風色이凉撼ᄒᆞ야夏日可畏의念이絕無ᄒᆞ고裕衣가反히蔽身에適度ᄒᆞᆯ너라因ᄒᆞ야東京芝區旅館에棲留ᄒᆞᆫ以來로雲雨가連日ᄒᆞᆯ뿐더러一日은雨雹이暴注ᄒᆞᄂᆞᆫᄃᆡ大者ᄂᆞᆫ如橙子ᄒᆞ고小者ᄂᆞᆫ如鷄卵이라當場光景이如亂石碎下ᄒᆞ야人獸禽鳥의殺傷이無數ᄒᆞ고屋瓦窓玻가率被破損ᄒᆞ니內地三十餘年에曾未一見一聞之怪變이오況留此三十日間에無日不雨ᄒᆞ야見得天日이才不過數瞬ᄒᆞ니誠是何故며且近日以來로寒冷이非常ᄒᆞ야衣裳이重複ᄒᆞ고氈席이相仍이라도猶不勝粟滿一身ᄒᆞ야擁爐吹焰ᄒᆞ며冐衾自栗ᄒᆞ니抑又何故耶아言念我地之氣候컨ᄃᆡ長夏雨澤이宜不稀少로대姑非霖雨不斷之節則必無是理오設又陰雨之日이自受空氣之冷ᄒᆞ야不必迎薰이나至有擁爐冐衾之境은萬無ᄒᆞᆯ理라此를思惟不已ᄒᆞ야質之於久留同胞ᄒᆞ니乃曰此地氣候가不特今年이如是라常々如之ᄒᆞ고至於窮冬ᄒᆞ야ᄂᆞᆫ比我地減寒이라ᄒᆞ니嗚呼라其然矣로다第觀東京地帶가比我地少南ᄒᆞ야至

於窮冬則太陽이稍近故로必免甚寒이요至、於長夏ᄒᆞ야ᄂᆞᆫ大陽에射照가與我槪同ᄒᆞ나該島가浮在太平洋沿岸ᄒᆞ야水蒸氣之凝集升降이固無常度ᄒᆞ고海上風烟이亦無時發作ᄒᆞ야其霖也其寒也ㅣ容有如是者ㅣ必矣로다盖其樹林之暢茂와穀果之滋長이皆以其扶植有方故로特居東洋之甲點이요一如我國之任其天然이면初不有可稱일ᄲᅮᆫ外라抑人民生活上에若無衛生敎育이면以此氣候로固難保持康健일지라所以衛生學之特別發明者耳로다目下所揣가姑止如是ᄒᆞ니第待明日更解之ᄒᆞ리라

老而不死

十六歲夙成人 金瓚永

可哀ᄒᆞ고可憐ᄒᆞ다저老人보오상투ᄂᆞᆫ밧々ᄒᆞ고容貌가枯槁ᄒᆞ야白髮生涯가過去時代만夢想ᄒᆞ고現在未來ᄂᆞᆫ掉頭不知ᄒᆞᄂᆞᆫ故로다못쓸ᄃᆡ업ᄂᆞᆫ慾心만가득ᄒᆞ여人民社會의大害가及ᄒᆞᆯᄲᅮᆫ外라亦其子其孫으로ᄒᆞ여곰前途를大誤케ᄒᆞ야老而不死의賊을作ᄒᆞ니可哀ᄒᆞ고可憐ᄒᆞ다

一日은그老人家에서幼少ᄒᆞᆫ子弟가伏請ᄒᆞ여曰요ᄉᆡ에新學問學校가미우좃숩데다

父、묵々히안잣다가烟管을뒤다리면서이놈무어시야？고약ᄒᆞᆫ夷狄의學을비호ᄂᆞᆫ놈의말을네가드럿구나書堂으로나쌀니가가라

子、아부님그러치안숩데다오ᄂᆞᆯ날火輪船이니火輪車니그런奇麗ᄒᆞᆫ物件이다新學問中에서나왓다고합데다

父、이놈네말미욱ᄒᆞ다그火輪船이나火輪車가다神人의造化로製造ᄒᆞᆫ것이지學

問中으로나왓깃너냐미욱ᄒᆞᆫ자식

子、그러치아나요物理學과電氣工手學을
잘ᄒᆞ면되는것이야요

父、얘이놈듯기슬타정작그것을만들면무
엇ᄒᆞᄂᆡ通鑑篇이나일거無識이나免ᄒᆞ
고ᄂᆡ물녀준家居田畓이나잘디키여라

子、只今萬國이爭强ᄒᆞᄂᆞᆫ時代에器械가發
達치못ᄒᆞ면물녀준家屋田畓을누릴수
업겟싸오이다

父、이놈知覺업슨놈아나라의興亡이天運
에잇거든神人이ᄒᆞᆫ번나게되면火輪船
火輪車도못가게ᄒᆞᆯ수가잇고自然히泰
平될날이잇ᄂᆞ니엇지ᄒᆞ야家屋田畓을
保守치못ᄒᆞ깃서?

子、그러치안습네다設或英雄이나더ᄅᆡ도
新學問을不得不硏究ᄒᆞ여야知彼知己
ᄒᆞᆯ터이오自古及今에어ᄃᆡ理外의術노
理內의器械를阻遏ᄒᆞᆫ것이잇스며엇지
實力이업시自然히泰平될理가잇슴닛
가아부님學資를幾許間주시면文明ᄒᆞᆫ
新學界에遊學ᄒᆞ여보겟습네다

父、大怒ᄒᆞ야曰이놈貴ᄒᆞᆫ金錢을ᄂᆡ의平生
과네의子孫後世에遺傳ᄒᆞ야安坐ᄒᆞ야
衣食ᄒᆞ기를計圖코저ᄒᆞ거늘네가無用
ᄒᆞᆫ雜費로用코저ᄒᆞᄂᆞ냐?

子、學問은無形的財産이니잘비호면有形
的財産보다勝ᄒᆞᆫ것이온ᄃᆡ엇지無用ᄒᆞᆫ
雜費라ᄒᆞ오릿가?

父、新學問안비운우리祖先과나도世上에
부러운것업시살아잇다이놈사람의집
이亡ᄒᆞᆯ냐니새별놈이낫구나

子、우리祖先時代와아부님少年時代에는
不得不그리히슬러니와오늘날갓치變
遷ᄒᆞᆫ時代를當ᄒᆞ야守舊不變ᄒᆞ면國家

와民族은姑舍ᄒᆞ고自家와自身을不保ᄒᆞ겟숩데다!

父、國家니民族이니나모른다ᄂᆡ나잘닙고잘먹으면第一이지이말더말하지말고冠網ᄒᆞ고書堂으로나가가라

子、아부님암만그리ᄒᆞ세도저는公益上關念을저바릴수업ᄉᆞ오니今日붓터斷髮ᄒᆞ고新學問學校로가겟숩네다

父、얘! 이놈不孝의子息놈낫구나身體髮膚는受之父母니不敢毁傷이孝之至也라ᄒᆞ엿넌데네가이놈斷髮을ᄒᆞ여? 고한놈!

子、人生이라는것이隨時變通이잇는것이올시다넷사람이일너스되苟有利於社稷이면吾無愛於髮膚라ᄒᆞ여스니小子의오놀날斷髮ᄒᆞ고國家事에獻身코져ᄒᆞᆷ이其實은忠孝를兩全코져ᄒᆞᆷ이니이다

父、이놈斷髮안ᄒᆞ고는國家事못ᄒᆞᆫ다던야?

子、그러치안습네다斷髮ᄒᆞ면衛生에도有益ᄒᆞ고行動에就便ᄒᆞ야健康活潑ᄒᆞᆯ뿐外라一個상투의무ᄉᆞᆷ忠孝上으로關係가잇숩닛가우리나라自古로頭髮歷史를觀ᄒᆞ면檀君時代에는散髮ᄒᆞ엿다가箕子時를當ᄒᆞ야便利ᄒᆞᆷ과觀瞻을爲ᄒᆞ야編髮ᄒᆞ엿고밍근과漆笠은明나라制度를模倣ᄒᆞᆷ이어늘만일古制를不變ᄒᆞᆷ이道理라ᄒᆞᆯ진ᄃᆡ아부님도상투를글너散髮ᄒᆞᆷ이適當ᄒᆞᆯ지라엇지一時習慣을不變ᄒᆞ야斷髮을非難ᄒᆞᄂᆞ잇가

父、大聲作氣ᄒᆞ야曰이 보기슬타近來에書堂에가글工夫는아니ᄒᆞ고시키지안는말工夫만ᄒᆞ엿구나이러니더러ᄒᆞ니

고그아들을逐出ᄒᆞ야다시말도못ᄒᆞ게壓迫ᄒᆞ엿ᄯᅡ데…………

記者ㅣ曰嗚呼라彼老而不死之賊이여自已平生을已誤ᄒᆞ고守錢奴를作ᄒᆞᆷ이이믜痛迫ᄒᆞ거든新鮮ᄒᆞᆫ理想이發現ᄒᆞ야國家의未來英雄을作ᄒᆯ子弟ᄭᆞ지誤導ᄒᆞ야千仞坑塹에驅入코져ᄒᆞ니哀哉라此賊이여

巷說

耳長子

新橋明月夜에海雲이淡收ᄒᆞ고燈花가焜煌ᄒᆞᆫ데時適十二點鍾이라瀛笛이乍歇ᄒᆞ고人烟이稍稀ᄒᆞ더라于是에耳長子ㅣ風情을不勝ᄒᆞ야怡然히正襟ᄒᆞ고街上에逍遙ᄒᆯ식那邊에셔風儀英秀ᄒᆞᆫ二個青年이互相言論ᄒᆞᄂᆞᆫ風旨가宇宙를撼憾ᄒᆞ고時勢를籠絡ᄒᆞ야正히聽者로ᄒᆞ야곰聳感을難裁ᄒᆞ깃더라

其言去言來ᄒᆞᄂᆞᆫ際에姓名을暫記ᄒᆞᆫ즉一은某ᄃᆡ랑이오一은某차랑이더라

(ᄃᆡ랑)아ㅣ차랑其間본지오라오

(차랑)아ㅣ그럿소其間그ᄃᆡ平安ᄒᆞ시오

(ᄃᆡ랑)나ᄂᆞᆫ관계치안소其間어ᄃᆡ갓다오샨일이잇나니ᄭᅡ

(차랑)別로멀니갓다온일은업노

(ᄃᆡ랑)아ㅣ避暑ᄒᆞᆯ次로日光等地에가셧셧소

(차랑)아니오西隣支那와韓國에가단녀왓사이다

(ᄃᆡ랑)아ㅣ글의무슴別ᄒᆞᆫ奇觀이有ᄒᆞ더이ᄭᅡ

(차랑)壯觀이든걸ㅣ支那의ᄂᆞᆫ革命黨이니商業權還收案이니三萬里大陸에風

潮가震盪ᄒᆞ든걸
(듸랑)글의革命黨의勢力이大端히宏傑ᄒᆞ
다더니卽今엇든貌樣이든가요
(차랑)발서撲滅을當ᄒᆞ여슬뿐外라四萬々
闇劣ᄒᆞᆫ人民을實力이生토록敎育치
안코設或革命ᄒᆞᆫ들列强이窺伺ᄒᆞ다
가國民의自相攻擊ᄒᆞᄂᆞᆫ時機ᄅᆞᆯ利用
ᄒᆞ야分裂의慾이闖發ᄒᆞ면一孫逸
仙이엇지ᄒᆞ나뇨空然히時勢ᄅᆞᆯ모로
고써들지요
(듸랑)아ㅣ글어치안레支那ᄂᆞᆫ革命ᄒᆡ야ᄒᆞᆯ
걸滿州黨이니漢黨이니ᄒᆞ면서勢力
을相爭ᄒᆞ야蕭墻內의서만禍敗ᄅᆞᆯ自
作ᄒᆞ니局面을打破치안코ᄂᆞᆫ精神날
날이업슬길
(차랑)하기ᄂᆞᆫ글어하지마ᄂᆞᆫ人民의知識程
度와實力養成이有ᄒᆞᆫ然後의事이지

今日卒然히倔起ᄒᆞᆯ事ᄂᆞᆫ아니야요
(듸랑)글얼듯도ᄒᆞ오그러면商業權還收案
은엇드키되앗나뇨그거슨列强諸國
이公式에粧假로還納ᄒᆞᆯ듯ᄒᆞ나噫彼
猛虎暴狼의性質로口中의含有ᄒᆞ엿
든物을不得已還吐ᄒᆞ더라도不平ᄒᆞᆫ
叫吼으로環伺ᄒᆞ리니此亦失策이든
걸
(차랑)그려치요利權이니還收니旣是讓與
ᄒᆞ얏든것이니아직그듸로두고內容
으로實力을修養ᄒᆞ야勢滿氣飽ᄅᆞᆯ待
ᄒᆞᆫ後에可히提議할만한事이지今日
에至急한問題ᄂᆞᆫ안인걸
(듸랑)韓國形便은何如ᄒᆞ든가요
(차랑)더말아니든거요社會니學校니써들
기ᄂᆞᆫ무던이써들든걸
(듸랑)社會나學校나次々成立되면實効가

ᄒᆞᆯ것이지무엇말안일것有ᄒᆞ다ᄒᆞ나
뇨

(차랑)아ㅣ그런것아니요支那ᄂᆞᆫ人民의智識程度가卑陋ᄒᆞᆯ지라도生活界의實力은列國에讓頭ᄒᆞᆯ바ㅣ無ᄒᆞᆫ즉敎育의一方面으로着手가爲先되려니와韓國은原來實業이不振ᄒᆞᆷ으로生活界困難이目下에時急ᄒᆞ거ᄂᆞᆯ所謂此國의有志士라ᄂᆞᆫ者들이實力은硏究치안코曰敎育曰團体라고皮面으로만習讀ᄒᆞᄂᆞᆫ것

(듸랑)이사이에들으니實業奬勵會라工業傳習所라農林學校라ᄒᆞᄂᆞᆫ것이次第로發興ᄒᆞᆫ다더니實効가亦無ᄒᆞᆫ가요

(펀랑)農工學校가僅々히設立된것도一二處가有ᄒᆞ나所謂靑年學徒라ᄂᆞᆫ者들도空中의별ᄯᆞᆯ생각과隻手로발암잡을意思가闊發ᄒᆞᄂᆞᆫ지엇전法律이니政治니打令만ᄒᆞ고밤낫단니든것

(듸랑)하ㅣ즉금갓트면人民이夢中世界로셰丁寧글어할진ᄃᆡ他人의侮辱을엇더키免ᄒᆞ깃다고

(차랑)두말마오尙今ᄭᆞ지도地方소동이니무어시니ᄒᆞᄂᆞᆫ것이專혀封建時代의思想이지今日이實力世界인줄全혀몰나요

(듸랑)허々그러면그人民덜이滊車滊船이나電線電話ᄂᆞᆫ엇더키發明된거인줄노아나뇨

(차랑)허々우숩지或엇던人民은妖術이라고도ᄒᆞ고或엇던人民은鬼神의造化라고도ᄒᆞ면서아모날이라도거다못쓰ᄂᆞᆫ날이잇다고橫說竪說ᄒᆞᄂᆞᆫ것

(듸랑)果然上古時代의幼穉ᄒᆞᆫ人物들이로

고그런機械的發明이尙稽學問上實力으로난은거인줄을몰으니敎育이敎育될슈잇나요

(차랑)其中에제일망할놈들은財産家門閥家데公益事業에나社會注意에夢想이不到ᄒᆞ고天運打令만ᄒᆞ고누어스니비가쩌러저절로입으로드러갈싸

(최랑)아ㅣ참가련한일이로세몰다하자면東方이旣白ᄒᆞᆯ터이니今夜에다시相逢ᄒᆞ야談話를畢ᄒᆞ자고彼此에告別ᄒᆞ더라 맛춤鷄鳴聲이四方으로環注ᄒᆞᆯ너라

記者曰嗚呼라我二千萬同胞가如此ᄒᆞᆫ批評을受치안일方面이無ᄒᆞ도다玆에所聞을譯ᄒᆞ야一般同胞의게紹介ᄒᆞ오니觀感할지어다

送本會의支會視察員 金洛泳君

松南 金 源 極

不佞이此에渡來ᄒᆞᆫ後로氏를知遇ᄒᆞ야密接ᄒᆞᆫ交契가有ᄒᆞᆫ지라其恒言을聞ᄒᆞᆫ즉學問의目的을到達ᄒᆞ기前에ᄂᆞᆫ鄕國에矢死不還ᄒᆞ기로自道ᄒᆞ더니適內地同胞가支會設立에請願이還至ᄒᆞᄂᆞᆫ지라大抵本會가支會를認許ᄒᆞᄂᆞᆫ地에其維持ᄒᆞᆯ資格이可合ᄒᆞᆫ與否를視察ᄒᆞᆯ뿐外라且其社會方法의如何와範圍內行動의如何를直接說明ᄒᆞᆷ은不可已ᄒᆞᆯ義務인지라所以로本會에서特別히氏를派選ᄒᆞ야內地各支會를視察케ᄒᆞ얏시니盖一般會員中에氏를票選委任ᄒᆞᆷ이豈徒然ᄒᆞᆫ意며且氏가如此ᄒᆞᆫ義務에對ᄒᆞ야固辭키亦難ᄒᆞᆷ으로今日此行을啓ᄒᆞᆷ이로다然ᄒᆞᆫ則氏의此行이全國民族社會에對ᄒᆞ야大影響大關繫

가有ᄒᆞᆯ줄로認知ᄒᆞ노니何也오由來我國의各社會가出沒이無常ᄒᆞ얏스나時勢의利用과民智의程度를不問ᄒᆞ고無賴를烏合ᄒᆞ야狂奔亂叫ᄒᆞ다가橫波가一到ᄒᆞ면魑魅의息影ᄒᆞᆷ과如ᄒᆞ야憑尋ᄒᆞᆯ處가絶無ᄒᆞ며且或縷名을苟延ᄒᆞᆫ社會가有ᄒᆞ다ᄒᆞ나自國의精神이滅絶ᄒᆞ며公衆의唾罵를甘受ᄒᆞ고도恬不知恥ᄒᆞ니此ᄂᆞᆫ有不如無에棄置ᄒᆞᆯ지며近日西北畿湖等學會가成立ᄒᆞᆫ後로教育의盛況이在々發現ᄒᆞ나普及ᄒᆞᆯ風潮ᄂᆞᆫ來頭에可見ᄒᆞ리로다今氏ᄂᆞᆫ多年瀛海風雲에文明ᄒᆞᆫ新空氣를吸収ᄒᆞ고諸科의學術을多少研究ᄒᆞ여슬뿐더러人群團體의實力과民族進化의階級을目擊心得이已久ᄒᆞᆫ지라今此稅渡ᄒᆞᆫ日에各支會의形況을爲先視察ᄒᆞ고正大ᄒᆞᆫ言論과新明ᄒᆞᆫ學案으로諄々提耳ᄒᆞ면頑夢에覺晨을可期ᄒᆞᆯ자오冥途의指南을可作ᄒᆞ리니想我一般同胞가忝進向上ᄒᆞᆯ心이固已不無ᄒᆞ얏시나嚮導가無靠ᄒᆞ야東西左右를底定靡屆ᄒᆞᆫ餘에洪鍾一聲에夜虫이就火ᄒᆞᆷ과如ᄒᆞ리니于斯時也에人情과物態를伺察ᄒᆞ야折衷警惺ᄒᆞ기ᄂᆞᆫ氏의敏活手段에專在ᄒᆞ다ᄒᆞ리로다然ᄒᆞ나五色에丹青이雖美ᄒᆞᆯ저라도瞽者가視ᄒᆞ면不足爲美오六律에聲音이雖和ᄒᆞᆯ지라도聾者가聽ᄒᆞ면不足爲和라嗟我同胞中一種固滯ᄒᆞᆫ類가夏虫井蛙의見으로知味를解能ᄒᆞ야花篇月軸의驢鳴犬吠聲만不如ᄒᆞ다知ᄒᆞᆯ者流또不無ᄒᆞ리니譬컨ᄃᆡ斥鷃이鵬鳥를嘲ᄒᆞᆷ과如ᄒᆞᆫ지라亦此에對ᄒᆞ야數心忠告이益加切摯ᄒᆞ리니渠雖木石이나 安能終不 回悟리오以是而 次第普及ᄒᆞ면奚但히支會視察에止ᄒᆞ리오所經ᄒᆞᄂᆞᆫ道路가全國江山을一週ᄒᆞᆯ디인즉到處警告가皷吹針砭ᄒᆞ야使我二千萬同胞로望風

聚首케ᄒᆞ리니太極會의光彩가三千里靑丘에持揚ᄒᆯ지오國民團體의實力과國權挽回의根基ㅣ此에在ᄒᆯ지라嗚呼라氏여行矣어다

歌調

峩洋子

興타령한마듸ᄒᆞ여보자

우리날아近來에街巷間에興打令이多數히播傳되나若是히名詞가好ᄒᆞᆫ歌調로痴男愚女輩가淫風哇音으르變作ᄒᆞ야桑間濮上의習俗을傳染케ᄒᆞ니嗚呼痛哉로다古今東西를勿論ᄒᆞ고閭巷의尋常한歌謠를聞ᄒᆞ고其國程度의汚隆을驗ᄒᆞᄂᆞᆫ지라今日我國의閭巷歌謠를聞ᄒᆞᆷ의峩洋子ㅣ가手琴을停ᄒᆞ고慨然下淚ᄒᆞᆫ지久ᄒᆞ얏더니今에數闋을改正ᄒᆞ야一般男女同胞의게供覽코저ᄒᆞᆷ이온바或偏執ᄒᆞᆫ同胞가俚瑣ᄒᆞᆫ方面으로非難ᄒᆯ듯ᄒᆞ나此가決코民族進化ᄒᆞᄂᆞᆫ道塗에大關ᄒᆞᆫ風化이기로左에記載ᄒᆞ노라

(舊調)간다간다興나ᄂᆞᆫ간다興

此右一節에有何意味乎아大凡一歌曲이라도旣是張口ᄌᆞᆨ無意味ᄒᆞᆫ데唇舌을엇지費用ᄒᆯ가此를改正ᄒᆞ야曰

(新調)간다갼다興어드로가나興　自由權
차자서獨立門가네興
이거갓튼놀의나좀들기爽快ᄒᆞ오

(舊調)진약을먹구서ㅣ썩나스니興　게무
돈손으로날오란다興

此聲을聞ᄒᆞᆷ이可히掩耳ᄒᆞ리로다

改正ᄒᆞ야曰

(新調)전약을먹구서ㅣ썩나스니興　夜學校동무가ㅣ날오라네興　工夫에힘써서ㅣ　國民資格되여보세興

(舊調)근다ᄒᆞ면아주갈가興ㅣ明年春三月되면되돌아온다興ㅣ

此를改正ᄒᆞ야曰

(新調)도라오네도라오네興ㅣ韓國江山에봄이도라오네興ㅣ　未完

雜　俎

祝辭

咸南永興郡洪明學校生徒　李命燮

旰衡天下ᄒᆞ고竊觀國勢ᄒᆞ니所嘆者는教育의弛退오所恨者는政治의宿弊러니忽接往復遞夫來傳之一冊子ᄒᆞ야披閱之ᄒᆞ니表面에大書로特寫ᄒᆞ야曰太極學報라ᄒᆞ야거놀欣然히問其發起者ᄒᆞ니在日本東京嘗膽諸氏라ᄒᆞ거놀拭目熟讀之ᄒᆞ니以灑淚凝血노祝國家之前途ᄒᆞ며以奮發熱誠으로喚全國之元氣ᄒᆞ며以公言直筆노決輿人之可否ᄒᆞ며以暮鼓晨鍾으로醒國民之鼾睡ᄒᆞ니余頓兩是擧雙手ᄒᆞ고再三拜之ᄒᆞ야曰獨立之獨立과發達之發達이捨此而誰云고ᄒᆞ야一月에發行二千萬部ᄒᆞ야二千萬耳目에恒常太極報가相離치아님을顒祝ᄒᆞ노라

○咸南永興郡志士高膺瑚等支會請願書

去月에貴會主筆金源極氏의紹介을因ᄒᆞ야　貴學報二十一號를承覽ᄒᆞ옵고　貴會의同情을表ᄒᆞ기爲ᄒᆞ야本郡同志幾個人이支會發起次로金源極氏의게私書를送交ᄒᆞ얏습더니　貴會의愛顧ᄒᆞ심을特蒙ᄒᆞ와規則

五十部를査收ᄒᆞ고右規則第一章第二條와細則第一條에對ᄒᆞ야拍案膺嘆을不能自已이온지라本月二十四日에臨時會를組織ᄒᆞ옵고入會々員名錄을玆에粘交請願ᄒᆞ오니照亮ᄒᆞ신右內國咸南永興郡支會로認准ᄒᆞ심을千萬敬要

○西北學會來函

敬啓者漢北西友가合會合校ᄒᆞ온事况은敎育의目的이同ᄒᆞ고情意가融通ᄒᆞᆷ은已所洞悉이온바會名은西北學會라ᄒᆞ고校名은西北協成學校라稱ᄒᆞ옵고自合同以後로會員과學員이日益就新이오니爲今日의文化開進이何榮如之며何幸如之리오此呈金貨伍拾圓 四十六錢은前漢北興學會時會員諸氏가特念 貴會僉員의熱心進就ᄒᆞ와協力收合者也라今才兌換ᄒᆞ오니査納ᄒᆞ시와以補萬一之費ᄒᆞ시고互相勉勵ᄒᆞ시와進々無間ᄒᆞ심을日夕顒祝이오며而况本會의將來發展機關이實不在於海外有志同胞의擔着者乎아幸千萬留神焉伏請

○復函

敬復者漢北西兩會의同力協成ᄒᆞᆷ은實노團體力의漸次擴張ᄒᆞᄂᆞᆫ收果이온바日夜西望崇拜ᄒᆞ던中에 來敎를奉承ᄒᆞ온즉會員과學徒의日益就新ᄒᆞ옴은攢喜不已이오며所謂本會ᄂᆞᆫ殊邦에孤立ᄒᆞ야幾個靑年의一分義務가設有ᄒᆞ다ᄒᆞᆯ지라도幼穉ᄒᆞᆫ程度를難免ᄒᆞ야內地父老의扶携를是信是賴ᄒᆞ야今日에式至ᄒᆞ온지라且况有志ᄒᆞ신諸氏가義捐金五十元四十六錢을若是惠寄ᄒᆞ오니涸轍의斗水가엇지此에過ᄒᆞ리오銘感을不勝ᄒᆞ야玆에仰復ᄒᆞ오며領收證을幷玆伻納ᄒᆞ오니照亮ᄒᆞ심을敬要

○前漢北興學會義捐人員氏名

吳相奎 拾圓 李鍾浩 拾圓 崔潤亨 伍圓
錢以炳 肆圓 朴承煒 叄圓 太明軾 貳圓
尹鎬烈 貳圓 玄昇奎 貳圓 張鳳周 壹圓
金裕稷 壹圓 李泰河 壹圓 李應洙 壹圓
李觀白 壹圓 金 澤 壹圓 韓震用 壹圓
尹益善 壹圓 李興載 壹圓 蔡圭彪 壹圓
金麟洙 伍拾錢 趙重鼎 五十錢
朱永燮 五十錢 韓溢冕 三十錢
金基炳 二十錢 朴駿燮 二十錢
金秉峻 十五錢 金正化 十 錢

合金伍拾圓肆拾伍錢也

雜錄

○青會熱心 平壤郡志士金濟鉉氏等이青年會를發起ᄒᆞ고會員中遊學資格可合ᄒᆞᆫ金有善氏를東京에派送遊學케ᄒᆞ고學費ᄂᆞᆫ一般會員中에서按月義捐ᄒᆞᆫ다니如此ᄒᆞᆫ熱心은我國의初見ᄒᆞᆫ事이더라

○卒業生祝賀會 本月十四日留學生監督部內에서卒業生祝賀會를開ᄒᆞ고數時間演討ᄒᆞᆫ後에一齊撮影ᄒᆞ엿다더라

○勉學熱心 黃海道安岳郡有志紳士等이勉學會를發起ᄒᆞ고郡內師範資格三百餘名을敎授ᄒᆞᆫ다더라

○會事要錄 全羅北道鎭安郡文明學校에本報一部를送致ᄒᆞ얏드니賛成金貳圓을寄附ᄒᆞ엿스니誠意를感荷ᄒᆞ노라○本月十二日에農學士金鎭初氏送別會를本會館內에開ᄒᆞ고一齊撮影ᄒᆞ다

會員消息

○會員李德敎氏ᄂᆞᆫ學費가不足ᄒᆞᆷ으로本月

三日에半途歸國ᄒᆞ다

○會員李潤柱金淵祐兩氏ᄂᆞᆫ本月初에觀親次로歸國ᄒᆞ다

○會員李熹喆、郭龍周、韓益燮、崔允德、李始馥、鮮于攫、李東肅、金昌燮、盧聖鶴、邊鳳現、金淵穆、金淵玉、金志健、金壽哲、崔時俊、李奎澈、趙章鎬、朴濟鳳、申成鎬、盧文燦、柳盛鐸、金鉉載、趙雲龍諸氏ᄂᆞᆫ夏期放學에觀親次로歸國ᄒᆞ다

○本會長金洛泳氏ᄂᆞᆫ支會視察次로本月二十二日에發程ᄒᆞ다

○金永燧崔錫根兩氏ᄂᆞᆫ觀親次로歸國ᄒᆞ다

○本報休刊

本報ᄂᆞᆫ來月一朔은年例를依ᄒᆞ야休刊ᄒᆞ오니購覽ᄒᆞ시ᄂᆞᆫ僉君子ᄂᆞᆫ 照亮ᄒᆞ심을希望

光武十年八月廿四日創刊
隆熙二年六月二十日印刷
隆熙二年六月廿四日發行
明治四十一年七月二十日印刷
明治四十一年七月廿四日發行

●代金郵稅並新貨拾貳錢

日本東京市芝區白金三光町二百七十三番地
編輯兼發行人　金洛泳

日本東京市芝區白金三光町二百七十三番地
印刷人　金志侃

日本東京市芝區白金三光町二百七十三番地
發行所　太極學會事務所

日本東京市牛込區辨天町二十六番地
印刷所　明文舍

太極學報第廿三號

光武十年九月二十四日
明治三十九年九月二十四日 第三種郵便物認可

隆熙二年七月二十日
明治四十一年七月二十四日 發行(每月一回發行)

武十年九月二十四日
治卅九年九月廿四日
第三種郵便物認可

十年八月二十四日創刊

隆熙二年九月二十四日發行（每月廿四日一回）

太極學報

第貳拾四號

太極學會發行

注意

△本報를購覽코저ᄒᆞ시ᄂᆞᆫ이ᄂᆞᆫ本發行所로通知ᄒᆞ시ᄃᆡ居住姓名統戶를詳細히記送ᄒᆞ시며代金은郵便爲替로本會에交付ᄒᆞᆷ을要ᄒᆞᆷ

△本報를購覽ᄒᆞ시ᄂᆞᆫ僉君子씌셔住所를移轉ᄒᆞᄂᆞᆫ이ᄂᆞᆫ速히其移轉處所를本事務所로通知ᄒᆞ시옵

△本報ᄂᆞᆫ有志人士의購覽을便宜케ᄒᆞ기爲ᄒᆞ야出張所及特約販賣所를如左히定ᄒᆞᆷ

皇城中署東闕罷朝橋越便

朱翰榮冊肆（中央書館內）

平安南道三和鎭南浦港築垌

金元燮家

平城鍾路

太極書館

平壤貫洞

耶蘇教書院

南安州平城內

安陵書館

平壤法首橋

大同書觀

平安北道定州郡南門內

洪成麟商店

北米國桑港韓人共立協會內

金永一住所

◎投書注意

一、諸般學術과文藝詞藻統計等에關ᄒᆞᆫ投書ᄂᆞᆫ歡迎ᄒᆞᆷ

一、政治上에關ᄒᆞᆫ記事ᄂᆞᆫ一切受納치아니ᄒᆞᆷ

一、投書의揭載與否ᄂᆞᆫ編輯人이撰定ᄒᆞᆷ

一、投書의添削權은編輯人의게在ᄒᆞᆷ

一、一次投書ᄂᆞᆫ返附치아니ᄒᆞᆷ

一、投書ᄂᆞᆫ完結ᄒᆞᆷ을要ᄒᆞᆷ

一、投書ᄂᆞᆫ縱十二行橫二十五字原稿紙에正書ᄒᆞᆷ을要ᄒᆞᆷ

一、投書ᄒᆞ시ᄂᆞᆫ이ᄂᆞᆫ居住와姓名을詳細히記送ᄒᆞᆷ을要ᄒᆞᆷ

一、投書當撰ᄒᆞ신이의게ᄂᆞᆫ本報當號一部를無價進呈ᄒᆞᆷ

太極學報第貳拾四號目次

詞藻

寄書

雜俎

雜錄

論壇

講壇

學園

太極學報

第貳拾四號

隆熙二年九月二十四日
明治四十一年九月廿四日〔發行〕

論壇

祝　大皇帝陛下即位紀念日

一記者

伏惟　國籙無疆、天命維新、龍飛之日再廻、鰲抃之忱惟均、臣等於是時不能仰瞻耿光、流落江湖萬里之外、倚北斗而遙望、眷戀已深、呼碧崇而再拜、祝願至切洪惟我、
大皇帝陛下、繼祖宗神武之業、撫中葉恢復之運、廓揮乾斷、百度惟貞

來四方之梯航、文明湊入、通萬國之玉帛、誠禮交輸、國都閭巷莫不有學、教育庶幾焉蔚興、工農商賈亦各有會、實業於是乎復振、義士風起、可期華盛頓之獨立、豪傑雲集快覩伊太利之少年、環顧我三千里疆域、太極畫旗高出雲霄、大呼我二千萬同胞、愛國歌調洋溢海表、歷史復有光於古今、覇業可稱冠於宇宙、伏念臣等跡雖退遠、誠則苦懇、學術姑未成就、愧無補於時艱、年力已有富强、計獻身於來頭、於千萬年長有是日、猗歟盛矣、百拜稽首祝我、
大皇帝陛下萬々歲

舊染汚俗咸與維新

松南

法久則弊ᄒᆞ고物窮則變은理之常也라我國의舊習이或幾千年汚染ᄒᆞᆫ者도有ᄒᆞ며或幾百年汚染ᄒᆞᆫ者도有ᄒᆞ야轉轆相仍에悛改를不圖ᄒᆞ며前後相繼에蹈襲을是事ᄒᆞ야一分智識이有ᄒᆞᆫ者ㅣ謬習을聲討ᄒᆞ고易轍을號召ᄒᆞ면噫彼非鬼非石之類가譁然拒之曰新不創右不革이是一大格言이라ᄒᆞ야旣不能自改ᄒᆞ고又沮人改圖之路ᄒᆞ야夏裘冬葛을錯用ᄒᆞ며水車陸舟를倒乘ᄒᆞ다가今日罔極의悲運을胚胎釀出ᄒᆞ엿도다嗚呼라ㅣ閉關時代에處ᄒᆞ여ᄂᆞᆫ單純ᄒᆞᆫ一把藩籬內에孤陋ᄒᆞᆫ見聞과鄙悖ᄒᆞᆫ行爲로自雄自長ᄒᆞ며自倨自傲ᄒᆞ더리도無虎洞中의狐狸와如ᄒᆞ야惟意自行으로悠々歲月에自朽自死를任他ᄒᆞ얏거니와天道ᄂᆞᆫ小往大來ᄒᆞᄂᆞᆫ지라世界가開闢ᄒᆞ고人物이日昌ᄒᆞ야六洲五洋에門戶를通開ᄒᆞᄂᆞᆫ今日을當ᄒᆞᆫ我一般同胞여ㅣ設或興作에憚ᄒᆞ고恬嬉에安ᄒᆞ야舊謬를是守코저ᄒᆞᄂᆞᆫ强者의手下에滅絶摧敗의患을難逃ᄒᆞ리니不得不猛省大悟ᄒᆞ야改良을是圖ᄒᆞᆯ秋로다所以로本記가一寸의筆釰을擧ᄒᆞ야百種舊染의汚俗을一一히斷去코자ᄒᆞ노니嗚呼同胞여審視之어다

第一은曰政治界에大弊害니仕宦界를試觀ᄒᆞ라ㅣ大抵仕宦을設置ᄒᆞᆫ것은授才任能ᄒᆞ야國家의安危와生靈의休戚을分內事로知ᄒᆞ야其才가其任을不勝ᄒᆞ면負乘致寇를自戒ᄒᆞᆯ而已어ᄂᆞᆯ奈之何로我國仕宦家ᄂᆞᆫ朝廷의名器를私有物로視ᄒᆞ야文臣의世家와武臣의世族이特別히根植이有ᄒᆞ야文臣의子孫이면目不識丁이라도文官의第一位를占

領ᄒᆞ며武臣의子孫이면體不勝衣ᄒᆞ야도武官의第一位를占領ᄒᆞ얏스니其瘝官曠職의責은焉容逭脫이며是를由ᄒᆞ야山林草野에英雄豪傑이不遇悲歌로歲月을消遣ᄒᆞ고一個의功業을發表치못ᄒᆞ게ᄒᆞ엿스니哀哉라仕宦家의流毒이여ㅣ今日의風潮를當ᄒᆞ야尙히悔改치아니ᄒᆞ고營々苟々ᄒᆞᄂᆞᆫ者ㅣ誰家의子孫인가某先正某先生의精靈이不滅ᄒᆞ엿스면若子若孫이라고自道치아니ᄒᆞ리니繼自今日노亟々改圖ᄒᆞ야維新에就ᄒᆞᆯ지어다

法律界를試觀ᄒᆞ라大抵法律이란것은天下의平이라惟明克允ᄒᆞ야一個私意의輕重低昻을不得ᄒᆞᄂᆞᆫ것이늘所謂我國法律은主權者가其標準을無視ᄒᆞ고私意로法文을作ᄒᆞ야死罪를犯ᄒᆞᆫ者라도法官의私護가有ᄒᆞ면無罪에歸ᄒᆞ며無罪ᄒᆞᆫ者라도法官의隱憾이

有ᄒᆞ면有罪에歸ᄒᆞ야死生을惟意是擅ᄒᆞ며恩威를惟意是行ᄒᆞᆯ뿐外라所謂觀察守令이賄賂를多納ᄒᆞ고地方에出張ᄒᆞ야晝夜經營이剝割充本에不過ᄒᆞᆫ지라生民疾苦를夢寐에何關이리요鄕曲間에一富戶가有ᄒᆞᆷ을探知ᄒᆞ면奇貨를得ᄒᆞᆷ과如히ᄒᆞ야皂隷의朱牌가日飛ᄒᆞᄂᆞᆫ지라其牌旨를見ᄒᆞᆫ즉曰別有查問事捉來라ᄒᆞ얏고其捉來問罪也에曰爾罪를爾何不知乎아ᄒᆞᆫ즉哀此殘氓이勢焰에喫刼ᄒᆞ야誣服曰死罪死罪라ᄒᆞ고所有生産을一朝에奉獻ᄒᆞᆫ後에獄門을脫出ᄒᆞ야弱妻瘦子를帶率ᄒᆞ고道路에號呼ᄒᆞᄂᆞᆫ境遇가在々有之ᄒᆞ엿스니今古天下에如許ᄒᆞᆫ法律은所未見所未聞者也로다嗚乎噫嘻라枉法의流毒이여繼自今日노自然法과人定法의區別을審愼ᄒᆞ야亟々히維新에就ᄒᆞᆯ지어다

第二ᄂᆞᆫ國民習俗의大弊害ᄃᆡ經濟界를試觀

ᄒᆞ라 大學에曰生之者衆ᄒᆞ고食之者寡ᄒᆞ며爲之者疾ᄒᆞ고用之者舒ᄒᆞ면則財恒足矣라ᄒᆞ엿스니此誠不二之先訓이어ᄂᆞᆯ我國民俗은反此不然ᄒᆞ야遊衣遊食의類가十常八九에到達ᄒᆞᆫ지라衣冠이鮮明ᄒᆞ고狀貌가偃蹇ᄒᆞᆫ者를輙對ᄒᆞ야外觀으로見ᄒᆞᆫ즉天然ᄒᆞᆫ學士의風度가有ᄒᆞ나及其內容을搜索ᄒᆞᆫ즉肉袋飯囊에不外ᄒᆞᆫ지라噫哉此輩가士農工商의業을專失ᄒᆞ고臟腑에充溢ᄒᆞᆫ私慾은傷人害物노一大硏究를作ᄒᆞ야鼠竊狗偸의計가發或不中ᄒᆞ면乃亦猶歎曰我의八字가不足이라運命이不好라山川이不佑라祖上이無靈이라ᄒᆞ고仰天徘徊ᄒᆞᄂᆞᆫ者ㅣ一二千萬生靈中에幾部分이나点領ᄒᆞ엿ᄂᆞᆫ가此輩가終然改圖치아니ᄒᆞ면太平洋大窟에沒數投棄ᄒᆞ야其子種도無케ᄒᆞ려니와所謂實業家라도我의輸出輸入을不較ᄒᆞ며我의內地의物產을輕視ᄒᆞ고外地의奇製怪物을貴尙ᄒᆞᄂᆞᆫ弊가駸々然成俗ᄒᆞ얏스니嗚乎라我의輸出이日少ᄒᆞ고他의輸入이日加ᄒᆞ면財源의涸渴은原定ᄒᆞᆫ理요內物을賤棄ᄒᆞ고外產을好玩ᄒᆞ면我貧彼富ᄂᆞᆫ難免ᄒᆞᆯ理니我同胞가此를不察ᄒᆞᄂᆞᆫ가

且猶民間에一種巫卜風詭術이流行ᄒᆞ야無用ᄒᆞᆫ濫費에蕩產ᄒᆞᄂᆞᆫ者不少ᄒᆞᆫ지라人의疾病이陰陽寒暑의失攝ᄒᆞᆷ을因ᄒᆞ야發生ᄒᆞᄂᆞᆫ者어ᄂᆞᆯ現症을隨ᄒᆞ야針藥을不問ᄒᆞ고無限ᄒᆞᆫ錢米牛酒를妖巫恠卜의鈴語下에空然擲盡ᄒᆞ며死生禍福이運命이已定ᄒᆞ고我善我惡에懸在ᄒᆞᆫ것이어ᄂᆞᆯ風水의說에迷惑ᄒᆞ야祖先父母의枯朽白骨을昨年埋今年堀ᄒᆞ며今年埋明年堀ᄒᆞ야東西舁曳에反使不寧케ᄒᆞ니吁亦甚矣로다中國의古來葬論을略究ᄒᆞᆫ즉周公은曰卜其宅兆而安厝之라ᄒᆞ고朱子

는曰愼五患이라ᄒᆞ얏스니如此而已면掩親의道가足矣어늘今日에所謂某穴某向某得某破云者가何其不經之甚이며他外各國을見ᄒᆞᆯ지라도塋域이有定ᄒᆞ야此埋彼堀의廣占을不許ᄒᆞᆯ지라도民族의安寧福樂이極度에達ᄒᆞ엿스니此를憑證ᄒᆞ야도可히劈破知得ᄒᆞᆯ지어늘何를因ᄒᆞ야如此히誤解ᄒᆞ며且於冠婚葬祭에擇日ᄒᆞᄂᆞᆫ例俗이上下流行ᄒᆞ야吉凶禍福이日時에由ᄒᆞᆫ다ᄒᆞ니不思何甚고古禮를見ᄒᆞᆯ지라도葬月을定限ᄒᆞ엿슨즉卜日은宜有ᄒᆞ엿슬지나擇日이決無ᄒᆞᆷ은推想ᄒᆞᆯ지요天桃標梅로婚期를定ᄒᆞ얏슨즉時候의嘉吉은占ᄒᆞ나陰陽의拘忌ᄂᆞᆫ絕無ᄒᆞᆫ것이요現今列邦을視察ᄒᆞᆯ지라도太陽曆欄內에初無冠婚喪祭嫁娶之日ᄒᆞ고日時의吉凶을毫絲觀念치아니ᄒᆞ야도一般人民이文明臺上에無限ᄒᆞᆫ榮光을受ᄒᆞ니昭々ᄒᆞᆫ明鑒이古今에懸照ᄒᆞᆫ지라自今以後로亟々改良ᄒᆞ되如或風巫卜日輩가前習을自悔ᄒᆞ야實業에就圖치아니면我同胞叢內에雜處케아니ᄒᆞᆯ日이自有ᄒᆞ리니各々維新에就ᄒᆞᆯ지어다

且男女의制限界를試觀ᄒᆞ라天賦의權能과人生의情慾이男女가同一ᄒᆞ거늘我國은何故로一般婦女를閨房에牢囚ᄒᆞ야平生歷史가某年嫁某年死에不過ᄒᆞ며此를由ᄒᆞ야家庭의圓滿ᄒᆞᆫ歡樂이從絕ᄒᆞ고子孫을養成ᄒᆞᄂᆞᆫ方法이全昧ᄒᆞ야國內에不完全ᄒᆞᆫ國民을多產ᄒᆞ야國家虛弱의原因을胚胎ᄒᆞ며且全國人口의半數ᄂᆞᆫ女子가點有ᄒᆞ엿거늘國家의關念은姑舍勿論ᄒᆞ고社會家庭의組織如何를初不知得케ᄒᆞ얏스니哀哉라我國四千年婦人社會여人格의權利만如是히被奪ᄒᆞᆯ뿐外라無限ᄒᆞᆫ情慾을壓制ᄒᆞ야雖二八兒女

라도不幸히其夫를哭ᄒᆞ면改嫁를不許ᄒᆞ엿스니天生萬民에男女를勿論ᄒᆞ고情慾은一般일지라奈之何로男子ᄂᆞᆫ喪耦ᄒᆞ면再娶를議ᄒᆞᆯ뿐外라雖娼々少妻가有ᄒᆞᆫ者라도侍妾을多畜ᄒᆞ되不爲大戾ᄒᆞ고至若靑年寡女ᄒᆞ야ᄂᆞᆫ情慾이不得已ᄒᆞ던지生活이無可爲ᄒᆞ던지ᄒᆞᆫ境遇를當ᄒᆞ야惟意再適ᄒᆞ면市巷의一般男女가嘲笑의欛柄을作ᄒᆞ야其總家와親戚을幷ᄒᆞ야人類社會에齒列치못ᄒᆞ게ᄒᆞ니嗚呼噫嘻라謬習의轉成이此極에至ᄒᆞ엿도다大抵貞烈이라ᄒᆞᄂᆞᆫ것은天然의純性으로流出ᄒᆞ야終身不改에至ᄒᆞᆷ은適當ᄒᆞ나少艾의婦女가春閨情慾을自難裁抑이나俗習의笑柄을是畏ᄒᆞ야蔓草零露에偸餺褰裳ᄒᆞ다가衆眼을終始不掩ᄒᆞ면羞愧를自抱ᄒᆞ고種々就溘ᄒᆞ니其情을顧ᄒᆞ면誰가惻隱의感이無ᄒᆞ리요且或胞胎가發痕ᄒᆞᆫ境遇면針藥으로落下ᄒᆞᄂᆞᆫ弊와道塗에棄投ᄒᆞᄂᆞᆫ事가無時不有ᄒᆞ니此一款을視ᄒᆞᆯ지라도天地의和氣가大傷ᄒᆞ며國家에對ᄒᆞ야生息의減縮과死命의不得이大影響을作ᄒᆞᆯ지니繼自今日노亟々改良ᄒᆞ야男子의畜妾을禁止ᄒᆞ고婦女의敎育을勸奬ᄒᆞ며改嫁를開放ᄒᆞ야一般社會의面目을維新케ᄒᆞᆯ지어다

且貴賤의差級界를試觀ᄒᆞ라學則庶人之子도爲公卿이오不學則公卿之子도爲庶人이라ᄂᆞᆫ句語ᄂᆞᆫ人人皆讀ᄒᆞᄂᆞᆫ我國社會의貴賤區別은反此不然ᄒᆞ야貴人의堦梯가鬼簿에在ᄒᆞ고人界에在ᄒᆞ지아닌지라自己가一字學問이無ᄒᆞ고百爲行動이褐夫의列에比伍치못ᄒᆞᆯ者라도幾十代先祖中에一仕官一文學이有ᄒᆞ면是를籍重ᄒᆞ야曰貴族이니曰班閥이니ᄒᆞ니地下白骨이雖云有靈이나人世의等級을엇지堪當ᄒᆞ며乃祖乃父의世襲이

無ᄒᆞᆫ者ᄂᆞᆫ學이天人을究ᄒᆞ며智가山海를轉ᄒᆞᆯ지라도賤人으로視ᄒᆞ엿스니古今東西에貴賤等級이如此ᄒᆞᆫ國이何有ᄒᆞ리요在昔姜呂尙、伊尹은鼓力와畎畝에서起ᄒᆞ고米洲統領華盛頓은農村에서起ᄒᆞ엿고日本文豪物徂徠ᄂᆞᆫ漁村에서起ᄒᆞ엿스니絶代의英雄豪傑은窮鄕苦海에서倔起ᄒᆞᄂᆞᆫ것이요膏粱綺紈中에서ᄂᆞᆫ不出ᄒᆞᄂᆞᆫ것이어ᄂᆞᆯ一切謬見이此에至ᄒᆞ야甚至荒陬避隅ᄭᆞ지라도蠢々貿々ᄒᆞᆫ人類가儒鄕名目을亦爲爭喧ᄒᆞ야一生行世가曰爾賤曰我貴가知識有無에ᄂᆞᆫ不由ᄒᆞ고我祖爾祖의優劣을相爭ᄒᆞ엿스니此를溯想ᄒᆞ면可히一笑에付ᄒᆞᆯ지라繼自今노亟々改良ᄒᆞ야維新에就ᄒᆞᆯ지어다

父老의思想界를試觀ᄒᆞ라依賴心과僥倖心이腦髓에凝結ᄒᆞ야慘憺ᄒᆞᆫ風雲中에서輒曰我國이四千年保守之邦이니某年某日이라도天生眞人ᄒᆞ야活我生靈이라ᄒᆞ니何其習見之迂也오五千年歷史을有ᄒᆞᆫ埃及도民族이守舊不變ᄒᆞ다가今日英人의虎口를未脫ᄒᆞ얏고四千七百餘年歷史를有ᄒᆞᆫ越南도其民族이循常恬嬉ᄒᆞ다가今日法人의鷙攫을奄遭ᄒᆞ엿스니噫彼埃及越南이五千年悠遠ᄒᆞᆫ歷史를如前히享有ᄒᆞᆷ이公例가될지면今日民國滅亡의患을엇지當ᄒᆞ리요必也古今이時異ᄒᆞ고變亂이日殊ᄒᆞ야隨其時而應其變者保焉ᄒᆞ고不爾則不能保焉故耳라夫風日이晴嘉ᄒᆞᆫ天의行旅ᄂᆞᆫ華衣緩步를可得ᄒᆞ려니와雨雪이霏々ᄒᆞᆫ時를當ᄒᆞ야ᄂᆞᆫ簑衣疾走를不得不求ᄒᆞ리니엇지世界의大變을際ᄒᆞ야常平舊觀을株守ᄒᆞᆷ에엇지父老의職責이라ᄒᆞ리요此도亦父老의所失이아니라父老의父老以來로支那古史를崇拜ᄒᆞ야所見所聞이不過是夏亡殷興과周亡漢繼而已요

帝王沿革之間에初無民族的關係라且著述支那史者가巍然自尊曰夷狄이侵中國이라ᄒᆞᆫ故로後之讀者도從而被誣ᄒᆞ야支那一幅外에ᄂᆞᆫ初無大國으로認知ᄒᆞ며與稱攘夷ᄒᆞ고不究國外之實情故로韓淸人民之所依賴所僥倖者가不外乎何事非君이며何使非民的主義나今日則不然ᄒᆞ니父老ᄂᆞᆫ須於間隙에請覽西洋歷史ᄒᆞ라國家興亡이民族의게如何ᄒᆞᆫ關係를有ᄒᆞ엿ᄂᆞᆫ가── 北米土種紅人이博物院陳設品資料가僅餘ᄒᆞ엿고亞弗利加土種黑族은不毛沙漠地에悲歌로生活을送ᄒᆞᄂᆞ니亡國의民은비록人의僕妾을作코저ᄒᆞ야도不得ᄒᆞᄂᆞᆫ今日의大勢가東으로漸來ᄒᆞ야無前無後의一大變局을製造ᄒᆞ엿거ᄂᆞᆯ父老諸氏ᄂᆞᆫ先天夢中에서譫語를是따ᄒᆞ니他人으로見ᄒᆞ면塚中枯骨이能行能走ᄒᆞᆫ다ᄒᆞ리로다今日父老ᄂᆞᆫ父老의父老의게謬傳ᄒᆞᆫ敎育을歸咎ᄒᆞ려니와他日靑年은今日父老의게歸咎ᄒᆞ리니新鮮ᄒᆞᆫ子弟로ᄒᆞ여곰依賴心僥倖心과欺詐不實의習慣을傳染치말고新敎育에勇進케ᄒᆞ야實力을養成ᄒᆞᆷ이父老諸氏의責이아닌가繼自今日노亟々就新ᄒᆞᆯ지어다

且閭巷의歌謠를試觀ᄒᆞ라民族의歌謠를聽ᄒᆞ미其國의汚隆을驗知ᄒᆞᄂᆞ니是故로鄭衛의淫風을放ᄒᆞ고周召南의正風을採ᄒᆞᆷ은先聖의遺訓이며現今列强이巷謠小說노써全國人民을鼓吹ᄒᆞᆷ이通行ᄒᆞᄂᆞᆫ常例어ᄂᆞᆯ我國의所謂閭巷間一切歌謠ᄂᆞᆫ曰春香歌曰담바고打令曰興打令曰아르릉打令曰山打令等種々名色이擧皆辭調가淫佚ᄒᆞ고語意가鄙俚ᄒᆞ야靑年子弟로ᄒᆞ여곰桑濮의微意를惹起ᄒᆞ며香閨兒女로ᄒᆞ여곰花柳蕩情을暗挑케ᄒᆞ야國家社會의形況如何를世外消息으

로知케ᄒᆞ엿스며謝氏南正記。蘇大成傳。西廂記等小說이民間에流行ᄒᆞ야不根의議와無用의辨으로腦力을淆亂케ᄒᆞ야思想鼓吹의方針이絕乏ᄒᆞᆫ지라然ᄒᆞ고其民이엇지闇昧至劣치아니ᄒᆞ며其國이엇지衰微至弱치아니ᄒᆞ리요嗚呼라閭巷의男女同胞가엇지愛國性이素乏ᄒᆞ야然ᄒᆞ리요但舊習에染入ᄒᆞ야方向을早未覺破ᄒᆞᆫ緣由니自今以後로向前淫謠稗說을一切抛棄ᄒᆞ고愛國歌調와新聞雜誌에注意ᄒᆞ야熟讀熟視ᄒᆞ면所得ᄒᆞᆯ效果가自有ᄒᆞ리니其各省悟ᄒᆞ야維新에速就ᄒᆞᆯ지어다

第三은曰國民敎育界의大弊害니儒林派의頑夢界를試觀ᄒᆞ라易에曰窮則變ᄒᆞ며變則通ᄒᆞ며通則久라ᄒᆞ니今日이可謂窮變求通之秋어ᄂᆞᆯ坐談性命이於國於家에何益之有리요孔子의席이煖不暇及ᄒᆞ고孟子의足跡이齊梁滕魯에遍到ᄒᆞᆷ은何故를因ᄒᆞᆷ인가是亦萬世生民을爲ᄒᆞ야太平을開ᄒᆞ고一時人君을爲ᄒᆞ야政治를誘ᄒᆞᆷ이니其聖賢의道德範圍가若是ᄒᆞ거ᄂᆞᆯ所謂今日儒家諸氏ᄂᆞᆫ獨善其身의一句密符만佩服ᄒᆞ엿ᄂᆞᆫ가甲乙以來로政界가日下ᄒᆞ야今日無限ᄒᆞᆫ危禍가眉睫에迫在ᄒᆞ엿스되如何ᄒᆞᆫ猷爲가儒門에서ᄂᆞᆫ絕無ᄒᆞ며忠臣義士의血이在々繼續ᄒᆞ야民族의精神을喚起ᄒᆞᄂᆞᆫ許多偉勳이發表ᄒᆞ얏스나儒門에ᄂᆞᆫ宋淵齋一人을只見ᄒᆞ엿스며近來泰西新術中에倫理道德은吾不足可取라ᄒᆞᆯ지나至於物理蒸瀛機械學之新發明ᄒᆞ야ᄂᆞᆫ利用厚生之一大關鍵이라神農이復生이라도其農具를不得不捨此取彼요黃帝가復生이라도其舟車를不得不捨此取彼요公輸子가復生이라도其方圓을不得不捨此取彼요呂尙이復生이라도其武器를不得不

捨此取彼어늘盖此諸般巧敏이學術硏究中에서流出홈으로今日學校에所謂物理、化、學電、瀛、等科目이特別히專門이有ᄒᆞ거늘諸氏가肯綮을不究ᄒᆞ고輒以夷狄之學으로詆排ᄒᆞ니固執不變의譏嘲를難免ᄒᆞ리로다思想이如是홈으로今日社會界敎育界에儒門消息이寂々無聞이러니近日關西朴雲庵門下가稍々覺破ᄒᆞ야曰前聖의未發ᄒᆞᆫ大學格致主意가今日에發現ᄒᆞ얏다ᄒᆞ고學校를次第施設ᄒᆞᆫ다ᄒᆞ니全國儒林諸氏가一齊히如是ᄒᆞ면萬世의儒敎를可히保全ᄒᆞ고一國의赤幟를可히執持ᄒᆞ야文明前途에事半功倍의效를可奏ᄒᆞᆯ것이어ᄂᆞᆯ諸氏ᄂᆞᆫ胡爲乎蝟縮孱下ᄒᆞ야一般社會의批評을恬不爲恥ᄒᆞᄂᆞᆫ가嗚呼四千載斯文이諸氏의執滯를因ᄒᆞ야今焉已矣의歎을未免ᄒᆞ리니繼自今日노亟々改圖ᄒᆞ야維新에就ᄒᆞᆯ지어다

且村學究의言論界를試視ᄒᆞ라此輩의學術이性命의如何도初不講究ᄒᆞ며人類社會의生活如何도初不知得ᄒᆞ며國家政治의觀念如何도初不提到ᄒᆞ고平生所學이上焉則曰詩曰賦曰風月曰通鑑曰七書오下焉則曰古風曰史略曰唐詩曰古文眞寶라作此讀此로爲自足ᄒᆞ야周流眼孔이不出此地ᄒᆞ고白首彷徨ᄒᆞ야與數三兒童으로曰爾讀曰爾作으로生活을專賴ᄒᆞᆫ지라今日風潮를當ᄒᆞ야如此히腐敗ᄒᆞᆫ學術이無用에自歸ᄒᆞ고新制學校가種々發起ᄒᆞ미新學에融通ᄒᆞᆫ敎師를處々雇聘ᄒᆞ고舊日學究ᄂᆞᆫ弊屣와同視ᄒᆞᄂᆞᆫ지라渠輩가生命의無路를是憂ᄒᆞᆯ지면今日이라도日暮道窮에自處치말고新學術을硏究ᄒᆞᆯ것이어ᄂᆞᆯ一種凶計가此에反ᄒᆞ야乃與窮僻無聞ᄒᆞᆫ同胞로嚣々謗訕曰新學問은夷狄의道니不可學이라ᄒᆞ며新學校ᄂᆞᆫ子弟를誤

引ᄒᆞᄂᆞᆫ陷井이라ᄒᆞ야百口로煽訛ᄒᆞ니嗚呼라民智를開發코져ᄒᆞᆯ진ᄃᆡ爲先此輩를豺虎의게投與ᄒᆞ리로다今日이可謂實學時代요實力世界라實學이無ᄒᆞ면國家가亡ᄒᆞ고實力이無ᄒᆞ면民族이亡ᄒᆞ거ᄂᆞᆯ渠不能自覺ᄒᆞ고又誤人聽聞ᄒᆞ니能히幾日을掩實ᄒᆞ야生活을圖ᄒᆞ리요繼自今日노亟々改圖ᄒᆞ야維新에就ᄒᆞᆯ지어다

且教科書의傳授界를試觀ᄒᆞ라自國史乘의何樣沿革은初不教授ᄒᆞ고平生에不見ᄒᆞᆫ岳陽樓鳳凰臺와洞庭湖瀟湘江의吟咏을晝夜朗讀ᄒᆞ야我國의白頭山黃草嶺과大同江洛東江은非山非水로知케ᄒᆞ며堯舜禹湯의歷史가有ᄒᆞᆫ줄만知케ᄒᆞ고檀箕羅麗의事蹟은輕視케ᄒᆞ며管夷吾諸葛孔明의偉勳만崇慕케ᄒᆞ고乙支文德盖蘇文의大畧은渾忘케ᄒᆞ엿스니國民의義勇心과獨立心이何를從ᄒᆞ야出ᄒᆞ리요自今以後로國文教授로初階를作ᄒᆞ기ᄂᆞᆫ有志人士의一般注意ᄒᆞᄂᆞᆫ비어니와國史의精神을爲先灌注ᄒᆞ야愛國思想을團結ᄒᆞᆯ지며各樣教科를次第로授受ᄒᆞ야維新에就케ᄒᆞᆯ지어다一般舊弊를盡擧ᄒᆞ자면南山의竹을可罄이요三湘의水를可傾이라百分의一二를姑擧ᄒᆞ야我一般同胞의게忠告ᄒᆞ노니留神察納ᄒᆞ기를是望ᄒᆞ오며他日을更待ᄒᆞ야未盡ᄒᆞᆫ弊源을畢陳코져ᄒᆞ노라。

讀梁啓超所著朝鮮亡國史略

中　叟

梁啓超氏ᄂᆞᆫ支那人也라往在甲辰에朝鮮亡國史畧一部를著述ᄒᆞ야萬國公眼에傳布ᄒᆞ엿스니我一般同胞도想已槪見ᄒᆞ야ᄉᆞ리로

다嗚呼라梁氏ᄂᆞᆫ雖外國人이라도朝鮮亡國에對ᄒᆞ야若是히哀慟之ᄒᆞ며悲吊之ᄒᆞ얏거든我一般同胞가此史를覽ᄒᆞ고臆塞氣絶치아닐者ㅣ誰가有ᄒᆞ리요大抵此史가發行ᄒᆞᆫ지몇年에達ᄒᆞ얏ᄂᆞᆫ지라上流社會의耳目에ᄂᆞᆫ在々接觸ᄒᆞ얏슬지나一般社會에ᄂᆞᆫ普照치못ᄒᆞ야但히如此ᄒᆞᆫ文具가有ᄒᆞ다ᄂᆞᆫ言論이나聽ᄒᆞ고其著史의悲吊ᄒᆞᆫ原因은一一細究치아니ᄒᆞ얏슬지라萬若我一般同胞가此史를人々이無不均覽ᄒᆞ고其亡國된原因을昭然히知得ᄒᆞ얏스면二千萬人의哭聲에宇宙가震盪ᄒᆞ며二千萬人의血淚에山海가失色ᄒᆞᆯ지어ᄂᆞᆯ三千里疆土內에烟火村落이十常七八以上은依舊ᄒᆞᆫ昇平世界로認ᄒᆞ야日出ᄒᆞ면晝인가記ᄒᆞ며日入ᄒᆞ면夜인줄만記ᄒᆞ야堂上에燕과釜中에魚가火의將至를不知ᄒᆞᆷ과如ᄒᆞ니我四千年禮義邦에神聖ᄒᆞᆫ同胞가胡爲乎今日에到ᄒᆞ야如此히至闇至劣ᄒᆞᆫ境遇에落在ᄒᆞ얏ᄂᆞᆫ고此ᄂᆞᆫ無他라一般人民의智識이不均ᄒᆞ고文字를稀解ᄒᆞᄂᆞᆫ故로無據ᄒᆞᆫ巷說等에나耳目을使用ᄒᆞ고時局에切當ᄒᆞᆫ雜誌를不覽ᄒᆞᆷ으로此等史篇이一般耳目에照耀치아니ᄒᆞᆷ이니、엇지、人性을永失ᄒᆞ야國家敗亡을榮光으로知ᄒᆞ고慷慨을不發ᄒᆞ며激昂을不現ᄒᆞ리요ㅣ所以로余가同史의概意를節畧ᄒᆞ야一般同胞의게輪覽코저ᄒᆞ노라盖梁氏ᄂᆞᆫ世來親誼의關係를因ᄒᆞ야哀戚의惜을表記ᄒᆞ노라ᄒᆞ얏거니와余ᄂᆞᆫ自私의悲懷를不堪ᄒᆞ야我를我가自吊ᄒᆞ며我를我가自哭ᄒᆞ노니亦我一般同胞ᄂᆞᆫ各其自己의生吊文으로知ᄒᆞᆯ지어다ㅣ今에人이有ᄒᆞ야諸位同胞를向ᄒᆞ야曰爾家가云亡이라ᄒᆞ면必艴然怒之曰吾家가胡爲亡胡爲亡고ᄒᆞ며爾身이云死라ᄒᆞ면亦必艴然怒之

曰吾身이胡爲死胡爲死오ᄒᆞ리니今에國이云亡이라ᄂᆞᆫ問題에對ᄒᆞ여ᄂᆞᆫ絶對ᄒᆞᆫ悲感이生ᄒᆞ기ᄂᆞᆫ人情所在에不容自已ᄒᆞᆯ處로다同史首記에有曰今以四千年古國으로一朝에溘然長往ᄒᆞ니於其飾終之故實에可以無記乎아以此思哀에哀可知耳라ᄒᆞ며自今以往으로世界上에不復有朝鮮之歷史ᄒᆞ고惟有日本藩屬一部分之歷史라ᄒᆞ엿시니嗚呼라不忍言不忍聞者矣로다夫人之生命이奄然就死則其一家親屬이哀號至盡에三呼魂復은何也오蓋希其復生故耳라今國權이永滅이어ᄂᆞᆯ全國同胞가無一哀呼ᄒᆞ며無一呼魂이可乎아── 夫人之家系血統을被人點奪則其一家子弟가豈不奮臂扼腕ᄒᆞ야思所以索還이며。

使我先祖譜乘으로任其汚棄之踐踏之가可乎아── 且云家與國有異라할지라我國前日歷史則三韓이亡의三國이繼ᄒᆞ고高麗가亡의本朝가繼ᄒᆞ얏스니此ᄂᆞᆫ不過是王室의沿革이라其國統이相承ᄒᆞ야歷史表面에只有前朝後朝之別ᄒᆞ고民族則安樂故土에何事非君乎아、마ᄂᆞᆫ、今日則不然ᄒᆞ야西勢가東漸에國號民籍이偕亡偕滅ᄒᆞᄂᆞᆫ時代라國際의悲慘은念不能及이나自己의悲慘은不得不一聲大呼ᄒᆞᆯ지오國史의永亡은非我所知나自家의永亡은不得不一聲大呼어ᄂᆞᆯ諸氏가此를尙且不覺ᄒᆞ고昏々長醉ᄒᆞ얏스니外人의生吊文이悲淚를不勝ᄒᆞᆷ이宜ᄒᆞ거니와至於天津馬關兩條約之發現則尤不勝痛哭이로다大抵一些少의物이라도主權者가各有ᄒᆞ거ᄂᆞᆯ全國主權이寄在他手ᄒᆞ야淸人이讓日ᄒᆞ고日人이挾淸ᄒᆞᄂᆞᆫ兩間에弱草鞋芥가隨風來往ᄒᆞᆷ과如ᄒᆞ야我安我危를恬然不問ᄒᆞ야 스니其時에我政府에ᄂᆞᆫ草偶木偶

가有얏든가 ― 天津條約의年月을窃計ᄒᆞ니數十有奇의星霜이已過ᄒᆞᆫ지라早自其時로世變을覘破ᄒᆞ야豫備가有ᄒᆞ야스면馬關條約이更立지못ᄒᆞᆯ지요設又馬關條約이立ᄒᆞᆫ後라도我ᄂᆞᆫ獨立自主의徽號를持帶ᄒᆞ얏스니獨立自主의實을務圖ᄒᆞᆯ지어날一般政權를自不操執ᄒᆞ고日俄兩國의勢力相爭ᄒᆞᄂᆞᆫ麾下에坐云則坐ᄒᆞ며立云則立ᄒᆞ엿스니嗚呼噫嘻라腐水에生虫은自然ᄒᆞᆫ理로다甲辰二月之議定一書에無復餘地矣라英國打任時報에論之曰以此條約之故로遂永爲日本之附庸이라ᄒᆞ고又曰朝鮮之在日本이猶埃及之在俄英이라ᄒᆞ엿스니可謂知言矣로다嗣後荒蕪地之開墾問題에朴箕陽李宗說等之上疏가慷慨激昂ᄒᆞ야大使全國感悟ᄲᅮᆫ外라公憤攸激에集會演論이處々蜂起ᄒᆞ되竟被制壓ᄒᆞ니實力이已餒라客氣를何足恃也리요至於內政改革案之提出에ᄂᆞᆫ逐條畫諾이亦渠輩意外之事라安有事々言々이請輒遂行之理리요寧欲無言乃己也로다篇末所記에柴四郎九說은今己次第實行之矣라無復餘蘊이어니와嗟我二千萬同胞여

― 此史를作ᄒᆞᆫ者支那人이나此史를作케ᄒᆞᆫ者ㅣ我韓同胞가아닌가 ― 越南波蘭史를我同胞가見ᄒᆞ면憤痛의淚ㄱ自然히下ᄒᆞᆯ리니此ᄂᆞᆫ無他라亡國人民이極慘ᄒᆞᆫ虐待와極烈ᄒᆞᆫ毒遇를受ᄒᆞ야生不如死ᄒᆞᆫ情境을目擊ᄒᆞᆷ이로다嗚呼我同胞여波越亡國史가即我國의亡國史니梁氏의所著가又四五年前에在ᄒᆞᆫ지라若使今日셔지續著ᄒᆞ야스면涕淚交睚ᄒᆞ야覽下ᄒᆞᆯ者ㅣ必無ᄒᆞ리니其情狀의如何ᄂᆞᆫ可燭ᄒᆞ리로다夏小康의一成田과一旅衆으로도禹績을克復ᄒᆞ엿고楚國의三戶로도秦怨을能報ᄒᆞ엿고普魯士의大敗로

도法軍을摧折ᄒᆞ엿거든堂々ᄒᆞᆫ二千萬人民의精神氣魄이尙有ᄒᆞᆫ지라形式의權利는奪ᄒᆞᆯ지라도精神은莫奪ᄒᆞᆯ지며形式의自由는奪ᄒᆞᆯ지라도氣魄은莫奪ᄒᆞᆯ지니繼自今後로觀念興起ᄒᆞ야大韓獨立史를天下萬國에公播ᄒᆞ기를十萬是祝ᄒᆞ노라

忠節은우리의當務

金基柱

忠이라云ᄒᆞᆷ은自己의心力을彈竭ᄒᆞ야獻身的愛國의精神으로國家에對ᄒᆞ야皇上을補弼ᄒᆞ는丹心이며同時에臣民된義務를遵奉ᄒᆞ는者요節이라云ᄒᆞᆷ은自己行爲上關係로國家事變에臨ᄒᆞ야如何ᄒᆞᆫ脅迫과如何ᄒᆞᆫ暴行으로斧鉞이當前ᄒᆞ고禍色이時急ᄒᆞᆯ지라도國家의運命關係가有ᄒᆞᆫ境遇에는寧히一縷의殘喘을霣擲ᄒᆞᆯ지언뎡禀賦의本性을固守ᄒᆞ야不撓不屈의態度를常持ᄒᆞᆷ이是라此를分論ᄒᆞ면如右ᄒᆞᆫ差點이有ᄒᆞ나更히統括的主義로論確ᄒᆞ면忠이即節이오節이即忠이라是曷故焉고假令一人이有此에事君즉必忠이오立節則難이라ᄒᆞ면是는事實에만不合ᄒᆞᆯ뿐不是라論理上으로推究ᄒᆞ여도不然ᄒᆞᆫ理由가有ᄒᆞ니盖忠이無ᄒᆞ면節이成立ᄒᆞᆯ餘地가無ᄒᆞ고節이無ᄒᆞ면忠의名稱을表彰ᄒᆞᆯ問題가自初로不生ᄒᆞᄂᆞ니此二者必須相隨ᄒᆞᆫ然後에야完全ᄒᆞᆫ忠節이며且吾人으로ᄒᆞ여곰崇拜ᄒᆞ며希望ᄒᆞᆯ者라然則吾人은此에對ᄒᆞ야崇拜만ᄒᆞ며希望만ᄒᆞᆯ가─崇拜ᄒᆞᆷ도可ᄒᆞ고希望ᄒᆞᆷ도可ᄒᆞ거니와自已가忠節人이되야人으로ᄒᆞ여곰崇拜케ᄒᆞ고希望케ᄒᆞᆷ을勉勵ᄒᆞᆯ지로다此를勉勵코저ᄒᆞ면何를從ᄒᆞ야得ᄒᆞᆯ가即學問이是也라

大抵學問은忠節을製造ᄒᆞᄂᆞᆫ機關이오養成ᄒᆞᄂᆞᆫ門路라故로學問의發達ᄒᆞᆫ國에在ᄒᆞ여ᄂᆞᆫ其國民全体가擧皆忠節之人이라論ᄒᆞ야도妄言이아닌者ㅣ昇平無事ᄒᆞᆫ時에ᄂᆞᆫ恒常國務의進步를講究期圖타가或一朝有事ᄒᆞᆫ時를當ᄒᆞ면一唱百和에爭先其死ᄒᆞ야雖我全滅의酷慘을受ᄒᆞᆯ지라도我의獨立과我의自由를他人의게强奪ᄒᆞ거나讓치아니ᄒᆞᄂᆞᆫ特性과特概가有ᄒᆞ야國光民榮을益彰케ᄒᆞ나是에反ᄒᆞ야學問이幼穉ᄒᆞᆫ社會에在ᄒᆞ야ᄂᆞᆫ一般社會가未開ᄒᆞ고民族이庸愚ᄒᆞ야一二人의忠節도絶無ᄒᆞᆯ뿐더러設或天賦의良性이有ᄒᆞᆫ者라도識見이蒙昧ᄒᆞ고思想이腐敗ᄒᆞ야國家에對ᄒᆞᆫ自己의身分과責任의如何ᄂᆞᆫ尙矣勿論ᄒᆞ고縱先國家가何物됨을不知ᄒᆞᆷ에至ᄒᆞᄂᆞᆫ者殆有ᄒᆞ니此에對ᄒᆞ야忠節의問題ᄂᆞᆫ溜然에屬ᄒᆞᆫ者나其國現象이如何ᄒᆞᆫ地位게處在ᄒᆞᆷ을玆以先決ᄒᆞᆯ者라盖國家가地球上에一個國家로現出ᄒᆞᆫ以上에國家의名稱을得ᄒᆞᆷ은單純히現出ᄒᆞᆫ事實로만指ᄒᆞᆷ인가更히搆成된根本的原因即土地人民을指ᄒᆞᆷ인가抑亦一步를更進ᄒᆞ야國權의有無도指ᄒᆞᆷ인가此를畧論ᄒᆞ면國權有無가是라然則國權은土地로由ᄒᆞᆷ인가人民으로由ᄒᆞᆷ인가或天然的自然에國權이有ᄒᆞᆷ인가曰否라世에엇지天然的國權이有ᄒᆞ리요若曰有라論ᄒᆞ면國의强弱과人의文野ᄂᆞᆫ自初로區別이未有ᄒᆞᆯ者오且今日二十世紀의競爭時代가現出ᄒᆞᆷ이亦無ᄒᆞᆯ자로다然則此로論ᄒᆞᆯ者아니오土地로論ᄒᆞ야도國權이有ᄒᆞᆫ后에야國의土地오設或國權이無ᄒᆞᆫ土地가有ᄒᆞ더리도（國際法上의國家의土地가아니오文明國先點權이有ᄒᆞᆫ無主物）即野蠻의土地라然則此로도論ᄒᆞᆫ者아니오담만國을

知ᄒᆞ고國을愛ᄒᆞᄂᆞᆫ民族이有ᄒᆞᆫ國이라야國權이有ᄒᆞ고國權이有ᄒᆞᆫ同時에土地가亦有ᄒᆞᄂᆞ니所謂土地國權은人民을由ᄒᆞ고人民의忠節은學問에由ᄒᆞᆫ즉學問이忠節의게人民이國家의게何等關係와何等影響이有ᄒᆞᆫ가言이此에及ᄒᆞ매自然의感覺으로汪然一哭ᄒᆞᆯ事ㅣ今日我國의民族이여純忠乎아純節乎아思之更思어다傾耳에難聞이오撑目에不睹로다此가學問이無ᄒᆞ야然ᄒᆞᆫ가ㅣ學問도有ᄒᆞ고人民이無ᄒᆞ야然ᄒᆞᆫ가ㅣ民族도有ᄒᆞ고天然的忠節을不生케ᄒᆞᄂᆞᆫ國家인가ㅣ是亦不然이면文明에得罪ᄒᆞ여野蠻에自處ᄒᆞᆷ인가ㅣ國民이失格ᄒᆞ여恩怨을不辨ᄒᆞᆷ인가ㅣ嗟我同胞여分明ᄒᆞᆫ大韓帝國四千年神聖ᄒᆞᆫ獨立의歷史를有ᄒᆞᆫ同胞가아니며—三千里肥沃ᄒᆞᆫ錦繡의版圖를有ᄒᆞᆫ同胞가아닌가如此ᄒᆞᆫ歷史와如此ᄒᆞᆫ版圖를有ᄒᆞ고何特人의亡種이所願이며國의半等이志願인가亡種의待遇와劣等의嘲笑를受ᄒᆞ더라도過去의歷史와將來의國家에對ᄒᆞ야其影響이少無ᄒᆞ고다만우리의身上一代에止ᄒᆞ면呼哭ᄒᆞ고慨嘆ᄒᆞᆯ바無ᄒᆞᄂᆞ日後歷史의罪人되고國民의仇敵됨을烏可得免이며且今世紀를經過ᄒᆞ야未來泉臺의魂을作ᄒᆞᄂᆞᆫ日에

先祖列聖과殉國忠義之士와吾의先祖의게何顔으로拜見ᄒᆞ며若聞國事民情인딘亦以何辭로仰對乎아然則今日의國家를昌ᄒᆞᆯ者도우리同胞며亡케ᄒᆞᆯ者도우리同胞며今日의歷史를有케ᄒᆞᆯ者도우리同胞며無케ᄒᆞᆯ者도우리同胞라故로國을愛ᄒᆞ고同胞를愛ᄒᆞ거나野蠻을免ᄒᆞ고文明을願ᄒᆞ거든寸陰을莫虛ᄒᆞ고學問에汗血ᄒᆞᆯ지어다此에汗血ᄒᆞ면國의獨立도此에在ᄒᆞᄂᆞ니然ᄒᆞ면우리同

胞誰가忠節이아니며義士가아니리요所謂忠節의基礎는學問에在ᄒᆞ다論ᄒᆞᆷ

講壇

實業發展의方針

頭山逸民

蓋富國의原因이實業發達에在ᄒᆞ고實業發達의原因이農工商三者에不外ᄒᆞᆫ지라然ᄒᆞ나商業은農工物을貿易ᄒᆞᄂᆞᆫ機關이니農工業이振興치못하면商業을盛行코자ᄒᆞ나何處로從ᄒᆞ야得ᄒᆞ리요現今我國의農工商業이何如ᄒᆞᆫ地에到ᄒᆞ얏ᄂᆞᆫ가ᄒᆞ면諸君도亦答ᄒᆞ야曰萬國의最下級에落在ᄒᆞ얏다ᄒᆞᆯ지니第試思之ᄒᆞ라以前則自守其國ᄒᆞ야鈍素質陋가爾我相似ᄒᆞ니互換交易이必不過此範圍內요且財錢融通이出爾入我ᄒᆞ야不必踈漏ᄂᆞᆫ固是定理어니와今日則東商西賈가複雜來往ᄒᆞ야誇奇眩能으로互相競爭ᄒᆞᄂᆞᆫ지라彼優則彼勝ᄒᆞ고此劣則此敗ᄒᆞ야物質物品의毫厘가他에後ᄒᆞ야도發售ᄅᆞᆯ不能ᄒᆞ리니以若萬國最下級에落在ᄒᆞᆫ農工業으로能히毫絲ᄅᆞᆯ輸外ᄒᆞᆯ方面이有ᄒᆞᆯ가其必曰無有라ᄒᆞ리니然ᄒᆞᆫ즉他에輸入이夥多ᄒᆞ기ᄂᆞᆫ原定ᄒᆞᆫ理라何也오大抵人의情欲이便利ᄅᆞᆯ樂從ᄒᆞᆷ은固是天然的으로流出ᄒᆞᆷ이니一時制限으로沮遏키難ᄒᆞᆫ지라是故로虎豹ᄅᆞᆯ厭惡ᄒᆞ나其皮ᄅᆞᆯ服ᄒᆞ고熊魚ᄅᆞᆯ嗜好ᄒᆞ나其骨을不棄ᄒᆞᄂᆞ니人이萬若沮遏ᄒᆞ야其皮ᄅᆞᆯ不服ᄒᆞ라ᄒᆞ며其骨을不棄ᄒᆞ라ᄒᆞᆯ지라도實行키難ᄒᆞᆯ지로다今에我國의物產이如干天然的穀物에不過ᄒᆞ고其餘日用上諸般物品이泥

古極麁ᄒᆞᆫ즉或一般同胞가極麁ᄒᆞᆫ物品을棄ᄒᆞ고便利且奢ᄒᆞᆫ物品을取ᄒᆞᆷ은不得已ᄒᆞᆫ情欲이라第言其用之不得不輸入者호리라人民生活에衣食이第一要素라我國人民의衣物을試觀ᄒᆞ라自國製造가幾部分이나有ᄒᆞᆫ가諸君이此에亦答ᄒᆞ야曰百不一二라ᄒᆞᆯ지니此는勢에固然ᄒᆞᆷ이라物品이劣ᄒᆞ고價値가高ᄒᆞ면雖外祖母의餠이라도不買ᄒᆞᆫ다는俗諺이有ᄒᆞ거든自國의所産이라고肯買ᄒᆞᆯ民智가不及ᄒᆞ얏슨즉物質의內容堅緻與否는姑且勿論ᄒᆞ고不得不價格이少歇ᄒᆞ고外品이華侈ᄒᆞᆷ을趨求ᄒᆞ는지라於是에西洋木玉洋木、綿布、各色絨緞이一切自外輸入ᄒᆞ야都市街巷에男女老少가掩體全襲이無非外物이오甚至窮村僻谷이라도罔不如是ᄒᆞ니此는無他라如干木布之自織이作業에無益ᄒᆞᆷ으로其自農綿麻蠶絲를外人의게賣渡ᄒᆞ고其所織木布絨緞을還買ᄒᆞᆷ이로다此又何故오ᄒᆞ면我國의古來紡績은各以手工으로製造ᄒᆞᆷ으로時日을多費ᄒᆞ고勤勞를多著ᄒᆞ니其價値를高含ᄒᆞᆷ이難免ᄒᆞᆯ理요彼外人은織物會社를設立ᄒᆞ고機械를使用ᄒᆞ야製造ᄒᆞ는지라其物資의當初消費가我와無異ᄒᆞ나細流의成海와如히多大ᄒᆞᆫ物數를合製ᄒᆞᆫ大工場이라一物의利가些少ᄒᆞᆯ지라도合衆ᄒᆞᆫ利가極大ᄒᆞᆷ으로此에至ᄒᆞᆷ이로다且生活上의無時不用ᄒᆞ는火具를試觀ᄒᆞ라自製의物이一毫가有ᄒᆞᆫ가由來我國은燧人時代의用火法을一樣으로守ᄒᆞ야朝夕炊薪에或包熖吹嘘ᄒᆞ며或塗硫黃木片(석양)으로求熖得揚ᄒᆞ야厨下의艱辛이最是難堪이로되外人의燐寸(ᄯᅡᆼ셩냥)이輸入된後로不待熖炭ᄒᆞ고隨手自起ᄒᆞ니月用上便利가顧又何如며且以燈燭으로言之라도自來我國이

以荏油魚油肉油蠟燭으로利用이已久나及自石油洋燭이輸入된後로彼乃價廉而質明故로全國이靡然效用ᄒᆞ고以前所謂塗硫木片及荏魚肉油蠟燭等製造가漸次退步ᄒᆞ며且陶冶諸具ᄂᆞᆫ家産上最緊要의日用이라我國이前日則陶冶工業이比他國爲先發明ᄒᆞ야沙器의製造와鐵片의銘鮮를隣國이模範ᄒᆞᆫ바어날胡爲乎中世以來로陶冶의業을賤視ᄒᆞ야進步의望은尙美勿論ᄒᆞ고視古愈劣ᄒᆞ얏스며外人은此에依倣ᄒᆞ야精益求精ᄒᆞ야今日沙器의輕便華美와鐵物의鍊鍛磨淬가極点利用에達ᄒᆞᆫ지라此가輸入된後로其勢不得不購用ᄒᆞᆯ지니諸君은各其自家內의一切汁物을誠觀ᄒᆞ라外物을免ᄒᆞᆫ者ㅣ幾個가有ᄒᆞᆫ가此ᄂᆞᆫ諸君이自國의所産을崇拜코자ᄒᆞ고外人의所輸를排却코자ᄒᆞ나個人利用에對ᄒᆞ야不得已ᄒᆞᆫ事實로此에至ᄒᆞᆷ이안인가且其中에如干ᄒᆞᆫ商民輩가有ᄒᆞ나外物을內地에輸入ᄒᆞᆫᄂᆞᆫ中間에口文餘唾를是拾ᄒᆞ야割肉補瘡에公害가될뿐이오外利를內地에輸入ᄒᆞᆯ經紀ᄂᆞᆫ萬無ᄒᆞ리니此를엇지商業이라稱ᄒᆞ며且農業이란것은穀物種穫만謂ᄒᆞᆷ이안이라一般牧畜園藝等이無非農家事業이어날我國은穀物外의ᄂᆞᆫ初不以爲業뿐外라雖穀農之家라도營作이無方ᄒᆞ야比諸外人에得利甚少ᄒᆞ고鷄豚牛馬의飼養과果樹林木의栽培ᄂᆞᆫ任其天然ᄒᆞ야或病殰枯死를不爲注意保護ᄒᆞ니農業의不振이良以此耳며山阪邱瀧의空間이安得不有리오觀彼外人은有農業學校、有農業模範場、又有牧畜場、種苗場、獸醫學校ᄒᆞ야一般人民의進化를勸奬ᄒᆞᆷ으로牧畜園藝의利가穀物의利와相等ᄒᆞᆫ지라然ᄒᆞᆷ으로雖庭畔籬隙과田間隴疇이라도分寸의曠地가無ᄒᆞ거날我國

은土地가日益荒蕪ᄒᆞ고山林이日益童濯홈으로今日拓植會社의設立問題가實施되나拓植二字의名義는大端히感幸ᄒᆞ나此拓植會社의主務가問是誰家오我가一切事業이茫無方向ᄒᆞ야他手에讓渡ᄒᆞᆫ것이니慨且無益이어니와今日以後라도該社股金募集과開墾着手에對ᄒᆞ야資本家實業家가十分注意치안이면將來捿息ᄒᆞᆯ處所가無ᄒᆞᆯ지니其各勉旃ᄒᆞᆯ지어다嗚乎諸君아再思之ᄒᆞ라大抵國家의莫大ᄒᆞᆫ利源은礦山、鐵道、森林、漁採四者가爲最나我國이如何ᄒᆞᆫ所見을因홈인지此權을旣已外人의게讓渡ᄒᆞᆫ지라實力이專餒ᄒᆞ니不足爲目下覓還之問題나一鐵道의貴金이自內出外가日不知幾何오衣物火具、陶冶諸器의代金이日々出外ᄒᆞ는者ㅣ又不知幾何오甚至卷烟砂糖等細瑣雜物의代金이日々出外ᄒᆞ는者ㅣ又不知幾何며前日則民間正供이雖歸國庫나末乃循環民間ᄒᆞ야以爲融通이나今日則高等月給이盡歸外人이라旣無內物之可以外輸者ᄒᆞ니貨幣循環이更無其望이오甚至建築材料와敎育界諸般機械가無不自外輸入ᄒᆞ니若此不已면不幾時日에財錢이涸渴ᄒᆞ야民無所措手足矣리니血脉이已枯ᄒᆞ고生命을保ᄒᆞᆯ者ㅣ誰가有ᄒᆞ리오嗚乎諸君아此를猛省ᄒᆞᆯ지어다坑塹이在前ᄒᆞ니此를着意猛省ᄒᆞᆯ지어다嗚乎諸君아如此ᄒᆞᆫ境遇를當ᄒᆞ얏스니其坐待滅亡홈이可ᄒᆞᆯ가現症을診察ᄒᆞ야相當劑藥을試홈이可ᄒᆞᆯ가諸君이此에必答ᄒᆞ야曰劑藥을必投乃已라ᄒᆞ리니然ᄒᆞᆫ則請以一言으로諸君의게告호리라現方我國의農工業이爲先振興ᄒᆞ야輸出을猷爲코자ᄒᆞ면不得不內地에實業勉勵會社를各道列郡에設立ᄒᆞ고資金을各其收聚ᄒᆞ야農工模範場을

必要ᄒᆞᆫ區域에設置ᄒᆞ되內外國人間善良ᄒᆞᆫ技手를雇聘ᄒᆞ야 一二年經紀면該場觀光者가可히技手의資格을作ᄒᆞᆯ지며實業上有志巧敏ᄒᆞᆫ子弟를外國에派遣學習ᄒᆞ야卒業歸國ᄒᆞᆫ後에各處에營業을謀猷ᄒᆞ면一般同胞의進化發展을期日可圖ᄒᆞ리니最要ᄒᆞᆫ方針이此에不過ᄒᆞᆯ지라嗚乎諸君이여此를不欲有爲則已어니와如欲有爲則至難ᄒᆞᆫ事가안일지니各其自己의生命을顧視ᄒᆞᆯ진ᄃᆡ此를亟々猷爲ᄒᆞᆯ지어다

教育者와宗教

抱宇生

宗教ᄅᆞᆫ者ᄂᆞᆫ即信仰이니信仰의目的物은廣大無邊ᄒᆞ야或은天이라ᄒᆞ며或은神이라ᄒᆞ며或은佛이라ᄒᆞ되擧皆絶對無限의完全ᄒᆞᆫ者를指ᄒᆞᆷ이니人類가如何히完全ᄒᆞᆫ者라ᄒᆞᆯ지라도絶對的無限의完全ᄒᆞᆫ者라謂ᄒᆞ기ᄂᆞᆫ不能ᄒᆞᆯ지며智와德이如何히進步ᄒᆞᆯ지라도絶對的無限의完全을得키ᄂᆞᆫ不能ᄒᆞᆯ지라然이나人生은完全을是望ᄒᆞ며有限을是嫌ᄒᆞᄂᆞᆫ故로宗教의必要가於此에起來ᄒᆞᄂᆞ니만일不滿足을不知感ᄒᆞ며不安寧을不知嫌ᄒᆞ면宗教의必要가無ᄒᆞ거니와滿足을是望ᄒᆞ며安寧을是圖ᄒᆞ면宗教의必要가無키不能ᄒᆞᆯ지라或者曰余ᄂᆞᆫ極히寬大ᄒᆞᆫ主意를抱有ᄒᆞᆫ故로宗教를信仰ᄒᆞᄂᆞᆫ人을對ᄒᆞ면曰宗教를信仰ᄒᆞᆷ이人類의本務며萬事의根源이라ᄒᆞ며宗教를不信ᄒᆞᄂᆞᆫ人을對ᄒᆞ면曰宗教ᄂᆞᆫ人類의게對ᄒᆞ야關係가無키ᄂᆞᆫ不能ᄒᆞᄂᆞ上智의게對ᄒᆞ야ᄂᆞᆫ別노關係가無ᄒᆞ다ᄒᆞ거니와余ᄂᆞᆫ其誤解를辯證코저ᄒᆞ노니物質의滿足으로其心을滿足ᄒᆞᄂᆞᆫ者ᄂᆞᆫ下智요物質의

滿足을得홀지라도精神上滿足을不得ᄒᆞ면其心의滿足을不得ᄒᆞᄂᆞᆫ者ᄂᆞᆫ上智니孟子ㅣ不云乎아無恒産而有恒心者ᄂᆞᆫ唯士爲能이어니와若民則無恒産이면無恒心이라ᄒᆞ엿스니物質에自滿ᄒᆞᄂᆞᆫ者ᄂᆞᆫ下智며精神의滿足으로其滿足의標準을作ᄒᆞᄂᆞᆫ者ᄂᆞᆫ上智니精神上에絶對的完全을不得ᄒᆞ면滿足키不能ᄒᆞᆫ者ᄂᆞᆫ唯上智爲能이어니와若下智則不能ᄒᆞᄂᆞ니絶對的宗敎를要홀者ᄂᆞᆫ上智에在ᄒᆞ고下智에不在라ᄒᆞ노라然이나宗敎의信仰이無ᄒᆞ면大事業을成키不能ᄒᆞ다斷言키ᄂᆞᆫ不能ᄒᆞ나大事業을成就ᄒᆞᆫ人物을考察컨ᄃᆡ其多大數ᄂᆞᆫ確乎의信仰을有ᄒᆞ엿스니華盛頓、俾斯麥、크롬웰馬丁路得等이其人也라政治、文學、軍事、實業、等을勿論ᄒᆞ고一種信仰이有ᄒᆞᆫ者의事業에ᄂᆞᆫ其趣味가高尙ᄒᆞ며其進取의速度가電捷ᄒᆞ야進ᄒᆞ면足히大勝을奏ᄒᆞ며退ᄒᆞ면足히樂觀을守ᄒᆞ야進退에失敗가具無ᄒᆞ나니然則大事業은上智의事라大事業을經營ᄒᆞᄂᆞᆫ者ᄂᆞᆫ信仰의種類ᄂᆞᆫ勿論ᄒᆞ고반다시、一定ᄒᆞᆫ信仰處가有ᄒᆞᆫ然後에야可홀지라盖此人間社會에所謂大事業이時代를從ᄒᆞ야其種類가不一ᄒᆞ거니와一般을總括ᄒᆞ야言ᄒᆞ자면敎育이其統權者가될지라若此ᄒᆞᆫ大事業을經營ᄒᆞᄂᆞᆫ者ᄂᆞᆫ堅確ᄒᆞᆫ一種의信仰이無ᄒᆞ면不可홀지니歐洲諸邦에大敎育家等도大槪一種信仰이無ᄒᆞᆫ者無ᄒᆞ엿스니此로써我邦에推論ᄒᆞ야絶對的標準을作ᄒᆞ기ᄂᆞᆫ不能ᄒᆞ나今日의形勢를當ᄒᆞ야此를不要ᄒᆞ면其成就가尤極困難홀지로다

窮ᄒᆞ면亂키易홈은人類의弱點이니一定ᄒᆞᆫ信仰이無ᄒᆞ면些少ᄒᆞᆫ困難이有홀지라도撓屈키容易ᄒᆞ며一定ᄒᆞᆫ信仰이有ᄒᆞ면雖是千

萬의困難이掩地而來ᄒᆞᆯ지라도我의主志를搖動키不能ᄒᆞᄂᆞ니故로一定ᄒᆞᆫ信仰이有ᄒᆞᆫ然後에야可히其現想의目的을達키容易ᄒᆞᆯ지라

近日我邦敎育界에往往其目的을達치못ᄒᆞ고朝創暮廢의慘狀을當ᄒᆞᆷ도其原因을溯究ᄒᆞ면或曰繼續性이無ᄒᆞ야然ᄒᆞ다ᄒᆞ며或曰血誠이無ᄒᆞ야然ᄒᆞ다ᄒᆞ며或曰名譽만釣ᄒᆞᄂᆞᆫ故로然ᄒᆞ다ᄒᆞ며或曰財政의艱絀ᄒᆞᆷ을因ᄒᆞ야然ᄒᆞ다ᄒᆞ야其原因의口實이種々有之ᄒᆞ니此亦然則然矣나其最大原因은敎師된者와及其 **管理者**가 **一定**ᄒᆞᆫ**信仰心**이無ᄒᆞᆷ이라ᄒᆞᆯ지로다信仰心이無ᄒᆞ면繼續性의發來ᄒᆞᆯ淵源이無ᄒᆞ며血誠이有ᄒᆞᆯ지라도瞬間에不過ᄒᆞᆯ지며名譽心이無ᄒᆞᆯ지라도中途에敗蹶을一遇ᄒᆞ면扶身前進ᄒᆞᆯ能力이無ᄒᆞᆯ지라然이나一定ᄒᆞᆫ信仰만有ᄒᆞ면其目的을達ᄒᆞᄂᆞᆫ期限은遲速이有ᄒᆞ려니와千萬의障害가襲來ᄒᆞᆯ지라도其主意ᄂᆞᆫ撓動치못ᄒᆞᆯ지며且近日我邦에敎師된者時勢風波의刺激을受ᄒᆞ야自己의天職을背脫코저ᄒᆞ며敎授에對ᄒᆞ여도亦熱心이無ᄒᆞᆫ者가往往有之ᄒᆞ니此亦時勢의造致를因ᄒᆞᆷ이어니와大槪ᄂᆞᆫ其衷心에滿足이無ᄒᆞ며安慰가無ᄒᆞᆷ이니此에對ᄒᆞ여도一定ᄒᆞᆫ信仰이有ᄒᆞ면然키不能ᄒᆞᆯ지라

彼韓半島荒茂ᄒᆞᆫ天地間에彷徨ᄒᆞ야將來의文明을植코저ᄒᆞ며自由의種을種코저ᄒᆞᄂᆞᆫ諸君子여 ── 諸君의天職을達ᄒᆞᆷ에對ᄒᆞ야許多ᄒᆞᆫ修養과許多ᄒᆞᆫ方策은余의紹介를待ᄒᆞᆯ바無ᄒᆞ거니와但一言을陳獻코저ᄒᆞᄂᆞᆫ것은諸君이敎務에着手할時에爲先宗敎의敎理를深々硏究ᄒᆞ며宗敎上問題를反復思考

ᄒᆞ야一方으로ᄂᆞᆫ諸君의精神上에無限ᄒᆞᆫ趣味와無窮ᄒᆞᆫ能力을得케ᄒᆞ며一方으로ᄂᆞᆫ健全有望의國民을造成ᄒᆞ기를是望ᄒᆞ노라

學窓餘話

竹 庭

男兒와女兒

巴里의름博士ᄂᆞᆫ何由로男兒를生ᄒᆞ며何由로女兒를生ᄒᆞᄂᆞᆫ問題에對ᄒᆞ야多日의硏究를要ᄒᆞ엿ᄂᆞᆫᄃᆡ左에其要點을摘記ᄒᆞ노라

戰爭이有ᄒᆞᆫ後에ᄂᆞᆫ男兒를多產ᄒᆞᆷ은事實이어니와俗說을依ᄒᆞ면上帝가男性의戰死ᄒᆞᆷ을爲ᄒᆞ야其代로男子를授ᄒᆞ신다ᄒᆞ나其事實則不然ᄒᆞ니戰場에往ᄒᆞᄂᆞᆫ者皆是强健ᄒᆞᆫ男子요國土에殘留ᄒᆞᆫ者ᄂᆞᆫ大槪虛弱ᄒᆞᆫ者라自然의配合은眞實上奇妙ᄒᆞ야夫婦中에虛弱ᄒᆞᆫ者가存ᄒᆞ면其虛弱ᄒᆞᆫ者를保護ᄒᆞ며其種을傳코져ᄒᆞᄂᆞᆫ故로夫가虛弱ᄒᆞ면男兒를生ᄒᆞ며婦가虛弱ᄒᆞ면女兒를生ᄒᆞᄂᆞ니戰役後에男兒를多產ᄒᆞᆷ도全혀虛弱ᄒᆞᆫ男兒가國內에大部分을點有ᄒᆞᆫ故이라然이나虛弱이라ᄒᆞᆷ은比較的이요絶對的은아니라露國皇后가四位內親王을產ᄒᆞ여스니露國皇帝보다虛弱ᄒᆞ다斷言키ᄂᆞᆫ不能ᄒᆞ도다然이나一般에對ᄒᆞ야言ᄒᆞ면夫婦中比較的虛弱ᄒᆞᆫ者가其性을兒의게傳ᄒᆞᆷ은爭論키不能ᄒᆞᆫ理라

年齡의關係에對ᄒᆞ여도同然ᄒᆞ니夫가年長이될사록更言ᄒᆞ면夫가婦의게對ᄒᆞ야老去ᄒᆞᆯ사록其所產의兒ᄂᆞᆫ男兒가多ᄒᆞ며만일妻가年長이되면될사록其所產의兒ᄂᆞᆫ女兒가되ᄂᆞ니其數의比ᄂᆞᆫ女兒千人에男兒八百六十五人이며夫婦同齡이면女兒千人에對ᄒᆞ야男兒九百四十八人을生ᄒᆞ며夫가妻보

다十六年이長ᄒᆞ면女兒千人에對ᄒᆞ야男兒千六百三十二人의比가되며若夫가妻보다十八歲가長ᄒᆞ면男兒의數ᄂᆞᆫ女兒에倍數에至ᄒᆞᄂᆞᆫ지라

此事實은牧畜業者의經驗을由ᄒᆞᆯ지라도足히推知ᄒᆞᆯ지니牝을得코저ᄒᆞ면반다시其母牝를弱케ᄒᆞ며牡을得코저ᄒᆞ면親牡을疲케ᄒᆞᆫ다ᄒᆞ며昔에埃及國一部落에서士民間의戰爭이有ᄒᆞ엿ᄂᆞᆫᄃᆡ勝者가敗者의婦人五百人을虜婦ᄒᆞ엿더니其後에擧皆兒孫를産ᄒᆞᆫ지라其兒의數를調査ᄒᆞᆫ즉女兒ᄂᆞᆫ四百三人이요男兒ᄂᆞᆫ七十九人이라ᄒᆞ엿스니此ᄂᆞᆫ婦女等이捕虜를因ᄒᆞ야其身體가自然疲困ᄒᆞ여진故로造物主ᄂᆞᆫ其女性의權衡을保存키爲ᄒᆞ야女兒를多數히授與ᄒᆞᆷ이라

此가릅博士의說이라余가此에對ᄒᆞ야喟然歎曰實노造物主ᄂᆞᆫ速키世를棄ᄒᆞᄂᆞᆫ者의性을保存코저ᄒᆞᄂᆞᆫ지라我韓國二千萬生靈의生命이將次逝코자ᄒᆞ미엇지造物主의保護가無ᄒᆞᆯ가夫婦의配合이無ᄒᆞ면造物主가其種을此世에存留코자ᄒᆞ나得지못ᄒᆞ리니此가無形의眞理라天助自助之理가於此에도明矣로다嗚乎同胞諸君이여諸君이行ᄒᆞ면天必祐之ᄒᆞ리니諸君은其念之哉어다

研究ᄂᆞᆫ進化의本이라

徐炳玹

國이國과富强을幷駕ᄒᆞᆯ진ᄃᆡ內筋이必純全ᄒᆞᆯ지오人이人과思想을比擬ᄒᆞᆯ진ᄃᆡ智力이必具備ᄒᆞᆯ지로다國의內筋이純全ᄒᆞ기ᄂᆞᆫ胎於研究ᄒᆞ고人의智力이具備ᄒᆞ기도亦胎於研究ᄒᆞ나니研究ᄂᆞᆫ國을興ᄒᆞᄂᆞᆫ者며人을智ᄒᆞᄂᆞᆫ者라盖研究力이無ᄒᆞ면國而非國이며人而非人이라ᄒᆞᆯ지니何則고ᄒᆞ면今에砲烟

이漲天ᄒᆞ고彈丸이如雨ᄒᆞ니此는有研究ᄒᆞᆫ國과無研究ᄒᆞᆫ國의戰이라此境을當ᄒᆞᆷ의研究가既無ᄒᆞᆫ國은拔腰的(戰栗貌)心緒가自萌ᄒᆞ야能히抗拒치못ᄒᆞ며迷路와如히罔知所向타가左擊右打에卒然墳巷ᄒᆞ얏스니此等國은非國이라ᄒᆞ야도過言이아니요亦今에應試者雲集ᄒᆞ고觀光者簇立ᄒᆞ니是는劣者와優者의試라是擧에處ᄒᆞᆷ의研究가已乏ᄒᆞᆫ者는未信的思想이倏生ᄒᆞ야能히嫺熟치못ᄒᆞ며蒼黃과如히忘失所措타가前顧後眄에居然落第ᄒᆞ리니此等人은非人이라ᄒᆞ야도過言이아니로다然ᄒᆞᆫ則研究二字가國을堅固ᄒᆞ난鍵이며人을陶治ᄒᆞ는師라ᄒᆞᆷ이可ᄒᆞᆯ진뎌

只以卽墨으로七十餘城을恢復ᄒᆞᆫ齊國과歐洲最小國으로一朝에羈絆을解脫ᄒᆞᆫ瑞士는如何히ᄒᆞ면吾의舊疆을恢復ᄒᆞᆯ가如何히ᄒᆞ면吾羈絆을解脫ᄒᆞᆯ가ᄒᆞ는研究가必有ᄒᆞ얏슬지오句踐의生聚謀吳ᄒᆞ던間에如何히ᄒᆞ면會稽의耻辱을伸雪ᄒᆞᆯ가ᄒᆞᆫ研究가必有ᄒᆞ얏슬지니研究에効果가巨且大矣오埃及의滅ᄒᆞᆷ과越南의亡ᄒᆞᆷ은如何히ᄒᆞ면吾國을保全ᄒᆞᆯ가如何히ᄒᆞ면列國에比肩ᄒᆞᆯ가ᄒᆞ는研究가無ᄒᆞ얏슬지오昔에印度의被敗ᄒᆞᆷ은如何ᄒᆞ면縱矢反射를避免ᄒᆞᆯ가ᄒᆞᆫ研究가無ᄒᆞ얏슬지니無研究의禍胎가悲且慘矣로다

哲學家工學家로一言ᄒᆞ건ᄃᆡ哈力孫이天畔諸星의位置循環을透明ᄒᆞ얏고껄넘버쓰는地球運動의理由를說明ᄒᆞ얏스니此皆研究與研究의相乘積이라謂ᄒᆞᆯ지며電線의隔在千里에完然對晤ᄒᆞᆷ은毛菸壽의遺跡이요輪船의瞬走千里에往來便宜는須大渾의遺跡이니此亦研究와研究의相乘이라謂ᄒᆞᆯ지로

다研究ᄂᆞᆫ性靈에서出ᄒᆞᄂᆞ니性靈은講師ㅣ라

向日余가投石於水ᄒᆞ니則沈沒ᄒᆞ고投木於水ᄒᆞ니即浮遊ᄒᆞᄂᆞᆫ지라其理를未解ᄒᆞ야左思右度ᄒᆞ니講師ㅣ暗曉曰石은細微ᄒᆞᆫ者라도不讓而沒ᄒᆞᆷ은其所據의水重에셔ᄂᆞᆫ左重ᄒᆞᆫ所以오木은巨大ᄒᆞᆫ者라도不計而浮ᄒᆞᆷ은其所占의水重에셔ᄂᆞᆫ左輕ᄒᆞᆫ緣故라水와物을比較ᄒᆞᆷ이重者ᄂᆞᆫ沈沒ᄒᆞ고輕者ᄂᆞᆫ浮遊ᄒᆞᆫ다ᄒᆞ얏스니眞可謂講師라

我同胞ᄂᆞᆫ此完全講師를尊奉ᄒᆞ야如何히ᄒᆞ면吾國을富强ᄒᆞᆯᄀᆞ如何히ᄒᆞ면同胞를安堵ᄒᆞᆯᄀᆞᄒᆞ야注腦而研究ᄒᆞᆯ지라研究中에指南車와羅盤針이有ᄒᆞ니라亦勞心而研究ᄒᆞᆯ지라化翁과神人이研究로出ᄒᆞ야富國의策과强兵의術을說明ᄒᆞ며桑祥穀의有ᄒᆞᆷ과有雀生鶴의地를指導ᄒᆞᄂᆞ니라同胞々々여桑雀은巨岩도衝串ᄒᆞᄂᆞ니吾人이야不遂者誰오

我國青年의危機

文一平

忍耐力의薄弱

美國에著名ᄒᆞᆫ某宗敎家가일즉我學生集會에서演說ᄒᆞᆯ식其言에曰貴國青年의缺點은忍耐力의薄弱에在하다하얏스니至哉라此言이여病者의藥石이며貧者의寶金이로다試問하노니今日我輩青年이此事實이果有ᄒᆞᆫ가否ᄒᆞᆫ가此事實이若無하면外人의口舌上에受評ᄒᆞᆯ理가豈有하리오此ㅣ我輩의再三反省ᄒᆞᆯ處라

大抵吾人이最初胎內에落ᄒᆞᆫ日로부터墓下에入하ᄂᆞᆫ時ᄭᆞ지此世有形無形界兩大敵으로奮鬪ᄒᆞᆯ식最後勝敗利鈍은忍耐力의有無

大小强弱에專係하ᄂᆞ니君不見乎아基督이曠野에往하야四十日夜의魔試慾情을忍耐치못하야스면엇지耶敎를開拓하며釋迦가山林에入하야六年의苦心難行을忍耐치못하야스면엇지佛道를唱道하며子房이圯上의辱을忍耐치못하야스면엇지帝王의師가되며桓公이莒中의嫌을忍耐치못하야스면엇지諸侯의覇가되며華盛頓이殖民地暗雲에血戰汗鬪의困艱을忍耐치못하야스면엇지彼强暴無道의英軍을擊破하고美國의獨立을成就하며李提督이閑山島夜月에肉飛骨折의苦痛을忍耐치못하야스면엇지彼狡猾不法의敵兒를討滅하고我國의生靈을保全하야스리오此로由하야觀하건ᄃᆡ東西古今을勿論하고世界를驚動하며人類를支配하ᄂᆞᆫ大聖賢大政治家大軍略家가다ㅣ此로써爲經爲緯치안이ᄒᆞᆫ者未有하고또爲經爲緯하야成功치못ᄒᆞᆫ者未有하도다大哉라忍耐力이여忍耐力이無하면人이人이되기難하며英雄이英雄되기難하며聖賢이聖賢되기難하리니其動機ᄂᆞᆫ雖微하ᄂᆞ結果ᄂᆞᆫ至大하도다

噫라此例를他人의게遠求치말고反觀하야自身에近取ᄒᆞᆯ지여다假令一日生活로言하더ᄅᆡ도一時의小憤을忍耐치못ᄒᆞᆷ으로平生의大患을貽ᄒᆞᆯ수有하며半秒의暫快를忍耐치못ᄒᆞᆷ으로十年의長苦를招ᄒᆞᆯ수有하며甚至一嚬一笑와一動一靜의細行小節을忍耐치못ᄒᆞᆷ으로因하야往々他人의게嘲笑를買하며自心에耻愧를作하ᄂᆞᆫ事가不無하니此ᄂᆞᆫ吾人이過去에日々經驗ᄒᆞᆫ바오現在에日々目擊하ᄂᆞᆫ바니果然忍耐力이心性上에如何ᄒᆞᆫ關係가有하며行動上에如何ᄒᆞᆫ影響이及하며乃至修養上事業上에如何ᄒᆞᆫ鍵鑰이

되는것은贅言을不待하고明知홀바라然이나爾來에我輩青年界를觀察하건디何其不知之甚也오內國에在훈青年의實相은余素曖昧하야明知치못하는故로斷言키難하나海外에留훈는我輩青年一部의狀態를論하건디昨日通學에今日休學하며今年入校에明年退校하야實業이政治로忽變하며政治가法律로更遷하니此는自己一身의前程을阻礙홀뿐不是라學校의信用을失하야累를全體에被케하니엇지寒心치아니며或者는出疆幾年에某學校에던지入學치안이하고講習所에爲名通學하는者ㅣ有하며甚者는做業書籍을度外에置히며所謂學校講習所는夢中에도不及하고花柳界風月樓에來往이頻繁히며演劇場料理店에出入이無常하야貴重훈時間을虛費히며窘絀훈學資를空擲하니此等青年은墜落훈學生이라擧論홀必要가更無하거니와엇지太患홀바안이리오此皆一定훈理想과一定훈主義가無훈故로世波에飄搖하야四方에轉蕩하는바라然이나其亦忍耐力의範圍에歸치안이치못하리로다吾人이長日月間에同一훈學校에서工夫홀時에有時로快樂도生하며厭情도至홈은人의通性이여놀噫라此一時厭情을忍耐치못하는故로畢竟休學轉校或는退學까지하야平生을誤하는바며聲色食飮의慾은聖人이라도오이려免키難하거든而況常人이며老年이라도禁치못하거든而況青年이리오然이나此一時의慾心을忍耐치못하는故로千仞魔窟에陷하야百年의大患을招하는바니嗚呼라我輩青年이一事가旣然하니萬事가豈其不然이며一部가旣如是하니全體를足히써可窺하리로다

今日二十世紀舞臺初幕에希望이最遠最多

ᄒᆞᆫ我國靑年이至大至重ᄒᆞᆫ責任을負擔하고生存滅亡의危路에登하얏는ᄃᆡ忍耐力이如此甚小甚弱하니엇지此를能堪하야目的地에到達ᄒᆞᆷ을得하리오實로最後勝利가萬難하도다故로曰今日急先務는忍耐力의養成에在하다하노라

(未完)

學園

警察의定義

李大衡

蓋警察은國家의命令權의行使되는命令이라國家가其權力을依ᄒᆞ야或行爲와不行爲을強制ᄒᆞ는바作用ᄒᆞᆷ인데警察의警察된所以는其一定외目的을達ᄒᆞ니ᄒᆞ爲야一個人

에加ᄒᆞᆷ에強制를以ᄒᆞ야爲ᄒᆞᆷ이有ᄒᆞᆫ고로權力關係存在세未ᄒᆞᆯ時에는警察이無有가될지라然ᄒᆞᆷ으로써警察直接으로公共의安寧秩序를保持ᄒᆞ기爲ᄒᆞ야人의自由를制限ᄒᆞ는權力의動ᄒᆞᆷ이라고謂ᄒᆞᆯ지나然ᄒᆞ나國家가其命令權을依ᄒᆞ야一個人의自由를制限ᄒᆞ며或行爲를強制ᄒᆞᆷ도萬一其目的으로公共의安寧秩序에對ᄒᆞ야危害를排除ᄒᆞᆷ에在치아니ᄒᆞ면此를警察이라謂ᄒᆞ기不能ᄒᆞ고또要ᄒᆞ건ᄃᆡ警察의目的은安寧秩序의保持에有ᄒᆞ며其手段은危害를防止ᄒᆞᆷ에有ᄒᆞ고其形式은自由를制限ᄒᆞᆷ에有ᄒᆞ니此等目的手段形式이具備된行政의動을警察이라稱ᄒᆞ깃고警察은內務行政의一部分이라警察이危害防止의目的을達ᄒᆞ기爲ᄒᆞ야自由制限의手段을用ᄒᆞᆷ은內部行政된警察強制權의執行을謂ᄒᆞᆫ것인데곳警察權에依ᄒᆞ야人

의自由를制限홈으로써安寧秩序를保持홈이되ᄂᆞ니라換言ᄒᆞ면人의自由를制限ᄒᆞ야社會의秩序를維持홀方法으로홀境遇에ᄂᆞᆫ警察權을以ᄒᆞ야或行爲不行爲强制홈에在혼故로設令危害防止의目的으로ᄒᆞᄂᆞᆫ活動도一個人의自由에何等關係가有ᄒᆞ지아닐時ᄂᆞᆫ警察의活動이라고不能謂홀지라佛國보ㅣ루세에ㅣ루氏가曰善良혼警察制度의開明혼政治上에在홈은現世界에有名혼器物中에無上히有名혼良工을作ᄒᆞᄂᆞᆫ位置에一寶物된다고說明ᄒᆞ얏고且獨逸國法學博士모ㅣ루氏ᄂᆞᆫ警察을以ᄒᆞ야公法中에가장不明分ᄒᆞ무로困難혼部分이라고說明ᄒᆞ엿고墺國有名혼警察學者스다인氏ᄂᆞᆫ理論도無ᄒᆞ고實務無도ᄒᆞ고一事一物이警察에關혼것을丁解홈에極히困難ᄒᆞ다고說明ᄒᆞ고또警察法은國家一般事務上에就ᄒᆞ야警察의職務와地位를定ᄒᆞ기爲ᄒᆞ야可히缺치못홀줄노認定ᄒᆞ야其法理를詳究홈은警察上에實노必要가된다고大有議論ᄒᆞ니라警察의定義에關ᄒᆞ야危險預防說과目的說과內務行政說과自由制限說이有ᄒᆞ나其歸着홈에至ᄒᆞ야ᄂᆞᆫ內務行政說과自由制限說이有ᄒᆞ니今에此說을主張ᄒᆞᄂᆞᆫ有名學者의所論이有ᄒᆞ다云々

(未完)

生理學初步

荻丹山人

愛讀ᄒᆞᄂᆞᆫ諸君이여諸君은다完全혼國民이되고져ᄒᆞᄂᆞᆫ者로다完全혼國民이되고져홀진ᄃᆡ몬져完全혼個人의格을成홀지어다그러면完全혼個人의格은如何혼者뇨請컨ᄃᆡ余ㅣ次序를들어告ᄒᆞ리라

ᄃᆡ개完全혼人格은天美의發育을遂ᄒᆞ야心

身이强健ᄒᆞ며意志가確實ᄒᆞ야身을修ᄒᆞ며德을養ᄒᆞ야大業을成ᄒᆞ며大道를行ᄒᆞᄂᆞᆫ者로써可히滿足타謂ᄒᆞᆯ지니是以로完全ᄒᆞᆫ人은內로心理學을硏究ᄒᆞ며外로生理의道를實通ᄒᆞ야高等의生活을享過ᄒᆞᄂᆞ니라余ㅣ只今에몬져言코저ᄒᆞᄂᆞᆫ者ᄂᆞᆫ人이人된其身体의構造、作用、發育의狀態와及此를强健케ᄒᆞᄂᆞᆫ道를示ᄒᆞᆷ이니即分言ᄒᆞ쟈면身体의構造를敎ᄒᆞᆷ은解剖學이오其發育과作用을敎ᄒᆞᆷ은生理學이오此數者로ᄒᆞ여곰다시强健케ᄒᆞᄂᆞᆫ道를敎ᄒᆞᆷ은衛生學이라그런ᄃᆡ今番에ᄂᆞᆫ다못生理學에就ᄒᆞ야人体의如何ᄒᆞᆫ것은簡易히說明ᄒᆞ겟노라

●(人体)

人은骨骼으로써棟梁을ᄉᆞᆷ고筋肉이此에附着ᄒᆞ니外面은全혀皮膚로써被ᄒᆞ엿도다또ᄒᆞᆫ全身을外部로븟터大別ᄒᆞ면可히頭、軀幹及四肢의三部로써分ᄒᆞᆯ지로다

●頭ᄂᆞᆫ球形으로內에腦를藏ᄒᆞᆫ頭蓋와及顔面으로成ᄒᆞᆫ者니또顔面에ᄂᆞᆫ視(眼)、聽(耳)、臭(鼻)、及味(口)、의官能을有ᄒᆞᆫ四窩를有ᄒᆞ니盖頸에據ᄒᆞ야胸에接續ᄒᆞ엿ᄂᆞ니라

●軀幹은脊髓를包ᄒᆞᆫ脊柱를基로ᄉᆞᆷ고桶狀으로써頸、胸、腹及骨盤의四部로븟터成ᄒᆞᆫ者니頸은其前部를喉라云ᄒᆞ니內에ᄂᆞᆫ發聲器、氣管、食道、神經及血管을藏ᄒᆞ고胸은其後部를脊이라云ᄒᆞ니內에ᄂᆞᆫ呼吸器의肺臟、血行器의心臟及大血管을藏ᄒᆞ고腹의後部ᄂᆞᆫ腰니內에ᄂᆞᆫ消化器及泌尿器를藏ᄒᆞ고上部ᄂᆞᆫ橫膈膜을隔ᄒᆞ야胸腔에接ᄒᆞ고下部ᄂᆞᆫ骨盤이支持ᄒᆞ엿ᄂᆞᄂᆞ니라

●四肢ᄂᆞᆫ骨과及筋肉으로成ᄒᆞᆫ者니上肢ᄂᆞᆫ

胸에聯合ᄒᆞ야肩、上膊、前膊及手가有ᄒᆞ고下肢는骨盤에聯合ᄒᆞ야上腿、下腿及足에區別이잇엿ᄂᆞ니라

身体의機關은또其作用에基ᄒᆞ야左의諸系統에分別ᄒᆞᆷ을得ᄒᆞᄂᆞ니

一運動器

二消化器

三循環器

四呼吸器

五泌尿器

六神經器

●(人体의組織)

肉眼으로써人體를見ᄒᆞᆯ時는外部에는皮膚와毛髮이有ᄒᆞ고鼻口等의內面은粘膜으로써被ᄒᆞᆫ것을見ᄒᆞ며또內部에는筋骨、臟器、血管、神經等의存ᄒᆞᆫ것을察ᄒᆞ나其形狀과種類ㅣ極히複雜ᄒᆞ야其如何ᄒᆞᆫ것으로成ᄒᆞ엿는지詳知키難ᄒᆞ도다그러나ᄒᆞᆫ번顯微鏡을取ᄒᆞ야仔細히各部의組織된것을吟味ᄒᆞ면如何ᄒᆞᆫ部分이던지다或種의小體로붓터構成된것이確實ᄒᆞᆫ지라其小體는植物을組織ᄒᆞᄂᆞᆫ바細胞와全혀同樣되는것을識ᄒᆞᆯ지이다

此人体를構成ᄒᆞᆫ動物細胞도其構造는植物細胞와大同小異ᄒᆞ니原形質노붓터成ᄒᆞᆫ者는通常球形의軟體로其內部에는一點의核를含ᄒᆞ니다못其植物細胞와異ᄒᆞᆫ것은特別의被膜을不有ᄒᆞᆷ이니라

身体의諸部는다此細胞로成ᄒᆞᆫ者나部位를異히ᄒᆞᆷ에從ᄒᆞ야其形狀에는幾多의異同이有ᄒᆞ니或圓ᄒᆞᆫ者도有ᄒᆞ며扁平ᄒᆞᆫ者도有ᄒᆞ며長ᄒᆞᆫ者도有ᄒᆞ며糸와如ᄒᆞᆫ者도有ᄒᆞ며又鱗狀을成ᄒᆞᆫ者도有ᄒᆞ니此中同一의形狀과及性質을有ᄒᆞᆫ細胞는恒常一所에會集ᄒᆞ야

組織을成ᄒᆞᆷ이恰然煉瓦와石이相待ᄒᆞ야障壁을成ᄒᆞᆷ과如ᄒᆞᆫ도다今에一細片의肉을取ᄒᆞ야顯微鏡下에照見ᄒᆞ면容易히此를窺得ᄒᆞᄂᆞ니此等數種의組織이互相聯絡ᄒᆞ야一形体를具ᄒᆞ며一定의作用을營ᄒᆞᆷ을名付ᄒᆞ야機關(或云器關)이라云ᄒᆞᄂᆞ니라

細胞ᄂᆞᆫ吾人生存間에醒覺中은勿論비록睡眠中이라도暫時其動作을不止ᄒᆞᄂᆞ니其作用調節의宜ᄒᆞᆷ을得ᄒᆞᆫ者ᄂᆞᆫ恒常心身이健全ᄒᆞ야神氣가爽快ᄒᆞ며擧動이敏捷ᄒᆞ나假令一部分이라도其調節를失ᄒᆞᆯ時ᄂᆞᆫ忽然이病을發ᄒᆞᄂᆞ니만약此作用을全혀休止ᄒᆞ면實노一死에不外ᄒᆞ리로다

그런즉吾人의生死ᄂᆞᆫ必竟該細胞의活動과休止의意味에存ᄒᆞᆷ은可測ᄒᆞᆯ지라請컨ᄃᆡ恒常清潔를尙ᄒᆞ며食餠을愼ᄒᆞ며運動을勵ᄒᆞᆷ은必竟此等細胞의動作을調ᄒᆞ며또其新陳代謝를盛히ᄒᆞ야써心身을健全케ᄒᆞᆷ에在ᄒᆞᆷ이로다

梨樹栽培說

金 志 侃

世界文明의程度가高ᄒᆞᆷ을從ᄒᆞ야衛生方法이發達된研究로果物에滋養分이多ᄒᆞ고消化力이大ᄒᆞᆷ을覺知ᄒᆞ야果實의需用이漸々增加ᄒᆞᆷ으로果樹栽培業이日로進ᄒᆞ고月로加ᄒᆞ야世界到處에都會와僻地를勿論ᄒᆞ고果樹栽培의熱心이一般業務上에多大ᄒᆞᆫ影響을及케ᄒᆞᄂᆞᆫ中에一層尤甚者ᄂᆞᆫ卽梨樹栽培가是라此ᄂᆞᆫ梨樹가大概ᄒᆞᆫ土地와氣候에能히繁茂結果ᄒᆞᆯ뿐만아니라梨果의需用이多大ᄒᆞ야前途가有望ᄒᆞᆫ故라特히我國은天賦의氣候가適當ᄒᆞ고土地가良好ᄒᆞ야梨果의產地가多有ᄒᆞ나種類가不良ᄒᆞ고栽法이

精密치못ᄒᆞ야從來로梨樹栽培가寥然無聞ᄒᆞ엿스나今日브터種類를改良ᄒᆞ고栽培를精密히ᄒᆞ면我國의梨樹栽培가世界에冠ᄒᆞᆯ것을預想ᄒᆞ고左에數條栽培法을畧擧ᄒᆞ노라

氣候及地勢

氣候ᄂᆞᆫ寒地가適當ᄒᆞ고溫暖ᄒᆞᆫ地方에ᄂᆞᆫ不可ᄒᆞ니故로歐米各國에도梨果의名産地ᄂᆞᆫ다寒地에在ᄒᆞ도다或溫暖ᄒᆞᆫ地方에栽培ᄒᆞ라면西北으로傾斜ᄒᆞᆫ地面을擇ᄒᆞ야栽培ᄒᆞ면多量의結果를得ᄒᆞ나다만光線의受用이不足ᄒᆞ야艶美ᄒᆞᆫ果實은得지못ᄒᆞᄂᆞ니라

地勢ᄂᆞᆫ東南으로面ᄒᆞ야少히傾斜ᄒᆞᆫ位置가第一適當ᄒᆞ고其次에ᄂᆞᆫ南方이最好ᄒᆞ고西方과北方은不適ᄒᆞ도다

土質

土質의適不適은果樹栽培上에多大ᄒᆞᆫ影響이有ᄒᆞᆫ故로先히良好ᄒᆞᆫ土質을調査홈이必要ᄒᆞ도다

土質은表層이深ᄒᆞ고中層이肥沃ᄒᆞ되細砂가混在ᄒᆞ야排水가(排水ᄂᆞᆫ水氣를除去홈이라)良好홈이最히適當ᄒᆞ고其次에ᄂᆞᆫ砂質壤土와 粘質壤土와 礫質壤土等이可ᄒᆞ도다

種類

梨樹의病害와虫害를堪當ᄒᆞᄂᆞᆫ力의强弱과結實의凶豊과熟期의遲速과貯藏期의長短과風味의優劣과形狀의大小와色澤의醜美와用途의廣狹等諸般事가皆種類의如何를從ᄒᆞ야確然ᄒᆞᆫ差別이有ᄒᆞᆫ것이니栽培者ᄂᆞᆫ此에特別히注意ᄒᆞᆯ지라撰擇에必要ᄒᆞᆫ事項은樹性이强剛ᄒᆞ며結果가豊富ᄒᆞ며果實의形狀이艶美ᄒᆞ며色澤이奇麗ᄒᆞ며熟期가適當ᄒᆞ며味의佳良等件이라且都會의接近ᄒᆞᆫ地에ᄂᆞᆫ生食用ᄒᆞᆯ것을栽培ᄒᆞ되特히早熟種

을擇ᄒᆞ며都會가隔遠ᄒᆞᆫ地에ᄂᆞᆫ運搬이不便ᄒᆞᆫ故로貯藏의適當ᄒᆞᆫ것을擇ᄒᆞ되晩熟種中에釀酒用、乾果用、等種類를擇홈이可ᄒᆞ도다

繁殖

梨樹를繁殖ᄒᆞᄂᆞᆫ法은實蒔、壓條、扦插、嫁接等이有ᄒᆞ나壓條ᄂᆞᆫ勞費가多홈으로便利치못ᄒᆞ며 實蒔ᄂᆞᆫ核仁을種ᄒᆞ야良種의果를得ᄒᆞ기難ᄒᆞ고또ᄂᆞᆫ年數를多要ᄒᆞᄂᆞᆫ故로此亦不利홈으로山梨의核仁을種播ᄒᆞ야砧木이될만後에嫁接을行ᄒᆞᄂᆞ니라

砧木栽培(砧木은接木할 根木이라)

十一月中旬頃에完熟ᄒᆞᆫ山梨(山梨ᄂᆞᆫ即 돌배라)의果實을摘採ᄒᆞ야其果肉을除去ᄒᆞ고仁核를取ᄒᆞ야잘洗濯ᄒᆞᆫ後에植木鉢이나石油空箱에나乾燥ᄒᆞᆫ細砂를置ᄒᆞ고細砂와其核를混合ᄒᆞ야雨露不犯處에貯置ᄒᆞ얏다가翌年二月中旬頃에所定ᄒᆞᆫ田地를起耕ᄒᆞ고播種ᄒᆞ되畝의幅은二尺五寸으로ᄒᆞ고畝上의中央七八寸을隔ᄒᆞ야前后二列로行을畫ᄒᆞ고其核를二三寸距離에一粒式播下ᄒᆞᆫ后에砂或細土로覆ᄒᆞ고또稻草를細斷撒布ᄒᆞ야乾燥홈을免케홀지라或乾燥가甚ᄒᆞ면灌水器로水를注下홈이無妨이라播種ᄒᆞᆫ后에四月下旬이면芽가發生ᄒᆞ야段々四五寸쯤伸長ᄒᆞ면油粕이나魚粕이나腐爛케ᄒᆞ야肥料로施ᄒᆞ고其後에一次또稀薄ᄒᆞᆫ人糞尿를施給ᄒᆞ며時々로除草ᄒᆞ야두면翌年春에ᄂᆞᆫ砧木用에供ᄒᆞᄂᆞ니라 (未完)

사이폰、測量器、폼프

抱宇生

사이폰은長短二脚을有ᄒᆞᆫ曲管인ᄃᆡ大氣의壓力을利用ᄒᆞ야高處에在ᄒᆞᆫ液体를低處에

移ᄒᆞᄂᆞᆫᄃᆡ用ᄒᆞᄂᆞᆫ器니라•

左圖에示홈과如히短脚을上器에入ᄒᆞ고長脚의端口를上器의液面보다低케ᄒᆞᆫ然後에長脚의端口를吸ᄒᆞ야液体를管中에充滿케ᄒᆞᆯ時에ᄂᆞᆫ液体ᄂᆞᆫ長久히下器에流下ᄒᆞᄂᆞ니라

圖中曲管의最高點C를向ᄒᆞ야左右로衝上ᄒᆞᄂᆞᆫ壓力을싱각ᄒᆞ면(水가曲管의兩脚에充滿ᄒᆞ엿다ᄒᆞ고싱각홈) 右로부터左를向ᄒᆞ야働ᄒᆞᄂᆞᆫ壓力은氣壓에서AD되ᄂᆞᆫ液柱의壓力을減ᄒᆞᆫ것과同一ᄒᆞ고右로부터左를向ᄒᆞ야働ᄒᆞᄂᆞᆫ壓力은氣壓에서BE되ᄂᆞᆫ液注의壓力을減ᄒᆞᆫ것과同一ᄒᆞᆫ지라今에AD와BE를比較ᄒᆞᄂᆞᆫᄃᆡBE가AD보다大ᄒᆞᆫ지라故로C點에서左로부터右를向ᄒᆞ야働ᄒᆞᄂᆞᆫ壓力은右로부터左를向ᄒᆞ야働ᄒᆞᄂᆞᆫ壓力보다大ᄒᆞᆫ지라故로液体ᄂᆞᆫ上器로부터下器를向ᄒᆞ야流ᄒᆞᄂᆞ니라要컨ᄃᆡAD가BE보다小ᄒᆞ면已上의働을呈ᄒᆞᄂᆞᆫᄃᆡDE線은水面과平行線이니라

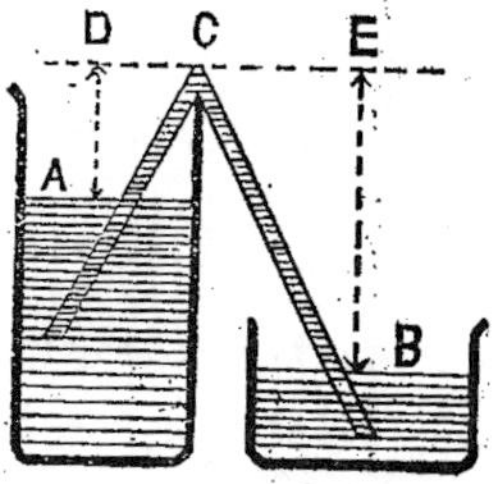

測壓器

測壓器ᄂᆞᆫ水或은水銀을入ᄒᆞᆫU字形의硝子管인ᄃᆡ器內의氣体의壓力을測量ᄒᆞᄂᆞᆫᄃᆡ用ᄒᆞᄂᆞᆫ器이라、管의一端은開通ᄒᆞ고他端은器에連絡ᄒᆞᆯ時에萬一器內의氣体의壓力이大氣의壓力보다大ᄒᆞᆯ時에ᄂᆞᆫ外氣를通ᄒᆞᄂᆞᆫ管內의液面은壓와連絡ᄒᆞᆫ管內의液面보다高ᄒᆞ고壓內의氣体의壓力은大氣의壓力과液面의高의差에相當ᄒᆞᆫ液柱의壓力과의和와同ᄒᆞ며、若器內에氣体의壓力이大氣의

壓力보다小홀時에ᄂᆞᆫ外氣에接ᄒᆞᆫ液面은器와連絡ᄒᆞᆫ管內의液面보다低ᄒᆞᄂᆞ니라已上의作用을簡單히式으로著ᄒᆞ면左와如ᄒᆞ니라

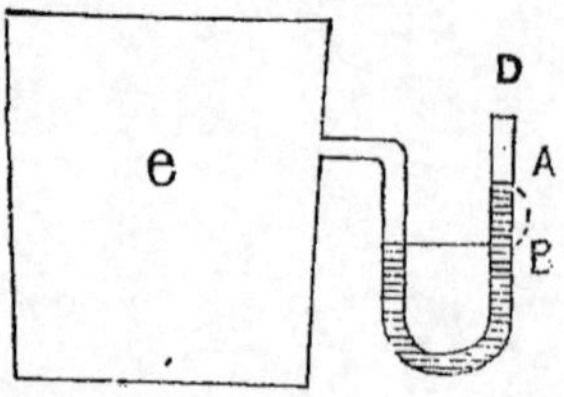

器內의氣体의壓力을C라ᄒᆞ고大氣의壓力을D라ᄒᆞ고若C의壓力이D보다大홀時에ᄂᆞᆫ圖와如히大氣를通ᄒᆞᆫ管內의液面은器와通ᄒᆞᆫ管內의液面보다AB의長이高ᄒᆞᄂᆞ니此時에C의壓力은如左라

C=D+AB. 가되ᄂᆞ니라

(但AB는管內AB의長과同一ᄒᆞᆫ液柱의壓力을代表ᄒᆞᆫ者라)

폼푸

폼푸ᄂᆞᆫ大氣의壓力을利用ᄒᆞ야水를低處에서高處로移ᄒᆞᄂᆞᆫ器械인ᄃᆡ其ᄂᆞᆫ種々有ᄒᆞᄂᆞ要部ᄂᆞᆫ一個의圓筒과其器中에上下홈을得

甲

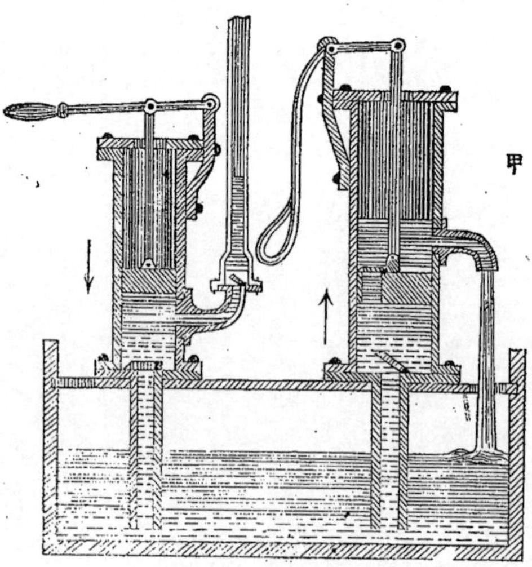

홀活塞과上方으로만開키能ᄒᆞᆫ二個의瓣으로造ᄒᆞᆫ者인ᄃᆡ、吸上폼푸(甲圖)ᄂᆞᆫ一個의圓筒과其中에上下ᄒᆞᄂᆞᆫ活塞으로造ᄒᆞᆫ者라

此活塞에는一個의瓣이附着ᄒᆞ야上方으로만開ᄒᆞ여지며筒低에는垂直의管이有ᄒᆞ야下面에水와連絡ᄒᆞ여잇고筒低와此管의境界에는上方으로만開ᄒᆞ여지는一個의瓣이有ᄒᆞᆫ자라、 然ᄒᆞᆫᄃᆡ活塞을因ᄒᆞ야擧ᄒᆞ면筒低와活塞間에는眞空을生ᄒᆞ는故로水는大氣의壓力을因ᄒᆞ야押上되며更하活塞을押下ᄒᆞ면筒器의水의壓力은高低의瓣을閉ᄒᆞ고活塞에附着ᄒᆞᆫ瓣을開ᄒᆞ고筒內의水는活塞의上面으로出ᄒᆞᄂᆞ니故로活塞을一次押ᄒᆞ고上ᄒᆞᆯ每에水는次第로活塞의上面으로出ᄒᆞ야圓筒의壁에有ᄒᆞᆫ孔口를從ᄒᆞ야流出ᄒᆞᄂᆞ니라、 然이나此에對ᄒᆞ야注意ᄒᆞᆯ바는水가管을從ᄒᆞ야筒內에上來ᄒᆞᆷ은專혀大氣의塞力을因ᄒᆞᆷ인故로水面에서筒低에至ᄒᆞ는距離가三十四尺을超ᄒᆞᆯ時에는폼푸는其作用을呈키不能ᄒᆞᄂᆞ니此三十四尺의距離는大氣의壓力과鉤合(此鉤合의意는前號에在ᄒᆞᆷ)ᄒᆞ는水柱의高와同一ᄒᆞᆫ故이니라

乙圖는押上폼푸인ᄃᆡ此가吸上폼푸와相異ᄒᆞᆫ處는筒低의近處에一枝曲管을附立ᄒᆞ고其一方에는上面으로만開ᄒᆞ여지는瓣을附ᄒᆞ고活塞에附着ᄒᆞ는瓣은省畧ᄒᆞᆫ者인ᄃᆡ活塞을一次押ᄒᆞ고上ᄒᆞᆯ每에水는筒內에入ᄒᆞ야更히此枝管을從ᄒᆞ야瓣을開ᄒᆞ고出ᄒᆞᄂᆞ니라

弔金泰淵文

(八月三十一日)

金源極

君平南順安人今夏遊學次來渡東京盖其素志慨國運之慘憺憤民權之消剝超然渡海時年纔二十有二矣向日就余而言曰吾兩親俱在但家計至貧數年以來遊學京城吾親行商資給僅々糊口而又渡此地旅費比我地數倍以若寒勢固是難辦至於學校月謝則萬無其道第見警察學校現無月謝不得不先入此校鍊習而旅舘姑未質定相距十餘里程連日來往且上學時間早催飯時則晩届常食前上學午後一二時下學其飢腸之遠步豈不苦難自古名人偉豪不經如此艱險而能立者何嘗有之今日以後則借得我國留學生監督部內一間空室捿留而自手炊食一月之費必不過六七圜假量只壓經費吾親可以辦給矣雖千辛萬苦纏嬰此身學問目的期於到達云々一場辭氣使人聳感余亦嗟奬不已同日遂偕往監督部觀覽空室其積久腐濕之氣彌滿充盈一開其門衝觸鼻口如千灑掃難可居處君乃猶矢言曰每日下學餘暇曝晒洗濯則不費貨金一錢而可爲之云々嗚乎君之熱心有如是者矣厭苦求安盖人之情也君之兩親旣在君之年齡又是弱冠則其在通常人類宜乎求煖求飽於家庭之中其爲親者亦嗟惜遠別使其子弟例作門內之拘囚所謂愛親愛子云者不過是犬馬之養鷄豚之畜言念我國閉鎖舊俗實爲志士之寒心矣今聞君之一言余心喜躍乃自誦之曰殊邦遊學雖若例事萬里客地四顧無親獨夜寒燈窮愁悲苦困難永無則不可謂之尋常困難而君能樂爲之設又樂於遊學權家苗裔富戶子弟則貸家借屋自置下女衣服也飮食也居處也諸般準備頓無客地孑象如

是則所欠者只是遠離而若人之一身苟安則遠離之私情亦不切摯勢也今君無可以家貲之酬應學校月謝之辦出獨居自炊亦能樂爲之嗚乎雖故國親戚僚友之叢中井臼無人空房獨坐寒厨自炊則鐵石男兒或不無愁恨涕淚而獠音鴂舌之鄉忍能爲此而少無芥色嗚乎君之冒險蹈難之大節可以知矣以若君之英妙遊學之志若是其遠大忍耐之力若是其堅確冒險之心若是其備盡以此之人質及其學成之日施諸國家社會則鈇鉞當前素志不渝湯鑊隨後大節如常勇進直行華盛頓之血戰巴黎城之捷報必奏乃已竊爲我國之來塗而祝之賀之矣於焉告別已旬望矣擬其做學勉强稍々烝進矣不意三昨有採薪之報宜即晋問而顧余此地來往不能自由必須人導則雖欲如誠勢也奈何倏然今朝有友叩門曰君其永逝云矣嗚乎悲夫此何言也此何言也夢耶眞耶抑又思顧非夢伊眞彼蒼者天胡乃忍斯抑天之賦與於君也富於智而嗇於壽耶抑亦天之不恤我邦也甚矣天生萬民死生必有命智愚必無分而何其智者則速奪愚者則棄置使我邦運輾轉澌滅不有克復之望耶木直而被伐鶴善鳴而被生則死生固無擇於善惡而君之見奪抑又何故耶嗚乎噫嘻天道至公至仁豈其如是余於是反又慟哭思之曰人之壽夭長短雖云有命抑衛生不利則受病必易受病已痼則其死必矣向君暑月渡海水土相換設或十分調養充滿健全猶難副期而況風雨寒暑少不嫌避遠隔學校叫飢來往雖銅身石腸其不被銷鑠難矣或其因此而釀成痼疾及其二豎之作戲百靈之扶護終無其效嗚乎痛矣君其今日永逝也耶不忍言不忍聞者矣人生斯世必有一死勢固然也死何足痛乎父母俱在客地孤魂死亦遺憾而雖在父母之庭

此行何得挽回且男兒志在四方死輒埋之可期到處青山何必故鄉園林此皆不足深恨切慟而但悠々抱歉者學問目的不能如意到達國家權利不能如意恢復奄忽與世相別自冒亡國之鬼名歸見列聖祖宗於地下矣君其有靈何忍此行嗚乎國權挽回民智開發君之平日志願之又志願慷慨之又慷慨者也其生前未遂之願泣訴于我　皇天后土期有陰佑使一般同胞克躋富强文明之域雖死之日猶生之年靈其不昧感我斯言

吊崔時健文

金源極

彼蒼者天殲我良人良人良人胡忍此行東明學校之維持孤兒院之施設皆出於君之熱心至誠而傾盡家貲不顧自己生產君年二十二歲早覺義務何其壯耶凡我全國一般同胞皆如君之熱心至誠則國權挽回民智啓發可爲次第件事而噫彼守錢虜輩白首私慾去益固滯公益事業敎育方針不知爲何事乃猶排恝之譏嘲之流害社會其亦不死何俟且或其子弟自逸於膏粱錦繡之中不肯爲學只事優遊花樓酒肆日費萬金樗蒲象六空擲恒產而猶不之惜今日國勢民情之極頭殘酷初不爲意此等人民雖億萬其衆國有何益嗚乎皇天不使此輩爲先悔禍而使我帝國青年前導者奪之斯速嗚乎慟矣不恤甚矣自今以往浿北敎育界主唱有誰耶君意以爲欲使賢弟時俊君代行此務而君則陟降告訴於天地冥司俾得陰佑而期復國權耶嗚乎君之逝也倘以此也余之今日悲慟如是則或可自慰而又有悲慟之甚於此者賢弟時俊君果青年奇才也向余東京初渡之日交遊深密情契融通其言論也義俠也可謂是兄之弟而若到達其留學目的之日其爲我國前途之英雄固已預算矣嗚

乎今焉已矣抑又思之英雄何必於學術中有之其能自省自修則亦可爲英雄而乃兒事業紹述而光明之矣始爲君而吊之慰之再爲賢弟時俊君而祝之勉之靈其感聽

聞李寅杓哀音有淚

九月一日 金源極

余가月前에尹鈗에遇害홈을聞ᄒᆞ고失聲大哭ᄒᆞ야曰崑岡之火가玉石이俱焚이로다哀哉此人이世家學術로早年遊外ᄒᆞ야世界進化의步武를覘破ᄒᆞᆫ지라所以로我國의頑迷不悟홈을慨歎ᄒᆞ야新教育界에晝夜熱心ᄒᆞ더니不幸히意外의慘酷을奄遭ᄒᆞ얏스니此는天이我同胞를誘衷코자홈이아니로다蓋人이老少를勿論ᄒᆞ고死ᄒᆞ는者ㅣ矜憐치아니리오마는今日我國現象에對ᄒᆞ야有志靑年의死홈은最히臆塞氣絶ᄒᆞᆯ事이로다然ᄒᆞ나其精靈이라도惟時陰佑ᄒᆞ기를是祝ᄒᆞ고不得已掩泣ᄒᆞ엿더니四五昨에龍川崔時健君哀音을聞ᄒᆞ고西望大哭ᄒᆞ는中에再昨에東京留學生金泰淵의哀音을聞ᄒᆞ여盡情哀慟ᄒᆞ기를不已ᄒᆞ는際에徐炳玹君의書函을接見ᄒᆞᆫ즉千々萬々의夢想以外의君之凶音이有ᄒᆞᆫ지라嗚乎라數月以來로苦淚가未乾ᄒᆞ니痛迫之極에如頭撞柱ᄒᆞ야不知爲悲로다嗚乎라君其何事耶아時年이纔及二十에已覺新世風潮者ㅣ非君也耶아學術이稍々增進ᄒᆞ야將爲靑年模範者ㅣ非君也耶아君이日者에余의게書를致ᄒᆞ야曰尹鈗氏의遇害는日月이慘憺이라ᄒᆞ엿더니今에君이追繼而逝ᄒᆞᆫ지라余는今日에獨悵ᄒᆞ야曰龍興江水가無情嗚咽ᄒᆞ다ᄒᆞ노니嗚乎라余의悲慟이君의게對ᄒᆞ야는公私가兩切ᄒᆞ도다君의妙年材格이成就ᄒᆞ는日이면全國의大事

業偉人을作ᄒᆞᆯ지어ᄂᆞᆯ今에歸諸烏有而已오

余가今夏分別ᄒᆞᆯ時에平日同窓講硏ᄒᆞ든情契를說盡치못ᄒᆞ고數詞로倏別ᄒᆞᆫ지라自今以後則寂寞音容을再覩가無期ᄒᆞ니此恨이何極이리요君雖長往이라도一團大韓魂則必有在矣리니魂兮魂兮扶我大韓哉ᆫ저靈若有知면庶幾感此어다

遊日比谷公園

春夢子

是時隆熙二年八月十日也에天氣가淸爽ᄒᆞ고風色이微涼이라梧桐一葉新秋聲에興懷를不禁ᄒᆞ야與金鴻亮金鉉軾二友로往游日比谷公園ᄒᆞᆯ세觸目繁華가與我國名區之淸幽閒邃로有相天淵ᄒᆞ야人世의樂觀과感覺의機關을呈露ᄒᆞ엿더라第一番에高樹層屋을望見ᄒᆞ니日圖書館이라古今書籍을無遺準備ᄒᆞ야全國人民의縱覽을許ᄒᆞ니此館에到ᄒᆞᄂᆞᆫ者ㅣ書類의舊新名義을無不知得ᄒᆞ며此閱彼搜에心竅眼孔이快濶於尋常之中矣리니若使匡衡으로復生이면耽讀翫市의弊를可除ᄒᆞᆯ지요惟意硏究가不知何程일지라其使一般民智로勸奬誘掖이莫過於此矣러라。其北에有一池塘ᄒᆞ니中設噴水管이라石堤草岸이奇麗設敷ᄒᆞᆫᄃᆡ噴流瀑布一帶가上下屈曲에一望灑然ᄒᆞ야如入廬山石矼이로다其前後左右에營置休憩遊觀所ᄒᆞ엿스니結搆便宜ᄒᆞ야蒼藤翠蔓이爲其庇蔭ᄒᆞ며來人去客이於焉逍遙라其林泉之興이聊得自適이러라徐步入中ᄒᆞ니東邊에有明沙場一所라白日이照耀에銀光世界를造出ᄒᆞ얏ᄂᆞᆫᄃᆡ四邊에鐵造踞床은聯絡布列ᄒᆞ야游觀者의坐立을隨意從便케ᄒᆞ얏스며北邊靑草堤上에音樂臺를高築ᄒᆞᆫ지라各種音律이

融々變々ᄒᆞ야人民의大和氣를導迎ᄒᆞ며觀聽을便利케ᄒᆞ야臺四邊에無數ᄒᆞᆫ鐵椅子를羅列ᄒᆞ엿스니與衆樂々의道가此에眞相을發現ᄒᆞ엿더라西邊에一靑草場이有ᄒᆞ니草色이軟靑細綠ᄒᆞ야胎花胞蘂가叅差搖姸ᄒᆞᆫ지라無數ᄒᆞᆫ兒女가擊毬吹笛으로嬉戱馳逐ᄒᆞ기를任意擅行ᄒᆞ니其幼孩의開放을確然可觀이며其中高堤에一休憩所를設ᄒᆞ야一般男女가游焉息焉ᄒᆞᄂᆞᆫ帷幕이極히使人心神으ᄡᅥ至曠且怡ᄒᆞᆫ지라一時間을坐歇ᄒᆞ고午飯을畢ᄒᆞᆫ後에更히起步ᄒᆞ야西望而行ᄒᆞ니水道로施設ᄒᆞᆫ井欄이有ᄒᆞᆫ지라其欄頭에鐵瓢를種々懸垂ᄒᆞ엿ᄂᆞᆫᄃᆡ渴者의赴飮을放任ᄒᆞ엿스며又其西에砲臺를設置ᄒᆞᆫ지라其宏壯ᄒᆞᆫ器仗이措眼所觸에驚怡不已ᄒᆞ더라其使觀者로武毅勇敢의氣를挑出ᄒᆞ며製造發展의巧를發ᄒᆞ야觀感이備生ᄒᆞᆯ지로다又東行數十武許에花園에入ᄒᆞ니水陸草木之花가形々色々ᄒᆞ야其種類가不知幾千萬이라最所奇玩者ᄂᆞᆫ園中에周作靑茅塲ᄒᆞ고以各色細草로作列種植에便作亞字形容이려라入此中也에如在春風香國ᄒᆞ야可히竟日忘歸ᄒᆞᆯ지요又其東에一帶淸溝를疏通ᄒᆞᆫ지라靑鳧素鴨이上下浮沉ᄒᆞᆷ이江湖幽興을惹起ᄒᆞ더라於是에遂停行盱觀ᄒᆞ다가於焉日已暮矣라無際ᄒᆞᆫ風景을歷々觀盡키不能ᄒᆞᆯ너라嗚呼라盖此公園施設의本意를可히知ᄒᆞᆯ지로다古今圖書焉廣示于人民ᄒᆞ야以均其智識ᄒᆞ며武器焉廣示人民ᄒᆞ야以勵其敵愾ᄒᆞ며淸流明沙焉廣示人民ᄒᆞ야以養其閒趣ᄒᆞ며音樂焉普警于人民ᄒᆞ야以表其與衆同樂之意ᄒᆞ며草塲焉男女遊戱가適足以自誤요花園焉男女賞翫이亦足以自快ᄲᅮᆫ外라觀物知理의一大學園을造成ᄒᆞ엿도다嗚呼

라我國同胞는如此혼公園消暢도一度曾無ᄒᆞ엿ᄉᆞ니普通智識을엇지一般均得ᄒᆞ리요繼自今日노亟期奮發홀道途를爲ᄒᆞ야外人의設備如何를同胞共眼에供覽코자ᄒᆞ읍기前號에上野淺草芝區三公園의所見을畧陳ᄒᆞ고玆에日比谷公園所見을繼陳ᄒᆞ오니惟我同胞는觀感興起ᄒᆞ기를是望是祝ᄒᆞ노라

桑苗의喜消息

雙城樵夫

五畝之宅에樹之以桑이면老者可以衣帛이라ᄒᆞ며又曰十年之計는莫如種樹라ᄒᆞ니古今을勿論ᄒᆞ고林業의必要가若是할뿐外라況植桑一欵은人民의生活要素即衣料를供ᄒᆞ는者인즉民族이有혼以上에는絕對的急務가될지어늘胡爲乎我國이挽近以來로百業不振혼餘에加以桑蠶一業則綦重을不察ᄒᆞ고崽々혼婦女의手에放任ᄒᆞ야組織이漸次退步ᄒᆞ며所謂桑木則栽培가不能日新ᄒᆞ야舊幹衰柯가凋零이益甚ᄒᆞ니如是而已면不出幾年에老桑은枯盡無餘ᄒᆞ고蠶業은自歸弛廢ᄒᆞ리니揆以生活要素에慨然이孰甚ᄒᆞ고로念咸南永興郡은素以蠶業으로有名혼鄕이라此業이一步退縮ᄒᆞ면民産困難의大影響이及홀지요物製輸出의大關係가有홀지니全國經濟界에對ᄒᆞ야浩歎이自生ᄒᆞ는지라所以로不佞이今春에郡內同志人士로더부러桑林會社를組織ᄒᆞ고株金을募集ᄒᆞ야枝桑一萬三百株를京城에서購來ᄒᆞ야郡之治東雲南坪位田에播植홈의其弱根稺苗가水陸幾千里와風暘數十日을經歷ᄒᆞ야來혼者라完全히生成홈을期必치못ᄒᆞ느聞諸稠人ᄒᆞ니皆曰此乃易生之物이니不足可憂

文藝

廣告

本學報代金을收入홈에便宜를從ᄒᆞ여京城과平安北道에ᄂᆞᆫ委托收金所를置ᄒᆞ엿싸오니京城서本報를購覽ᄒᆞ시ᄂᆞᆫ이ᄂᆞᆫ代金을

京城北署苑洞李甲氏宅留

金基玉 氏許로交付ᄒᆞ시고平安北道에서本報를購覽ᄒᆞ시ᄂᆞᆫ이ᄂᆞᆫ

平安北道定州南門內

洪成麟 氏許에交付ᄒᆞ심을敬要

太極學會 告白

라ᄒᆞ무로是以自信ᄒᆞ고同志의게信托ᄒᆞ야栽培灌漑를是勤ᄒᆞ게ᄒᆞ엿더니越數日에同志를告別ᄒᆞ고京城에偶遊ᄒᆞ다가遊覽次로東京에抵到ᄒᆞ야桑林消息을接聞ᄒᆞᆫ즉一望枯瘁에今則變爲太田이라ᄒᆞᄂᆞᆫ지라不佞이於是에撫膺自悲曰嗚呼라皇天이至仁至慈ᄒᆞ시니其使全球人民으로同仁一視어ᄂᆞᆯ奈之何로我國民族은獨不之察耶아我同胞가分離習慣을尙好ᄒᆞ고醵集營業을無視ᄒᆞᆷ은在々皆然ᄒᆞ나何幸天誘其衷ᄒᆞ사如干ᄒᆞᆫ醵金으로此를經營ᄒᆞ엿스니極點些小ᄒᆞᆫ猷爲에不過ᄒᆞᆯ지라도天下萬事가自小至大ᄒᆞᆷ은原定ᄒᆞᆫ理니此一桑園가善爲發展ᄒᆞ야次第施及ᄒᆞ면其苗의繁昌이可히一道一國에普遍ᄒᆞᆯ지요醵金ᄒᆞᆫ諸同胞가此一欵의效果를因ᄒᆞ야合衆營業의思想이發生할지며凡他同胞가亦靡然效嚬ᄒᆞ야實業의計圖가賡作ᄒᆞᆯ지어ᄂᆞᆯ嗚乎噫哉라今焉已矣로다發起者의苦心至情이已歸虛地ᄂᆞᆫ不足可論이어니와株主同胞ᄂᆞᆫ必艴然怒之曰莫貴ᄒᆞᆫ資金을捕風捉影의費에消極ᄒᆞ얏다ᄒᆞᆯ지요傍觀同胞ᄂᆞᆫ必譁然笑之曰浮浪的事業이요詐欺的行動이라ᄒᆞ리니自今以後로我同胞의게對ᄒᆞ야某營業을勿論ᄒᆞ고同資經始ᄒᆞ기를千喩萬勸ᄒᆞ야도懲羹吹虀를藉口ᄒᆞ야信從ᄒᆞᆯ者絕無ᄒᆞ리니來頭大波瀾에一障碍物를作ᄒᆞ얏도다嗚乎라天之不恤我同胞가胡至此甚고既而自悔曰此又不然ᄒᆞ다西人이有言曰天이自助者를助ᄒᆞᆫ다ᄒᆞ엿스니吾輩가自助치못ᄒᆞᆷ을自責ᄒᆞᆯ지로다吾輩가植桑ᄒᆞᄂᆞᆫ方針에對ᄒᆞ야硏究가已早ᄒᆞ고經歷이嫺熟ᄒᆞ야其移來移種에氣候를適應ᄒᆞ고根苗를善收ᄒᆞ야栽植이有方ᄒᆞ며漑養이有術ᄒᆞ엿스면栽者를培之ᄒᆞ고傾者를覆之ᄒᆞᆷ이天道

의生物ᄒᆞᄂᆞᆫ本意어날曾前絲毫의研究經歷이一無ᄒᆞ고盲者의臨淵과聾者의觀樂과如히遽然下手ᄒᆞ얏다가謬誤를自致ᄒᆞᆯ뿐不是라後來의眞實事業者의大戲魔를作ᄒᆞ얏스니措躬無地의罪案을自負ᄒᆞ엿고一般同胞의喝責을難逃ᄒᆞᆯ지라嗟悼을不勝ᄒᆞ야鄕國을瞻望ᄒᆞ고雙淚ㅣ滂沱ᄒᆞ며皇天을仰呼ᄒᆞ고罪過를是謝ᄒᆞᆯ而已러니忽然日者에鄕友의書角을接讀ᄒᆞᆫ즉該桑苗가太半生芽ᄒᆞ야茁長ᄒᆞᆯ可望이有ᄒᆞ다ᄒᆞᆫ지라嗚乎라此消息이何消息고此消息이何消息고此를聞ᄒᆞᆷ이五体가喜躍ᄒᆞ고雙手가狂舞ᄒᆞ야滿座傍觀의怪問을至被ᄒᆞᆫ지라乃以其實노道之ᄒᆞ니滿座가亦大贊成을不已ᄒᆞ야曰將來實業의發展이永興이可爲中心點이라ᄒᆞ니此言을聞ᄒᆞ미流汗이浹背ᄒᆞᆷ을不覺ᄒᆞ리로다嗚呼라皇天이我民族開發에有意ᄒᆞ야已枯ᄒᆞᆫ桑苗를復蘇케ᄒᆞ심은無他라營業의方向은茫昧ᄒᆞᆯ지라도向上ᄒᆞᄂᆞᆫ誠力을特別히眷顧ᄒᆞ야此에至ᄒᆞᆷ이요且此를由ᄒᆞ야各種營業의前途를誘導ᄒᆞᆷ이니我本社同胞가天賜의機會를利用ᄒᆞ야栽培封植에一倍注意ᄒᆞ며株主總會를逐日開論ᄒᆞ야其蕃殖의方畧과飼蠶의規模와治圃의範圍를一切講究ᄒᆞ야全國의桑種模範場을作ᄒᆞ면一般同胞가此를觀感興起ᄒᆞ야爭先慕效ᄒᆞ리니于是에本社同胞가全國桑業界에主人翁을作ᄒᆞᆯ지라國家富强文明의基礎가此에不過ᄒᆞ다ᄒᆞ야도過言이아니리니嗚乎同胞여有始克終ᄒᆞᆯ지어다不佞이偶然히萬里江湖에流落ᄒᆞ야同席의講演은不得ᄒᆞ나來頭開會ᄒᆞᄂᆞᆫ預期를知得ᄒᆞ면雖愚陋ᄒᆞᆫ所見이라도蒭蕘의詢을供ᄒᆞ기爲ᄒᆞ야議案을提出코저ᄒᆞ노니千萬入諒ᄒᆞ심을是望일뿐外라如是히呶々ᄒᆞᆷ은

我國全部同胞의實業界에對ᄒᆞ야一分觀感을呈露코저ᄒᆞ노라

實業勉勵會趣旨書

平北宣川志士安濬氏渡來東京時
與留學界同志提議發起

夫國家之興衰盛替가寔由乎貧富强弱ᄒᆞᄂᆞ니其國이富强而衰且替焉者ㅣ未之有焉ᄒᆞ고其國이貧弱而盛且興焉者ㅣ亦未之有也라是故로先聖이有言曰富而後敎之라ᄒᆞ고西哲이有言曰衣食住三者ᄂᆞᆫ人民生活之要素라ᄒᆞ니勿論古今東西ᄒᆞ고獨一不二ᄒᆞᆫ法門이最是實業이로다由來我國이實業이不振ᄒᆞ야百般日用諸物을輸入於海外ᄒᆞ고內地輸出이漸次退縮ᄒᆞ니國勢之萎靡와民産之困難이良以此耳라觀彼環海列强이虎視宇內ᄒᆞ고雄飛天下者ㅣ罔不由乎實業之發達而又其實業이非止天然的物産而已라乃以人造物之日益精進而輸出이日富ᄒᆞ고輸入이日少故耳어날夫何我一般同胞가茫不覺察ᄒᆞ고空然陳說曰挽回我國權ᄒᆞ며開發我民智가急務急務라ᄒᆞ니已無實力之準備ᄒᆞ고安有效勞之可收리오爲今之計컨ᄃᆡ國家之文明이其必曰先在富强일지요富强之原因이其必曰先在實業振興이라ᄒᆞ리니然則實業振興之方針은亦何處得來乎아竊觀我國之古來製造가初非不美나不思精益求精ᄒᆞ며巧益生巧ᄒᆞ고一樣株守ᄒᆞ야至于今日則鈍滯質樸이全球居最ᄒᆞ니雖自國同胞라도舍此取彼ᄂᆞᆫ人情之難免이어든況外人之譏然笑棄ᄂᆞᆫ固是定理니孰不慨然於此리오大抵臨淵羨魚가不如退而結網이라如欲我農工實業으로着々進步면不得不先學外人之巧機慧手而添增我之智術則其種植牧畜製

造之方이必優勝於彼矣리니于斯時也의外人之輸入이自爾退步오內物之輸出을次第可期니國安得不富强乎아然先學外技가非容易可覩之效而年月積久然後에可圖也니必使實業上有志靑年으로遊學外國實業模範場或製造工場ᄒᆞ야養得技手之資ᄒᆞ며一並外內地必要處에設立實業模範場ᄒᆞ고雇聘人技手而作業則該場從事之同胞가自歸見習ᄒᆞ야可爲實驗學問矣리니如是則不幾年에取彼之長而爲我之利ᄂᆞᆫ可以預占일지라右所謂派學外國과雇人技手가實非一二人可圖之事오必合群合資然後에可以完美成就일지니此實業勉勵會之所以發起也라凡我有志同胞가樂爲之協力同情ᄒᆞ야資金收合之日이면實業結果ᄂᆞᆫ可以立見이니其能各蹈義務ᄒᆞ야使我祖國으로亟進富强文明케ᄒᆞ심을千萬切祝　隆熙二年八月　日

詞藻

大皇帝陛下卽位紀念日祝賀韵　金源極

自羞犬馬臥江湖、倚斗孤忱尺寸輸、八域文明紅日出、百官羅拜碧嵩呼、歡聲洋溢中興頌、瑞彩搖揚太極圖、海晏河淸千萬歲、願言聖德效唐虞

又

孤臣是日在殊方、北闕紅雲遙想望、一統洪基歌獨立、萬年寶籙祝無彊、滿城壯觀燈如市、環國賀聲酒溢觴、願我同胞齊奮義、夙宵薪膽未嘗忘

雨夜聽蚊雷　渴睡子

黃昏纔到忽成群、特地雷聲耳朶聞、遠客

達宵眠不得、鄕園一念正慇懃

詠杉　　　　觀　物　子

亭々濃翠盖、此土最宜生、萬壑千峰裏、
獨占第一榮

窓下雙竹

始吾到此日、窓下翠生芽、雨露能滋長、
高踰數丈家

霖後見月

梅竹松杉交影濃、庭前看月步從容、思家
杜老猶云恨、況我滄溟萬里蹤

明治學院休學式演會　　斗南一人

四百青年會一堂、誠勤餘果奏榮光、現方
休學非偸逸、各使歸家求自彊

詠雷雨　　　　警　世　人

雷皷大鳴雲影斜、忽然雨脚亂如麻、山河
裂盡轟々響、劈破頑陰掃衆魔

送別安　濬君　　　峩　洋　子

右安君이素以平北宣川人으로內地敎育界及實業界에熱心斡旋ᄒᆞ야多有效勞뿐더러今番則特以日本敎育界實業界視察次로來渡ᄒᆞ야遊覽實況ᄒᆞ고與學生界同志로發起實業勉勵會其趣旨ᄂᆞᆫ見右

萬里扶桑遠送君、遲々巾屨踏西雲、人民
實業亟丹說、山水奇觀子長文、志士立言
々必信、同胞有耳々將聞、經營目的告成
日、可使我邦躋富殷

哭崔時健君　　　　憂　時　子

崔君은平北龍川人이라年이二十二에早覺國民義務ᄒᆞ야傾盡家産에設立東明學校ᄒᆞ고又設孤兒院ᄒᆞ야收育無告가今已四三年矣라其青年熱血을全國이贊道矣러니天道가無知인지不幸客月에卒逝ᄒᆞ얏다ᄂᆞᆫ其弟

時俊氏의書角이來到ᄒᆞ얏ᄉᆞ니嗚乎痛矣라斯人也여

君年廿二此何行、浿北江山爲一輕、東校諸生無復望、上闈慈老奈堪情、靑囊無效金生術、金橐已傾愛國誠、倘識英靈天府訴、使吾國運再文明

午陰聽蟬　　觀物客

遠林午日爾聲長、客耳同淸秋意凉、出自穢塵能進化、高遊雲外任翱翔

歌調　륙자ᄇᆡ이

義洋子

舊調　저건너　갈메봉　안개구름속에
비무더온다　우장을　허리에다두르
고　기심미러갈거나

此右一節에對ᄒᆞ야其意味가全無ᄒᆞ다ᄒᆞ기ᄂᆞᆫ不能ᄒᆞ나雄健活發ᄒᆞᆫ精神을表揚ᄒᆞ기不能ᄒᆞᆫ故로此를改正ᄒᆞ야曰

新調　저건너　ᄃᆡᄇᆡᆨ산　안개구름속에
ᄇᆡᆨ만의용병이　독립기를들고　ᄃᆡ환
포를수리에싯고　적진치　러갈거나

此ᄂᆞᆫ좀듯기에상쾌ᄒᆞ요

舊調　저건너　초당압헤　ᄇᆡᆨ년언약　화
초를심어드니　박년초ᄂᆞᆫ아니나고
금년리별화초가　만발이라

此右一節은其意味가和暢ᄒᆞᆫ듯ᄒᆞ나靑年과兒童의腦裏에無限ᄒᆞᆫ淫情을輸入ᄒᆞᄂᆞ니此를改正ᄒᆞ야曰

新調　저건너　ᄒᆞᆫ반도에　단군혈족을심
엇드니　단군혈족은　어ᄃᆡ로가잔말
리냐　왜놈의종자가　드러를온다

이것갓타면시세에對ᄒᆞ야좀강개ᄒᆞᆫ

意味가有ᄒᆞ오

舊調 성셩게혈염한지에 익를싄고우는
저두견아 하구만은공산을두고 닉
창밧게 와서 웨운단말가 임을그
려 병든나는 네우름소릭만드러도
나는죽갯구나

此右一節은我의無數ᄒᆞᆫ靑年의心腸을熔腐케ᄒᆞᆫ者로다此를聞ᄒᆞ는자誰가掩耳失色치아니ᄒᆞ리요改正ᄒᆞ야曰

新調 聲々啼血染花枝에 익를싄고우는
저두견아 ᄒᆞ구만은空山을두고 닉
창밧게 와서 웨운단말가 나라일
코 병든나는 네우름소릭만드러도
피눈물나는고나

此를聞ᄒᆞ미其味如何오

修身歌(愁心歌의音變)

舊調 난사로구나 나사로구나 난사중
에도兼난사로구나 저산밋헤 임두
고갈길이 난々사로구나—

此를嗜吟ᄒᆞ시는諸君— 山밋헤임두고가기로서難事될것무엇이오難事ᄒᆞ나드러보소

新調 난사로구나 난사로구나 난사중
에도兼難사로구나 남의게로 국권
양여키는 난々事로구나

此外에難事가또잇소?

舊調 千창萬검之中에 斧월이當前을ᄒᆞᆯ
지라도 맘정만변치말고 정지만잇
지마라라 일후에연분곳되면은 또
다시보리라

斧월이當前ᄒᆞᆯ지라도ᄒᆞ지못ᄒᆞ고보지못ᄒᆞ면아니될일ᄒᆞ나잇소曰

新調 千만검지中에斧월이當前을ᄒᆞᆯ지라

도 맘정만변치말고 理상만변치말라라 우리가힘쓰고보면은ᄂᆡ자유차즈리라

談叢

知言子

一、鼠婚

옛적에一鼠가、一子를養成ᄒᆞ고婚事를求ᄒᆞᆯ식、至高無低ᄒᆞᆫ地位를、차자、相婚코자ᄒᆞ여、太陽에을나가、請婚ᄒᆞ거날太陽이答ᄒᆞ되

ᄂᆡ가、비록至高ᄒᆞ다ᄒᆞ나、雲이遮蔽ᄒᆞ면光彩를不放ᄒᆞ니 我보다、雲이、愈ᄒᆞᆯ듯ᄒᆞ니、雲과請婚ᄒᆞᆷ이可라ᄒᆞ더라

○鼠가聽罷에不得已ᄒᆞ야雲의게、차자가請婚ᄒᆞᆫᄃᆡ、雲이亦曰ᄒᆞ되

ᄂᆡ가、비록勢力과、種類가多大ᄒᆞ다ᄒᆞ나、但風力所及에는、散盡無餘ᄒᆞ니我보다、風이愈ᄒᆞᆯ듯ᄒᆞ니、風과請婚ᄒᆞᆷ이可ᄒᆞ다ᄒᆞ더라

△鼠가又不得已ᄒᆞ야、風의게請婚ᄒᆞᆫᄃᆡ風이答ᄒᆞ되、ᄂᆡ가、氣力을一張ᄒᆞ면江山을可이掀撼ᄒᆞ며宇宙를可히震盪ᄒᆞ며沙石을可히揚ᄒᆞᆯ지오樹屋을可히拔ᄒᆞᆯ지나

但城壁을遇ᄒᆞ면、可爲ᄒᆞᆯ力이無ᄒᆞ나城壁과請婚ᄒᆞᆷ이可라ᄒᆞ더라

△鼠가又不得已ᄒᆞ야、城壁에가、請婚ᄒᆞᆫᄃᆡ城壁이答ᄒᆞ되、ᄂᆡ가 비록堅固ᄒᆞ나、但君輩의穿窬를遇ᄒᆞ면、毁壞를恒常當ᄒᆞ니 君輩를차차相婚ᄒᆞᆷ이、좃타ᄒᆞ더라

鼠가不得已ᄒᆞ야 저의셀이畢竟婚事ᄒᆞ

엿다니世上에濫想이、될수업ᄉᆞᆫ것은定理이지

記者ㅣ曰此ᄂᆞᆫ濫求地位者의戒

二、蛙禱

一蛙가有ᄒᆞ야、恒常伏行을悶歎ᄒᆞ더니、一日은直立ᄒᆞ기를天에禱祝ᄒᆞ얏ᄂᆞᆫ지라自是以後로、晝夜祈禱가、直立行動ᄒᆞ야、人으로더브러、同樣ᄒᆞ기를是求ᄒᆞᆷ이、至誠이感天ᄒᆞ얏던지、果然直立이된지라、蛙가於是에所願은成就ᄒᆞ얏ᄉᆞ나、目이後에在ᄒᆞ야前視를不能ᄒᆞ니進行도如意치못ᄒᆞ고凡百事爲가、다前에在ᄒᆞ거날後背의眼으로、엇지前在ᄒᆞᆫ事爲를執行ᄒᆞ리요、蛙가於是에千百後悔ᄒᆞ야嗟悼로年月을遣了ᄒᆞ얏다ᄒᆞ니濫慾이도리혀亡身이지

記者ㅣ曰此ᄂᆞᆫ濫求非分者의戒

三、鵰(식난순)의貪慾

一鵰가有ᄒᆞ야一日에鳶(솔ᄀᆡ)을遇ᄒᆞ니生肉을食ᄒᆞᄂᆞᆫ지라鵰가鳶다려問ᄒᆞ되、汝가、此生肉을何處의서得ᄒᆞ얏ᄂᆞᆫ요

○鳶이答ᄒᆞ되、我가、山猪의耳를隨ᄒᆞ야、內腸에入ᄒᆞ야、其肝을摘食ᄒᆞᆷ이라ᄒᆞᆫ되、鵰가甚信之ᄒᆞ야、一日에空中에飛行ᄒᆞ다가、山林間을窺ᄒᆞ니、山猪二頭가聯臥沉睡ᄒᆞᄂᆞᆫ지라、鵰가於是에大喜ᄒᆞ야聳翼直下ᄒᆞ여猪二頭를一時에並食코자ᄒᆞ야、兩間에踞坐堅執ᄒᆞᆫ지라、猪가大驚各走ᄒᆞᆷ을被ᄒᆞ야兩脚이分裂而死ᄒᆞ엿다니、噫라彼鵰가一猪에着力ᄒᆞ엿ᄃᆞ면、其遂意與否를或未可知요、設或遂意치못ᄒᆞ더라도、至死ᄒᆞᆯ理ᄂᆞᆫ、萬無ᄒᆞᆯ지라嗚乎彼鵰여

記者ㅣ曰此ᄂᆞᆫ濫永貪墨者의戒

만슈셩졀을축흠 薇丹山人

히마다도라오니、만슈셩졀이날이、비노라틔황폐하、셩슈만세무궁히

又 龍骨山人

깃부고도깃부니、만슈셩졀오날이、우리셩쥬어진덕、련디ᄀᆞᆺ치무궁히

恭呈太極學會 咸南文川 朴道善

太極會高瀛海東也知傑士志相同萬里風埃多潤眼數編報筆惣輸忠警醒半島千年夢感覺全球七大雄諸員蓄銃歸來日獨立坫高列國中

寄牡丹山人 北 愚

海外投書勉後生洪明校況始洪明風前喜得金千鎰夢裡驚聞鐸一聞憂時幾下無量淚愛國應多不盡誠吾儕論契將何處獨立臺前喚弟兄

寄書

有所思

文尙宇

不拘男女老少ᄒᆞ며不拘貧富貴賤ᄒᆞ고不拘馬丁車夫ᄒᆞ며不拘臺隷厨婢ᄒᆞ고甚至於乞食者라도苟獨立國民之名字者면必長袖濶步로踏破全球에所到之處ᄂᆞᆫ皆以獨立國民으로歡迎之이며所演之言은皆以獨立國民으로嘉納이면有害我行動者乎아輒張目叱之曰余雖至貧至賤이나苟獨立國民也라誰敢侮我오ᄒᆞ며有阻我言論者乎아輒攘臂撲之曰余雖至拙至劣이나苟獨立國民也라誰敢蔑我오ᄒᆞ며千騎万馬가漫山遍野而來라도以我獨立國民之名字로可以禦之이며千譏万謗이風靡波蕩而至라도以我獨立國

民之名字로可以辯之이며雖在水火之中이라도身如泰山이며雖在刀釰之下라도壽如蒼海이며雖犬吠鷄噪之聲이라도謂獨立國民之言語則變爲金振玉碎之音ᄒᆞ고雖刻蚯蠕蚓之身이라도謂獨立國民之慣習則變作雪膚花貌之態ᄒᆞ야人皆慕之效之ᄒᆞ며畏之敬之ᄒᆞᄂᆞ니

美哉라獨立國民之威權이여壯哉라獨立國民之行動이여可謂不食而自飽矣며不衣而自煖矣로다

若不然者乎아毋論男女老少ᄒᆞ고毋論智識淵博ᄒᆞ고毋論道德高尙ᄒᆞ고毋論貴紳豪富ᄒᆞ고毋論名門閥族ᄒᆞ고甚至於廟堂之臣이라도束縛四肢ᄒᆞ며監視五官ᄒᆞ야出入에刀鋸가隨之ᄒᆞ며坐臥에兵巡이監之ᄒᆞ야一擧一投가非我自由오三揖四讓이在他指揮로다

生命은受之於乃父乃母어ᄂᆞᆯ所有者ㅣ非我也며財産은遺之於乃子乃孫이어ᄂᆞᆯ所主者ㅣ有他라辯解無効ᄒᆞ고哀乞이無益ᄒᆞ야貧者ᄂᆞᆫ爲貧之罪로束手就縛ᄒᆞ며富者ᄂᆞᆫ爲富之罪로延頸受刀ᄒᆞ야戰々惶々에立脚이無地라於是乎ㅣ靑山枯骨은呼訴無地ᄒᆞ고白晝暴吏가剝奪無常이라不唯此라以自家之衣冠으로ᄂᆞᆫ不能出疆外ᄒᆞᄂᆞ니何者오恐惹人笑며以自國之言語로不能話海外ᄒᆞᄂᆞ니何者오徒增人睥로다

哀哉라被保護之國民이여悲哉라被保護之國民이여可謂死中生而生中死者也라

於是乎ㅣ有所思焉ᄒᆞ노니獨立國民은有三頭八臂乎아曰否라被保護國民은皆薄志弱行乎아曰否라以個人之資格으로言之면其所賦之德性과所話之言語와所抱之才智와所着之衣裳과所來之慣習과所受之容貌

는毫無遜色이어늘何其所處之地位는殆ㅣ宵壤之不同耶아此는無他라彼有獨立而我無獨立而已로다

然則獨立之於人類에猶水之於魚ᄒᆞ야雖食息顚沛造次須臾之間이라도可以不可無不可離者也라嗚乎라此ㅣ最重最貴! 最敬最愛! 唯一無二! 最高無上之獨立을果何如而可得乎아我有釰이라爲獨立而拔之며我有血이라爲獨立而濺之며我有舌이라爲獨立而焦之며爲獨立而歌之舞之ᄒᆞ며爲獨立而哭之號之ᄒᆞ야朝々而喚獨立ᄒᆞ며暮々而叫獨立이면獨立을可得乎아曰否라

有時機焉ᄒᆞᄂᆞ니非時機而賤之며非時機而焦之면雖血盡唇弊라도聊無寸効라大抵此時機云者ㅣ循環世界에或十年而至ᄒᆞ며或五年而來ᄒᆞ니淸日爭雄도一時機也며日露開仗도一時機也어늘際此難得之時機ᄒᆞ야白日坐睡로不知牕外에作何天風雨라가此時가已過ᄒᆞ고此機를已失後에야乃狂叫亂啼ᄒᆞ니一叫則百禍가幷臻ᄒᆞ고再叫則千殃還至ᄒᆞ야其末乃之謬果는靑山白水에處々是哭夫寡婦之痛이오莫烟斜日에家々是呼粥兒孩之啼라犬吠無聲ᄒᆞ고鬼哭有啾라此何故耶아亦無他焉이라非其時오亦非其機로다

於是乎ㅣ有所思焉ᄒᆞ노니此後는無可乘之時機乎아曰否々라豈其然乎리오其所從之方面과所至之遲速은不可豫測이요設可逆睹라도姑無發布之必要라然이나其有而不無者는的矣요審矣라奮發哉어다勿失哉어다際此來頭之時機ᄒᆞ야一皷作氣에万旗齊登ᄒᆞ며万釰齊揮ᄒᆞ야万口齊焦ᄒᆞ며万血齊濺이면獨立은其庶幾乎ᆫ져嗚乎라於是乎有所思焉ᄒᆞ노라

雜俎

全南順天郡志士李榮珉等支會請願書

本人等이學術을研究ᄒᆞ고知識을啓發ᄒᆞ기爲ᄒᆞ야學會一種을設立ᄒᆞᆯ次로多月經營中이온디伏聞
貴學會ᄂᆞᆫ名譽溢于宇宙ᄒᆞ온바 貴學會에認可를受ᄒᆞ야支會로設立ᄒᆞ면財政鳩聚와學員選定之方이漸至確張ᄒᆞᆯ깃기玆에請願ᄒᆞ오니
照亮ᄒᆞ신후認許ᄒᆞ심을敬望ᄒᆞᆷ
隆熙二年八月十六日

復函

敬復者
貴請願書ᄂᆞᆫ奉悉이온바現遭國家岌業ᄒᆞ야合群進化의義務가時日爲急이온지라所以로本會가海外에孤立ᄒᆞ야祖國을日望ᄒᆞ고共進을苦叫ᄒᆞᆷ이其誠則已殫이오나但青年輩의初度知識이皷發의効力이缺少ᄒᆞ니是庸憂歎이라何幸內地各郡同胞가聲氣를相贈ᄒᆞ야支會設立의請願이比々還至ᄒᆞ니是感是謝ᄒᆞᄂᆞᆫ中에且 諸貴同胞가學術을研究ᄒᆞ고知識啓發ᄒᆞ기爲ᄒᆞ야支會認許를若是請願云々ᄒᆞ오니其在同聲相應에不勝幸感萬萬이라宜即隨請認許이오되視察의規則이自有ᄒᆞᆯ뿐外라本月은會長以下諸會員이夏期放學을因ᄒᆞ야歸國ᄒᆞ얏기來月初總會에通過提議ᄒᆞᆯ意로玆先仰復ᄒᆞ오니
照亮ᄒᆞ심을爲要
隆熙二年八月廿四日

祝辭

幸我大韓帝國에社會之設이項背相望則無論何社何會ᄒᆞ고以疆土維持로爲肩任ᄒᆞ며以生靈保護로爲目的而勇膽이層高ᄒᆞ며義血이凝合ᄒᆞ야桃源鄕裏에春夢을未醒ᄒᆞᆫ逸民과華門竇間에秋史를空纂ᄒᆞᆫ宿士와上自公卿大夫로下至匹夫愚婦히猛打警鍾ᄒᆞ야大醒大呼치아니ᄒᆞ리오만은遠至於貴本會ᄒᆞ야ᄂᆞᆫ以太極으로爲報號ᄂᆞᆫ不啻以國旗爲表則這裏大旨를爲我韓之同胞君子가豈非奮發研究處乎아夫一太極은天地元氣之祖也라邵子評曰三十年이爲一世오十二世가爲一運이오三十運이爲一會오十二會가爲一元則運會가循環에無往不復故로萬里海外와三島天涯에覊托孑立ᄒᆞᆫ一法會가以山河帶礪之盟으로知有國而不知有家ᄒᆞ며知有君而不知有身則嘗膽之越耻와受塊之晋辱을何日忘置며何時歇后아然則天運이循環ᄒᆞ사國祚恢復之元氣를竊取於太極會中矣로다他會之會字ᄂᆞᆫ但成人員之會오本會之會字ᄂᆞᆫ兼符天運之會니太極會三字ᄂᆞᆫ可謂亘萬世不易之号也로다噫라貴會之諸公은三山이渺茫ᄒᆞ고十洲가空濶ᄒᆞᆫ殊域旅舘에風霜之艱險과山河之異懷ᄂᆞᆫ不見是圖矣라然而以一團愛國血誠으로不屑於區々情私ᄒᆞ고勇往前步로熱心做去ᄒᆞ니風雨가如晦에雞鳴이不已ᄒᆞ며洪浪이滔天에砥柱가不撓ᄒᆞ니如此精神的大任을天降斯會歟인뎌霄壤間一蠹此物도非不知涸轍之魚情과覆巢之雛狀이나管見之窄이오籌運之昧라縱切附驥之蠅忱이나曷勝報雀之蛇恩가徒以區々微悃으로東雲을瞻望ᄒᆞ고北斗를依止ᄒᆞ야太極旗의特色을世界에 顯揚케ᄒᆞᆷ

을盟水恭祝ᄒᆞᄂᆞ이다
平安南道順安郡松峴面九瑞洞居韓熙洙
謹呈
隆熙二年八月　日

恭賀太極學會韻

義士忠臣此會求　天時定有相環理
韓皇代表建旗頭　國步寧無自立由
心誓北邊蘇武漢　一枝太極花開世
體團東海魯連周　願我同胞活舞遊

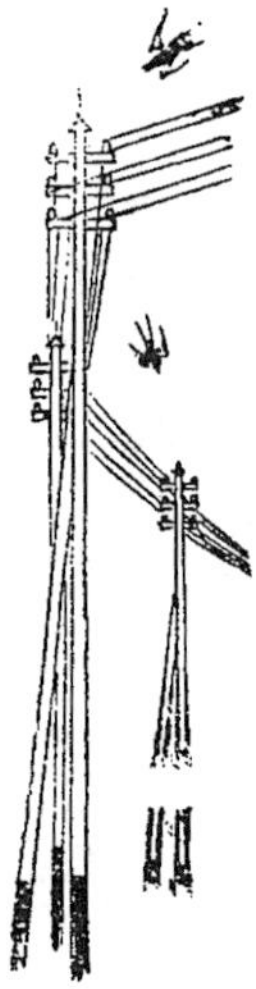

雜錄

○萬壽聖節慶祝　本月八日은我
太皇帝陛下萬壽聖節日이라同日上午十時에一般留學生이監督部에會同ᄒᆞ야盛大히慶祝式을行ᄒᆞ엿더라

○學生稍來　今秋學期에內地有志青年이東京에遊學ᄒᆞᆯ次로多數히新渡ᄒᆞᆫ다ᄂᆞᆫ듸爲先來到ᄒᆞᆫ者ᄂᆞᆫ平壤에朴尙純曹晩植朴泰殷金君湜蔡秉喆林得煥諸氏오安州에李乙夏金甲鎭李瓊燮諸氏오義州에張建鏞氏오三和에林炳日氏오黃海道安岳에元智燮崔昌林諸氏오長連에白賢準氏오鳳山에李鍾殷氏오京城에全　壕氏等이라더라

○上海學校　上海韓人大同學院에셔兵學速成을敎授ᄒᆞᄂᆞᆫᄃᆡ先生은美國海軍將軍위손氏오再昨月學生敬賀會를開ᄒᆞ고盛況을呈ᄒᆞ엿다더라

○崔氏偉業　留學生崔南善氏ᄂᆞᆫ文章學術을夙達ᄒᆞ고理想熱誠이兼全ᄒᆞᆫ青年模範的人士라國勢의慘憺을居常憂憤ᄒᆞ더니近日에至ᄒᆞ여ᄂᆞᆫ我國學界에敎科書缺乏ᄒᆞᆷ을慨歎ᄒᆞ야幾萬圓資本을自辦ᄒᆞ여完美ᄒᆞᆫ各種敎科書籍을翻譯發刊ᄒᆞᆫ다니眞實로我國民啓發上에一大光明을呈露ᄒᆞᆷ이라ᄒᆞ노라

○內地人士의歡迎及送別　今番夏期休暇에留學生諸氏가還國ᄒᆞ엿ᄂᆞᆫᄃᆡ京城에ᄂᆞᆫ西北學生親睦會와及有志諸氏의歡迎이有ᄒᆞ엿고平壤에ᄂᆞᆫ日新學校及箕明學校代表諸氏의歡迎會가有ᄒᆞ엿고及其還渡時에ᄂᆞᆫ平壤有志人士와及各學校合同餞別會가有ᄒᆞ엿다더라

○永校維新　咸南永興郡私立洪明學校生徒가一体斷髮ᄒᆞᆫ者四十餘名이오任員도亦同時斷髮ᄒᆞ엿ᄂᆞᆫᄃᆡ學徒의熱心就學과任員의誠勤視務가關北에模範이될만ᄒᆞ다ᄂᆞᆫᄃᆡ該校長金正奎氏와監督權永鎬氏의血誠鼓動ᄒᆞᆫ所以라더라

○留學生長眠　日本東京留學生金泰淵氏가去月三十日에卒逝ᄒᆞ엿ᄂᆞᆫᄃᆡ一般留學生諸氏가往吊護喪ᄒᆞ다

○女學生渡來　西北學會總務員金允五氏의令妹金弼禮氏가京城青年學院女子師範科를卒業ᄒᆞ고東京에遊學ᄒᆞᆯ次로本月七日頃에渡來ᄒᆞ엿ᄂᆞᆫᄃᆡ其淑德과學識이我國女子社會의模範이될만ᄒᆞ더다라

○留學生還渡　夏期休暇에還國ᄒᆞ엿던留

學生一同이本月初에還渡ᄒᆞ엿더라

會員消息

○本會事務員金英哉氏ᄂᆞᆫ素以青年佳才로本國에在ᄒᆞᆯ時브터五六年間醫學界에委心從事ᄒᆞ더니往在　光武十年春에日本東京에渡來ᄒᆞ야普通學科를修ᄒᆞ고昨年七月에齒科專門學校에入學ᄒᆞ야熱心攻究ᄒᆞᄂᆞᆫᄃᆡ中間學費의非常困難을屢遭ᄒᆞ여도勇進邁往ᄒᆞᄂᆞᆫ心으로該科를卒業ᄒᆞ고客月에歸國ᄒᆞ여ᄉᆞ니我國에齒科가有ᄒᆞᆷ이氏로브터始ᄒᆞ니醫學의晨星이라可謂ᄒᆞᆯ지라氏와同胞를爲ᄒᆞ야攢賀不已ᄒᆞ노라

○本會員崔錫根氏ᄂᆞᆫ本年四月에日本東京에渡來ᄒᆞ야織組傳習所에서幾個月間實習ᄒᆞ야布帛組織法을透得ᄒᆞ고該機械를購買ᄒᆞ여가지고歸國ᄒᆞ여ᄉᆞ니我國實業界에對ᄒᆞ야攢賀不已ᄒᆞ노라

○本會事務員崔時俊氏ᄂᆞᆫ其令伯時健氏의喪을當ᄒᆞ야留學을停止ᄒᆞ고其伯氏가該郡東明學校와孤兒院을設立ᄒᆞ고一切經費를自擔熱心ᄒᆞ든事業을繼續ᄒᆞᆯ計劃이라니可謂有有兄有是弟라고內外稱頌ᄒᆞ더라

○會員鄭庸瑗氏ᄂᆞᆫ多日痰症으로麴町區回生病院에서治療中이더라

會事要錄

○紀念會準備　本月十五日은本會第三回創立紀念日인ᄃᆡ促期ᄒᆞᆯ關係가有ᄒᆞ야本月十三日로八景園에서開會ᄒᆞ기로預定ᄒᆞ다

○新入會員　本報主筆金源極氏ᄂᆞᆫ今番에

入會ᄒᆞ다

○平南永柔支會에서任員總選擧報告가如左ᄒᆞ다

會長 金建琪 安國衡
副會長 金相哲 李周燦
總務 金憲燾 車濟重
評議長 鄭致烈 李炳道
評議員 李基燦 朴在善
朴泰源 李致相
金志侹 事務員 金達弘
鄭龍河 金載鉉
金大殷 金公模
金廼鏞 會計 金命峻
白奎復 書記 金東基
金益鍊 司察員 李基淵
韓承鉉 金永鍊

光武十年八月廿四日創刊
隆熙二年九月二十日印刷
隆熙二年九月廿四日發行
明治四十一年九月二十日印刷
明治四十一年九月廿四日發行

●代金郵稅並新貨拾貳錢

日本東京市芝區白金三光町二百七十三番地
編輯兼發行人　金洛泳

日本東京市芝區白金三光町二百七十三番地
印刷人　金志侃

日本東京市芝區白金三光町二百七十三番地
發行所　太極學會事務所

日本東京市牛込區辨天町二十六番地
印刷所　明文舍

太極學報第廿四號

光武十年九月二十四日
明治三十九年九月二十四日 第三種郵便物認可

隆熙二年九月二十日
明治四十一年九月二十四日 發行(每月一回發行)

明治卅九年九月廿四日 第三種郵便物認可

光武十年八月二十四日創刊

太極學報

隆熙二年十月二十四日發行（每月廿四日一回）

第貳拾五號

太極學會發行

注意

△本報를購覽코저ᄒᆞ시ᄂᆞᆫ이ᄂᆞᆫ本發行所로通知ᄒᆞ시되居住姓名統戶를詳細히記送ᄒᆞ시며代金은郵便爲替로本會에交付ᄒᆞᆷ을要ᄒᆞᆷ

△本報를購覽ᄒᆞ시ᄂᆞᆫ僉君子씌셔住所를移轉ᄒᆞᄂᆞᆫ이ᄂᆞᆫ速히其移轉處所를本事務所로通知ᄒᆞ시옵

△本報ᄂᆞᆫ有志人士의購覽을便宜케ᄒᆞ기爲ᄒᆞ야出張所及特約販賣所를如左히定ᄒᆞᆷ

皇城中署東闕罷朝橋越便
朱翰榮册肆（中央書館內）

平安南道三和鎭南浦港築堰
金元燮家

平城鍾路
太極書館

平壤貫洞
耶蘇教書院

平壤法首橋
大同書觀

平安北道定州郡南門內
洪成麟商店

北米國桑港韓人共立協會內
金永一住所

◎投書注意

一、諸般學術과文藝詞藻統計等에關ᄒᆞᆫ投書ᄂᆞᆫ歡迎ᄒᆞᆷ

一、政治上에關ᄒᆞᆫ記事ᄂᆞᆫ一切受納치아니ᄒᆞᆷ

一、投書의掲載與否ᄂᆞᆫ編輯人이撰定ᄒᆞᆷ

一、投書의添削權은編輯人의게在ᄒᆞᆷ

一、一次投書ᄂᆞᆫ返附치아니ᄒᆞᆷ

一、投書ᄂᆞᆫ完結ᄒᆞᆷ을要ᄒᆞᆷ

一、投書ᄂᆞᆫ縱十二行横二十五字原稿紙에正書ᄒᆞᆷ을要ᄒᆞᆷ

一、投書ᄒᆞ시ᄂᆞᆫ이ᄂᆞᆫ居住와姓名을詳細히記送ᄒᆞᆷ을要ᄒᆞᆷ

一、投書當撰ᄒᆞ신이의게ᄂᆞᆫ本報當號一部를無價進呈ᄒᆞᆷ

太極學報第二十五號目次

論壇

講壇

學園

文藝

詞藻

歌調

寄書

雜錄

論壇 講壇 學園

太極學報

第貳拾五號

隆熙二年十月二十四日 〔發行〕
明治四十一年十月廿四日

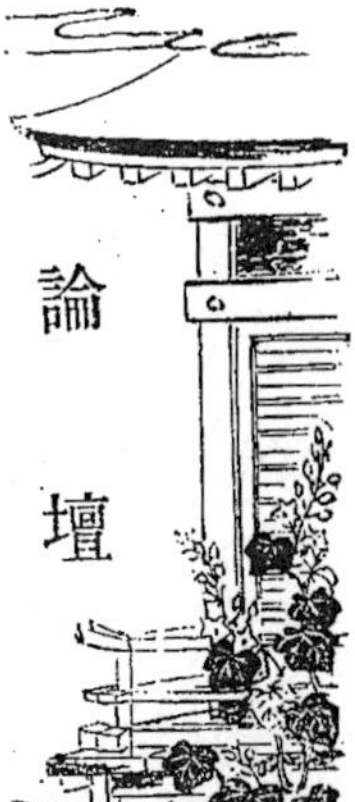

論壇

本會의第三回紀念

記者

盖水之始出也의其源泉이微細而衆流가聚合則大海를可成也요木之始生也의其萠芽가顗晦而群幹이展茂則森林을可成也라然이나其源泉之到海也의經幾千危巖險崖而盤廻屈折然後에始伸其流也며其萠芽之成林也의經幾百風雨霜雪而枯榮開零然後에始伸其幹也ㅣ固理也勢也耳라今本會의剏立이前四年九月十五日에在ᄒᆞ도다其發起之始也의三學友가本國의新來留學生語學預備ᄒᆞ기를爲ᄒᆞ야太極學校라名稱ᄒᆞ고殆近週年을教授ᄒᆞ다가該語學生徒가修業을畢了ᄒᆞᆫ後인즉學校가亦無用에歸ᄒᆞᆫ지라幾個日月을中沉ᄒᆞ야會合維持의議論이束閣ᄒᆞ야ᄉᆞ니源萠을溯究ᄒᆞ면微細ᄒᆞ고顗晦ᄒᆞ다可謂ᄒᆞᆯ지로다然이나剝復

의理가屈信이有時ᄒᆞ야學會改絃의議가於焉倡起ᄒᆞᆫ지라于是에學友一同이同情으로議決ᄒᆞ고繼ᄒᆞ야學報를創刊ᄒᆞ야自己의學術를增長ᄒᆞ여內地同胞로더브러文明에共進ᄒᆞᆯ義務를擔負ᄒᆞᆫ者인즉吾靑年輩의知識이瞢昧ᄒᆞ고事力이綿弱ᄒᆞ야內地同胞로ᄒᆞ여곰鼓發의能力은欠缺ᄒᆞ야스나其情則可悲요其心則已苦矣로다大抵學生時代ᄂᆞᆫ自由의休暇가絶無ᄒᆞᆫ지라一週間日曜一日을得ᄒᆞ야學友의患難相問이며自己의寄寓準備를如干猷爲ᄒᆞᆯ者이어ᄂᆞᆯ暇念이此에不及ᄒᆞ고分寸의光陰을經濟ᄒᆞ야報務에從事ᄒᆞ며厘毫의旅費를貯分ᄒᆞ야報費에充用ᄒᆞ엿슨즉其由來의歷史가可히艱辛을備嘗ᄒᆞ얏다謂ᄒᆞᆯ지로다其間危巖險崖와風雨霜雪을經備ᄒᆞᆫ事實은縷陳枚擧키難ᄒᆞᆷ으로省畧에歸ᄒᆞ거니와今日第三回刱立紀念會에會員名案이六百餘員에達ᄒᆞ엿고報卷號數가二十五番에到ᄒᆞ야슨즉當場觀感에喜躍을難裁ᄒᆞ야一言의祝賀가無키難ᄒᆞᆫ지라大槪天下萬事가往을據ᄒᆞ야來를證ᄒᆞ면吉凶盛衰가目前에照耀ᄒᆞᆷ은原定ᄒᆞᆫ理라本會의四載歷史를汎覽컨ᄃᆡ始也에若是其微細焉顚晦焉ᄒᆞ며中也에若是其盤屈焉零縈焉이라가今焉第三回紀念一會에盛況을若是呈露ᄒᆞ야스니推此以觀이면明年此會에又不知幾千名이요又明年則又不知幾萬名일지요學報發行이又不知幾千幾萬部矣리니若是烝進不已ᄒᆞ면全國의團体響應ᄒᆞᆷ을可期ᄒᆞᆯ지요同胞의知識啓達ᄒᆞᆷ을可見ᄒᆞᆯ지니此로要點을取ᄒᆞ야覘破ᄒᆞ면本會의刱立紀念日이即我國獨立文明의紀念日이라謂ᄒᆞ야도過言이안일줄노思惟ᄒᆞ나余가亦本會의一部分이라本會諸員의게一言을瀆陳코자ᄒᆞ노

니何也오凡諸事爲가有始는易어니와有終은難이며其進이銳者는其退가速이라今日諸氏의擔負ᄒᆞᆫ義務가表面으로倏看ᄒᆞ면一學友會에不過ᄒᆞᆫ듯ᄒᆞ나內容을實究ᄒᆞ면全國同胞의新思潮를喚起ᄒᆞ는地位에在ᄒᆞᆫ지라若諸氏의義血이熱騰ᄒᆞ면二千萬同胞의義血이同熱ᄒᆞᆯ지오諸氏의義血이冷却ᄒᆞ면二千萬同胞의義血이俱冷ᄒᆞᆯ지며諸氏가一步를進ᄒᆞ면國運이一步를進ᄒᆞ며諸氏가一步를退ᄒᆞ면國運이亦一步를退ᄒᆞ리니諸氏의所立ᄒᆞᆫ處地가國家休戚에對ᄒᆞ야關繫가何如ᄒᆞᆫ가然ᄒᆞᆫ則諸氏의心이不得不益熱ᄒᆞ야有始克終ᄒᆞᆯ지요諸氏의步가不得不愈濶ᄒᆞ야有進無退ᄒᆞᆯ지라苟如是也면我內地同胞가聲氣로歡迎ᄒᆞ야夏密敦의筆舌下에米洲全部가風從ᄒᆞ며俾斯麥의鐵血下의普國義士가雲集ᄒᆞᆷ과如ᄒᆞ리니此는諸氏의用力如何에存在ᄒᆞᆯ뿐이라餘言을何待이며更히內地有志紳士와本報購覽諸氏의게申請ᄒᆞ노니本會에今日第三回紀念會를保有케ᄒᆞᆷ이本會諸員의誠力所到가不無ᄒᆞ오나其實은諸位君子의同情協賛ᄒᆞᆷ에在ᄒᆞᆫ지라何則고ᄒᆞ면本報發行以來로經費의艱難으로非常ᄒᆞᆫ窮厄을在々遭値ᄒᆞ야스나何幸諸位君子의補助를是賴ᄒᆞ야繼續不已ᄒᆞᆯ뿐外라本報를愛讀ᄒᆞ는諸氏가日增月加ᄒᆞ야桑港布哇와上海海蔘威에居留ᄒᆞ는同胞가蔓延相望ᄒᆞ며內地各郡의有志諸氏가支會聯絡의請願이月斯勤至ᄒᆞ니一則本會의發展運途를爲ᄒᆞ여賀ᄒᆞ며一則全國의文明運機를爲ᄒᆞ야歌ᄒᆞ노니若諸位君子가始終一致로愛護를無已ᄒᆞ면自今年으로至明年又明年百年千年萬年에至ᄒᆞ기々지無窮ᄒᆞᆫ紀念을表ᄒᆞ며自百人千人으로萬人千萬人에至ᄒᆞ기

ᄭᆞ지莫盛ᄒᆞᆫ紀念을著ᄒᆞᆯ지라然ᄒᆞ면本會의紀念이即全國獨立의紀念日이될줄노確信ᄒᆞ노니余가是로뻐祝ᄒᆞ고是로뻐賀ᄒᆞ노라

平壤의中學校消息

松南

學校의設立이多數ᄒᆞᆷ이爲貴ᄒᆞ다ᄒᆞ나教育의階級과順序를組成치못ᄒᆞ면雖多ᄒᆞ나何益이有ᄒᆞ리오今日我國教育界의新潮가日漸膨脹ᄒᆞ야京鄉各處에此黌彼塾이在々相望ᄒᆞ나各學校의主務諸氏가教育ᄒᆞ는方向을不究ᄒᆞ고但히學校의名稱을冒取ᄒᆞᆷ으로所謂小學校의教科를見ᄒᆞ야도尋常高等의區別을難尋이며所謂普通學校中學校라稱ᄒᆞᆫ者도名實이不符ᄒᆞ야邯鄲學步와殆同ᄒᆞ니此는國民의一般知識이幼稚ᄒᆞᆫ程度에難免ᄒᆞᆯ事實이라然ᄒᆞᆫ則步武를高擧ᄒᆞ고勇奮齊進ᄒᆞ야實地를是圖ᄒᆞᆷ이可ᄒᆞᆯ지로다現今東京留學生界를觀ᄒᆞ야도內地의完全ᄒᆞᆫ學校가無ᄒᆞᆷ으로外國에蹤遊ᄒᆞ야自小學中學으로大學에至ᄒᆞ기ᄭᆞ지數十年光陰을艱辛히啼送케ᄒᆞ니內地先進의一大注目ᄒᆞᆯ事項이라況我國의平壤一郡은教育界의活動이全國에爲最라ᄒᆞ나完全ᄒᆞᆫ中學校가尙無ᄒᆞᆷ은慨歎ᄒᆞᆯ處가아닌가所以로不佞이向日에西北學會月報紙面을借ᄒᆞ야愚見을不辭ᄒᆞ고呶々漫叫ᄒᆞ엿더니今日에西來消息을聞ᄒᆞᆫ즉我國의第一教育家李鍾浩第一雄辯家安昌浩第一外交家尹致昊三氏가大成中學校를發起ᄒᆞ야位置를平壤에定ᄒᆞ고開校式을已行ᄒᆞ엿다ᄒᆞ니此를聞ᄒᆞ는同時에拍案起舞ᄒᆞ야自喜自誦曰我國에學校設立이種々

不無ᄒᆞ나但繼續의能力이或是欠少ᄒᆞ며教授의楷梯가或又徑庭ᄒᆞ야有志者의嗟惜을恒常提起ᄒᆞᄂᆞᆫ바라此又何故오ᄒᆞ면各種의弊源이不一ᄒᆞ나其一曰人謀不臧에在ᄒᆞ다ᄒᆞᆯ지로다今此三氏ᄂᆞᆫ識見의已高와聲望의已泰가全國의巨擘이라其施設ᄒᆞᄂᆞᆫ初程에如干厄介ᄂᆞᆫ縱云不無ᄒᆞ나其將來維持方針과教授課程은意必完全無缺ᄒᆞ리니餘言을何贅이리오만은平壤紳士諸氏를對ᄒᆞ야更히一言을煩陳코자ᄒᆞ노니何也오自古大事業英雄豪傑이三頭六臂을持ᄒᆞ며拔山超海의氣力이有ᄒᆞᆫ者ㅣ아니라時機를善乘ᄒᆞ야一籌一謀의首唱이될而已니於是에無名의英雄豪傑이風從雲集ᄒᆞ야其籌를代執ᄒᆞ고其謀를代辦ᄒᆞ야萬口一聲이오萬情一致가된然後에其事를結果ᄒᆞᄂᆞ니是故로蘇秦의辯으로도六國이從之則合ᄒᆞ고不從之則散ᄒᆞ며俾士麥의鐵血政略으로도勝法의功은小學校에在ᄒᆞ다ᄒᆞ얏스며馬丁路得의信教自由도一般民心의機會를因緣ᄒᆞᆷ이라ᄒᆞ니諸氏ᄂᆞᆫ試思之ᄒᆞ라其然가其不然乎아今日三氏의中學發起가當々ᄒᆞᆫ義務에出ᄒᆞᆫ者이나三氏ᄂᆞᆫ不過是工師의責任을擔負ᄒᆞᆫ者이오諸氏ᄂᆞᆫ乃匠人이라其大木과小木을求ᄒᆞᆯ者도諸氏요左持斧右執鉅ᄒᆞᆯ者도諸氏요遊於斯息於斯聚於斯ᄒᆞᆯ者도諸氏라諸氏가如此ᄒᆞᆫ許多責任을負荷ᄒᆞ얏슨즉其肩背의苦勞와手足의胼胝를理不容辭이올지라如或諸氏가道傍의舍와同視ᄒᆞ야爾我의力을互相推諉ᄒᆞ면工師의矩尺이指揮ᄒᆞᆯ處가無ᄒᆞ리니畢竟棄短尺而走之曰無可奈何라ᄒᆞ면諸氏의希望이自此永絕ᄒᆞᆯ지라嗟失ᄒᆞᆯ事가此外에何有ᄒᆞ리오現今日本留學生界를目擊ᄒᆞ니强半是諸氏의子若弟及孫이라向前

에萬若中學校設立이已早ᄒᆞ얏드면萬里殊域에서中學時代의勞費ᄂᆞᆫ減得ᄒᆞᆯ지라子孫을慈愛ᄒᆞᆷ은人의通情에不可已ᄒᆞᆯ者이ᄂᆞᆯ自我로可爲ᄒᆞᆯ能力이有ᄒᆞᆫ學校設備를不務ᄒᆞ고弱子穉孫을多年遠別ᄒᆞᆷ이亦可悶ᄒᆞᆫ事가아닌가以若諸氏의優識卓見으로先定의趣向이有ᄒᆞ야如此ᄒᆞᆫ大事業을經始ᄒᆞ얏스니我國各地方學界에赤幟를首揭ᄒᆞᆫ지라何等拜賀리오만은但克愼厥終의慮가不無ᄒᆞ야狂言을贅陳ᄒᆞᆫ者이니諸氏의慧眼으로恕納ᄒᆞ심을是望是祝ᄒᆞ거니와今諸氏가萬里遠程에一步를初起ᄒᆞ얏스니烝々向上의力을劇烈히愈用ᄒᆞ야大成中學校의實地名譽가成立ᄒᆞᄂᆞᆫ日이면全國의中學生徒가率皆平壤에遊學ᄒᆞ리니我國文明의樞機가此學校에信在ᄒᆞᆫ줄노確認ᄒᆞ노라

社會의假志士

北愚　桂　奉　瑀

自太古上古中古近古로至于今日히東西渾球上에塵々刹々林々葱々의有機的無機的諸般動植物을數之無量이오指之難擧이로되其中에可憎可惡可忌可厭可痛可惜의大恠物이何物耶아假志士가是也며非盲非聾非啞非躄非癩非癲의大病物이何物耶아假志士가是也로다聽其言論즉節々慷慨ᄒᆞ고條々激昂ᄒᆞ야足令人扼腕奮臂搥腦頓足擦掌磨拳咬牙切齒瞋目裂眦ᄒᆞ며觀其著作즉字々憤痛ᄒᆞ고句々悲愴ᄒᆞ야足令人落淚揮涕呀口嚼舌擢腸裂肝瞠目蹙眉腐心沸血ᄒᆞ야愛國家而獻身者도我也라ᄒᆞ며爲兄弟而擲命者도我也라ᄒᆞ며政治改繕者도我也라ᄒᆞ며教育擴張者도我也라ᄒᆞ며實業開發者

도我也라ᄒᆞ며頑固劈破者도我也라ᄒᆞ며文明輸入者도我也라ᄒᆞ며民賊芟除者도我也라ᄒᆞ며其他巨々細々大々小々의諸般事爲를盡無非我也々々々라ᄒᆞ나其語音이未絶ᄒᆞ고其筆蹟이未乾ᄒᆞ야東奔西走에脅肩諂笑ᄒᆞ며晝伏夜行에搖尾乞憐ᄒᆞ야賣我國家者도彼也며殺我兄弟者도彼也며害我敎育者도彼也며喪我實業者도彼也며扶我頑固者도彼也며沮我文明者도彼也며招我外侮者도彼也며爲我民賊者도彼也며其他巨々細々大々小々의諸般事爲가盡無非彼也々々ㅣ니爾有人之心膓耶아爾有人之軀殼耶아上天이賦與ᄒᆞ신性靈은與吾儕相類也며耳目口鼻手足腹背及五臟百骸가與吾儕無異也어ᄂᆞᆯ爾ᄂᆞᆫ胡爲乎國亡而家亡ᄒᆞ고家亡而身亡ᄒᆞ야爾의父母妻子ᄂᆞᆫ西伯里亞에奔竄哀號ᄒᆞ고爾의兄弟姉妹ᄂᆞᆫ博物院의陳設品이되ᄂᆞᆫ極悲極慘的傳來公例를朦然不知며茫然不悟耶아嗟爾彘心狗行의假志士아哀爾魔子鬼孫의假志士아皮相則朴堤上金庾信이로ᄃᆡ膓子則唐之李林甫와宋之韓侂胄오說辭則姜邯贊鄭夢周이로ᄃᆡ心地則吳之伯嚭秦之趙高이니外貌로不取者ㅣ人이며言行으로難知者ㅣ人이로다爾가眞志士의障碍物이되야其事業을顚敗케ᄒᆞ며爾가眞志士의妨害點이되야其名譽를汚濁케ᄒᆞᄂᆞ니爾ᄂᆞᆫ嘉禾의莠며白玉의瑕며杞梓의蠹며花田의火며甑瓮의鼠며農家의蟊ㅣ니저是故로當世之人이雖愚夫癡女와樵童牧豎라도聞其名觀其行者ㅣ咸曰此ᄂᆞᆫ我國의小人이며此ᄂᆞᆫ我輩의公賊이라ᄒᆞ야莫不欲啖其肉寢其皮刳其腹切其肝爇其臍漆其頭ᄒᆞᄂᆞ니當世之人만如此ᄒᆞᆯ뿐不是라百歲千歲億萬歲之後라도苟有人性者면又從而罵之嗔之

排之罵之唾之笑之ᄒᆞ야舌誅筆戮이無人無之ᄒᆞ고刀山釰水가無處無之ᄒᆞ야孕婦ᄂᆞᆫ恐産如彼之子ᄒᆞ며髮兒ᄂᆞᆫ恐得如彼之弟ᄒᆞᆯ지니胡然而若是其甚之之又甚也오其志가假也며其志가假也로다假志士의根據地가何處에在ᄒᆞ뇨ᄒᆞ면一曰學校오一曰社會이니養智識於學校ᄒᆞ고沾名譽於社會ᄒᆞ야眞箇底道德은純然背馳ᄒᆞ고其所以爲長技가但逐々於功令ᄒᆞ며滔々於物欲ᄒᆞ야苟有利於我者면宗社가幾爲邱墟而少不動念ᄒᆞ며同胞가浸爲俎肉而初不關心ᄒᆞᄂᆞ니如此ᄒᆞᆫ惡極的等物은何以而滅種이며何以而絶根고投之於江河라도魚鱉이必羞之而不受ᄒᆞᆯ것이오畀之於山林이라도豺虎가必怒之而不甘ᄒᆞᆯ것이오此外에螻蟻烏鳶蠅蚋狐狸之屬도亦棄之而不顧ᄒᆞ며厭之而不啄ᄒᆞᆯ지니世上天下에寄身ᄒᆞᆯ處가何處이며投足ᄒᆞᆯ地가何地인가憐爾假志士야爾도國民中의堂々ᄒᆞᆫ一分子이니爾若亟々痛悔ᄒᆞ야改其前罪면孰不欲愛其生而惡其死이리오滄浪之水에濯斯心濯斯腸ᄒᆞ야夷險一節의眞志士와忠直信實의眞志士되기를俯伏祈禱焉ᄒᆞ노라

內地에서日本留學生歡迎及餞別會의消息

松南生

芝蘭은草木의貴ᄒᆞᆫ者로ᄃᆡ凡眼으로視ᄒᆞ면草木에同歸ᄒᆞᆯ지오珠玉은瓦礫에異ᄒᆞᆫ者로ᄃᆡ凡眼으로視ᄒᆞ면瓦礫으로同歸ᄒᆞᆯ지라嗚呼라我國十年前時代를溯觀ᄒᆞ면外國에遊學ᄒᆞᄂᆞᆫ人氏가今日과如히多數치ᄂᆞᆫ못ᄒᆞ엿스나種々優越ᄒᆞᆫ人士가修業歸國ᄒᆞ야도歡迎二字의名義를未聞ᄒᆞ엿더니近日西來消

息이海外遊學生歡迎에對ᄒᆞ야莫大莫盛ᄒᆞᆫ形況을呈露ᄒᆞ엿도다本記者가槪聞을依ᄒᆞ야該況을略述코자ᄒᆞ노니凡我內地有志僉君子는一覽을幸賜ᄒᆞᆯ지어다

本年八月東京留學生諸氏가休學間歸國ᄒᆞ는路에京城에到達ᄒᆞᆫ즉西北學會々長鄭雲復李達元諸氏가留學生一同歡迎會를東大門外永道寺에開催ᄒᆞ고副會長姜允熙氏가勸勉演說ᄒᆞᆫ後에留學生代表金壽哲氏가答辭를供陳ᄒᆞ고午饌을盛大히進行ᄒᆞ야多年萬里客地에踽々凉々ᄒᆞᆫ懷抱를一場慰與ᄒᆞᆫ後餘興으로閉會ᄒᆞ엿스며平壤城에到達ᄒᆞᆫ즉當地有志士金寬善金秉軾崔叡恒諸氏가大同江上下天에風帆浪楫을連環ᄒᆞ고滿城人士를齊集ᄒᆞ야開會式을次第로行ᄒᆞᄂᆞᆫᄃᆡ名詞를特稱ᄒᆞ야曰東京留學生歡迎會라ᄒᆞ고諸節를依例畢了ᄒᆞᆫ後에發起諸氏가留學生의故國情緖를圓滿快足키爲ᄒᆞ야舊時歌舞를百般演劇으로經行ᄒᆞ고大韓帝國萬歲와留學生萬歲를三唱ᄒᆞᄂᆞᆫ聲에碧波가震盪ᄒᆞᆫ지라已而오月夜를乘ᄒᆞ야錦纜을係ᄒᆞ고浮碧樓六曲紅欄에步登ᄒᆞ야第一江山을次第로觀覽ᄒᆞ고檀箕故都에餘感으로風景不殊에吟咏을發現ᄒᆞ엿스며翌日에又如是ᄒᆞᆫ者ㅣ再三에止ᄒᆞ엿스며該地日新箕明兩學校生徒趙成夏金濟鉉諸氏는留學生一同을同校內에請邀ᄒᆞ야歡迎의盛意를表ᄒᆞ고茶果禮를行ᄒᆞ엿스며還渡ᄒᆞᆯ時期를當ᄒᆞ야兩西各郡學生諸氏가團体乘車ᄒᆞ기를爲ᄒᆞ야平壤에齊會ᄒᆞᆫ지라且當地有志諸氏가留學生餞別會를開ᄒᆞᆯ세適其時에農學士金鎭初氏가該城에到ᄒᆞᆫ지라兼ᄒᆞ야金鎭初氏歡迎會를同設ᄒᆞ엿더라該會에設備ᄒᆞᆫ盛況에對ᄒᆞ야不得不一言코자ᄒᆞ노니是日은秋八月

初吉이라玉宇가廓淸ᄒᆞ고山色이崢嶸ᄒᆞᆫ데牧丹峯烟霞中에第一佳麗ᄒᆞᆫ箕子陵上에場所를預備ᄒᆞ고留學生一同을請邀ᄒᆞᆯᄉᆡ諸般儀式이一大奇觀이有ᄒᆞ도다第一長竿旗幅에大書特書ᄒᆞ엿ᄂᆞᆫᄃᆡ右邊ᄂᆞᆫ曰東京留學生餞別會라ᄒᆞ고左面ᄂᆞᆫ曰農學士金鎭初氏歡迎會라ᄒᆞ엿ᄂᆞᆫᄃᆡ此旗를前導ᄒᆞ고日新學校로붓터箕子陵所에進ᄒᆞᆯᄉᆡ最前行에ᄂᆞᆫ舊樂各種을大吹ᄒᆞ며次行에ᄂᆞᆫ大同、靑山、箕明、日新諸學校生徒四百餘名이四列隊伍를組成ᄒᆞ야規律를整肅히行進ᄒᆞᆯᄉᆡ軍旅의盛儀를依ᄒᆞ야喇叭를齊吹ᄒᆞ고兵鼓를齊鳴ᄒᆞ니聲響이相應ᄒᆞ야十里에相聞ᄒᆞ며道路前後左右에傍觀ᄒᆞᄂᆞᆫ男女가人山人海를成ᄒᆞ엿더라場所에入ᄒᆞ야席次를整頓ᄒᆞᆯ세碧松秋風에帳屋을大開ᄒᆞ고萬國旗와太極旗ᄂᆞᆫ四面圍列ᄒᆞ엿ᄂᆞᆫᄃᆡ日光이照耀ᄒᆞ고地形이漸窄ᄒᆞᆫ지라帳內에賓主席을東西에分別ᄒᆞ며學徒席과婦女席이區別이各有ᄒᆞ며其餘에傍聽席과宴會席을鱗次로設ᄒᆞ엿더라於是乎留學生諸氏를迎入ᄒᆞᆯ세迎賓ᄒᆞᄂᆞᆫ禮砲를紙火砲로代用ᄒᆞ야幾百枚를一時에齊放ᄒᆞ니衆聲이大震ᄒᆞ야山鳴谷應ᄒᆞ더라仍ᄒᆞ야一齊히登席ᄒᆞ야開會式을行ᄒᆞᆯᄉᆡ臨時會長鄭在命氏가開會辭를說明ᄒᆞ고吳大永氏가祝辭를陳述ᄒᆞ고留學生金淵穆氏가代表로答辭ᄒᆞᆫ後에茶菓를進行ᄒᆞ고滿場主客이一日懷抱를愉快키爲ᄒᆞ야各其演藝의所長으로風流를秩奏ᄒᆞᆯ세善歌로有名ᄒᆞᆫ金寬俊氏가各種歌調를呼唱ᄒᆞᄂᆞᆫᄃᆡ其音韵은我國의流來舊曲이나其辭意를聞ᄒᆞ면國家現時의狀態를悲觀ᄒᆞᄂᆞᆫ中으로出ᄒᆞ며學生將來의道途를勸勉ᄒᆞᄂᆞᆫ中으로發ᄒᆞᆫ지라此를聞ᄒᆞᄂᆞᆫ同時에可悲可樂可憂可歡의人情이百般

오로流動ᄒᆞ더라其次에我國에演戲로有名ᄒᆞᆫ許德孫氏가布帳後로突出ᄒᆞ야白首丹顔에當初步入ᄒᆞᄂᆞᆫ形況이如醉如顚에目擊ᄒᆞᄂᆞᆫ人士가一場折腰로經過ᄒᆞ고平生長技의歌舞를一試ᄒᆞ기로自請ᄒᆞ야老喉를一開ᄒᆞ니聲音은尙已不老러라于時에日暮를因ᄒᆞ야閉會歸來ᄒᆞ얏스며翌日夜에島山安昌浩氏가留學生一同을日新學校內에請邀ᄒᆞ야勸勉演說會를開ᄒᆞ고學生의前途에對ᄒᆞ야立志라ᄂᆞᆫ問題로長時間을演說ᄒᆞᄂᆞᆫᄃᆡ高談雄辯이慷慨激切ᄒᆞ야滿座가揮淚ᄒᆞ고其次에留學生朴相洛氏가代表로答辭ᄒᆞ고閉會ᄒᆞ엿다더라

記者曰嗚呼라此歡迎及餞別의盛況을聞ᄒᆞᄆᆡ天來福音과如히歡迎ᄒᆞ리로다大抵西北學會人員과平壤人士諸氏가何故를因ᄒᆞ야莫貴ᄒᆞᆫ時間과若干ᄒᆞᆫ金錢을費耗ᄒᆞ야如此ᄒᆞᆫ開會를一二次에不止ᄒᆞ얏ᄂᆞᆫ가意者上項諸氏가今日國家의岌業ᄒᆞᆫ運命의挽回가文明發達에在ᄒᆞ고文明의原因이學生을勸奬ᄒᆞᆷ에在ᄒᆞᆫ지라所以로如此히誠을殫ᄒᆞ고力을竭ᄒᆞ야空前絶後의狀況을進呈ᄒᆞ얏스니偉哉壯哉라凡我內地各郡同胞ᄂᆞᆫ此意를諒ᄒᆞᄂᆞᆫ가否ᄒᆞᄂᆞᆫ가記者가且留學生諸氏를對ᄒᆞ야一言을更問코쟈ᄒᆞ노니今內地先進諸氏가學生一同에對ᄒᆞ야草木中의芝蘭으로望ᄒᆞ며瓦礫中의珠玉으로視ᄒᆞ니諸氏가果然芝蘭珠玉의資格을抱有ᄒᆞ얏ᄂᆞᆫ가竊思ᄒᆞ건ᄃᆡ今日의歡迎이例事의歡迎이안이라莫重ᄒᆞᆫ三千里疆土를諸氏의背上에擔負케ᄒᆞ며四千載歷史를諸氏의腦中에刻存케ᄒᆞ며二千萬同胞의生命을諸氏의掌中에保有케ᄒᆞ기로是望是視ᄒᆞᄂᆞᆫ者인즉諸氏가此歡迎에對ᄒᆞ야歡으로知ᄒᆞᄂᆞᆫ가憂로知ᄒᆞᄂᆞᆫ가此

歡迎二字를受ᄒᆞᆫ諸氏가其身이必無負荷而自重이오其心이必無思慮而自煩ᄒᆞ리니言念及此에本記者도代憂를不勝ᄒᆞ노라諸氏가만약一時一刻이라도此에泛忽히注意ᄒᆞ면今日歡迎會가變ᄒᆞ야明日打擊會가될줄도未可知라ᄒᆞ노니嗚呼라諸氏는始終一致로如此ᄒᆞᆫ歡迎會를長受ᄒᆞ기를千萬是祝ᄒᆞ노라

我青年社會의責任

前途가浩々洋々ᄒᆞ야進步가活々潑々ᄒᆞᆷ을可圖ᄒᆞᆯ者ㅣ我青年諸君이안인가現今我國의交衆을措眼으로見ᄒᆞ면悲觀이될듯ᄒᆞ나古今時勢의變革ᄒᆞ는原理로溯想ᄒᆞ면千載一遇의機會라可謂ᄒᆞᆯ지로다何也오漢祚가傾頹치안이면孔明의忠義가難著ᄒᆞᆯ지오英政이苛酷지안이면北米의獨立이無期ᄒᆞ리니我輩가何幸히如此ᄒᆞᆫ好機會를遇ᄒᆞ야希望ᄒᆞ는者ㅣ最善ᄒᆞᆫ功績이안인가最善ᄒᆞᆫ功績은別件事物노特求ᄒᆞᆯ것이아니라惟社會의責任을盡ᄒᆞᆯ而已로다此로써我一般青年의게深切히希望ᄒᆞ노니其奮然而起ᄒᆞᆷ도望ᄒᆞ며超然而走ᄒᆞᆷ도望ᄒᆞ며躍ᄒᆞᆷ도望ᄒᆞ며飛ᄒᆞᆷ도望ᄒᆞ나又或其顚倒ᄒᆞᆯ가恐ᄒᆞ며前途를向ᄒᆞ야直進ᄒᆞ다가左牴左牾의時를當ᄒᆞ면且或失敗에陷ᄒᆞᆯ가恐ᄒᆞ노니我輩가萬倒而再起ᄒᆞ며萬敗而再圖ᄒᆞᆫ則我輩의進行을沮遏ᄒᆞᆯ者ㅣ誰가有ᄒᆞ리오資性의所適이면水火라도不避ᄒᆞ고意志의所向이면金石이라도能穿ᄒᆞ는지라今日에社會의趨向이不正ᄒᆞ야도我青年이正케ᄒᆞᆯ지오社會의習慣이不直ᄒᆞ야도我青年이直케ᄒᆞᆯ지니責任이孰大焉고若或一時習慣에染ᄒᆞ야阿諛諂從을惟日不足ᄒᆞ면是는最劣ᄒᆞᆫ動物이라社會를

自滅의地에驅ᄒᆞᆷ이니大可深惡ᄒᆞᆫ處이로다當世長老의耄碌無爲ᄒᆞᆷ을效嚬치勿ᄒᆞᆯ지어다我國青年界를窃嘗觀察ᄒᆞ니卵殼을未脫ᄒᆞ고墟墓의氣가已深ᄒᆞ며毛髮이未燥ᄒᆞ고童豁의象이已具ᄒᆞ야惡勞好逸을是注意ᄒᆞ며暴棄自甘을是猷爲ᄒᆞ니其身體가既已閒散이라氣概識見을何足可稱이리오不寧惟是라凡他有志青年이聳肩濶步ᄒᆞᄂᆞᆫ狀態를一覩ᄒᆞ면厭惡의心이突起ᄒᆞ며譏笑의柄을妄做ᄒᆞ니如此ᄒᆞᆫ青年은生已死矣라何足指數라오拱手屈膝ᄒᆞ고山門에長臥ᄒᆞ야黃河一淸의消息이나待ᄒᆞ리로다惟突進의氣를養ᄒᆞ며勇敢의概를養ᄒᆞ며卓犖의識을養ᄒᆞ며少壯의態를養ᄒᆞᆫ者ㅣ是必能立於社會表面이오相與有成於國家事業也已矣로다嗚乎將來의同族을安寧케ᄒᆞ며將來의危險을拯濟ᄒᆞᆯ者ㅣ我青年의職責이안인가白頭山黃草嶺은我國의最高最大ᄒᆞᆫ山이라努力躋攀ᄒᆞ면能히其巓上에到達ᄒᆞᆯ時間이有ᄒᆞ려니와萬若其山麓을望見ᄒᆞ고一步를不能進ᄒᆞ면實地壯觀은平生에不遂ᄒᆞ리니請我青年諸君은社會上에活然躍出ᄒᆞ야一進一退에細節이라도眼界에狃習ᄒᆞ야職務를自任ᄒᆞᆯ지어다然ᄒᆞ나今日青年中에有志로自處ᄒᆞᄂᆞᆫ者ㅣ種々謹愼의度가欠缺ᄒᆞ야我의所得ᄒᆞᆫ學術로今日社會에直行橫截코져ᄒᆞ니古今天下에學者의所見이如是ᄒᆞᆯ理가有ᄒᆞ리오則以所學으로時勢를利用ᄒᆞ며程度를權衡ᄒᆞ야我ᄂᆞᆫ純白을尙好ᄒᆞᆯ지라도人의純黑을尙好ᄒᆞᆷ을卒然히冷非코자ᄒᆞ면彼不肯甘聽은理也勢也耳라如是ᄒᆞᆫ故로彼此에圭角이相露ᄒᆞ야社會가我를不信ᄒᆞ며朋輩가我를棄背ᄒᆞᄂᆞᆫ境遇를遭ᄒᆞ면尙히自我의所失을追悔치아니ᄒᆞ고輒悄然自歎ᄒᆞ며曰我

國社會가腐敗矣라我朋輩가頑固矣라ᄒᆞ고意氣가墮地ᄒᆞ니嗚乎라何其自暴自棄之甚也오社會의腐敗를不能維新者ㅣ誰의責任이며朋輩의頑固를不能啓發者ㅣ誰의責任인가腐敗의社會를遇ᄒᆞᆯ지라도將次純潔케ᄒᆞᆯ者ㅣ我青年이오頑固ᄒᆞᆫ朋輩를遇ᄒᆞᆯ지라도將次清明케ᄒᆞᆯ者ㅣ我青年이니是를由ᄒᆞ야我青年의責任이重大ᄒᆞ다ᄒᆞᆷ이로다昔者에日本德川家康이其子弟를諭ᄒᆞ야曰人의一生이千仞懸岩에立ᄒᆞᆷ과如ᄒᆞ다ᄒᆞ니處世의要訣이며精神의鼓吹라可謂ᄒᆞᆯ지라所以로德川氏가三百年長祚를能保ᄒᆞ엿ᄉᆞ니盖其素養의所致가如是ᄒᆞᆫ즉我輩青年의好個前鑑이되리로다吁亦壯哉라我青年之氣魄이여在學校而讀書라도非師友之督我라我自讀也오立市肆而理商務라도非主客之勸我라我自理也며造次에不忘我ᄒᆞ며顚沛에不忘我ᄒᆞᆫ然後에야重荷를不墜ᄒᆞ고懸岩을可攀일지라而自巳의本領이益固ᄒᆞ고自巳의思想이益堅ᄒᆞ며自躬의責任이益明ᄒᆞ고自躬의價値가益重ᄒᆞ야彼嚣々의俗論이煩ᄒᆞᆯ지라도我能括之ᄒᆞ며瑣々의俗事가勞ᄒᆞᆯ지라도我能掃之ᄒᆞ리니然ᄒᆞᆫ則經國의大策도無不自我而定也며處世의至理도無不自我而劃也며億兆를我가可히指導ᄒᆞᆯ지오世界를我가可히定立ᄒᆞᆯ지라我青年의氣魄이아니면誰가此를做ᄒᆞᆯ가嗟呼라彼先進長老가或肥遯而自甘ᄒᆞ며或萎靡而不振ᄒᆞᄂᆞ니竊望青年諸君은其厲聲而叱咤之어다或宴安而自鴆ᄒᆞ며或邪惑而自迷ᄒᆞᄂᆞ니竊望青年諸君은奮心而鞭策之어다非政을矯ᄒᆞ야駁論ᄒᆞᆷ은決코不遜이아니요迂論을排ᄒᆞ야糾正ᄒᆞᆷ은決코不敬이아니라諸君이籍口拱臂ᄒᆞ고盲從姑息의道를行ᄒᆞ면今日全國

뿐外라將來大事業을施措의所望을拂戾홀홀餘望이從絶홀지로다第試思之ᄒᆞ라美國의獨立이何人의手中에서成ᄒᆞ얏스며日本의維新이何人의手中에서立ᄒᆞ얏ᄂᆞᆫ가其必曰青年青年일지라然ᄒᆞᆫ즉今日我青年이自重의德과直往의勇을養ᄒᆞ면獨立維新의事業을可히掌上에運ᄒᆞ리니如此ᄒᆞᆫ好機會를遭遇ᄒᆞᆫ我青年이여勉之哉어다

內地各學校設廢의情形

中 叟

今日文明風潮가浸入半島ᄒᆞ야全國同胞가皆曰學校設立이爲急務라ᄒᆞ니聞其言則雖曰嘉尙이나究其志則吾所起訝者ㅣ十居五六이로다試問之ᄒᆞ노니諸位同胞之今日汲々於學校施設者ㅣ寔由何意也오如欲學漢文則雖非新設學校라도舊日書塾이依然猶存則不必更設而可爲也오如欲學國文則閭巷小說과街頭稗史를夜々短燈에歌之讀之者ㅣ不限其數則必不待學校之設而可以學之也며孔子ㅣ對樊遲學稼之問也의曰吾不如老農老圃라ᄒᆞ니農業을何待學校며禮記에曰良冶之子ㅣ必學爲裘ᄒᆞ며良弓之子ㅣ必學爲箕라ᄒᆞ니工業을何待學校이며馬史에曰多錢善賈라ᄒᆞ니商業을又何待學校리오然則雖非學校라도國漢文을可以有善學之道요農工商業을亦可以有善行之道어ᄂᆞᆯ諸位之咸曰學校學校而苦口呶々者ㅣ理必有所以然矣라諸位之如是를吾已知之矣로다盖文者ᄂᆞᆫ不過是記事之要具也라書契之前에雖以結繩之政으로도治致大平ᄒᆞ고李斯之文章而秦室이亡焉ᄒᆞ며周勃之少文而劉氏가安焉則徒文而無益은瞭然可知이올

지라我國의所謂前日教育을溯想ᄒᆞ면徒能讀에不過ᄒᆞ다謂ᄒᆞ리로다兒童七八歲에書塾에入ᄒᆞ야開卷初面이曰千字文이라當初에千字文三字ᄅᆞᆯ不知ᄒᆞᄂᆞᆫ孩兒ᄅᆞᆯ曰天曰地ᄅᆞᆯ教ᄒᆞᆯ셰口喉가不應ᄒᆞ고知識이不及ᄒᆞ야師曰天則弟子ㅣ無意而應口曰天ᄒᆞ며師曰地則弟子ㅣ無味而應口曰地라ᄒᆞ야如是千讀百讀에僅得口頭謄誦이나讀盡千字에一字意味ᄅᆞᆯ瞢然不知ᄒᆞ고一二歲光陰을費送ᄒᆞ며其次에聯句詩ᄅᆞᆯ教ᄒᆞᆯ셰曰白酒ᄂᆞᆫ紅人面이요黃金은黑士心이라ᄂᆞᆫ句語ᄅᆞᆯ盡日讀之라도意味ᄅᆞᆯ不覺ᄒᆞ고字音을難接ᄒᆞ야滿堂蛙鳴과無異ᄒᆞ며至於五陵年少金市東、銀鞍白馬度春風、落花踏盡遊何處笑入吳姬酒肆中之句로純然ᄒᆞᆫ良知良能의孩童의게教授ᄒᆞ야淫志蕩情을招動ᄒᆞ며此ᄅᆞᆯ經ᄒᆞ야古文眞寶니李白詩니杜詩니許多ᄒᆞᆫ詩篇을涉獵ᄒᆞᆷ이作詩者의一時感想과觀物노吟味ᄒᆞᆫ者인즉後之覽者ㅣ不過是閒中歷眼之資요豈以一定教科로教之讀之者哉아此ᄅᆞᆯ不諒ᄒᆞ고尋章摘句의流가謬傳이至此ᄒᆞ야스며其次에論孟庸學을教授ᄒᆞᄂᆞᆫ지라其性理의奧妙가固是難窺뿐不是라曾前所讀之詩가如蛇過蘆田ᄒᆞ며且正理ᄅᆞᆯ拂戾ᄒᆞ고淫詞蕩句ᄅᆞᆯ閱習ᄒᆞᆫ耳目에容受恰當ᄒᆞᆯ理가萬無ᄒᆞᆫ지라所以로其意ᄅᆞᆯ不究ᄒᆞ며其精을不擇ᄒᆞ고對案盲誦ᄒᆞ야讀盡四書ᄒᆞ고又讀盡三經이라도如狗食蜜餠ᄒᆞ며醫臨丹青ᄒᆞ야十數年讀書者ㅣ消息書札을不能記寫者ㅣ十居八九ᄒᆞ니所學之本意가果能安在며不寧猶是라書案中間에坐臥生活ᄒᆞ야人間事物之理가從以暗昧ᄒᆞ야只以一句詩所作으로爲長技而已요仰事俯育之生活計圖ᄅᆞᆯ茫不知何事ᄒᆞ나此人十數年讀書所得이間是何

能고旣不知其書之意味ᄒᆞ고又不知其意之吐寫ᄒᆞ며繼失饘粥糊口之計ᄒᆞ야스니所得者ㅣ不過是無精神一恠物而已로다讀書之人이無不如是則上流社會之風潮를可知矣로다大抵農工商三者는人類生活上에一不可缺ᄒᆞᆯ者라古者의는士農工商이其業이各異ᄒᆞ야스나今日은士로爲名ᄒᆞᆫ者ㅣ農工商을包括ᄒᆞ야農의如何히發展ᄒᆞᆷ과工의如何히利用ᄒᆞᆷ과商의如何히交通便利ᄒᆞᆷ을是講是求ᄒᆞ야一般人民의生活福樂을增進케ᄒᆞ는者라我國이舊慣을不變ᄒᆞ고所謂敎育이以上과如ᄒᆞ며農商工實業이漸次退步ᄒᆞ야今日의貧弱危亡이漏船同慘을致ᄒᆞ얏스니耳目이具ᄒᆞᆫ者ㅣ所以로學校設備의論을倡ᄒᆞᆷ이로다蓋此學校設立ᄒᆞ는本意는一般同胞가未能審察ᄒᆞ고苟欲輒設이면吾深恨之ᄒᆞ노라槪聞內地同胞가今日學校設立之原因이有三云ᄒᆞ니其果然也耶아吾將言之ᄒᆞ리라其一은曰愛國ᄒᆞ는志士의流가學校施設이今日急務인줄노洞知ᄒᆞ고發起ᄒᆞ는者도有ᄒᆞ며其二는曰日前에所謂京中出沒의類와鄕曲武斷의輩가挾雜의路가杜絶ᄒᆞᆷ을知ᄒᆞ고學校設立을憑藉ᄒᆞ야公付와私捐을流涎ᄒᆞ기爲ᄒᆞ야發起ᄒᆞ는者도有ᄒᆞ며其三은曰甲村에一學校가已立ᄒᆞ야其附近乙丙村의公共財産과及義捐을請付ᄒᆞ면輒生反對曰吾村에亦可以吾財로設校요不必付他라ᄒᆞ고或十家而一校ᄒᆞ며或數卄家而一校로片々瑣々히發起ᄒᆞᆫ다ᄒᆞ니外風으로聞ᄒᆞ면良好ᄒᆞ나不完全ᄒᆞᆫ原理를包有ᄒᆞ야스니完全ᄒᆞᆫ事業이何有ᄒᆞ리요其設立되는原因에對ᄒᆞ야其一은贊成ᄒᆞ거니와其二其三은反對ᄒᆞ노니何也오莫重國民敎育의義務를擔負ᄒᆞ노라自名ᄒᆞ는者ㅣ當初挾雜의舊習

을試코자ᄒᆞ니被教育者ㅣ엇지完全ᄒᆞ며彼村此村을勿論ᄒᆞ고國民教育ᄒᆞᄂᆞᆫ義務ᄂᆞᆫ一般이라爾設則我設이요我設則爾設이라ᄒᆞ야不相完全ᄒᆞ니主教育者의本意가若是狹少커든被教育者가又有何望이리요所以로廢止의原因이設立된三原因에從ᄒᆞ야亦爲流出ᄒᆞᄂᆞ니吾不得不且言之ᄒᆞ리라設或愛國의志氣로設校ᄒᆞᆫ者라도實地方法을曉然不知ᄒᆞ고教授程度가又或徑庭은今日我國現勢에理所必至라然이나其設校者의熱心至誠은可謂勤且苦矣어ᄂᆞᆯ其附近人士가簡陋蠻野의習으로不肯贊成ᄒᆞ고反又鼻嘲之ᄒᆞ며其學徒父兄은使其子弟로初不樂送於學校라가被人勸誘ᄒᆞ야不得已入學ᄒᆞᄂᆞᆫ者ㅣ在々有之ᄒᆞᆫ지라此父兄諸氏가學校에種々往進ᄒᆞ야今日教育의原因如何를詳叩치안이ᄒᆞ고學校를視ᄒᆞ미秦瘠과如ᄒᆞᆫ지라但其子弟의所學ᄒᆞᄂᆞᆫ行動을外面으로觀察ᄒᆞᆫ즉斷髮洋服에左向左右向右로場所의셔驅走進退ᄒᆞᆷ이不過是兵丁操練而已라於是에不平의心이鬪發ᄒᆞ야其子弟의入學을沮戲ᄒᆞ야曰汝를學校에送ᄒᆞᆷ은讀書를爲ᄒᆞᆷ이어ᄂᆞᆯ兵丁의遊戲로歲月을抛送ᄒᆞ니村書塾만不如ᄒᆞ다ᄒᆞ고學校를反對ᄒᆞ니學徒의父兄이如是ᄒᆞᆫ境遇에贊成金을可得ᄒᆞᆯ期望이亦無ᄒᆞᆫ지라此校가不得不廢止케歸ᄒᆞᆯ것이요其二所謂挾雜輩의所設ᄒᆞᆫ者ᄂᆞᆫ其財錢流涎의目的을到達ᄒᆞᄂᆞᆫ日이면不攻自破ᄒᆞᆯ지요甲乙村爾我의相爭으로所設ᄒᆞᆫ者ᄂᆞᆫ當初經營이一日의粮으로千里의遠道를發行ᄒᆞ야스니其設其廢를又何可論이리요然ᄒᆞᆫ즉全國內各學校가今日吾의所聞과果如ᄒᆞ면現在學校가雖曰幾萬幾千이라도畢竟에ᄂᆞᆫ一校도完全치못ᄒᆞᆯ줄노假定ᄒᆞ리니一聲痛哭

을大呼ᄒᆞ리로다嗚乎라旣往은勿諫이어니와來者ᄅᆞᆯ可追ᄒᆞᆯ지어다第一에學校의父兄된諸氏의게一言을勸告코자ᄒᆞ노니大槪子弟ᄅᆞᆯ愛ᄒᆞᆷ은人의常情이라諸氏의子弟ᄅᆞᆯ教育코자ᄒᆞ야熱心ᄒᆞᄂᆞᆫ學校任員을諸氏가何如히知ᄒᆞᄂᆞᆫ가今日學校의셔教授ᄒᆞᄂᆞᆫ本領을諸氏가何如히知ᄒᆞᄂᆞᆫ가入學之初에兒童의易曉ᄒᆞᆫ國文을教授ᄒᆞ야其母音子音과合音을知得ᄒᆞᆫ後에眼前日用事物을爲先指示ᄒᆞ야次第로漢字教授에及ᄒᆞᄂᆞᆫ지라若父字ᄅᆞᆯ教ᄒᆞᆯ時에國文으로譯ᄒᆞ야曰(아비부)母字ᄅᆞᆯ教ᄒᆞᆯ時에又國文으로譯ᄒᆞ야曰(에미모)ᄒᆞ면其音義의記得이容易ᄒᆞᆯ뿐外라一字ᄅᆞᆯ學ᄒᆞ면一字의義ᄅᆞᆯ詳知ᄒᆞ고二字ᄅᆞᆯ學ᄒᆞ면二字의義ᄅᆞᆯ詳知ᄒᆞᆯ지니其讀習의功效가何等倍蓰며其所滿篇國漢字가一句一節이라도尋常ᄒᆞᆫ謳吟이無ᄒᆞ고其生活上切當ᄒᆞᆫ事物과家庭上圓滿ᄒᆞᆫ和樂과社會上發現ᄒᆞᆫ職務와國家上自任ᄒᆞᆫ義務ᄅᆞᆯ純然ᄒᆞᆫ腦髓에鼓吹ᄒᆞ고自國歷史地誌ᄅᆞᆯ教授ᄒᆞ야自國을崇拜ᄒᆞᄂᆞᆫ思想을培養ᄒᆞ며算術을教授ᄒᆞ야天地萬物의無限의數ᄅᆞᆯ記得케ᄒᆞ며次第高等小學에入ᄒᆞ야動植物學을教授ᄒᆞ야物質物性의所由來ᄅᆞᆯ知得ᄒᆞ며体操ᄅᆞᆯ練習ᄒᆞ야身體ᄅᆞᆯ康健케ᄒᆞ며苦難을預備ᄒᆞᆷ이니所以體育이特別히備有ᄒᆞᆫ者며唱歌ᄂᆞᆫ其志氣ᄅᆞᆯ愉快케ᄒᆞ며善心을感發케ᄒᆞᄂᆞᆫ者니其教育의增助가不少ᄒᆞ며此ᄅᆞᆯ修了ᄒᆞ고中學校에入ᄒᆞ야一般普通知識을涉過ᄒᆞᆫ後에法政의思想이有ᄒᆞᆫ者ᄂᆞᆫ法政學專門에從事ᄒᆞ야法政大學士로以之而法政을行ᄒᆞᄂᆞᆫ地에當ᄒᆞ면善政良法이民族의安寧秩序ᄅᆞᆯ維持ᄒᆞ며農業의思想이有ᄒᆞᆫ者ᄂᆞᆫ農學專門에從事ᄒᆞ야農科大學士로以之而相土簡稼의法을行ᄒᆞ

면人民衣食의裕足이漸至高度ᄒᆞ야富庶의基礎를作ᄒᆞᆯ지며工業의思想이有ᄒᆞᆫ者ᄂᆞᆫ工業各專門에從事ᄒᆞ야所謂今日鐵道汽船電線以下各樣器械製造가無不自此而出ᄒᆞ나니其功效의偉大가何如ᄒᆞ며商業의思想이有ᄒᆞᆫ者ᄂᆞᆫ商學專門에從事ᄒᆞ야懋遷有無의法을卒業ᄒᆞᆫ後에其實施의福澤을全國이蒙被ᄒᆞ며兵學의思想이有ᄒᆞᆫ者ᄂᆞᆫ陸海軍學校에從事ᄒᆞ야忠義勇敢의氣를培養ᄒᆞᄂᆞᆫ지라一般教育이如是ᄒᆞᆫ然後에야其國이富强ᄒᆞ고其國이文明ᄒᆞ야能히現世列强을駕馭ᄒᆞᆯ지라前日所謂迂儒曲士輩가漢文一課란終身讀之라도資身의策도空々ᄒᆞᆷ과比例ᄒᆞᆯ者리요父兄諸氏가舊時見聞에固滯ᄒᆞ야如此ᄒᆞᆫ新教育의本意를不諒ᄒᆞᄂᆞᆫ故로往々히無理의反對를生ᄒᆞᆷ이요知而故行ᄒᆞᆯ理ᄂᆞᆫ必無ᄒᆞᆯ지라嗚乎諸氏ᄂᆞᆫ此理를洞悉ᄒᆞ고自今以往으로學校에對ᄒᆞ야殫誠竭力ᄒᆞ야其使靑年子弟로未來의英雄을陶鑄ᄒᆞᆯ지어다且學校를設立ᄒᆞᄂᆞᆫ任員諸氏를對ᄒᆞ야一言을勸告코자ᄒᆞ노니向右의已論ᄒᆞᆫ其二其三의行動은一切痛祛ᄒᆞ고堂々ᄒᆞᆫ國民養成의主意를抱持ᄒᆞ야學校剏立趣旨書發佈ᄒᆞᄂᆞᆫ日에我의一身을學校에供獻ᄒᆞ고其教授의階梯와維持의方法을井々組織ᄒᆞ야該學校에入學ᄒᆞᆫ生徒가正當ᄒᆞᆫ行爲가表著ᄒᆞ면生徒의雲集은可期할지요志士의贊成이日至ᄒᆞᆯ지라然ᄒᆞ나全國의一般知識이不均ᄒᆞᆷ으로間或頑陋ᄒᆞᆫ學徒父兄이面從背違ᄒᆞᆯ境遇도不無ᄒᆞ리니學徒父兄會를組織ᄒᆞ고或一週間一月間에量宜輕重ᄒᆞ야一齊團會케ᄒᆞ고任員及教師諸氏가教授의本領과將來의如何進就를詳爾說明ᄒᆞ면雖木石의頑이라도覺破ᄒᆞᆯ希望이有ᄒᆞ리니此를不爲ᄒᆞ고任員諸

氏가學徒父兄의頑陋를責ᄒᆞ면此ᄂᆞᆫ諸氏의所失이안인가愚者의一得으로思料ᄒᆞ건ᄃᆡ各學校의長時維持ᄒᆞᆯ方針이第一은主務諸氏의熱心如何에在ᄒᆞ고第二ᄂᆞᆫ學徒父兄의實心協賛에在ᄒᆞ고第三은有志者의多數同情에在ᄒᆞ다ᄒᆞ노니其使所以然之者ᄂᆞᆫ惟任員諸氏歟ㅣᆫ저

講壇

勸學論

日本大教育家福澤諭吉記

第一編　金鴻亮譯

西哲이有言曰天은人의上에人을造치아니ᄒᆞ며人의下에人을造치아니ᄒᆞᆫ다ᄒᆞ여스니誠哉라此言이여天이人을生홈에반다시各々其同等의地位를點有ᄒᆞ여貴賤과上下의差別이無ᄒᆞ며다만萬物의靈되ᄂᆞᆫ身과心의働으로써天地間에萬物을資用ᄒᆞ여其衣食住의用을達ᄒᆞ며自由自在로互相他人의妨害를不作ᄒᆞ고各其安樂으로此世를渡去케ᄒᆞ신本意라

然이나此人間世界를觀察홈애賢者도有ᄒᆞ며愚者도有ᄒᆞ며貧賤者도有ᄒᆞ며富貴者도有ᄒᆞ야其現態가殆然히雲泥의階級을作홈은何故오　人이學이無ᄒᆞ면智가無ᄒᆞ며智가無ᄒᆞ면即愚者니此ᄂᆞᆫ人類創造以來로其歷史의實驗을依ᄒᆞ면足히明確不變의證據를可得ᄒᆞᆯ지라然則賢愚의別은學홈과學지아니홈에在ᄒᆞ며且世間萬事에重難ᄒᆞᆫ事도有ᄒᆞ고容易ᄒᆞᆫ事도有ᄒᆞ야其重難ᄒᆞᆫ事를經營ᄒᆞᄂᆞᆫ者면指ᄒᆞ야身分이重ᄒᆞᆫ者라名ᄒᆞ며

容易ᄒᆞᆫ事를經營ᄒᆞᄂᆞᆫ者면身分이輕ᄒᆞᆫ者라名ᄒᆞᄂᆞ니盖其心慮를要ᄒᆞᄂᆞᆫ事ᄂᆞᆫ重難ᄒᆞᆫ事이며手足의力을要ᄒᆞᄂᆞᆫ事ᄂᆞᆫ容易ᄒᆞᆫ事이니故로醫者와學者와政府의役人과及農商諸業에對ᄒᆞ야夥多ᄒᆞᆫ奉公人을使用ᄒᆞᄂᆞᆫ者ᄂᆞᆫ其身分이貴重ᄒᆞᆫ者라謂ᄒᆞᆯ지니貧賤ᄒᆞᆫ者로써較見ᄒᆞ면到底히不及ᄒᆞᆯ事實이나然이나其本源을究尋ᄒᆞ면其人의學力多寡를從ᄒᆞᆷ에不過ᄒᆞᆷ이오天定의約束에ᄂᆞᆫ不在ᄒᆞᆷ이나諺에曰天은富貴를人의게與치아니ᄒᆞ고다만其人의働에與ᄒᆞᆫ다ᄒᆞᄂᆞ니然즉人이生ᄒᆞᄂᆞᆫ同時에貴賤貧富의別이無ᄒᆞ고다만學問에勤ᄒᆞ야事物을善知ᄒᆞ면貴者가될지며學이無ᄒᆞ야事物에暗昧ᄒᆞ면賤者가될지라然則學問이란者ᄂᆞᆫ何如ᄒᆞᆫ者뇨

學問이란者ᄂᆞᆫ다만難解의文字를多知ᄒᆞ며難解의章句를多讀ᄒᆞ며詩歌를能吟能作ᄒᆞᄂᆞᆫ等無實의文學이아니라此等文學도人心을喜悅케ᄒᆞᆷ에一介助械ᄂᆞᆫ될지나古來儒者等의論ᄒᆞᆫ바와如히貴重ᄒᆞᆫ者라謂치못할지니此等無實의虛學은一方에棄置ᄒᆞ고專혀心血을注ᄒᆞ야務ᄒᆞᆯ바ᄂᆞᆫ人生의日用事物에普用ᄒᆞᄂᆞᆫ學問이니其例ᄂᆞᆫ枚擧키不能ᄒᆞᆫ故로省畧ᄒᆞ거니와此日用事物에應用되ᄂᆞᆫ最近實學을先習ᄒᆞᆫ後에更進ᄒᆞ야學ᄒᆞᆯ바種類ᄂᆞᆫ甚多ᄒᆞ나卽地理學은自己의國中은勿論ᄒᆞ고世界萬國의風土와路程의引導者이며究理學은天地萬物의性質을發見ᄒᆞ야其働을知解ᄒᆞᄂᆞᆫ者이며歷史學은年代記의詳細ᄒᆞᆫ者인ᄃᆡ萬國古今에形便을詮索ᄒᆞᄂᆞᆫ者이며經濟學은一身一家의經濟로브터天下의經濟를說解ᄒᆞᆫ者이며修身學은天然의道理를述ᄒᆞᆫ者이라此等學問을學習ᄒᆞᆷ에對ᄒᆞ야可及的其實地의應用을精求ᄒᆞ야日用에供ᄒᆞᆯ

지라
右ᄂᆞᆫ人生普通에實學인ᄃᆡ人된者ᄂᆞᆫ貴賤上下를勿論ᄒᆞ고悉皆習得지아니키不能ᄒᆞᆯ뿐不是라習得지아니ᄒᆞ면不可ᄒᆞᄂᆞ니此를習得ᄒᆞᆫ然後에士農工商에各其分을盡ᄒᆞ야公共ᄒᆞᆫ事業을營ᄒᆞ며其身을獨立ᄒᆞ며其國을獨立ᄒᆞᆯ지니라

學을修ᄒᆞᆷ에對ᄒᆞ야ᄂᆞᆫ第一에其分限을知ᄒᆞᆷ이肝要ᄒᆞᄂᆞ니人이生ᄒᆞᆷ에不繫不縞ᄒᆞ야各其自由自在ᄒᆞᆫ者어니와但自由自在만唱ᄒᆞ고分限을不知ᄒᆞ면任意放蕩에陷入키容易ᄒᆞᄂᆞ니即其分限은道理로基를作ᄒᆞ고更히人情을從ᄒᆞ야我一身의自由를達ᄒᆞᆯ同時에他人의妨害를不爲ᄒᆞᆷ이라自由와任意의分界ᄂᆞᆫ他人의妨害를爲ᄒᆞ며爲치아니ᄒᆞᆷ에在ᄒᆞ니假設自我의金銀을費ᄒᆞ야行ᄒᆞᄂᆞᆫ事爲면雖曰酒色에沉溺ᄒᆞ야放蕩에馳盡ᄒᆞᆯ지라도自由自在라ᄒᆞᆯ지나決코不然ᄒᆞ니一人의放蕩은他人의票本이되야世間의風俗을亂ᄒᆞ며人의敎理를妨害ᄒᆞᄂᆞᆫ故로其所費의金銀은自己의物이될지나其罪ᄂᆞᆫ他에許歸키不能ᄒᆞᆯ지라盖自由獨立의行爲가一身上에만在ᄒᆞᆯ뿐아니라國家全体에響及ᄒᆞᄂᆞ니此에一國이有ᄒᆞ야古來鎖國主意를固守ᄒᆞ고自國以外에國으로ᄂᆞᆫ交를結치아니ᄒᆞ고獨步로自國의物産만衣食ᄒᆞᆫ다ᄒᆞᆯ지면世界各國이皆其鎖國主意를固守ᄒᆞᄂᆞᆫ時代에在ᄒᆞ며ᄂᆞᆫ如此ᄒᆞᆫ行動이其效果의違反이無ᄒᆞ려니와今日과如히國과國의交易이頻々ᄒᆞᆫ開放時代에在ᄒᆞ여ᄂᆞᆫ到底히其欲望을不遂ᄒᆞᆯ뿐不是라世界의一大障害物이되야其撲滅을目覩ᄒᆞᆯ지오一國家內에一個人을論ᄒᆞᆯ지라도同一ᄒᆞᆫ天地를戴踏ᄒᆞ며同一ᄒᆞᆫ日月을照眺ᄒᆞ며同一ᄒᆞᆫ空氣를吸ᄒᆞ며同一ᄒᆞᆫ歷

史를持ᄒᆞ야情誼가相同ᄒᆞᆫ人民은其不足을相補ᄒᆞ며便利를相計ᄒᆞ야幸福을相祈ᄒᆞ며交結을親密히ᄒᆞ야理에對ᄒᆞ여ᄂᆞᆫ亞弗利加黑奴라도我가恐ᄒᆞᆯ지며道에對ᄒᆞ여ᄂᆞᆫ英吉利의軍艦이라도我가懼치아니ᄒᆞ고國家에恥辱이有ᄒᆞᆯ時에ᄂᆞᆫ國民된者ㅣ各其生命을棄ᄒᆞ야國家의威光을汚落치아니케ᄒᆞᆷ이可謂自由獨立의人이라ᄒᆞᆯ지며自由獨立의國이라ᄒᆞᆯ지니大則世界에對ᄒᆞᆫ國과小則一國家에對ᄒᆞᆫ個人이互相自我의自由를建ᄒᆞᆯ時에全体의妨害를不作ᄒᆞᆯ뿐不是라其共同의幸利를力圖ᄒᆞᆯ지니如此ᄒᆞᆫ自由實踐의行動에對ᄒᆞ야無理不道의妨害를加ᄒᆞᄂᆞᆫ者有ᄒᆞ면雖是絕對의威權을執ᄒᆞᆫ者라도我가맛당히身을挺ᄒᆞ야天理와人情의相當ᄒᆞᆫ議論으로一命을抛ᄒᆞᆯ지라도不屈ᄒᆞᆯ지니此가卽一國人民된者의分限이라ᄒᆞᆯ지니라

前條에陳ᄒᆞᆫ바와如히一身과一國이天理를基ᄒᆞ야不羈自由ᄒᆞᆫ者인故로만일此一國의自由를障害ᄒᆞᄂᆞᆫ者有ᄒᆞ면世界萬國이皆我의敵이될지라도足히恐ᄒᆞᆯ바無ᄒᆞ며此一身의自由를妨害ᄒᆞᄂᆞᆫ者有ᄒᆞ면政府의威迫이臨ᄒᆞᆯ지라도足히恐ᄒᆞᆯ바無ᄒᆞ고但天理를從ᄒᆞ야自我의負擔ᄒᆞᆫ責任을盡키爲ᄒᆞ야相當ᄒᆞᆫ才德을備치아니ᄒᆞ면不可ᄒᆞᆯ지오才德을備코져ᄒᆞ면事物의理를知치아니키不能ᄒᆞ며事物의理를知코져ᄒᆞ면學을學지아니ᄒᆞ면不可ᄒᆞᄂᆞ니此가卽學問의急務되ᄂᆞᆫ故이라現今은如何ᄒᆞᆫ國을勿論ᄒᆞ고其才德에相當ᄒᆞᆫ準備가有ᄒᆞᆫ人이면階級의上下ᄂᆞᆫ莫論ᄒᆞ고相當ᄒᆞᆫ地位에採用되ᄂᆞᆫ法門이已開ᄒᆞ여스니自我의身分에重大ᄒᆞᆷ을思顧ᄒᆞ야卑劣ᄒᆞᆫ行動을夢想間이라도不作ᄒᆞᆯ지라此世界上에可憐ᄒᆞᆫ者ᄂᆞᆫ無智文盲ᄒᆞᆫ者며可惡ᄒᆞᆫ者도

無智文盲ᄒᆞᆫ者라智가無ᄒᆞᆫ極에ᄂᆞᆫ耻를不知ᄒᆞᆷ에至ᄒᆞᄂᆞ니或者ᄂᆞᆫ自己의無智를因ᄒᆞ야貧窮에陷ᄒᆞ며飢寒에迫ᄒᆞ면其過를自己에反치아니아니ᄒᆞ고徒然히傍人을怨ᄒᆞ며甚至於徒黨을結ᄒᆞ야國家에亂禍를作ᄒᆞᄂᆞᆫ者ㅣ有ᄒᆞ니如此輩ᄂᆞᆫ耻도不知ᄒᆞ며法도不恐ᄒᆞᆷ은姑捨ᄒᆞ고天下의法度를賴ᄒᆞ야其身의安全을計ᄒᆞ며其家의渡世를營ᄒᆞᄂᆞᆫ者가되야自己의私欲을爲ᄒᆞ여ᄂᆞᆫ此를障害ᄒᆞ며此를撓破ᄒᆞ니如此前後不合理의行動이何에在ᄒᆞ리오或者ᄂᆞᆫ相當ᄒᆞᆫ地位에處ᄒᆞ야金錢의貯藏이多ᄒᆞᆯ지라도子孫의敎育은不知ᄒᆞ니敎育이無ᄒᆞᆫ者면其愚劣ᄒᆞᆫ地位에落下ᄒᆞᆷ은亦無怪ᄒᆞ거니와終來에遊惰放蕩에流ᄒᆞ야先祖의遺業을一朝에蕩盡ᄒᆞᄂᆞᆫ者不少ᄒᆞ니若此ᄒᆞᆫ愚民을支配ᄒᆞᆷ에對ᄒᆞ여ᄂᆞᆫ專혀道理로써悟覺케ᄒᆞ기不能ᄒᆞᆫ故로威儀를用ᄒᆞ야畏服케ᄒᆞᆯ而已라故로西諺에曰愚民의上에苛政府이有ᄒᆞ다ᄒᆞᆷ은正이此를謂ᄒᆞᆷ이니政府가苛酷ᄒᆞᆷ이아니오愚民이自招ᄒᆞᆷ이라然즉愚民의上에苛政府가有ᄒᆞ면良民의上에ᄂᆞᆫ良政府가有ᄒᆞᆷ은理所固然이라故로何國을勿論ᄒᆞ고其政府의善惡이其人民의程度를從ᄒᆞᄂᆞ니假令人民의德義가衰ᄒᆞ야無學文盲ᄒᆞᆫ地位에落下ᄒᆞ면政府의法令도更一層嚴苛ᄒᆞᆯ지며若人民이皆其學問에志ᄒᆞ야事物의理를知ᄒᆞ며文明의域에赴ᄒᆞ면政府의法令도漸次寬仁大度의域에至ᄒᆞᆯ지니法의苛寬은但其人民의德不德을由ᄒᆞ야正比例의差가有ᄒᆞᄂᆞ니誰가苛政을好ᄒᆞ고良政을惡ᄒᆞ며誰가自國의富强을祈치아니ᄒᆞ고外國의侮蔑을自甘ᄒᆞ리오此ᄂᆞᆫ即人類의常情이라吾人이此世에生ᄒᆞ야其國을報코저ᄒᆞᄂᆞᆫ者ᄂᆞᆫ期必코苦身焦慮에만在치아니

ᄒᆞ고唯一의大切ᄒᆞᆫ者ᄂᆞᆫ몬저一身의行爲를正히ᄒᆞ며志를學問에注ᄒᆞ야事理를博通ᄒᆞ며身分에相當ᄒᆞᆫ智德을準備ᄒᆞ면政府ᄂᆞᆫ其政을施ᄒᆞᆷ에易ᄒᆞ며諸民은其政을受ᄒᆞᆷ에苦가無ᄒᆞ야政府와人民이互相其所를得ᄒᆞ야國家를太平에護去ᄒᆞᆯ지니余輩의學을勸ᄒᆞᄂᆞᆫ趣旨도專혀此에在ᄒᆞ도다 (未完)

我輩靑年의危機 (續)

文一平

自主心의缺乏

吾人이開口則輒曰獨立獨立하ᄂᆞ實際로獨立의所由來를不究하고한갓口로만獨立을道하면是ᄂᆞᆫ空想浮談에止할而已니엇지可하리오故로獨立을論하ᄂᆞᆫ者ㅣ몬저其源을尋하며其根을探하야開鑿培養ᄒᆞᆫ然後에야비로소其流가滂々大湧하며其樹가樣々漸茂하야必也其勢를防禦키不能하리니如是則비록獨立을不得코자하ᄂᆞ엇지可히得乎리오

大盖獨立이라함은國家가他國의干涉을不受하고自主함을謂함이니今其自主의根源을探尋하건ᄃᆡ國家를組織ᄒᆞᆫ個人의自主에在하도다만일一個人一個人이各其自主치못하면必也一國人이다ㅣ自主치못할지며一國人이다ㅣ自主치못하면即其國이獨立치못할것이오反是而一個人一個人이各其自主하면必也一國人이다ㅣ自主할지며一國人이다ㅣ自主하면即其國이獨立할것시니假令我國으로言하면비록二千萬의集合體ᄂᆞ此를分析하면各其一個人에不過할지니此一個人이各其自主치못하면必也二千萬이다自主치못함에至하리니此는今日의悲運을致ᄒᆞᆫ所以라엇지國家의獨立이個人

의自主에不在타云하리오

目下我國現狀을觀察하니同胞가生活의漸艱과虐待의日甚함을俱嘗하고야비로소國家保護機關의貴重함을覺悟하야人皆曰獨立은一日이라도可缺치못하리라하야비록黃口白首라도獨立을稱道하며思慕하며歌舞하며崇拜하니噫라其誠心은足賀ᄒᆞᆯ만하나情狀은實로可憐하도다然이나다못此로써獨立을回復키不能하고相當ᄒᆞᆫ代價가有한然後에此를得함은古今歷史上에其例가昭々한바니或는幾十萬勇士의赤血을沙場에濺하며白骨을原野에晒ᄒᆞ고此를購換키도하고又는幾多愛國家의腦力을費하며雄辯家의口舌을焦ᄒᆞᆫ結果로樽俎折衝의間에서此를回收ᄒᆞᆫ者ㅣ有하나此는時代形勢의各殊와人文程度의不同으로因하야現今我韓에適當치못한故로余는此로써同胞의게不責하고雖尋常幼孩라도能解能行할바를勸告ᄒᆞ노니以上所陳한個人의自主가是라余가此問題에對하야發奮忘食하고我輩青年人士로더부러供究코자하노라

一은精神上自主니今日吾人이自國々粹를尊敬하며自國人物을崇拜하는觀念이有乎아否乎아東邦에留하는者는東邦을思慕하며西方에旅하는者는西方을推尊하며舊學에從事하는者는舊學의國을戀愛하며新學에入門ᄒᆞᆫ者는新學의國을悟寐하고日語를學하는者는日人의게服從하며英文을修ᄒᆞ는者는英人을崇拜하야一切自國事物과人物은反히唾叱하니此는精神上自主가無함이오

二는思想上自主니吾人이經營行事에獨創能力이有乎아否乎아智識이素昧하야他人의補助를是賴하는者는已어니와所謂知識

이稍優한人士도往々先哲의餘唾만是拾하야外界의智識을吸收同化케할能力이乏하니此思想上自主가無함이오

三은言論上自主니吾人이凡百事爲에正直ᄒᆞᆫ言論으로左則左하고右則右할勇氣가有乎아否乎아長者偉人의前에ᄂᆞᆫ비록意見에不合ᄒᆞᆫ悖行聽說이有더ᄅᆡ도曰唯々라하며高官大爵의前에ᄂᆞᆫ心志에所迸하ᄂᆞᆫ怪狀醜態가有하더ᄅᆡ도曰可々라하고公衆의席에ᄂᆞᆫ大言壯談하ᄂᆞᆫ燕居의時에ᄂᆞᆫ誹謗冷嘲하고對面則褒揚하ᄂᆞᆫ背面則叱辱하고此言을聞하면此에阿付하며彼言을聞하면彼에雷同하니此ᄂᆞᆫ卑陋ᄒᆞᆫ思想에서出함이ᄂᆞᆫ抑亦言論上의自主가無ᄒᆞᆫ故라

嗚呼라人이人된所以가精神思想言論三者에在하거ᄂᆞᆯ今此三者가如許缺乏하니此ᄂᆞᆫ人의資格을全失함이안인가人의資格을全失하면人의價値가毫無하리니死人과奚擇할바有하리오然則此等死人을驅하야健全한國家를造成코자한덜엇지可히得하리오又況國家의元氣되ᄂᆞᆫ我輩青年이是病에罹치안이ᄒᆞᆫ者ㅣ幾希하리니嗚呼라我輩青年이여國家의獨立을渴望할진ᄃᆡ몬저自己의自主를實行할진저

家庭教育法

金壽哲 譯述

第二編 第一章知育

第一節 知育의意義

玆에說明코져ᄒᆞᄂᆞᆫ知育은學校에서施ᄒᆞᄂᆞᆫ知育과如히嚴密치아니ᄒᆞ고다못精神의發育을助長식켜將來學校의補助를得코져ᄒᆞᆷ이니故로兒童心意에過度ᄒᆞᆫ刺激을與치아니ᄒᆞ며또ᄒᆞᆫ困難ᄒᆞᆫ問題를提出치아니ᄒᆞ야

오직愉快ᄒᆞᆫ裡에서精神界의知見을擴張ᄒᆞᆷ으로써第一의要務를ᄉᆞᆷ을지로다또ᄒᆞᆫ此로隨ᄒᆞ야兒童의心的狀態를通曉ᄒᆞ야又其適當ᄒᆞᆫ材料와方法을施與치아니치못ᄒᆞᆯ지니於是乎知的作用에關ᄒᆞᆫ心象의一般을知ᄒᆞᆷ이最先의急務로다

第二節　知的作用에對ᄒᆞᆫ心象의一般

第一、知覺　知覺은精神作用上最初에位ᄒᆞ야五官의力으로外物에對ᄒᆞᆫ觀念을得ᄒᆞ는作用이니此를分ᄒᆞ야視覺、聽覺、嗅覺、味覺、觸覺을成ᄒᆞ나니是等는다知識의根基ㅣ오高尙ᄒᆞᆫ精神의源泉이라幼兒의最初知覺은單히分量的의、性質的의變化를知ᄒᆞᆯ뿐이나漸次長ᄒᆞᆷ에及ᄒᆞ야各其感覺을結合ᄒᆞ야足히一全體로知覺ᄒᆞᆷ에至ᄒᆞᄂᆞ니라

味覺은以上各知覺中最初로兒童精神作用의中心이되는者니善히飮食物을選擇取捨ᄒᆞ야更히手와目으로驗ᄒᆞᆷ에至ᄒᆞ나아직比較의力이微弱ᄒᆞᆫ幼兒에在ᄒᆞ야는特히注意ᄒᆞ야適當ᄒᆞᆫ것을供給치아니치못ᄒᆞᆯ지니라

視覺은往々兒童으로ᄒᆞ여곰誤謬에陷케ᄒᆞ며恐怖의感情을起케ᄒᆞᆷ이有ᄒᆞᄂᆞ니要컨ᄃᆡ眼에映ᄒᆞ는繪畫、玩具와如ᄒᆞᆫ者도其性質과形狀等을選擇치아니치못ᄒᆞᆯ지니라

第二、記憶　記憶은原來兒童의談話上으로븟터初起ᄒᆞ는者니其多部分은機械的이라故로觀念聯合上法則에依ᄒᆞ야記憶ᄒᆞᆷ이稀有ᄒᆞ면곳薄弱ᄒᆞ야再現ᄒᆞᆷ을不能ᄒᆞᄂᆞ니라原來記憶은多方ᄒᆞ나其把住가永久ᄒᆞ고想起가容易ᄒᆞ야其再現事項에違眞치아니ᄒᆞ는者가가장善良ᄒᆞ니是以로幼兒는自初로其完全ᄒᆞᆷ은望키不能ᄒᆞ나此를修練ᄒᆞ야强固케ᄒᆞ며永續케ᄒᆞ야漸々記憶케ᄒᆞᆷ이可

ᄒᆞ니라此ᄅᆞᆯ達ᄒᆞᆷ에ᄂᆞᆫ種々ᄒᆞᆫ方法이有ᄒᆞ나第一노觀念聯合의法則에依ᄒᆞᆷ이最要ᄒᆞ니此聯合法則에ᄂᆞᆫ類似聯合反對聯合接近聯合等의各種이是라此ᄂᆞᆫ다既有의知識과新來의觀念을聯合ᄒᆞ야記憶케ᄒᆞᆷ으로써其記憶ᄒᆞᆯ만ᄒᆞᆫ事項의種類로붓터適宜善良ᄒᆞᆫ方法을採用ᄒᆞᆷ이可ᄒᆞ며또何事던지反復ᄒᆞ면印象키深ᄒᆞᄂᆞ니故로記憶에對ᄒᆞ여서도同一의事實을時々見聞ᄒᆞᆯ時ᄂᆞᆫ더욱強固케ᄒᆞ며永續케ᄒᆞ야記憶게ᄒᆞᆯ지며또非常히興味가有ᄒᆞᆫ愉快의事거나或은興味가無ᄒᆞᆯ지라도憂慮가特著ᄒᆞᆫ境遇에ᄂᆞᆫ다激烈ᄒᆞᆫ刺激을心意에與ᄒᆞᆷ으로其記憶ᄒᆞᆷ에永存ᄒᆞᄂᆞ니라그러나後者와如ᄒᆞᆫ刺激은活動이熾盛ᄒᆞᆫ幼兒에對ᄒᆞ여ᄂᆞᆫ문득害惡을生ᄒᆞᆯ가恐ᄒᆞ노니반ᄃᆞ시此ᄅᆞᆯ避ᄒᆞ야恒常善良히精神發育을不害ᄒᆞᆯ強度의刺激을附與ᄒᆞᆷ이可ᄒᆞ도다是以로今에記憶練習에對ᄒᆞ야必要ᄒᆞᆫ條件을左와如히擧ᄒᆞ노라

第一、過度히記憶케ᄒᆞ야兒童의精神을疲勞케ᄒᆞᆷ이不可ᄒᆞᆷ

第二、記憶ᄒᆞᆯ事項은善히了解케ᄒᆞᆷ이可ᄒᆞᆷ

第三、反復케ᄒᆞ야印象을強케ᄒᆞᆷ이可ᄒᆞᆷ

第三、想像　想像은心象의結生作用이니此에ᄂᆞᆫ復起的想像과構成的思想이有ᄒᆞ나余輩의所謂想像은다뭇後者에在ᄒᆞ도다即觀念復起マ多少變化ᄒᆞ야新生의觀念을生ᄒᆞᄂᆞ니故로既知의觀念이多ᄒᆞᆷ에從ᄒᆞ야想像作用도또ᄒᆞᆫ活潑ᄒᆞ야ᄃᆞ디여各種의想像을生ᄒᆞᆷ에至ᄒᆞᄂᆞ니라通常想像作用을實際的想像、科學的想像、美術的想像、道德的想像、宗教的想像等에分ᄒᆞᆯ지니其種類의生ᄒᆞᆷ은想像의材料マ될지라故로影響이頗

多ᄒᆞ니父母된者ᄂᆞᆫᄆᆞ장其材料를選擇ᄒᆞ지아니치못ᄒᆞᆯ지어다通常我國에傳行ᄒᆞᄂᆞᆫ李忠武의龜船、鄭圃隱의血竹等과如ᄒᆞᆫ話柄은다想像作用의材料ᄀᆞ될者니將來小學校에入ᄒᆞᆫ後敎授上에大助의效를見ᄒᆞᆯ지니라

世人은動ᄒᆞ면곳想像과空像을混同ᄒᆞ야全然此를拒否ᄒᆞᆷ이有ᄒᆞ나此ᄂᆞᆫ도로혀幼兒의想像을適當ᄒᆞᆫ方面에開誘치못ᄒᆞᄂᆞᆫ積弊로다무릇世間에所謂改良進步ᄂᆞᆫ其大小과廣狹을不問ᄒᆞ고다想像의賜라云ᄒᆞᆯ지니此를國民文學發達에徵ᄒᆞ더ᄅᆡ도其基礎ᄀᆞ되ᄂᆞᆫ것은詩歌又ᄂᆞᆫ有 의言語文字로써因成ᄒᆞᄂᆞ니實노想像은思想의前驅라兒童이談話를好ᄒᆞᆷ을利用ᄒᆞ야適宜想像의練習을施케ᄒᆞᆷ이可ᄒᆞᆯ지니라

第四 槪念 槪念에二種이有ᄒᆞ니一은心理的槪念이라云ᄒᆞ고一을論理的槪念이라云ᄒᆞᆯ지라就中前者ᄂᆞᆫ具体的이라動搖不定ᄒᆞᄂᆞᆫ者니幼兒의槪念은過半此狀態에屬ᄒᆞ며又一定不變ᄒᆞ야一般全通ᄒᆞᆫ槪念은稍々發達ᄒᆞᆫ後에其成을期ᄒᆞᆯ지니幼兒가最初에構成ᄒᆞᆫ槪括은極히不精密ᄒᆞᆫ지라此ᄂᆞᆫ經驗의範圍가狹ᄒᆞ고比較의力이少ᄒᆞᆷ으로因ᄒᆞᆷ이라그러나二三歲에長至ᄒᆞ면槪括의念이稍生ᄒᆞᆷ으로써各事物로ᄒᆞ여곰比較케ᄒᆞᄂᆞᆫ機會를與ᄒᆞ며漸次槪括ᄒᆞᆫ知識을遂케ᄒᆞ야精神의過勞를避ᄒᆞ며其發育에有効케ᄒᆞᆯ지니라

隨病投藥

李寶鏡

嗟哉라三千里錦繡江山에四千餘年彬々ᄒᆞᆫ歷史를有ᄒᆞᆫ我大韓民族이今日塗炭魚肉의

悲慘ᄒᆞᆫ暗黑洞中에陷ᄒᆞᆫ거시果然何에由ᄒᆞ엿ᄂᆞᆫ가獨立旗를놉히달고自由鍾을크게울일方針이果然何에在ᄒᆞ뇨此를講究ᄒᆞᆷ은實노我韓同胞의急務라

余ᄂᆞᆫ淺見薄識ᄒᆞᆫ一個書生이라如此히重大ᄒᆞᆫ問題를滿足히解決키ᄂᆞᆫ到底히望키不能ᄒᆞᄃᆡ玆에余의所見과外人의批評을參酌ᄒᆞ야數行의拙劣ᄒᆞᆫ文으로敢히我二千萬兄弟姉妹께告ᄒᆞ오니庶幾萬一의補나有ᄒᆞ면幸이로라

油然히作ᄒᆞ야沛然히雨를下ᄒᆞᄂᆞᆫ彼雲도其始ᄂᆞᆫ無形ᄒᆞᆫ水蒸氣로從ᄒᆞ야生ᄒᆞ엿고渺茫ᄒᆞᆫ大洋도其始ᄂᆞᆫ微々ᄒᆞᆫ一滴水의集會ᄒᆞ야成ᄒᆞᆫ바이니我邦의現狀도비록極端에達ᄒᆞ여스되其源因은반다시無形微々ᄒᆞᆫᄃᆡ在ᄒᆞ리며自由의回復이비록難ᄒᆞ리로ᄃᆡ其端緖ᄂᆞᆫ반다시毫末에셔出ᄒᆞ리라然則其原因라方針이何에在ᄒᆞ뇨曰猜忌、姑息、依賴、守舊四者니其危險ᄒᆞᆷ과難治ᄒᆞᆷ은實로肺病에比ᄒᆞ깃도다今에順序로此四病症을說明ᄒᆞ깃노라

一、猜忌

貧者ᄂᆞᆫ富者를猜忌ᄒᆞ고賤者ᄂᆞᆫ貴者를猜忌ᄒᆞ며弱者ᄂᆞᆫ强者를猜忌ᄒᆞ고愚者ᄂᆞᆫ智者를猜忌ᄒᆞ야輒曰渠의富가能히幾日이나亘ᄒᆞ랴不日에吾와如히되리라ᄒᆞ며賤者之於貴도然ᄒᆞ고弱者之於强과愚者之於智도亦然ᄒᆞ니於是乎樂人之惡々人之樂과利己的觀念만腦髓에深印ᄒᆞ고相救相濟ᄒᆞᄂᆞᆫ團合的思想은靡然히消去ᄒᆞ야人々疾視ᄒᆞ고日々爭鬪ᄒᆞ니亂行之兵과如ᄒᆞᆫ디라엇디能히內로團欒의幸福을享ᄒᆞ며外로列强의寇를防ᄒᆞ리오다못天賦의自由를失ᄒᆞ고人의奴隷가되야山에飢를泣ᄒᆞ며野에寒을哭ᄒᆞᆷ에至

홈이로다

二、姑息

朝飯만喫ᄒᆞ면夕飯의準備ᄂᆞᆫ夢外로視ᄒᆞ며夏衣만有ᄒᆞ면冬服의周旋은度外로置ᄒᆞ야一時의飽暖만是求ᄒᆞ고後日의飢寒을不思ᄒᆞ며一時의安樂만是圖ᄒᆞ고他日의辛苦를不慮ᄒᆞ니嗚呼라何其淺慮之甚也오於是乎怠惰、奢侈、傲慢、無節操等諸般惡習이漸長ᄒᆞ야甚至於其身을戮ᄒᆞ고其國을亡홈에至ᄒᆞ리니可不懼哉아

三、守舊

夫世間億千萬物은하ᄂᆞ으로步를文明의域에進ᄒᆞ디아님이無ᄒᆞᄂᆞ니故로此를因ᄒᆞ야時代와가치趨進ᄒᆞᄂᆞᆫ者ᄂᆞᆫ興ᄒᆞ고反之者ㅣ亡ᄒᆞᄂᆞᆫ거슨萬有의歷史가昭然히證明ᄒᆞᄂᆞᆫ所以라

然則閉鎖保守時代ᄂᆞᆫ已過ᄒᆞ고開放競爭時代가屆至ᄒᆞ야弱肉强食이日노甚ᄒᆞ거늘唯獨閉鎖保守로保全을是圖ᄒᆞᆫ들엇디可히得ᄒᆞ리요

廣大ᄒᆞᆫ土地와數多ᄒᆞᆫ人民을有ᄒᆞᆫ印度、安南等國이西勢東漸의渦裏에沈淪ᄒᆞᆫ거슨實노時代의趨移에伴치못ᄒᆞᆫ故가아닌가

事勢가如斯ᄒᆞ거늘我邦人은ᄒᆞᆫ갓此世ᄂᆞᆫ退步ᄒᆞᄂᆞᆫ줄노思惟ᄒᆞ야此世로ᄒᆞ여금太古의狀態를保케ᄒᆞ려ᄒᆞᄂᆞᆫ支那某哲學派의言을信ᄒᆞ야時勢의何如ᄂᆞᆫ全然不知ᄒᆞᄂᆞᆫ是古非今만爲事ᄒᆞ니此乃滅亡을自招홈이아니고何리요

四、依賴

天이吾人數를生ᄒᆞ시ᄆᆡ五臟六腑며四肢百体며五官을具授ᄒᆞ여고兼ᄒᆞ야萬物에長이되ᄂᆞᆫ神靈ᄒᆞ고高尙ᄒᆞᆫ魂을稟賦ᄒᆞ시고各々職分으로써任ᄒᆞ시니吾人類ᄂᆞᆫ宜當히此로

써各自의生命을保홀디며此로써各自의職分을盡홀지여늘我邦人은不然ᄒᆞ야子는父를依ᄒᆞ고兄은弟를依ᄒᆞ며婦는夫를賴ᄒᆞ고幼는長을賴ᄒᆞ야二千萬人이皆是依賴만事ᄒᆞ고自主獨立의氣象이乏ᄒᆞ니此二千萬人으로組成된我國에엇디自主獨立의能力이富ᄒᆞ리요

以上四者를一寸利力로快速히斷去ᄒᆞ고猜忌에和睦을姑息에永遠을守舊에進步를依賴에獨立을代入ᄒᆞ야舊來의面目을一新ᄒᆞ여야外人의奴隷도可히脫홀디며永遠의沈淪도可히免홀디요獨立旗도可히建홀디며自由鍾도可히鳴홀디니嗚呼라自由를呌ᄒᆞ고獨立을號ᄒᆞ는我青郞二千萬兄弟姊妹아猛省ᄒᆞ고猛省ᄒᆞ라

吾人의缺點

浩 然 子

嗚呼青年諸君이여近來諸君의大言을聞ᄒᆞᆫ즉曰國家의獨立이我의手中에在ᄒᆞ고社會의進展이我의理想에在ᄒᆞ다ᄒᆞ니誠哉至哉라此言此言이여誰가敢히批難ᄒᆞ며誰가敢히妄評ᄒᆞ리오만은余ㅣ는玆에所言이有ᄒᆞ노니諸君의言實不同이是라試思ᄒᆞ라諸君의大言과如히實行ᄒᆞ자면何物이吾輩의게最上必要홀가有曰政治를敏活케ᄒᆞ야全國人民을警醒홈이可ᄒᆞ다홀디니此를實行ᄒᆞ자면政治라는學問을研究ᄒᆞ여야可홀거시요有曰外交를敏捷케ᄒᆞ야世界萬國으로我의게同情을表케홈이可ᄒᆞ다홀디니此를實行ᄒᆞ자면外交에適當ᄒᆞᆫ材力을修養홈이可홀디히오有曰農業을發達ᄒᆞ야國力富强이

世界의源泉을作ᄒᆞᆷ이可ᄒᆞ다ᄒᆞᆯ디니此를實行ᄒᆞ쟈면農學이라ᄂᆞᆫ學問을研究ᄒᆞᆷ이可ᄒᆞᆯ디히요有曰工業을奬勵ᄒᆞ야國民의日用物品을造製應用ᄒᆞ며戰船兵甲을神奇製用ᄒᆞᆷ이可ᄒᆞ다ᄒᆞᆯ디니此를實行ᄒᆞ쟈면工學을研究ᄒᆞᆷ이可ᄒᆞᆯ거시요有曰教育을擴張ᄒᆞ야一般國民으로愛國心을培養ᄒᆞᆷ이可ᄒᆞ다ᄒᆞᆯ디니此를實行ᄒᆞ쟈면教育學을精究ᄒᆞᆷ이可ᄒᆞᆯ디히니吾人의生活如何가正히學問을研究ᄒᆞ고아니ᄒᆞᆷ에在ᄒᆞ거ᄂᆞᆯ寒心ᄒᆞ도다近來所謂新學을少許研究ᄒᆞᆫ者中에學問無用說과學術衰國論을爭唱ᄒᆞᄂᆞᆫ者ㅣ比々有之ᄒᆞ니勿論學問으로만絕對的國家社會를進步發達키ᄂᆞᆫ妥當ᄒᆞᆫ言論이아니거니와如或學問이無ᄒᆞᆯ지라도吾輩의理想을確成ᄒᆞᄂᆞᆫ日이有ᄒᆞ면而已이되世上天下에不播而收者가何有ᄒᆞ며不植而伐者가何有ᄒᆞ며不學而能者가何有ᄒᆞ리오만은諸君이往々히無痕空論을擅發ᄒᆞ여曰自古로英雄豪桀은學問에從事치아니ᄒᆞ엿슬지라도大政治大成功ᄒᆞᆫ者가有ᄒᆞ거든吾輩ㅣ何必區々히學問에從事ᄒᆞᆯ必要가有ᄒᆞ리라ᄒᆞᄂᆞ니愚哉라此言이여古昔英雄이誰가不學而能者가有ᄒᆞ며不究而識者가有ᄒᆞᆫ가或曰書ᄂᆞᆫ足以記姓名而已耳니徒然히求究ᄒᆞᆯ必要가無ᄒᆞ다ᄒᆞ나此ᄂᆞᆫ書와學問의區別을沒量ᄒᆞᄂᆞᆫ妄想者의所言이로다吾人이胸中에ᄂᆞᆫ大理想大目的을抱有ᄒᆞ엿슬지라도如或學問의修養이無ᄒᆞ면前途가漠々ᄒᆞ야海山이萬重이미渡去ᄒᆞᆯ方針을未知ᄒᆞ거든尤況生存競爭이特別劇甚ᄒᆞᆫ二十世紀라强者ㅣ弱者를幷呑커나優者ㅣ劣者를敗北ᄒᆞᆷ에도千萬의知謀奇策이疊出層生ᄒᆞ거든尤況弱者ㅣ强者를抗據ᄒᆞ며劣者優者를拒敵코져ᄒᆞᆷ이라今日吾輩外人

의保護를被ᄒᆞᆷ도一般同胞가知識이未能普及ᄒᆞ야傍觀ᄒᆞᄂᆞᆫ明目者의所見엔瞭然如指掌ᄒᆞᆫ거시로ᄃᆡ吾輩ᄂᆞᆫ雲霧中에偃臥ᄒᆞ야不知不識之間에奄然히被紿치아니ᄒᆞ엿ᄂᆞ뇨設或當時我同胞中에多少前機를斟酌ᄒᆞᆫ者가有ᄒᆞ엿슬지라도此ᄂᆞᆫ少數에不過ᄒᆞ엿ᄂᆞ니然則此ᄂᆞᆫ全혀無學無識이其源因이요尤極寒心處가有ᄒᆞ니余ㅣ今年歸國ᄒᆞ엿슬時에平北某地方에서暫時得聞ᄒᆞᆫ즉所謂有志者라自稱ᄒᆞᄂᆞᆫ者ㅣ該地方青年을唆動ᄒᆞ여曰吾輩가今日을當ᄒᆞ엿거든엇지安坐ᄒᆞ야學問에만從事ᄒᆞ면大事를成ᄒᆞ라ᄒᆞ야百般誘之惑之에必竟多數의有爲青年이墮落ᄒᆞᆫ境遇에至ᄒᆞᆫ者比々有之ᄒᆞ엿ᄉᆞ니嗚呼라諸君이實力은瓜痕만치도培養치아니ᄒᆞ고血氣의勇이如此히過多ᄒᆞ다가血氣의勇이被折ᄒᆞᄂᆞᆫ日에ᄂᆞᆫ何物로써諸君의言實을相副케ᄒᆞ겟ᄂᆞᆫ가만일諸君의言實이永々不同ᄒᆞ면社會가諸君을排斥ᄒᆞ고外人이諸君을冷笑ᄒᆞ리니急悛速改ᄒᆞᆯ지어다諸君이此等無元氣의空談을常吐ᄒᆞᄂᆞᆫ所以로目下의脫露ᄒᆞᆫ現象이極笑極魯ᄒᆞᄂᆞ니試看ᄒᆞ라下鄉에서負笈上洛ᄒᆞᆫ者ㅣ最初決心은神聖으로惟一의身操를作ᄒᆞ엿스되確固ᄒᆞᆫ志氣가不立ᄒᆞ야朝에普成學校에入學ᄒᆞ고晝에徽文義塾에入學ᄒᆞ고暮에西北協成學校에入學ᄒᆞ야如此히留京三四年에所得者ᄂᆞᆫ一物도無ᄒᆞ고浮遊蕩子로結社交襟ᄒᆞ야三牌娼妓家로學校의目的地를作ᄒᆞ야曰現今東洋의有名ᄒᆞᆫ政治家某ᄂᆞᆫ嗜酒好色으로大手段을作ᄒᆞ엿ᄉᆞ니我亦將來政治家라不飲復何爲오ᄒᆞᄂᆞ니愚哉라此言이여所謂政治家某라ᄂᆞᆫ者ᄂᆞᆫ何如ᄒᆞᆫ者인지未知ᄒᆞ거니와該政治家가政治家되기前브터如此ᄒᆞᆫ醜行을作ᄒᆞ

엿ᄂᆞᆫ지都是無恒心無理想ᄒᆞᆫ者의妄言이니吾輩ᄂᆞᆫ如此ᄒᆞᆫ醜行者를不容ᄒᆞᆯ지라願我青年同胞여急醒勿迷ᄒᆞ여言實이相副케ᄒᆞᆯ지어다不然이면來頭國家가何樣子를成ᄒᆞᆯ지測定키未能ᄒᆞᆯ지니悟哉懍哉어다

童蒙物理學講話

NYK生

갈바니의話

諸君이여二十世紀를電氣世界라云ᄒᆞᆷ을드럿소暫時門外에만出ᄒᆞᆯ지라도電線柱가路傍에列立ᄒᆞ고無數ᄒᆞᆫ鐵線이掛在ᄒᆞ야頃刻間에數千里에서何事某事가有ᄒᆞᆫ것을能知케되ᄂᆞ니果是別世界가아니오닛가

黃昏이되면街頭에電氣燈이不夜城을作ᄒᆞ며電氣鐵道가四方에羅設ᄒᆞ여假令漢城龍山서東門外洪陵ᄭᆞ지三十餘里의相距되ᄂᆞᆫ處所라도容易히往來ᄒᆞ게되지요이것이다電氣로應用ᄒᆞ얏ᄂᆞ니今日世界ᄂᆞᆫ眞是電氣世界라稱ᄒᆞ겟소이다今에電氣談을始作코져ᄒᆞ오니潛聽ᄒᆞ시오距今二千五百年前에歐羅巴洲希臘國에다ㅣ레스라爲名ᄒᆞᆫ學者가松脂로成石ᄒᆞᆫ琥珀石을絹布로磨擦ᄒᆞ야輕少ᄒᆞᆫ塵物을吸引ᄒᆞᆷ을發見ᄒᆞᆫ後로電氣가始初ᄒᆞ엿ᄉᆞ니電氣(Electray)ᄂᆞᆫ即希臘語로琥珀이라ᄂᆞᆫ意味웨다

其後에ᄂᆞᆫ世人이거의頓忘ᄒᆞ엿더니距今三百餘年前에英國엘니ᄌᆞ벳女王의侍醫길벨로가琥珀만塵을吸上ᄒᆞᆯ뿐아니라硫黃蠟硝子(琉璃)等物도摩擦ᄒᆞ면輕塵을吸引ᄒᆞᆫ다ᄒᆞᄂᆞᆫ學說을唱出ᄒᆞᆫ後로電氣라稱ᄒᆞᄂᆞᆫ學術이着々發展되여今日狀態를成ᄒᆞ엿ᄉᆞ니諸君도電氣를實驗코져ᄒᆞ거든絹糸끗헤微少ᄒᆞᆫ燈心을下附ᄒᆞ고硝子棒(류리막ᄃᆡ기)을

絹布로摩擦ᄒᆞ야即時ᄃᆡ이면서로吸引ᄒᆞ다가暫時後에서로離隔홈을見ᄒᆞᆯ지니此時에特別히프란넬(布木名)노摩擦ᄒᆞ엿든蠟棒(빅납막ᄃᆡ기)을近付ᄒᆞ면亦是吸引ᄒᆞ나直刻에相離홈을見ᄒᆞᆯ디니此로見ᄒᆞ건ᄃᆡ電氣二種이有ᄒᆞᆫ지라硝子棒의電氣와蠟의電氣ᄂᆞᆫ其性質이相異ᄒᆞ여互相吸引ᄒᆞᄂᆞᆫ故로棒에서起ᄒᆞᆫ者ᄂᆞᆫ그ᄃᆡ로棒에餘留ᄒᆞ야遁去치아니ᄒᆞᄂᆞ니此를靜電氣라稱ᄒᆞ며硝子의電氣를陽電氣라稱ᄒᆞ고蠟의電氣를陰電氣라稱ᄒᆞᄂᆞ니라

또水가恒常流홈과如히流去ᄒᆞᄂᆞᆫ電氣도有ᄒᆞ니、자、試驗ᄒᆞ여봅세다至今一個小皿에稀薄ᄒᆞᆫ硫酸이라ᄂᆞᆫ藥을注入ᄒᆞ고銅線을付ᄒᆞᆫ銅片과亞鉛이라ᄂᆞᆫ鐵物을서로接觸치안토록硫酸中에沉入ᄒᆞᆫ後에二個銅線의端을舌의上과舌의下에넛코暫間잇스면酸味가少有ᄒᆞᄂᆞ니此ᄂᆞᆫ電氣가線으로流行ᄒᆞᄂᆞᆫ兆徵이라如此히裝飾ᄒᆞᆫ것을電池라云ᄒᆞᄂᆞ나다二種의金屬物을沈入ᄒᆞ고銅線을結置ᄒᆞ면何時던지電氣가流動되여잇ᄂᆞ니此를流動電氣라稱ᄒᆞ나이다

最初에電氣의流動을注意ᄒᆞᆫ者ᄂᆞᆫ伊太利國의有名ᄒᆞᆫ生理學者갈바니더니其後에流動電氣가有用의物이되여世의進步를ᄯᆞᆯᄋᆞ今日에ᄂᆞᆫ電話、電信、電燈、電車、等이다此로써搆成되엿ᄉᆞ니然則此學者ᄂᆞᆫ我人生의大恩人이워다

갈바니先生이距今一百六十三年前西洋紀元千七百三十七年에쎠이야市에서誕生ᄒᆞ야長成ᄒᆞᆫ後에自己ᄂᆞᆫ敎會正僧이되고저ᄒᆞ더니其父母가醫學을工夫식여卒業ᄒᆞᆫ後에二十六歲時에쎠니아大學敎授를被任ᄒᆞ야解剖學을講義ᄒᆞ더니一日은其妻君의개蛙

羹을供給코저ᄒᆞ야蛙를多數捕來ᄒᆞ야蛙皮를剝之ᄒᆞᆯ식其中一蛙足이剝皮用刀를因ᄒᆞ야在傍ᄒᆞᆫ電氣機械에連付되여蛙足이甚히激動ᄒᆞᄂᆞᆫ지라學者ㅣ異常히너여蛙足과電氣가何許關係가有ᄒᆞᆷ을知認ᄒᆞ엿더니一日은蛙皮를剝脫ᄒᆞ야銅線으로鐵柵에掛置ᄒᆞ엿더니飄動을因ᄒᆞ야蛙体가鐵柵에近抵ᄒᆞᆯ時마다蛙足이上升ᄒᆞᄂᆞᆫ지라더욱異常히싱각ᄒᆞ야二種金屬을合ᄒᆞ야一個U字形을作ᄒᆞ야其一端을蛙의脊骨中神經에置ᄒᆞ고他一端을其筋肉中에刺入ᄒᆞ미其筋肉이動ᄒᆞᄂᆞᆫ지라於是에電氣作用인줄을始覺ᄒᆞ고再次種々의實驗을ᄒᆞ여본즉果是電氣의作用이된지라此로써流動電氣가發見되엿소

其後에갈바니宗敎의所由로不得已敎授를謝職ᄒᆞ엿더니熱病을因ᄒᆞ야離世ᄒᆞ니라

其後에電氣學問이非常히進步되엿스며多數ᄒᆞᆫ應用法이廣播되엿스나一々히陳述치못ᄒᆞ고其中電話機에對ᄒᆞ야數言을終陳ᄒᆞ옵ᄂᆞ이다

一個磁石막대이의一端을絹布로감은細針金數十回를구불구불ᄒᆞ여一端을電池에引沈ᄒᆞ야地中에埋置ᄒᆞ고他一端을電話線에引付ᄒᆞᄂᆞᆫ디他處에도亦是同樣으로排置ᄒᆞ고또磁石목닥이前에ᄂᆞᆫ極薄ᄒᆞᆫ鐵板을붓처스며吾人이此板前에서言을發ᄒᆞ면鐵板이動ᄒᆞᆯ時마다針金에電氣의變動이起ᄒᆞ며線으로써彼處에傳達ᄒᆞ면彼處의電話機에ᄂᆞᆫ磁石前에잇ᄂᆞᆫ薄鐵板을吸引ᄒᆞ야或近或遠ᄒᆞ야振動ᄒᆞᄂᆞ니其動ᄒᆞᆯ적마다空氣를拍打ᄒᆞ야波動을起ᄒᆞᄂᆞᆫ고로저편에서發ᄒᆞᄂᆞᆫ言語를能聞ᄒᆞᄂᆞᆫ디一處에通常二個機械가備有ᄒᆞᆫ고로一線으로言ᄒᆞ고一線으로聽ᄒᆞᄂᆞ니奇妙ᄒᆞ도다此로써百餘里外에서握手相

語ᄒᆞᄂᆞᆫ것과秋毫도不差ᄒᆞ니諸君도孜々做課ᄒᆞ야奇妙ᄒᆞᆫ新發明을期ᄒᆞ시오

毒物의研究

研究生

讀者諸君이여諸君도熟知ᄒᆞᄂᆞᆫ바吾人一生이거의毒物中에서生活ᄒᆞᆫ다ᄒᆞᆯ지라도過言이안일지니何者오몬저吾人生活에抵觸되ᄂᆞᆫ毒物을ᄉᆡᆼ각ᄒᆞ라酒를飮ᄒᆞ면알콜이라ᄂᆞᆫ毒藥이酒中에在ᄒᆞ고烟을吸ᄒᆞ면니코ㅣ딘이라ᄂᆞᆫ毒物이烟草中에在ᄒᆞ고白粉을用ᄒᆞ면鉛이라ᄂᆞᆫ毒物이粉中에有ᄒᆞ고鏡을見ᄒᆞ면水銀이라ᄂᆞᆫ毒物이鏡裏에有ᄒᆞ고玩具의色彩를用ᄒᆞ면色素라ᄂᆞᆫ毒物이彩色中에含有ᄒᆞ고其他食用物品에도여러가지毒物이有ᄒᆞᄂᆞ니然則此等毒物을一々히研究치못ᄒᆞᆫ々ᄃᆞᆰ에不知不識之間에生命에危急ᄒᆞᆫ境遇를當ᄒᆞᆫ거시얼마나만ᄒᆞᆯ지ᄉᆡᆼ각ᄒᆞ면都是衛生을헛거스로알고相當ᄒᆞᆫ處方을研究치안이ᄒᆞᆫ거시其源因이라ᄒᆞᆯ지나吾人이ᄂᆞᆯ마다ᄒᆞᆫ이쓰ᄂᆞᆫ物件中에砂糖、食鹽、醋、醬油일지라도用量이過度ᄒᆞ면健康에不少ᄒᆞᆫ被害가되ᄂᆞ니然則用法을不知ᄒᆞᆷ도一大罪惡이로다自古及今에東西洋歷史를繙考ᄒᆞ라氣勢가山岳을能拔ᄒᆞ든英雄이라도一椀의毒藥과一盃의毒酒에萬金의貴軀를見奪ᄒᆞ고遠征의大準備를劃立ᄒᆞ엿든자라도毒蛇毒氣의障害로鵬志를中折ᄒᆞᆫ者許多치아니ᄒᆞ오닛가此等毒物의談話ᄂᆞᆫ一々히枚擧키難ᄒᆞ지만은엇더ᄒᆞᆫ지毒物의知識이吾人處世上에大必要가되ᄂᆞᆫ줄은可知ᄒᆞᆯ지로다그럿치만은毒物의所在處와其種類를不知ᄒᆞᄂᆞᆫ人士가有ᄒᆞ면滋味가적겟가로左에其大畧을擧ᄒᆞᄂᆞ이다

毒의所在處ᄂᆞᆫ根本브터天然界가第一이니

假令말ᄒᆞ면動物、植物、鑛物이即이것인즁에植物界가가장만ᄒᆞ며、 또人工으로製出되ᄂᆞᆫ것도不少ᄒᆞᄂᆞ니毒舌、毒筆、毒婦와如ᄒᆞᆫ것은例外에置ᄒᆞᆯ여니와世界文明이進展됨을좃차毒의性質도强盛ᄒᆞᄂᆞᆫ거슨東西洋이거의一致의現狀이니然則敎育上에毒物의知識을養成ᄒᆞᆷ이必要ᄒᆞᆯ지라故로左에其種類를畧記ᄒᆞ노라

第一은動物의毒이니口毒을有ᄒᆞᆫ蛇의種類와尻毒을有ᄒᆞᆫ蜂의種類와內臟에毒를有ᄒᆞᆫ河豚의種類와皮膚에毒을持有ᄒᆞᆫ蝦蟇等種類요

第二ᄂᆞᆫ植物의毒이니前에도말ᄒᆞᆫ바와ᄀᆞᆺ치動物、植物、鑛物三物界中에毒이最多ᄒᆞᆫ者ᄂᆞᆫ植物이라花에毒을特有한者도有ᄒᆞ고葉에毒을持有ᄒᆞᆫ者도有ᄒᆞ고根에毒을持有ᄒᆞᆫ者도有ᄒᆞ고實에毒을持有ᄒᆞᆫ者도有ᄒᆞ야其種類를좃차其所在도亦是各殊ᄒᆞᄂᆞ니毒物與否를槩知ᄒᆞ자면鳥獸의食不食ᄒᆞᄂᆞᆫ거슬注意하라鳥獸가食하ᄂᆞᆫ植物은無毒物이요鳥獸가不食하ᄂᆞᆫ植物은大盖毒物로定ᄒᆞᆯ지라도可ᄒᆞᆯ터히니葉에惡臭가가有하거나實에惡味가有하면大抵毒ᄒᆞᆫ植物이니라

第三은鑛物의毒이니鑛物界에毒性을持有한者ᄂᆞᆫ砒石、水銀、鉛、銅、等屬이요

第四ᄂᆞᆫ人工的毒이니此ᄂᆞᆫ化學의進步를從하야製出되ᄂᆞᆫ者라家具、衣服染料、玩具의色彩等에包藏된毒物도不少하고學校用品에도鉛筆、洋墨갓흔것에毒氣가有한者이니가장注意ᄒᆞᆯ바ㅣ이로다左에學生의携帶物品中繪具、鉛筆、洋墨에對하야注意ᄒᆞᆯ바를記述하노라

△繪具의毒、 水彩畵에使用하ᄂᆞᆫ物品中에雌黃이라ᄂᆞᆫ物色이有하나此ᄂᆞᆫ砒素의化合

物인즉或使用하다가筆端을嘗見치말거시라

○또藤黃과크롬옐노우俗稱綠青이라는物色과에멜알뜨그린이란物色은銅의化合物과砒素의化合物이미有毒한物品이웨다

△紫色鉛筆은其粉末이眼目에少入하면盲者되기가容易하느니極히注意하며左에揭載ᄒᆞ는紫色鉛筆은携帶치말자어다

一、고힐피올렛트。二、리오바이올레트。三、요한고세늘。四、하、루、크루트、고세늘

△洋墨도危險한毒物이니眼球를腐蝕하는者라흔히其原料中에鞣酸、石炭酸의作用이有한즉極히操心하야眼睛에誤入케말거시라

其外洋灰水는至極히毒한物이니格別히注意하야少許라도口中에勿入토록注意하며石鹼(飛陋)은眼睛을害케ᄒᆞᄂᆞ니洗面時에格別注意하야眼眸에染入치아니하도록注意할지어다

雜病簡易治療法

椒海

食滯病(一名胃病)……趾裏腫處……鷄冠의霜燒……魯布……負傷……眼病……骨折……冠病……泄瀉……痘瘡

食滯病

食滯의原因은여러가지로되흔히狹窄ᄒᆞᆫ處에서囚養되야運動이滿足지못ᄒᆞᆫ딕서生ᄒᆞ며또는鷄의잘먹는餌料中에木炭末、蠣殼末、糊草末等을주지아니ᄒᆞ는딕서生ᄒᆞᄂᆞ니故로此病을預防코저ᄒᆞ면高燥廣闊ᄒᆞᆫ處

所를擇ᄒᆞ야鷄를放置ᄒᆞ고固軟이適當ᄒᆞᆫ餌料를常給ᄒᆞ되其他ᄂᆞᆫ胡椒末、木炭末、蠣殼末等의混合物을隨意啄食케홈이必要ᄒᆞᆯ지니만일以上原因으로因起ᄒᆞᄂᆞᆫ病이發生ᄒᆞᆯ時에ᄂᆞᆫ直時唐草粉水를適宜히調製ᄒᆞ야朝一回夕一回式分與ᄒᆞᆯ거시라 (此時에固形食物을禁絶ᄒᆞ고淸水를隨意分與ᄒᆞ라) 이ᄀᆞᆺ치ᄒᆞ야 一二日을經ᄒᆞ되消化가그냥不完全ᄒᆞ거든긔어히胃部切開法을施行ᄒᆞᆯ지니此法은몬져銳利ᄒᆞᆫ刀로써胃의上部를上下三四分式切開ᄒᆞ고耳搔(귀씨시기)ᄀᆞᆺᄒᆞᆫ것으로胃中의滯停物을除去ᄒᆞ고淸水로써胃中을洗ᄒᆞᆫ後 一二針縫(바ᄂᆞᆯ밥)을縫合ᄒᆞ고軟ᄒᆞᆫ食物을조곰식給與ᄒᆞ야三日을經ᄒᆞ거든縫合ᄒᆞ엿든系를斬去ᄒᆞ라如此히 一週日을經ᄒᆞ면創口가全療ᄒᆞᄂᆞ니라

趾裏腫物

鷄의趾裏腫物은石射라고도又稱ᄒᆞᄂᆞᆫ듸其療法은患處를切開ᄒᆞ고腐肉을一々히除去ᄒᆞᆫ後에五十倍의石炭酸水를綿絲에浸染ᄒᆞ야瘡口를塡充ᄒᆞ고繃帶(ᄒᆞᆫ겁)로卷緊ᄒᆞ되每日二回式綿絲를換施ᄒᆞ면一週間內外에全癒ᄒᆞᄂᆞ니 (五十倍炭酸水라ᄒᆞᄂᆞᆫ것은炭酸水一滴에淸水五十滴을混入ᄒᆞᆫ것이니라

鷄冠의霜燒

此를豫防코저ᄒᆞ면寒節에ᄒᆞᆯ수잇ᄂᆞᆫ듸로雪雨를不遇토록ᄒᆞ고每朝一回式ᄭᅳ리스린우鷄冠에塗抹ᄒᆞ면可ᄒᆞ고食餌ᄂᆞᆫ動物質에贍富ᄒᆞᆫ者와滋養質을與ᄒᆞ야기름지게ᄒᆞ야體의溫度를恒常더옵게ᄒᆞ며治療도ᄭᅳ리스링(藥名)을塗抹홈이足ᄒᆞ니라

魯布病

魯布라홈은一病名이니其症勢ᄂᆞᆫ初에鼻孔에서水와彷似ᄒᆞᆫ液을出ᄒᆞ야漸次其液이濃

厚ᄒᆞ여저畢竟은臭氣가生ᄒᆞ며眼의周圍에泡沫이生ᄒᆞ야病鷄가其足趾로其眼을搔攪ᄒᆞ야眼瞼에腫處가生ᄒᆞ고發病ᄒᆞᆫ지十二時에ᄂᆞᆫ頭部에도亦是腫處가起ᄒᆞ야眼眸가必竟失明ᄒᆞ며漸次氣弱ᄒᆞ야斃死ᄒᆞᆷ에至ᄒᆞᄂᆞ니此를治療코져ᄒᆞ면亦是眼部에洗淨法을行ᄒᆞ고또ᄂᆞᆫ胡椒에硫黃花를少許混入ᄒᆞ야其飼料로播給ᄒᆞᆯ지어다

負傷

獸害로因ᄒᆞ여負傷ᄒᆞᆷ에ᄂᆞᆫ五百倍石炭酸水로其局部를淨洗ᄒᆞ고海綿으로拭之ᄒᆞ야皮膚를引ᄒᆞ야創口를掩覆ᄒᆞ고羽毛를其上에置ᄒᆞ되創口가少ᄒᆞ면縫合ᄒᆞᆯ必要가無ᄒᆞ나創口가大ᄒᆞ면明紬絲細絲로二三針을縫合ᄒᆞᆫ後에前式과如히繃帶를施ᄒᆞ야靜閑ᄒᆞᆫ處所에休息케ᄒᆞ고飼料ᄂᆞᆫ軟ᄒᆞᆫ滋養物을給與ᄒᆞ고飮料水에ᄂᆞᆫ하ᄉᆞ로(鐵漿)를少許注入ᄒᆞᆷ이可ᄒᆞᄂᆞ니라

眼病

眼病은本來여러가지나雪寒을因ᄒᆞ야面部가膨大ᄒᆞ고目中이成赤ᄒᆞ야晴盲間이된後에飼料를啄食ᄒᆞ기困難ᄒᆞ게되거든燒明礬을水에溶解ᄒᆞ야(其度ᄂᆞᆫ직어맛보되酸味가帶ᄒᆞᆯ마큼)屢々히差用ᄒᆞ면二三日에療治되ᄂᆞ니라

骨折

骨傷은ᄒᆞᆫ히脚部에서生ᄒᆞᄂᆞ니簡療方法은傷處를五十倍石炭酸水로써洗去ᄒᆞᆫ後에付木板二枚를兩方으로壓定ᄒᆞ야木綿으로其板子의外部를疊々히繃帶ᄒᆞ고三週日間可量을그모樣으로籠中에入置ᄒᆞ야運動을禁止飼養ᄒᆞ다가繃帶를脫解ᄒᆞ면太槩治療되ᄂᆞ니라

鷄冠의疾病

鷄冠의一局部에白斑或은黑點을生ᄒᆞ야苦痛ᄒᆞᆫ樣子에至케ᄒᆞᆷ은其原因이흔히病後衰弱과飼料不足과狹隘不潔에서生ᄒᆞᄂᆞ니此를治療코저ᄒᆞ면每日上等石鹼(飛陋)으로洗去ᄒᆞᆫ後에其跡에ᄂᆞᆫ알코ーㄹ에等分의셔리스링을和ᄒᆞ야一日二回式患部에塗布ᄒᆞᆯ거시오또ᄂᆞᆫ石腦油와種油를同分量으로混合ᄒᆞ야塗布ᄒᆞ던지或은二十分의一石炭酸과猪脂로混合ᄒᆞᆫ液을塗付ᄒᆞᆷ이最緊ᄒᆞ니라

泄瀉

鷄의泄瀉ᄂᆞᆫ食料의不良及單食과飮料水의不淨과塒舍의不潔과雨中에徘徊等으로生ᄒᆞᄂᆞ니故로管理에注意ᄒᆞ야右의害를避ᄒᆞ려면特別ᄒᆞᆫ治療法을專務치아니ᄒᆞᆯ지라도自然平穩ᄒᆞᆯ介有ᄒᆞ나然ᄒᆞ나自症으로衰弱이甚劇ᄒᆞ야到底히簡易手段으로ᄂᆞᆫ治療ᄒᆞᆯ變通이無ᄒᆞ거든玉蜀黍(강남미)의粗末이나或은粉末等類를明礬水에溶解ᄒᆞ고少量의胡椒末을混合ᄒᆞ야걸족ᄒᆞ게ᄒᆞ여給與ᄒᆞ면大槪兩三日에平治ᄒᆞᆯ러히라그러나平治ᄒᆞ엿다고粟,稷,麥等穀으로그냥給與ᄒᆞ면不可ᄒᆞ니相當ᄒᆞᆫ滋養物의軟餌假令玉蜀黍의粉末을肉汁으로溶解ᄒᆞ고少量의胡椒末이나或은稀薄ᄒᆞᆫ鐵漿으로混和ᄒᆞ야給與ᄒᆞ면氣力을足히回復ᄒᆞ리라또一方法은唐草水를適當ᄒᆞᆫ淸水에混合ᄒᆞ여飮料水로代與ᄒᆞᆷ도可ᄒᆞ니라

痘瘡

痘瘡에ᄂᆞᆫ稀薄ᄒᆞᆫ石炭酸水로腫頭를善洗ᄒᆞ고其後에黑砂糖을鐵漿에溶解ᄒᆞ야一日에三回式塗付ᄒᆞ면數日後에治療되되肉冠에痕跡이遺殘ᄒᆞᄂᆞ니라

捕鯨法

學海主人

我國은三面이皆海라東北으로는世界三大漁區라稱ᄒᆞᄂᆞᆫ오콕海를連ᄒᆞᆫ東海가有ᄒᆞ고南으로는大洋洲와太平洋의暖流가迴來ᄒᆞ야全南智島及珍島로從ᄒᆞ야東海에迴入ᄒᆞ고뻬링海峽에서下流ᄒᆞᄂᆞᆫ寒流ᄂᆞᆫ露領勘察加를從ᄒᆞ야城津、元山灣에注入ᄒᆞ니此ᄂᆞᆫ天然的魚產地라故로自古로東海의魚產이年々히全國何許市場을勿論ᄒᆞ고行販치아니ᄒᆞᄂᆞᆫ處所가업섯ᄉᆞ니此ᄂᆞᆫ實노我韓의重要ᄒᆞᆫ地요吾人의大事業을試作ᄒᆞᆯ處이라然ᄒᆞ나由來吾邦人이但止舊式만依持ᄒᆞ야겨우些少ᄒᆞᆫ魚物이나捕獲ᄒᆞ고其他眞正ᄒᆞᆫ富源은外人의게一々히讓與ᄒᆞ엿ᄉᆞ니此ᄂᆞᆫ全혀吾人의漁採事業이外人만不如ᄒᆞᆫ所以라엇지慨嘆치아니리오傳聞을據ᄒᆞᆫ건ᄃᆡ外國에ᄂᆞᆫ一會社의漁採收入이每年巨欵에至ᄒᆞᆫ다ᄒᆞᄂᆞᆫᄃᆡ其中에도捕鯨事業이利益의最高點을占有ᄒᆞᆫ다ᄒᆞ기로左에捕鯨法을某雜誌中에서瞥見譯載ᄒᆞ야江湖漁業家의一覽을供코져ᄒᆞ노라

鯨이陸岸에接近ᄒᆞᄂᆞᆫ原因

鯨은海獸中에最大ᄒᆞᆫ体軀를有ᄒᆞᆫ者니鯨이海洋深冲處에서生活ᄒᆞ되採捕事業은海洋深處에서不可ᄒᆞ고陸岸近地에서야好成績을得ᄒᆞᆫ다ᄒᆞ니然則鯨이陸岸에接近ᄒᆞᄂᆞᆫ原因과處所를仔細히알어야妥當ᄒᆞᆯ지라太平洋과太西洋에ᄂᆞᆫ座頭鯨이多數棲息ᄒᆞᄂᆞᆫᄃᆡ大槪冬節에ᄂᆞᆫ南方을向往ᄒᆞ고夏節에ᄂᆞᆫ北方으로向移ᄒᆞ되交尾分娩氣候等諸般關係를因ᄒᆞ야太洋에서브터海波靜穩ᄒᆞᆫ港灣附近地에集來ᄒᆞ야或은食餌를逐泳ᄒᆞ다가食

餌를逢ᄒᆞ면其速力이一分間에六百米突을走ᄒᆞ며臺灣南方恒春地境에ᄂᆞᆫ支那地方에서來ᄒᆞᄂᆞᆫ暖流를向ᄒᆞ고集來ᄒᆞ야温海에셔交尾를行ᄒᆞᄂᆞᆫᄃᆡ 一時에七八十頭가集在ᄒᆞ고我國蔚山冲海에ᄂᆞᆫ大韓海(東海)方面과오코둑海方面에서暖流를向ᄒᆞ야來集ᄒᆞᄂᆞᆫᄃᆡ其位置ᄂᆞᆫ正히大韓海出口에셔鯨群의集合과交尾分娩等이適當ᄒᆞᆫ所以인듯ᄒᆞ고其停集ᄒᆞᄂᆞᆫ處ᄂᆞᆫ大概一定ᄒᆞ야背를水上에現露ᄒᆞ고巨岸渚汀을瀕沿ᄒᆞ야死形을作ᄒᆞ야잇ᄂᆞ니海面에셔五尋乃至九尋의深處가捕鯨에ᄂᆞᆫ最適ᄒᆞ니라

捕獲方法

捕獲方法은目下世界通用되ᄂᆞᆫ者가米國式과諾威國式이第一이나鯨의出浮處를認知ᄒᆞᆫ後에ᄂᆞᆫ母船에短艇四隻을附屬ᄒᆞ고舳艫를相啣ᄒᆞ야直時目的地로向ᄒᆞ야第一艇에셔投射銃을投中ᄒᆞ면鯨이全速力으로振蕩ᄒᆞᄂᆞ니고로格別注意ᄒᆞ야銛綱(投射銃과艇間에相連ᄒᆞᆫ綱) 이切斷되지안토록留心ᄒᆞ야艇과鯨의連絡을持保ᄒᆞ며後面으로退步(밋마루거름)ᄒᆞ다가機를見ᄒᆞ면셔他艇으로셔색무란스(銃屬)를連射ᄒᆞ야運動의自由를失ᄒᆞ거든鯨体를乘ᄒᆞ야頭部에鼻綱을穿ᄒᆞ고腹部ᄂᆞᆫ縛致ᄒᆞ야二個의大杜를穿通ᄒᆞ고短艇을体의左右에一隻式幷行ᄒᆞ야番次로交迭ᄒᆞ면處置塲에運搬케ᄒᆞ고或은母船만專用ᄒᆞ야直接으로曳來ᄒᆞᄂᆞᆫ者도有ᄒᆞᆫᄃᆡ一度中命ᄒᆞ엿슬지라도技術이嫺熟지못ᄒᆞ면其擧動의猛烈ᄒᆞᆫ것을恐惧ᄒᆞ야어름ᄒᆞ다가畢竟은艇船을轉覆ᄒᆞ며人命을被傷케ᄒᆞᄂᆞᆫ事가種々잇ᄂᆞ니라

以上方法으로捕鯨業을計劃ᄒᆞᆯ時ᄂᆞᆫ其根據地를될슈잇ᄂᆞᆫᄃᆡ로漁塲에接近處로定ᄒᆞ고

獵得ᄒᆞᆫ鯨을處理場에曳來ᄒᆞᆷ에多數의時間을不要케ᄒᆞ라已往世界各地의漁場을見ᄒᆞᆫ즉濫獲의弊로畢竟漁場의景況이衰微ᄒᆞ야年々히他方으로推移ᄒᆞ미已廢漁場의數가年々增加ᄒᆞᄂᆞ니故로利益을一朝一夕에盡攫ᄒᆞ려ᄒᆞ지말고永久持保의方針을取ᄒᆞᆷ이可ᄒᆞ여鯨肉은我國서는食用品이되지아니ᄒᆞ나外國은鯨一頭用品中에食用品이第一點이니假令普通一頭의正肉이三萬斤이라假定ᄒᆞ면一期十五頭에生肉이四十五萬斤이되리니如此ᄒᆞᆫ多大生肉이到底販路에困難이有ᄒᆞᆯ지라도食料를못ᄒᆞ면肥料를作ᄒᆞᆯ지라도空然히放棄物은아니요鯨骨과臟肺도赤肉과如히乾曝作粉ᄒᆞ야肥料를作ᄒᆞ면此亦利益이多大ᄒᆞ니라

此有望ᄒᆞᆫ事業을起初ᄒᆞ엿다假定ᄒᆞ면左開器具를購入ᄒᆞ지안은企業者의參考로記錄ᄒᆞ노니

事業設備支出

一金一萬二千二百五十一圓八十錢內

金三千五百四十二圓八十錢 漁具費

內開

品名	數量	價格(圓)
샙ㅣ이	四	一、六〇〇、〇〇〇
銛	三〇	三〇、〇〇〇
銛綱	一九	六四〇、〇〇〇
銃	六	二四〇、〇〇〇
投射銃	三	三〇〇、〇〇〇
破烈矢	八〇	二〇〇、〇〇〇
殺鯨鍬	一〇	四〇、〇〇〇
桶	六	一八、〇〇〇
火藥	四〇	六〇、〇〇〇
雷管	一六〇	、八〇〇
케ㅣ스	一〇〇	二〇、〇〇〇
導火	五	一、五〇〇
雜費		三〇二、五〇〇

金三千六百六十五圓 處理費

內開		
曳網	一	五〇、〇〇〇
못소ㅡ柱	四	四〇、〇〇〇
셸릭나이프	三	、六〇〇
셔ㅡ스트섀ㅡ스	四	三、〇〇〇
轆轤	二	五〇、〇〇〇
大庖刀	三	五〇、〇〇〇
스페ㅡ드	四	一六、〇〇〇
斧	四	三、〇〇〇
鋸	一	五、〇〇〇
小庖刀	三〇	一〇、〇〇〇
레익클	四組	八〇、〇〇〇
竹簣	一〇	二〇、〇〇〇
壓搾器	五	二五〇、〇〇〇
乾燥器	一	一、五〇〇、〇〇〇
雜費		五〇〇、〇〇〇
釜	二	一四、〇〇〇
臼	五	一五〇、〇〇〇

又金三千百圓 築造費

又二千圓 給料金

以上表示中給料金中에는雇人二十五名과臨時人夫六百名給料를幷ᄒᆞᆫ者ㅣ라

如此雇人과諸般器具가設備ᄒᆞ야事業에着手ᄒᆞ면初年에金九千八百四十五圓의收入內에肉粉肥料가五千六百四十圓이요骨粉肥料가一千五百圓이요脂肉四百五十圓이요油가一千八百圓이요齒가四百五十圓이니差零이二千四百十一圓八十錢의損失이라其翌年에는支出이少ᄒᆞ고收入이多ᄒᆞᆫ딕支出三千三百二十八圓三十錢內開二百八十四圓三十錢이漁具費요一千四百圓이處理費요二百圓이修繕費요一千九百四十四圓이給料요收入은初年과同一ᄒᆞ게假量ᄒᆞᆯ지라減零六千五百十一圓七十錢은純全ᄒᆞᆫ利益이나然이나最初의企業費는巨欵인딕漁期는三四個月을支過치못ᄒᆞ야速히失敗

를招ᄒᆞᄂᆞ니라失敗의失敗를疊加ᄒᆞᆯ지라도그냥困難을打勝ᄒᆞ고進前ᄒᆞ면好成績을得ᄒᆞᄂᆞ니日本의東洋捕鯨會社가最初에ᄂᆞᆫ非常ᄒᆞᆫ困難을經過ᄒᆞ엿스되一向前進ᄒᆞ야至今은其株主의게配當ᄒᆞᄂᆞᆫ金이每年에二分之一의利益이된다ᄒᆞ니可謂巨大ᄒᆞᆫ事業이로다

以上은日本人의主觀으로預定ᄒᆞᆫ事業이나我國의게ᄂᆞᆫ一參考ᄂᆞᆫ될지라도如合符節ᄒᆞ게適用키ᄂᆞᆫ難ᄒᆞᆯ지니讀者諸君은會諒ᄒᆞᆯ지어다

學 園

除蟲菊의硏究

硏究生

一、來歷

除蟲菊花가世人의게公認되기ᄂᆞᆫ十九世紀初頃에始作ᄒᆞ엿스되原産地의土人들이其效用을透 ᄒᆞ고所謂除蟲藥이라命名ᄒᆞ야外國에多數賣出ᄒᆞ며一切其原料를隱匿ᄒᆞ엿스미該地方에ᄂᆞᆫ一種特有産物이되엿더니十九世紀初年에알메니아商人이터쇼프라爲名ᄒᆞᄂᆞᆫ者ㅣ百般硏究揁探한結果로畢竟其原料植物을探知ᄒᆞ야世界에公布ᄒᆞ엿더니其後距今二十餘年前에米國人밀코라稱ᄒᆞᄂᆞᆫ者ㅣ칼니포니아에서栽培製粉의業

을始作ᄒᆞ야桑港의ᄲᅮ하티除蟲粉이라는廣告가各報紙上에傳出ᄒᆞ니其前에ᄂᆞᆫ該粉一폰도價格이五十弗에達ᄒᆞ엿더라其後에漸次廣布되여至今은日本各地에通常培養物이되엿스나我國에ᄂᆞᆫ尙今栽培가無ᄒᆞᆫ듯ᄒᆞ나從此로此有用草物의培養이速々播種되기를願ᄒᆞ노라

二、種類

除蟲菊은菊科植物의一種이요필례세암에屬ᄒᆞᄂᆞᆫ宿根草라甲乙二種으로分ᄒᆞ니一은波斯種인ᄃᆡ學名은필레세암、로ㅣ쓰암이라云ᄒᆞ고一은ᄯᅡ마시아種인ᄃᆡ學名에필레세암、에넬피니포리암이라云ᄒᆞ야兩者를統ᄒᆞ여原産地名으로ᄡᅥ命名ᄒᆞ엿ᄉᆞ니甲은即波斯요乙은俄領ᄯᅡ마시아에서出ᄒᆞᆫ지라形狀은兩者가相殊ᄒᆞ니甲은其葉이長大濃綠ᄒᆞ고花ᄂᆞᆫ乙과同形이나二倍의大를有ᄒᆞ고或은紅桃白種도有ᄒᆞ야丈이一尺五六寸에達ᄒᆞ고花莖에小葉이附在ᄒᆞ며乙은白花의一種인ᄃᆡ花輪의大가甲의二分之一이되고葉은細小ᄒᆞ야毛茸를被ᄒᆞ야白色이有ᄒᆞ나其除蟲効驗에至ᄒᆞ여ᄂᆞᆫ乙種이甲種보다勝ᄒᆞᆫᄃᆡ其中에도赤色莖을特有ᄒᆞᆫ者가愈勝ᄒᆞᄂᆞ니故로乙種ᄯᅡ마시아를奬勵栽培ᄒᆞᆯ지니라

三、性狀

元來强健ᄒᆞᆫ宿根草ᄂᆞᆫ本邦氣候에何處던지生育이完全ᄒᆞᆫᄃᆡ排水가便宜ᄒᆞᆫ砂質壤土를適當ᄒᆞᆫ土質노삼으나合粘濕土以外에는何許質土에던지生長繁茂가完全ᄒᆞᆫ者ㅣ라傳聞을據ᄒᆞᆫ건ᄃᆡ原産地에서ᄂᆞᆫ兩種이다山野에서自生ᄒᆞᆯᄲᅮᆫ더러波斯種은七八千尺高地에서生産ᄒᆞ엿다ᄒᆞ니此로ᄡᅥ觀ᄒᆞᆫ건ᄃᆡ好生草物인것을可知ᄒᆞ리로다

除虫菊이高等動植物에對ᄒᆞ여ᄂᆞᆫ秋毫도妨害가無ᄒᆞ나니該粉末數片으로牛馬를試飼ᄒᆞ라少許도中立이無ᄒᆞᆯ거시요또前記밀코氏의談話를據ᄒᆞᆫ건ᄃᆡ製粉所에서數多ᄒᆞᆫ職工이每日其塵埃를被覆呼吸ᄒᆞ여도何等妨害가無ᄒᆞ다ᄒᆞ엿ᄂᆞ니果是高等動植物에게ᄂᆞᆫ何等關害가無ᄒᆞ되至於下等昆虫類에對ᄒᆞ여ᄂᆞᆫ偉大ᄒᆞᆫ殺害力을包有ᄒᆞ엿스미虫類에ᄂᆞᆫ大妨物이로다。主要成分은揮發性이有ᄒᆞᆫ고로大氣에曝晒ᄒᆞᆯ時ᄂᆞᆫ數日內에其效가多數減少ᄒᆞ며더옥炎天을當ᄒᆞ여ᄂᆞᆫ氣의發散이甚劇ᄒᆞ나니故로此粉末을使用ᄒᆞᄂᆞᆫ者ᄂᆞᆫ平時에密封貯藏을緊切히ᄒᆞᆯ지어다또該主要成分은乾燥ᄒᆞᆫ後에야一種化學的變化作用으로有效用ᄒᆞᆫ物品이되ᄂᆞ니故로園地에서生育ᄒᆞᆯ時ᄂᆞᆫ虫毒를受ᄒᆞᄂᆞᆫ事가重々ᄒᆞᆫ즉除虫菊이라고生育ᄒᆞᆫ치除虫의效가有ᄒᆞᆯ거스로ᄂᆞᆫ妄思치말지어다

四、栽培

下種은春分秋分으로良節을숨ᄂᆞᆫᄃᆡ暖温地ᄂᆞᆫ秋가適當ᄒᆞ고寒冷地에ᄂᆞᆫ春이適宜ᄒᆞ니몬저排水의適宜ᄒᆞᆫ砂壤土를選定ᄒᆞ고區域을精劃起畊ᄒᆞ야土塊를紛碎ᄒᆞ고表土를均平케ᄒᆞ고稀薄ᄒᆞᆫ下肥(거럼)나或은油粕(비쇼지)의類를播施ᄒᆞ고一坪(周尺四面六尺)에對ᄒᆞ야一合式下種ᄒᆞ고(下種前에一晝夜間을浸水ᄒᆞᆷ이可ᄒᆞᆷ)其上에木灰二合을散布ᄒᆞᆫ後에極히薄ᄒᆞ게種子가不見ᄒᆞᆯ마큼細土를被ᄒᆞᆫ後輕壓ᄒᆞ여두고其上에稻藁(베집)等을撒覆ᄒᆞ야發芽ᄒᆞ기를苦待ᄒᆞ되此際에注意ᄒᆞᆯ바ᄂᆞᆫ乾濕이니萬一過히一乾燥ᄒᆞ거든露滴과如히水를洒ᄒᆞ야適當ᄒᆞᆫ濕氣를保存케ᄒᆞ라이갓치三四間前後를經過ᄒᆞ면發芽가될지니此時에ᄂᆞᆫ直地에被

覆ᄒᆞ엿든筵片或은稻藁를除去ᄒᆞ고恒常乾燥치만로록灌水ᄒᆞ기를勿惰ᄒᆞᆯ거시며兼ᄒᆞ여雜草를日常除去ᄒᆞ야苗葉이三四個가生ᄒᆞ면凡一寸쯤成長ᄒᆞ리니此時에別地로植出ᄒᆞ라別地ᄂᆞᆫ亦是두둑을作ᄒᆞ고一坪四五百株를三寸距離에一本식分植ᄒᆞᆫ後에根部에ᄂᆞᆫ稻藁를少數ᄒᆞ야生着을待ᄒᆞ여서稀薄ᄒᆞᆫ液肥를與ᄒᆞ고除草에注意ᄒᆞ라春蒔（봄에심은것）면九月十月（陽曆）頃이요秋蒔면三四月頃에本田을整地ᄒᆞ야一尺五寸乃至二尺의畦（둑）에距離ᄂᆞᆫ一尺可量ᄒᆞ고植入ᄒᆞᆫ後에稀薄ᄒᆞᆫ液肥를葉에不觸토록施與ᄒᆞ고秋에ᄂᆞᆫ十月、春에ᄂᆞᆫ三月頃二回에少量의油粕、木灰를施與ᄒᆞ면可ᄒᆞ니라統히肥料ᄂᆞᆫ熟腐치아니ᄒᆞᆫ者를稀釋ᄒᆞ여用ᄒᆞᆯ거시오植付ᄒᆞᆯ時에ᄂᆞᆫ다만淸水만灌注ᄒᆞ고決코濃肥又ᄂᆞᆫ生肥를與치말며又施肥ᄒᆞᆯ時에葉에觸着ᄒᆞ면枯凋ᄒᆞᆯ念慮가有ᄒᆞᄂᆞ니故로注意ᄒᆞᆯ거시니라前에도말ᄒᆞᆫ바와갓치此植物은普通菊花와同一ᄒᆞᆫ宿根草인즉株를分斷ᄒᆞ여增植을計ᄒᆞ거나不然이면三四年만에一次式古株를除去ᄒᆞ고新株를植換ᄒᆞ라採種ᄒᆞᆯ에ᄂᆞᆫ花中에第一强剛히生長ᄒᆞ야勢力有ᄒᆞᆫ者를擇ᄒᆞ야十分滿熟케ᄒᆞ야花瓣이萎凋ᄒᆞ며花托이茶褐色으로變ᄒᆞᆯ時에採收ᄒᆞᆷ이可ᄒᆞ니라

五、摘花及製粉

驅虫에最上有效ᄒᆞᆫ者ㅣᄂᆞᆫ其花英이니開花ᄒᆞᄂᆞᆫ時期ᄂᆞᆫ每年五六月頃이라開花ᄒᆞ거든滿開ᄒᆞ기前에花托과共히摘採ᄒᆞ야四五日間을陽光에日乾ᄒᆞ며時々로指頭로써揉碎ᄒᆞ되萬一十分乾燥치안커든火力을用ᄒᆞ야三四時間쯤乾燥ᄒᆞ야直時石臼等에舂搯ᄒᆞ거나各自의便宜方法으로搯碎ᄒᆞ되乾燥ᄒᆞᆫ

後에直時摺碎ᄒᆞ면濕氣를吸收ᄒᆞ야摺碎키難홈에至ᄒᆞ나니될슈잇ᄂᆞᆫᄃᆡ로細粉을作ᄒᆞ야其粕을再三摺碎ᄒᆞ야精粉을作ᄒᆞ라粉末은細小홀ᄉᆞ록效驗이愈大ᄒᆞ나니期於細粉을作ᄒᆞᆫ後에ᄂᆞᆫ密封ᄒᆞ야藏置홀거시요摘花ᄒᆞᆫ後에ᄂᆞᆫ菊樹을地上二三寸處로ᄶᅦ取ᄒᆞ야그ᄃᆡ로두면其翌春에ᄂᆞᆫ其株에서發花開芽홈에至홀거시요其ᄶᅦ取ᄒᆞᆫ莖葉은日陽에乾暴ᄒᆞ야製粉ᄒᆞᆫ花의殘粕과共히臼에碎取ᄒᆞ야其細末을水田의水口에서流入ᄒᆞ야稻虫驅除에使用ᄒᆞ거나又ᄂᆞᆫ鋸屑(톱밥)等과混合ᄒᆞ야逐蚊香으로用홈도可ᄒᆞ니라(通常日人商店에서販賣ᄒᆞᄂᆞᆫ殺蚤藥이나인섹트ᄶᅪ-타等藥은大槪十餘倍의穀粉을混合ᄒᆞᆫ者니此穀粉의代에前記莖葉의粉末로써入用ᄒᆞ면其效가更大홀지로다

六、用法

第一乾粉ᄃᆡ로用홈이니、純粉으로用ᄒᆞ거나或은他穀粉又ᄂᆞᆫ木質의粉末을混用ᄒᆞ거나此ᄂᆞᆫ害虫의强弱을斟酌ᄒᆞ야用ᄒᆞ라混合粉은直地에用ᄒᆞᄂᆞᆫ것보다一日쯤甁中에入ᄒᆞ야密封ᄒᆞ여두면效驗이大ᄒᆞ고此를用홈에ᄂᆞᆫ根本브터各自의便宜ᄒᆞᆫ方法을取홈이可ᄒᆞ나種々의器具가잇서其小者ᄂᆞᆫ理髮店에서用ᄒᆞᄂᆞᆫ護謨製、香水噴霧器와如ᄒᆞᆫ것이니前方管下에容粉器를裝置ᄒᆞ야空氣가ᄲᅳ出홀際에此粉을誘出ᄒᆞ나니라

第二乾粉을水에混用홈、混和의水量은害虫의强弱을從ᄒᆞ야相殊ᄒᆞ거니와虫体에粉末을着付홈에ᄂᆞᆫ此法이最上便利ᄒᆞ나니小者를用ᄒᆞ자면香水噴霧器가可ᄒᆞ고大者ᄂᆞᆫ簡便뽐프等을用ᄒᆞ되其用量을示ᄒᆞ쟈면八合液(粉末一分重에水八合을入홈)은瓜類의害虫瓜를斃死ᄒᆞ고三升液은各種의浮塵

을斃死ᄒᆞ고桑葉에尺蠖虫은老熟蟲이거던三升液이면可ᄒᆞ고一二齡蟲이거던一斗液ᄭᆞ지用ᄒᆞ되水를攪和ᄒᆞ야三四日을經ᄒᆞᆯ時ᄂᆞᆫ藥이液面上에黴을生ᄒᆞ야效力이大減ᄒᆞᄂᆞᆫ것이니入用ᄒᆞᆯ臨時에製用ᄒᆞ되蚜蟲은常水에反潑ᄒᆞᄂᆞᆫ皮膚가有ᄒᆞᆫ즉石鹼을少許入用ᄒᆞᆯ디니라

此外에薰煙法이有ᄒᆞ니此ᄂᆞᆫ專혀吾人住宅內에施行ᄒᆞᄂᆞᆫ者라其法은夏節에房內에서粉을焚ᄒᆞ야烟氣를充滿케ᄒᆞ면蚊蠅其他雜蟲이遁飛醉死ᄒᆞ야效用이多ᄒᆞᆫ즉此ᄂᆞᆫ特히我邦家屋에서行ᄒᆞᆷ이可ᄒᆞᆯ지로다由來我國家屋에ᄂᆞᆫ빈ᄃᆡ、박퀴等害蟲이一生ᄒᆞ면다시驅除ᄒᆞᄂᆞᆫ方法이업서々極히苦斷ᄒᆞᆫ夜間이라도安眠을不得ᄒᆞᄂᆞᆫ事가種々ᄒᆞ나니엇지採用치아니ᄒᆞ리오

注意蠶兒ᄂᆞᆫ此粉末을더욱忍耐치못ᄒᆞ나니故로桑樹에毒蟲은此粉을勿用ᄒᆞ고又ᄂᆞᆫ桑田近傍에ᄂᆞᆫ栽培ᄒᆞ기ᄭᆞ지라도嚴禁ᄒᆞᆯ지어다

七、收量

ᄡᆞ마시아種은三年生一株에花百輪을取採ᄒᆞ고四年生一株에ᄂᆞᆫ百四五十輪을採取ᄒᆞᄂᆞᆫᄃᆡ花百輪의生量은一兩五六錢重이요乾燥ᄒᆞ여二錢重乃至三錢重이되고精粉은一錢五分重（外殘粕이有ᄒᆞ니라）이되나니라

送楊性春歸國

金 源 極

我國老練의士가陳篇에泥醉ᄒᆞ며舊夢에昏倒ᄒᆞ야今日二十世紀人族의發達歷史를悲觀으로指ᄒᆞ며千億萬民生의競爭時局을乖變으로視ᄒᆞ야牖下에縮頭ᄒᆞ고厭世歌를是事ᄒᆞ야林泉을自樂코저ᄒᆞ며烟霞를自賞코자ᄒᆞ니局見의徘徊와暮志의衰頹가此에自陷ᄒᆞ기는一般長老의通弊일듯ᄒᆞ나現今新來風潮가一時客氣에不出ᄒᆞ고着々ᄒᆞᆫ實力으로胚胎ᄒᆞᆫ者인즉來頭의愈益劇烈ᄒᆞᆫ變局을第見ᄒᆞ리니諸公의天年이將暮ᄒᆞᆫ지라鳥獸同羣으로餘年을消遣ᄒᆞ려니와諸公의子孫은將次何所에置코자ᄒᆞ나뇨所아로諸公이今日社會의重望을失ᄒᆞ며青年의批評을招ᄒᆞᆷ이니엇지可惜지아니ᄒᆞ리오大抵人類는社交的動物이라我가社會의大責任을自擔ᄒᆞ면人이其責任을推委ᄒᆞ며我가自棄ᄒᆞ면人이亦我를例外에置ᄒᆞ나니莫貴ᄒᆞᆫ人類가된以上에人數에不列ᄒᆞ면可愧可忿ᄒᆞᆯ事가此外에更有ᄒᆞ리오以若諸公의愈久ᄒᆞᆫ經歷과愈高ᄒᆞᆫ識見으로此時를遭迎ᄒᆞ야有爲의志를奮發ᄒᆞ고益壯의氣를自保ᄒᆞ야今日教育界의首唱을作ᄒᆞ며社會界의先導를作ᄒᆞ야後輩青年의게目的을指示ᄒᆞ면登高ᄒᆞ呼에衆山이響應ᄒᆞᆷ과如ᄒᆞᆯ지라胡爲乎諸公이計不出此ᄒᆞ고舊日沉滯ᄒᆞᆫ見聞으로今日活動ᄒᆞ는社會에苟且棲息코자ᄒᆞ니其簡陋蠻野ᄒᆞᆷ이他言을何待ᄒᆞ리오是以不佞이諸公을爲ᄒᆞ야吊ᄒᆞ고悲ᄒᆞᆫ지已久ᄒᆞ더니一日에何許紳士가自外而來ᄒᆞ는지라其行動語音을先驗ᄒᆞᆫ즉故國人이無疑ᄒᆞᆷ으로握手敬禮ᄒᆞ고其姓名을問ᄒᆞᆫ즉平壤紳士楊性春其

文藝

廣告

本學報代金을收入홈에便宜를從ᄒᆞ여京城과平安北道에ᄂᆞᆫ委托收金所를置ᄒᆞ엿ᄊᆞ오니京城서本報를購覽ᄒᆞ시ᄂᆞᆫ이ᄂᆞᆫ代金을

京城北署苑洞李甲氏宅留

金基玉氏許로交付ᄒᆞ시고平安北道에서本報를購覽ᄒᆞ시ᄂᆞᆫ이ᄂᆞᆫ

平安北道定州南門內

洪成麟氏許에交付ᄒᆞ심을敬要

太極學會告白

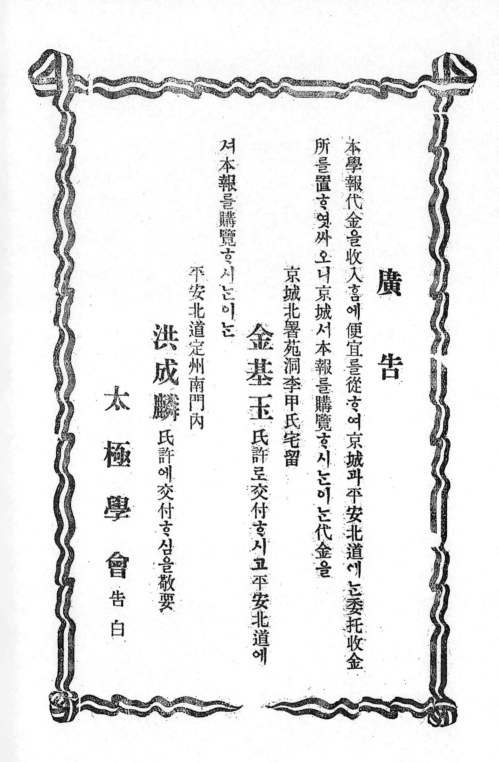

人이라因ᄒᆞ야遠途의行李를慰勞ᄒᆞ고其渡來ᄒᆞᆫ目的을詳叩한즉氏乃一場陳說曰嗚呼라吾今四十光陰에學問目的은遽難到達이나現觀我國一般實業界가稍々萎靡ᄒᆞ야山川이以之而童濯ᄒᆞ고原野가以之而荒蕪ᄒᆞ며甚至巨細日用雜物을無不自外輸入ᄒᆞ니一念及此에食息呼吸이不能自安이라窃自思惟컨ᄃᆡ外他隣國은有何施術ᄒᆞ야其國이已泰ᄒᆞ고其物産이已豊ᄒᆞ야利用이其國內에既已贍足ᄒᆞᆯ뿐不是라外國에溢出ᄒᆞ야貿易이頗盛ᄒᆞ니蓋其實業上經營이如何ᄒᆞᆷ을因ᄒᆞ야此에至ᄒᆞᆷ인지其實地를一覽코자ᄒᆞ야萬里를不遠ᄒᆞ고來到ᄒᆞ엿노라不侫이此言을聞ᄒᆞ미歛袵起敬ᄒᆞ야曰我國에所謂長老諸氏가類皆腐敗無餘ᄒᆞ야自己의道途만可惜할뿐外라青年의新思潮를沮碍ᄒᆞ야國家의悲運을益招ᄒᆞ니此ᄂᆞᆫ長老諸氏가萬口共道ᄒᆞᄂᆞᆫ過責을是擔한바어ᄂᆞᆯ氏ᄂᆞᆫ青年의先輩될義務를豁然大覺ᄒᆞ야全國에實業開發ᄒᆞᆯ方略을研究코자ᄒᆞ야桑楡暮境에披險冒難ᄒᆞ고若是遠渡ᄒᆞ야스니其志의健全ᄒᆞᆷ은一口로稱道키難ᄒᆞ도다嗚呼라我內地長老諸氏가氏의心과同一ᄒᆞ면各其方面으로進就ᄒᆞᄂᆞᆫ道途가實業發達에만止ᄒᆞ리오富强文明을一体期圖ᄒᆞ야無限ᄒᆞᆫ幸福을享有ᄒᆞ리니諸氏가何를憚ᄒᆞ야不爲ᄒᆞᄂᆞ뇨今에氏가實業界觀覽을概了ᄒᆞ고將次國에歸ᄒᆞᆯ석一言을寄贈ᄒᆞ노니氏의今來에觀察ᄒᆞᆫ形況이我國에空前ᄒᆞᆫ事實이라如此ᄒᆞᆫ眞相을我一般長老諸氏의게一々히布告ᄒᆞ야平日執滯ᄒᆞᆫ思想을溶解케ᄒᆞ며維新ᄒᆞᆫ風潮를感醒케ᄒᆞ야一同ᄒᆞᆫ軌道에並駕共進ᄒᆞ면氏의今次一行의效果가救世福音에不讓ᄒᆞ리니氏의魁傑ᄒᆞᆫ志氣가此를預算ᄒᆞ야슬지라更

何多言이리오歸ᄒᆞᆯ지여다氏여

賀韓昌玹君遊學壯志

雙城樵夫

蓋我永興即我韓之豐沛故都也五百年 列聖之培養先輩之涵育固已與他逈別而夫何近日以來士氣萎靡民智暗昧自以局見而爲是繼以故紙而墨守黑洞長夜沉々坐睡不覺風潮之日益震盪鳴乎噫嘻豐沛故都之神聖民族胡爲乎今日而遽至於斯境耶所以不佞憂憤綳中向爲咸南紳士同胞而放聲大哭者矣僉君子或其樂聞耶又或其哀聞耶或不至厭聞而投之耶不佞之所以哭者非爲一身亦非爲一家亦爲一鄕斷々孤忱寔出於使我一般共躋文明之注意則其計誠愚而其心可悲也然窃自思惟不佞之爲人庸劣蔑學平昔行動類多妄失見誅於同胞之口見毗於同胞之眼者久矣今忽遠離海外未能周旋聽誨於僉君子之側將來爲人亦無可望是則悠々抱恨者也然愚見所及亦不能自己千慮一得西向恒叫惟望 僉聽之容納而平日之未能見孚者何敢望有效然其自任之義務亦不容捨此也耳日瞻關嶺之黑雲黃霧不禁涕淚之潛然矣一日也有人自外而來訪蹶起視之乃鄕友韓昌玹君也握手引坐多少私喜何容枚擧仍問渡來目的則乃曰世界之烝々前進惟在實學之發達而顧我內地現無完全教育若優遊其中必不過吠影吠聲矣不得不一出局面之外大觀世變兼得實學之講究然後成就與否姑在來頭而爲先眼界之快濶肓宇之愉暢可以圖之是以不遠萬里而負笈者矣且吾子在此則無異故鄕棲息不必以客地爲憂云々矣不佞聽之良久拍案大歎曰吾郡亦有如許壯志之青年耶君之青年夙知吾已敬慕之久矣

曾未知今日之勇斷乃至於此也竊念君之現頭事勢兩親已逝兄弟分門家有弱妻幼子率皆仰食於君則其在常人之情盤桓於戶庭之內而大憂大愁必不過饘於是粥於是而通觀時變覺破有國有家之眞義乃能爲此非尋常人類之可比也嗚乎吾郡內青年槪略數萬名以上而其以生活困難埋頭於農工商實業者則固無奈何不必指數而若以生活裕足勢可遊學者計之大約爲數千名假量嗚乎青年諸君謂其人類欲望必在於上焉之榮光不在於下焉之卑劣欲其榮光則必有價値然後事也諸君謂見或謂其如前以金買貴耶變局日殊自此則決無是理也明矣或冀其良田大厦傳之子孫安坐而食乎國運去益悲慘則此亦難保也明矣諸君或疑其國勢既至如此雖百方教育亦無裨益云耶此又有不然之大證普魯士意太利之被人蹂躪罔有其極竟以須太仁之義務敎育瑪志尼之少年報筆巍然獨立於列强之舞臺則昭々明鑑照耀目前也越王句踐之二十年生聚敎訓亦想已講之矣何其不諒之甚也且猶思之那家失火棟宇將炎其一家食口其將焦頭爛額而救之耶勢已然矣亦可棄而不顧耶其苦聲撲滅而不可已者固是人情也諸君或云國家興亡不在位而不謀之耶然則其於國敗家亡勢固並至此又奈何設云如是一身之榮光又不可不希望者也以若諸君之年富力强區々於蛙井兎株之內不見新天地光明日月之界苟欲老死於牖戶襁褓之下何其軀殼未脫志氣已老耶言念及此千百痛哭猶不爲快也更望諸君以韓君爲嚆矢起作子長之南遊陳良之北學雄圖則一以爲我國家前途之大幸一以爲諸君私分之大幸也耳然竊又有一說之忠告於韓君者勿以菲卑棄之君既抱壯志遠超鵬海則其敬慕嘉悅

固無餘言遠客多年中間之許多苦況非常窮愁固難永無則惟其忍耐一力冒險一念凝結於腦髓然後可達其目的也以若君之壯志何待此言相勉固是例也旣賀其遠遊之大志繼勉其來頭實效之有著耳餘何他言

奉答北愚桂奉瑀大人

金壽哲

壽哲은本以淺年昧識으로徑遊海外ᄒᆞ야內外學術에具無一長이라夫何高明이過服虛名ᄒᆞ야以文以詩에奬許過情ᄒᆞ니執此自訟에一口難辯이로다盖此壽哲이盜名紙上ᄒᆞ야以致高鑑知人之失ᄒᆞ니以此以彼에罪固難貸矣로다第高明聲望은已悉於松南先生而莫年曠抱가何其偉大耶아期欲一灸淸光이나道阻且長ᄒᆞ니悵望何旣리오然이나早晩相對가當有其日이니以此自慰이오며第所最喜最幸者는吾儕가殊在萬里修遠이라도銅鍾이相應ᄒᆞ야支會聯絡이出於好緣ᄒᆞ니自此以後로目的이已同ᄒᆞ고步武가又同則期當終始一致ᄒᆞ야完全我大事業이最是相勉者也로다製送論說은義勇이顯於辭表ᄒᆞ야所謂假志士流가自此로不敢肆假也리니本報之榮이孰大於是리오寄贈一韵은讀之未半에快覺雄健思想而非詩人香奩之句의可比也로다宜卽還償之不暇이오나才本踈短之餘에學課가汨沒ᄒᆞ고少暇則會務가煩雜ᄒᆞ야吟哦間趣를無從可得故로姑記宿債ᄒᆞ니愕悚萬々餘惟祝
兄體自由享福

恭呈于崔時俊君

荍丹山人

海山秋夜에風月이澹々ᄒᆞᆫ듸容子가乘興ᄒᆞ

야與數三故人으로滿酌葡萄酒一盃ᄒᆞ고强歌一曲ᄒᆞ니其歌也有思로다嗚呼我內地同胞二千萬兄弟中에血統이相同ᄒᆞ고遭遇가亦同ᄒᆞ니思之所及에豈有彼此異同이리오만은但今夜에轉々所思가先及於吾兄崔君時俊으로다始我之東渡瀛海也에與君으로同遊一學校ᄒᆞ고同留一室ᄒᆞ며食焉同床ᄒᆞ며寢焉同被라其兩間情契之如何ᄂᆞᆫ說道難盡이로다不幸好事가多魔ᄒᆞ야我青年界有名敎育家卽吾兄之伯氏가其言也善矣로다嗚呼라天道無知가胡至此甚고由是之故도吾兄遊學이亦爲半途停止ᄒᆞ야使我隻影으로踽々涼々於三島風雲ᄒᆞ니自今以往으로有事而與誰相議며有志而與誰相計리오嗚呼라平日大經紀大猷爲가今焉已久로다然이나男兒事業이何必以面議로爲之리오雖在千里萬里之外라도肝膽이相照則可以有爲리니竊望吾兄은無負前日德義之賜ᄒᆞ고所期目的을到達乃已ᄒᆞ며令兄事業을亦須紹述ᄒᆞ야養成多數國民則今日所遭가亦非不幸也라吾兄之高明이何待此言이리오만은知我者ㅣ君也오知君者도亦可謂我也라吹々漫記가言不盡情ᄒᆞ니只在君之通察而已로다惟請

自愛

詞藻

○九日與韓光鎬梁東衡二友登臨　天　風

逢秋遠客又重陽倚立西風悲故鄕叢菊佳山男女佩茱萸何處弟兄觴驛書難續江湖遠鴈陣驚寒歲月長更把瓊樽謀一醉登臨晚步彼

西岡

○賀本報講覽人金尙翼六十一壽

記者

花甲新籌又一年復湯消息自南天青春翰墨鳴高士白首林泉臥老仙五綵滿庭翻楚服三山對案俯齊烟是時忽作江湖客起望西雲增悵照

偶唫 孤叙

心志難描數論文、莫如閑坐讀新聞。消長世態盈虧月、冷暖人情聚散雲。國衰賊子弄權鉞、客久閨妻藏彩裙。東渡四年何所事、空抛此日又沉醺

又 惠帆

幸逢知己細論文、江戶繁華自昔聞。西土平和長日月、東洲大勢換風雲。身隨現代暫殊服、俗尙時人爲着裙。早晚國家無限事、欲言未了日將曛

贈朴友泰殷韻 莜丹山人

與子同來時政秋、優遊日夕意悠々、萬姓安危頻入夢、一身夷險不關愁、漆室殘燈長夜暗。關山羌笛幾時休。知君夙抱殊凡衆、惠我國民德義酬

秋韻一首 無何生 宋旭鉉

一歲恒難免一秋、吾人何事獨悲秋、雲深進退指揮局、霜拍存亡危急秋。目不忍看秦日月。心攸當嚴魯春秋、釼神爾或知機否、早晚來年得意秋

國文風月三首 莜丹山人

밤은들어열두시、속에품은늬쥬지、창하에홀노안자、말을벗님과갓치、문노라세상사람、만국공법어디니。어서깨우리동포、독립젼에승젼비。

又(和) 松南

그디심사말ᄒᆞ시、영웅이영웅아지、보호

하우리싱명、 낫지마세그슈처、 조곰도거정말게、 이천만분발ᄒᆞ세。 다른날독립ᄐᆡ에、 칠년ᄐᆡ한죠혼비。

又　　東　初

영특남아여보시。 독립전징니ᄒᆞ지、 ᄃᆡ구열강일등국。 ᄐᆡ극국긔참됴치。 미션가를부르고、 승전고를울니나。 아하참믈어렵다、 분운던디이지비。

秋夜偶吟　　松南　秋醒

男兒出脚下山廬、三島偏邦蟹舍如、始我來時黃島囀、於焉今日綠陰疎、時艱無補丹毫禿、天柱欲擎赤手餘、惟有故人强進酒、醉來擊案讀兵書

賀贈鄭錫迺君韻　　金　源　極

海天悠遠曙光遲、之子洪鍾早覺時、煙掃釜山驚舊夢、雲歸龍浦占佳期、名譽播外可知官、義氣綢中常不飢、容接無緣聲聞絶、琴樽何日兩相宜

又　　金　壽　哲

與君知遇恨相遲、去歲秋光又此時、分在東西殊道路、唱隨先後共心期、杞憂無益還成疾、越膽非甘可療飢、民國保安任亦重、實行今日適機宜

恭呈于太極學會記者　　朴　載　善

華旆遙々東渡洋、歡迎太極國旗揚、世情涉閱胸懷壯、邦命挽回寶籙長、天縱英雄知不偶、地逢達士始增光、故鄕日夜齊心祝、早導文明又富强

知李于岡別紅友韻　　松　南

逢別最稀今夏秋、每思紅友意悠々、忍過萬事醒猶欠、纔度三盃醉亦愁、君子燕居宜可戒、故人逢席不能休、知君勇斷非吾及、第待好期更勸酬

和贈楊性春 二首　　金　源　極

一超大海遠遊東、今代奇觀太史公、歸見同胞提耳警、乾坤非復舊時風、
海山秋門送君難、萬樹有聲客夢殘、歸路長安逢我友、爲言萍跡僅持安、

送別朴徠均追懷　上　同

夏雲秋月憶同遊、兩際無間好誼修、妙年材器驥登櫪、異域書簦鶯出幽、中路可嗟催帆渡、寒燈無奈理薪憂、如君夙抱豈株守、天下奇觀更起謀、

歌調

太極學會第三回創立紀念歌

太極肇判ᄒᆞᆫ然後에　四千餘年血統으로
半島江山생겻도다　神聖民族奠居로세
禮義文物第一國에　生存競爭이時代에
太平幸福ᄂᆞᆯ이드니　維新學術未醒ᄒᆞ면
四海風潮震盪ᄒᆞᆫᄃᆡ　海外遊學우리同胞
獨立權을엇지찻ᄂᆞ　文明空氣吸收ᄒᆞ야
中興事業일우랴고　光武九年오ᄂᆞᆯᄂᆞᆯ에
一心團体同盟ᄒᆞ야고　太極學會일어낫네
깁부도다깁부도다　太極學會조ᄒᆞᆫ일홈
獨立基礎오날일세　天地無窮長存ᄒᆞ야
有極無極萬々歲에　獨立臺에놉히서셔
世界列强指麾ᄒᆞ고　自由幸福ᄂᆞᆯ여보세
萬歲萬歲萬々歲　萬歲萬歲萬々歲
大韓帝國萬々歲　太極學會萬々歲

寄書

觀報有感

高原郡　金基鎬

凡人之生斯世也에耳目口鼻와手足動靜이誰가다르리오然而彼泰西諸國은有何新運이완ᄃᆡ各種教育의熱行이猛省勇察ᄒᆞ야世界上優劣을爭勝ᄒᆞᄂᆞᆫᄃᆡ至於我韓ᄒᆞ야ᄂᆞᆫ間或以堂々之熱血로愛國經濟之心이有ᄒᆞ더라도又或以空々腐敗之言으로酣睡를未醒之流가坐安其席에同聲相應ᄒᆞᆷ이無ᄒᆞ니是ᄂᆞᆫ何故오五百餘年守舊之習이洽滿頭顱에尙未知如何之時代ᄒᆞ고人之奴隷를甘作ᄒᆞ니實所痛者로다至於不本人ᄒᆞ야ᄂᆞᆫ尤有甚焉ᄒᆞ니年今四十有六이로ᄃᆡ跧伏窮僻에浪倣粥飯之物ᄒᆞ고於國家社會上에萬無能補一之策ᄒᆞ니是可謂人類乎아吾君에有金君松南ᄒᆞ니交契가深密에已許衿期也라其爲人資格과文華才藝가實是吾輩之宗匠으로決然捨去ᄒᆞ야萬里海域에危險을不關ᄒᆞ고隻身天涯에形影이相吊ᄒᆞᆯ지라도熱心不改ᄒᆞ니非斯人이오誰가堪任고余가蹶然起賀曰可謂男兒로다內地二千萬同胞가擧皆爲此君之血誠이면國運挽回와疆土安保를何恨何憂리오君以戀々之意로不我遐棄ᄒᆞ고以一冊子로郵便에傳送ᄒᆞ얏기로忙手披閱즉乃太極學報也라諸氏之直言公筆과金君之熱血忠告ᄂᆞᆫ令人으로思想이健全ᄒᆞ고意氣가活潑ᄒᆞ니觀此報者孰不慨然欽仰哉아伏願諸氏與金君은益加勉勵어다惟我東土安保之策이實爲大關係於　貴會이옵기東

望再拜顒祝ᄒᆞ나이다

祝辭

永興郡原明學校生徒 尹達五

大哉라太極이며美哉라學報로다太極學報之名이吾人의今所始創이나其理其實은盖自上古로有自來矣니何者오太極肇判ᄒᆞ야天地旣分ᄒᆞ니太極之理ㅣ先在ᄒᆞ고史皇首出ᄒᆞ야文字刱造ᄒᆞ니學報之實이亦在라ᄒᆞ리니伏羲時代에至ᄒᆞ야始劃八卦ᄒᆞ고又造書契ᄒᆞ니太極學報의全體實理가此에備ᄒᆞ얏는지라萬八年上古時代의無形的太極學報가五百年韓國江山의有形的太極學報를作ᄒᆞ야스니大哉라太極이며美哉라學報로다論太極者ㅣ曰易有太極是生兩儀라ᄒᆞ니乾健은國家의獨立精神이오坤順은國民의義務思想이라此獨立此義務를本報中에揭載ᄒᆞ야二千萬眉目에恒常不離케ᄒᆞ니此는二千萬團體의獨立과二千萬個人의義務를放聲喚起ᄒᆞ는一法人太極學報라如斯히盡善盡美ᄒᆞᆫ太極學報로講究ᄒᆞ는諸氏에게對ᄒᆞ야本報의表面旗號를察ᄒᆞᆯ時에는獨立旗를擧ᄒᆞᆫ思想이有ᄒᆞ깃고內部學術을開ᄒᆞᆯ時에는獨立門에入ᄒᆞᆫ思想이有ᄒᆞᆯ지니堂々平此報에一日이라도不可無ᄒᆞᆯ目的物이라朱子曰人々이有一太極ᄒᆞ며物々이有一太極이라ᄒᆞ니而況吾人動物로一層注意ᄒᆞᆯ中心點의太極學報가長壽多福ᄒᆞ야自强不息ᄒᆞᆯ지라本祝者ㅣ問其悠久ᄒᆞ니無極而太極이오太極而無極이라於千萬年이로다

恭呈祝詞

韓國咸南永興郡興仁學校生徒朴日燦

余觀太極二字而敬祝之ᄒᆞ며擎讀學報二字

而頂祝之ᄒᆞ노니太極乎太極乎여見之已久矣라日本留學ᄒᆞ시ᄂᆞᆫ僉膽諸氏가嘔心瀝血노祝國家之前途ᄒᆞ며忠肝義膽으로圖國家之獨立ᄒᆞ야創立太極會ᄒᆞ고發刊學報ᄒᆞ니本報之趣旨여愛國精神은溢于辭表ᄒᆞ고保種思想은發乎衷心ᄒᆞ니猗歟休矣라大東長夜에把炳警曉之燭이오桃源春日에頻打警世之鐸ᄒᆞ야使軒夢同胞로喚醒케ᄒᆞ며使嚶語同胞로激昻케ᄒᆞ야五洋이空濶ᄒᆞ며六洲가杳漠ᄒᆞᆫ遐鄕萬里에霜雪을冒險ᄒᆞ고文明을指導코저ᄒᆞ니昏衢僻鄕에可作迷津之筏이요仁山智水에可導失路之羊이라盛哉라本報設立之日인즉國家中興ᄒᆞᆯ雄圖良策이로다大陸三千에遂開獨立之基ᄒᆞ고貽後萬歲에括取富强之械ᄒᆞ리니孰不欽慕乎아獨立獨立이여從此報로始ᄒᆞ며富强富强이여自是報로萠이로다翹手顒祝ᄒᆞ노니蓄銃諸氏여一以達發起諸員之目的ᄒᆞ며一以開愛覽諸彦之知識ᄒᆞ야與日月노爭光ᄒᆞ고歸來本國之日에太極花旗를列强中에高揚ᄒᆞ기를愚心顒祝

雜錄

學界熱心、平南江東郡張永翰氏ᄂᆞᆫ有志青年으로內地에서教育界에多年熱心ᄒᆞ더니今秋에日本留學次로其弟汶翰과及同郡青年四名을帶同ᄒᆞ고來渡ᄒᆞ엿더라

留學生渡來、今年秋期에日本留學次로渡來ᄒᆞᆫ學生이多數ᄒᆞ다ᄂᆞᆫᄃᆡ就中延安韓光鎬永興韓昌玹、肅川梁東衡三氏ᄂᆞᆫ內地에素著ᄒᆞᆫ有志로遠大ᄒᆞᆫ目的을期圖ᄒᆞ야目下語

學研究中이라더라

是母是子、永柔郡支會員白圭復氏는留學次로月前에渡來ᄒᆞ엿는ᄃᆡ其父親이不告遠遊를深怒ᄒᆞ야學資를支撥치아님으로多少厄介로學課를修過ᄒᆞ더니其母氏가此時代의遊學은雖賣身鬻庄이라도不可已ᄒᆞᆯ事라ᄒᆞ고日前에金百圓을從某貸取ᄒᆞ야換送ᄒᆞ얏다니可謂有是母有是子라ᄒᆞ고內外稱頌이藉々ᄒᆞ더라

奇哉此童、咸南永興郡原明學校生徒尹達五는年今十一歲인ᄃᆡ本會報의祝辭를製送ᄒᆞᆫ一篇華格이矍然驚歎ᄒᆞᆷ을不勝ᄒᆞ겟더라

張氏義務、京城篩洞居張鳳周氏는社會上及敎育上에熱心ᄒᆞᆷ은一般同胞의共知ᄒᆞ는바어니와數年以來로學資不贍ᄒᆞᆫ京內留學生을自己家에聚集供饋ᄒᆞ는者ㅣ五十餘名오達ᄒᆞ엿다ᄒᆞ고日前渡來ᄒᆞᆫ留學生等의口道가藉々ᄒᆞ니如此ᄒᆞᆫ義務는人所難爲라ᄒᆞ고內外稱頌ᄒᆞ더라

商業界曙光、留學生文尙宇、尹定夏、金國泰三氏는現今高等商業學校修業生으로我國商業의前途를爲ᄒᆞ야本月부터商業雜誌를創刊ᄒᆞᆫ다니一段商業界에大光線을呈露ᄒᆞᆷ이더라

臺灣亦開、現今日本에留學ᄒᆞ는臺灣學生이六十餘名에達ᄒᆞ엿는ᄃᆡ親睦의情誼를敦修키爲ᄒᆞ야其臺灣의古號를紀念ᄒᆞ야高砂靑年會를組織ᄒᆞ고每月一次式開會演討ᄒᆞᆫ다더라

語學科特設、本國留學生이芝區明治學院에多數入學ᄒᆞᆷ은一般同胞의共知ᄒᆞ는바어니와留學生金鴻亮氏가新來學生의語學準備ᄒᆞ기爲ᄒᆞ야該學院總理井深梶之助氏와幹事熊野雄七氏로協議ᄒᆞ야語學一科를臨

時特設ᄒᆞ엿더라

會事要錄

前月十五日은本會第三回紀念日인ᄃᆡ雨天을因ᄒᆞ야同十九日上午十時에大森八景園에開會ᄒᆞ니出席ᄒᆞᆫ會員이一百五人에達ᄒᆞᆫ지라會長金洛泳氏가歸國未還ᄒᆞᆷ으로副會長李潤柱氏가開會辭를說明ᄒᆞ고評議員金志侃氏가歷史를陳述ᄒᆞ고總務員金鴻亮氏가祝辭를供進ᄒᆞ고評議員金壽哲金源極金鉉軾三氏가本會의前途希望으로演說ᄒᆞ고來賓朴尙純氏ᄂᆞᆫ本會의永遠發展ᄒᆞ기를祝賀說明ᄒᆞᆫ後午饌을進ᄒᆞ고同十二時에閉會ᄒᆞ다

同日下午一時에同所에本會秋期運動會를設行ᄒᆞ엿ᄂᆞᆫᄃᆡ諸般運動을第次로經過ᄒᆞᆫ後에賞品授與式을擧行ᄒᆞ고仍ᄒᆞ야一般會員이本會第三回紀念歌와愛國歌를齊唱ᄒᆞᆫ後에大韓帝國萬々歲와太極學會萬々歲를三唱ᄒᆞ고同五時에餘興으로閉會ᄒᆞ다

前月二十七日에第六十一回總會를同上午十時에開ᄒᆞ고會長金洛泳氏가陞席ᄒᆞ다書記가點名ᄒᆞ니出席員이六十七人이러라規則를依ᄒᆞ야任員을更迭ᄒᆞᆯ새

會長은金志侃副會長은金洛泳總務ᄂᆞᆫ金鴻亮評議員은金壽哲、李潤柱、金淵穆、文一平、金鉉軾、朴相洛、李寅彰、李道熙、金源極、金基柱、諸氏가從多票被選ᄒᆞ엿더라

咸南永興郡高膺瑚等諸氏의支會請願書를可受ᄒᆞ고金源極氏保證으로除視察認許ᄒᆞ다

本月四日上午十時에本會々長과及歸國ᄒᆞ엿던會員諸氏와新入會員諸氏를爲ᄒᆞ야歡

迎會를開ᄒᆞ고開會節次를依行ᄒᆞᆫ後前會長金洛泳가歡迎의禮를答辭ᄒᆞᆫ後에成川龍義永柔、東萊、各地支會視察ᄒᆞᆫ緣由를報告ᄒᆞ다

新任任員會에서各執務員을組織ᄒᆞᆷ이如左ᄒᆞ다

事務員金昌燮、朴尙純、白成鳳、李珍河、金淵祐、李東薰、書記員朴相洛、崔允德、會計員李寅彰、金鉉軾、司察員李殷燮、成禎洙金有善、諸氏요編輯部主筆金源極、編纂員金洛泳、金志侃、文一平、金基柱、宋旭鉉金鴻亮、金壽哲、同書記朴昌一、林得煥、申學楗、朴泰殷諸氏더라

本月五日에龍義支會長鄭濟源氏가田明雲張仁煥兩氏에게義捐金二十七圜二十錢을支會로醵集ᄒᆞ야當地에換送ᄒᆞ기로傳托報告ᄒᆞ엿더라

本月十八日에本會와大韓學會가聯合ᄒᆞ야一般留學生秋期運動會를田端白梅園에設行ᄒᆞ엿는ᄃᆡ其節次는次號에揭載ᄒᆞ겟노라

會員消息、 本會員金鎭初氏는歸國ᄒᆞᆫ後로學界에熱心ᄒᆞ야平南肅川葛山洞에農會를組織ᄒᆞ고平壤大成中學校에敎師로被任ᄒᆞ야晝夜學을誠勤敎授ᄒᆞᆫ다더라

本會員朴徠均氏는少年有志로今春에留學次로渡來ᄒᆞ엿더니今秋에身病이闖發ᄒᆞ야多日調理ᄒᆞ다가昨月에還國ᄒᆞ다

本會員宋旭鉉氏는年前에留學次로來到ᄒᆞ엿다가學資가不贍ᄒᆞ여歸國ᄒᆞ엿더니博川有志人士諸氏가學資를醵集ᄒᆞ야留學次로今秋에送渡ᄒᆞ엿더라

本會員朴仁植氏는年前에留學次로來到ᄒᆞ엿다가身病으로歸國ᄒᆞ엿더니今秋에其弟氏義植를帶同ᄒᆞ고更渡ᄒᆞ엿더라

本會員朴廷義氏ᄂᆞᆫ去月에身病에罹ᄒᆞ야治療中이더니近頃에快復ᄒᆞ엿더라

本會員鄭庸瑗氏ᄂᆞᆫ身病으로回生病院에治療ᄒᆞ더니近頃에快復ᄒᆞ야退院ᄒᆞ엿더라

支會勃興、　永柔郡支會ᄂᆞᆫ有志青年이組成做去ᄒᆞᆫ바이더니當地宿德老年의紳士가今日社會의義務를大覺ᄒᆞ고多數入會ᄒᆞ야會務를着々履行ᄒᆞᄂᆞᆫᄃᆡ將來發展의期望이大有ᄒᆞ다더라

會員入學、　本會員金觀鎬蔡秉喆兩氏ᄂᆞᆫ明治學院一年生으로金淵枯柳種洙兩氏ᄂᆞᆫ三年生으로入學ᄒᆞ고李道熙鄭寅河兩氏ᄂᆞᆫ明治大學法科에入學ᄒᆞ엿더라

新入會員、　李鍾殷、金觀鎬、朴泰殷、　朴尙純、金有善、金君湜、林得煥、　崔昌林、申學楗、李璟奭、金甲鎭、張建鏞、　元智燮、朴昌一、金泰垌、蔡秉喆、玉宗景、　徐元濬、安昌德、朴廷一、康應奎、李泰榮、　全　壕、金元燮、　諸氏가今番에入會ᄒᆞ다

永興郡支會員氏名、　高膺瑚、梁昌錫、桂奉瑀、許　善、韓昌玹、崔齊京、姜鳳源、趙鳳禧、魯鎭堯、文承烈、林秉薰、林宗稷、梁元常、李命燮、崔貞錫、崔鉉國、李宗根、高膺現、張鳳仁、梁承烈、文承祐、邊永錫、方貞成、朴東奎、咸龍翊、李泳洙、羅元鳳、尹英濟、禹時壎、文承祚、金澤玟、安一元、孟承云、金承澤、陳相稷、金容泰、劉能振、尹承鍊、朴來練、金龍淵、金泰榮、金龍翊諸氏더라

永柔支會新入會員氏名、　金志璜、李相益、金利泰、金日鉉、文完英、金善奎、李、寅昇、金翰奎、金鍾國、諸氏더라

龍義支會新入會員氏名、　金履權、林麟峻白孝甲、張春梓、金命昊諸氏더라

本報義捐人氏名

楊性春、元仁常、各一圓

光武十年八月廿四日創刊
隆熙二年十月二十日印刷
隆熙二年十月廿四日發行
明治四十一年十月二十日印刷
明治四十一年十月廿四日發行

●代金郵稅並新貨拾貳錢

日本東京市芝區白金三光町二百七十三番地
編輯兼發行人　金洛泳

日本東京市芝區白金三光町二百七十三番地
印刷人　金志侃

日本東京市芝區白金三光町二百七十三番地
發行所　太極學會事務所

日本東京市牛込區辨天町二十六番地
印刷所　明文舍

太極學報第廿五號

光武十年九月二十四日
明治三十九年九月二十四日 第三種郵便物認可

隆熙二年十月二十日
明治四十一年十月二十四日 發行(每月一回發行)

光武十年九月二十四日 第三種郵便物認可
明治卅九年九月廿四日

十年九月二十四日創刊

隆熙二年十一月廿四日發行（每月廿四日一回）

太極學報

第貳拾六號

太極學會發行

注意

△本報를購覽코저ᄒᆞ시ᄂᆞᆫ이ᄂᆞᆫ本發行所로通知ᄒᆞ시ᄃᆡ居住姓名統戶를詳細히記送ᄒᆞ시며代金은郵便爲替로本會에交付ᄒᆞᆷ을要ᄒᆞᆷ

△本報를購覽ᄒᆞ시ᄂᆞᆫ僉君子ᄭᅴ셔住所를移轉ᄒᆞᄂᆞᆫ이ᄂᆞᆫ速히其移轉處所를本事務所로通知ᄒᆞ시옵

△本報ᄂᆞᆫ有志人士의購覽을便宜케ᄒᆞ기爲ᄒᆞ야出張所及特約販賣所를如左히定ᄒᆞᆷ

皇城中署東闕罷朝橋越便 **朱翰榮冊肆**（中央書館內）

平安南道三和鎭南浦港築垌 **金元燮家**

平城鍾路 **太極書館**

平壤貫洞 **耶蘇教書院**

南安州平城內 **安陵書館**

平壤法首橋 **大同書觀**

平安北道定州郡南門內 **洪成麟商店**

北米國桑港韓人共立協會內 **金永一住所**

◎投書注意

一、諸般學術과文藝詞藻統計等에關ᄒᆞᆫ投書ᄂᆞᆫ歡迎ᄒᆞᆷ

一、政治上에關ᄒᆞᆫ記事ᄂᆞᆫ一切受納치아니ᄒᆞᆷ

一、投書의揭載與否ᄂᆞᆫ編輯人이撰定ᄒᆞᆷ

一、投書의添削權은編輯人의게在ᄒᆞᆷ

一、一次投書ᄂᆞᆫ返附치아니ᄒᆞᆷ

一、投書ᄂᆞᆫ完結ᄒᆞᆷ을要ᄒᆞᆷ

一、投書ᄂᆞᆫ縱十二行橫二十五字原稿紙에正書ᄒᆞᆷ을要ᄒᆞᆷ

一、投書ᄒᆞ시ᄂᆞᆫ이ᄂᆞᆫ居住와姓名을詳細히記送ᄒᆞᆷ을要ᄒᆞᆷ

一、投書當選ᄒᆞ신이의게ᄂᆞᆫ本報當號一部를無價進呈ᄒᆞᆷ

太極學報第廿六號目次

論壇 講壇 學園

太極學報

第貳拾六號

隆熙二年十一月二十四日
明治四十一年十一月廿四日
〔發行〕

論壇

內地各學會의對ᄒᆞᆫ意見

記者

敎育二字ᄂᆞᆫ文明世界에普通言論이라若國民의知識程度와學校의維持基礎ᄅᆞᆯ不察ᄒᆞ면千萬日口頭敎育이絲毫裨益을難觀ᄒᆞ리로다今日我國學界의外觀을注目ᄒᆞ니比前稍開ᄒᆞᆫ形況을始奏ᄒᆞᆫ지라何也오中外紳士가敎育을擴張ᄒᆞ기爲ᄒᆞ야曰畿湖學會、西北學會、湖南、嶠南、關東、諸學會가噭々爭鳴ᄒᆞᆯᄲᅮᆫ外라中央學會가於是焉發起ᄒᆞ야國民의敎育程度ᄅᆞᆯ一致開導ᄒᆞᆯ趣旨ᄅᆞᆯ發布ᄒᆞ얏스니是ᄂᆞᆫ諸氏ᄃᆞᆯ對ᄒᆞ야是拜是敬을不已ᄒᆞᄂᆞᆫ바라其來頭의良好ᄒᆞᆫ結果가有ᄒᆞ기ᄂᆞᆫ倘來ᄒᆞᆯ理니屈指企待ᄒᆞᆯ지나顧今國權이日益墮落ᄒᆞ고民族이日漸澌縮ᄒᆞ니此時ᄅᆞᆯ遭ᄒᆞ야時月을玩愒ᄒᆞ야效果ᄅᆞᆯ收得코자ᄒᆞ면日暮途遠의歸客이徐步無意

ᄒᆞᆷ과如ᄒᆞᆫ지라目的地에到達ᄒᆞᆯ時間이未及ᄒᆞ야黑暗迷路ᄒᆞᆫ慘境이遽至ᄒᆞ리니嗚呼諸氏여此時何時오漏巵를俸ᄒᆞᆫ者其手가不得不急ᄒᆞᆯ지요亂石을避ᄒᆞᄂᆞᆫ者ㅣ其足이不得不疾ᄒᆞᆯ지라以若諸氏의遠慮熟算으로豈不諒只리요마ᄂᆞᆫ但一般民智가舊猛에自安ᄒᆞ야刷新의思想이缺乏ᄒᆞᆷ으로學會設立이已經年月에各其地方의學務勸奬은尙矣勿論ᄒᆞ고會況維持가亦沒其策ᄒᆞ니諸氏의綳中ᄒᆞᆫ憂憤은不見是圖이올지라大抵天下萬事가可及的能力으로始作ᄒᆞ야不可及的能力을養成ᄒᆞᄂᆞᆫ者라今에諸氏가各道學會를各自히中央에設置ᄒᆞ고義捐을廣集ᄒᆞ야所管學校를幷立ᄒᆞᄂᆞᆫ盛況이稍々可觀이나地方民智가未開ᄒᆞᄂᆞᆫ境遇에ᄂᆞᆫ有始無終은難免ᄒᆞᆯ事實이라然ᄒᆞᆫ즉諸氏가各該地方에對ᄒᆞ야敎育方法을何如히着手코자ᄒᆞᄂᆞᆫ고今日에至ᄒᆞ도록風聲이寥々ᄒᆞ니是ᄂᆞᆫ姑爲未遑ᄒᆞᆫ事라可謂ᄒᆞᆯ지로다然ᄒᆞ나可及的能力이有ᄒᆞᆫ事ᄂᆞᆫ不得不現行乃已이올지라盖此我國의地方人民程度가纔聞敎育二字에皆曰急務云急務云이나急務의實地如何를不知ᄒᆞᄂᆞᆫ者ㅣ十常七八이오學校의設立을倡導ᄒᆞᄂᆞᆫ者ㅣ居多ᄒᆞᄂᆞᆫ敎授의課程如何와維持의方法如何를不知ᄒᆞᄂᆞᆫ者ㅣ亦十居二三이라然ᄒᆞᆫ則諸氏가先知者의責任으로後知를使知케ᄒᆞᆷ이最是先行ᄒᆞᆯ義務라ᄒᆞ노니何者오各學會代表者ㅣ齊會商論ᄒᆞ야地方現時에敎育上實施의相當ᄒᆞᆫ方針을百般硏究ᄒᆞ야一案을打成ᄒᆞᆫ然後에自各學會로各其該地方에學務委員을派遣ᄒᆞ되人員數ᄂᆞᆫ多少相當케ᄒᆞ며其學識과言論이地方人士의敬信ᄒᆞᆯ者로道郡에前往ᄒᆞ야爲先各該郡에支學會를組織ᄒᆞ고該郡內學校區域을劃定ᄒᆞ

야支學會任員이其責任을擔負케ᄒᆞ며本會委員은所到各地에今日教育急務의實地如何와學校維持의方法如何를劈頭說明ᄒᆞ면嗟我神聖同胞가感覺의思想이自有ᄒᆞ리니所定ᄒᆞᆫ各區域內에一學校維持ᄒᆯ方針은當地同胞가自擔ᄒᆯ지라苟如是也면地方民智가曉然大開ᄒᆞ야聲力所及에中央本會의根基堅確은不待血力일뿐不是라自京而至各道自各道而至各郡自各郡而至各面各里에實地教育이無不完全成立ᄒᆞ리니于斯時也에三千里疆土에文明風潮가遍照普及ᄒᆞ기는原定ᄒᆞᆫ事實이요決코理論上으로修飾ᄒᆞᆫ快談이아니며且各學會代表諸氏의可及的能力이요決코至難至大의不可及的能力이아니라如此ᄒᆞᆫ原定의事實과可及的의能力을諸氏가不爲ᄒᆞ고他에遑々汲々ᄒᆞ면時日이漸晩ᄒᆞ고國權이永亡ᄒᆞ야須太仁瑪志尼가前後左右의셔千呼萬諸ᄒᆞ더라도可伸可張ᄒᆯ腕力이莫及ᄒᆞ리니時乎時乎여不可失이로다嗚呼라諸氏의意見이何에在ᄒᆞ야如是히遲回ᄒᆞ는지青年의愚見으로覘得ᄒᆞ기難ᄒᆞ나惟是倚望ᄒᆞ는一念이內地長老諸氏의施措如何에存在ᄒᆞᆫ지라所以로猥越을不避ᄒᆞ고敢玆呶々ᄒᆞ오니其志則雖涉唐突이오나其啼也ㅣ亦可悲可哀也로다嗚呼各學會執務諸氏여

夏期에歸國ᄒᆞ엿든留學生諸氏여

金基柱

諸氏여諸氏여今番歸國에歡迎을受ᄒᆞᆫ諸氏여光榮이幾層이며歡情이何等고既往數十年前我國에對ᄒᆞᆫ歷史를溯考ᄒᆞ면列邦과通

商을條約ᄒᆞ고外交를開始ᄒᆞ야門戶開放의形式上觀念은稍備ᄒᆞ얏다云ᄒᆞ나實際를觀察ᄒᆞ면通商이何物인지外交가何物인지漠然ᄒᆞᆫ夢想에遠寄ᄒᆞ고鎖國主義를一向固守ᄒᆞ야國家社會의興亡關係는不知ᄒᆞ든時代라當時에幾個有志諸氏가世界의風潮를先察ᄒᆞ고國家의前途를慨歎ᄒᆞ야國家社會가疾視ᄒᆞ고父兄親戚이力拒ᄒᆞ는留學을誓心逃走ᄒᆞ야海外萬里에十年이나五年이나許多ᄒᆞᆫ風霜과非常ᄒᆞᆫ苦難을殘忍冒過ᄒᆞ면셔法律政治軍務實業等諸科學에就ᄒᆞ야所業을既卒ᄒᆞ고及其還國ᄒᆞ는日이면功名은國事犯借啣이오生活은獄監署生鬼라此의因果로內地의同胞가心內에는或歡迎ᄒᆞ고贊成ᄒᆞ나實際에對ᄒᆞ야發表치못ᄒᆞ는所以는當時의風敎가留學生의歡迎은姑舍ᄒᆞ고如干ᄒᆞᆫ面分으로相從이有ᄒᆞ더라도失火城門에殃及池魚ᄒᆞ야一般世情이親疎遠近은莫論ᄒᆞ고待之以局外魚類ᄒᆞ야到處厭忌에着身無路ᄒᆞ야如何ᄒᆞᆫ關係가有ᄒᆞ고雖或親戚故舊를相面ᄒᆞᆯ私情이熱眼撑中ᄒᆞ나다만西望一淚의歎을未免ᄒᆞ고又或潜行歸國ᄒᆞ더라도避身掩跡에有若作罪者焉ᄒᆞ야晝入夜出에便同蝙蝠之行世오朝令暮捕에甚如亡命之罪人라若其遺風이尙存더면今日歡迎을與ᄒᆞᆯ者誰也며受ᄒᆞᆯ者誰也오諸氏를爲ᄒᆞ야時代의變遷을祝賀ᄒᆞ오며

且內國同胞의相愛ᄒᆞ는情을試觀ᄒᆞ시오現今時代가學生을歡迎ᄒᆞ는時代라論ᄒᆞ야도其時代는我國一般에利用되는者오諸氏에固有ᄒᆞᆫ바아니며學生으로論ᄒᆞ야도其名稱이一般學生界에通ᄒᆞᆫ名稱이오諸氏에獨占ᄒᆞᆫ바아닌즉何故로諸氏에게何事로諸氏에게요本人은貧笈의在昨으로當時機會를坐

失ᄒᆞ고東京某區旅人宿에落莫ᄒᆞ야半碗味噌와三片澤菴에一身을全投ᄒᆞ고時或(マシタデスカ)으로炎蒸을消遣ᄒᆞ고諸氏의게後ᄒᆞ야當地의狀態ᄅᆞᆯ不得目擊이나風便來傳에今日은京城南大門外歡迎이오明日은平壤電車塲歡迎이라云々此說이여臨風遙瞻에身窃當之로다然則當席ᄒᆞᆫ諸氏야여북々々大抵一人의歡迎도有光커든一般同胞의歡迎이며一處의歡迎도宏壯커든到處에歡迎인가歡迎歡迎저歡迎아今古未有이아니오熱心으로歡迎ᄒᆞ고競爭으로歡迎ᄒᆞ니愛國團體저同胞며有志社會뎌同胞여相愛之情分明ᄒᆞ고歡迎之道重大ᄒᆞ다다시諸氏ᄅᆞᆯ爲ᄒᆞ야同胞의無限ᄒᆞᆫ欵待ᄅᆞᆯ祝賀ᄒᆞ오나

忽發一念所到處에祝賀心이간뒤엽고恐懼心이在前이라여보시오々々學生諸氏여보시오背後責任顧見ᄒᆞ니傍觀者가寒心ᄒᆞ오欲報코저泰山이오不報ᄒᆞ면罪人이라俗談에云ᄒᆞᆫ바以德報德이오以恩報恩이라ᄒᆞ여스니此ᄅᆞᆯ從ᄒᆞ야推論ᄒᆞ면有德에必酬ᄒᆞ고有恩에必償ᄒᆞᆷ은天理人情에自然ᄒᆞᆫ結果즉若此에反ᄒᆞᄂᆞᆫ者德을背ᄒᆞ고恩을忘ᄒᆞᄂᆞᆫ者아닌가凡論個人間關係도勿論如是커든況多數同胞에對ᄒᆞᆫ諸氏의關係리오報答에對ᄒᆞ야一言을論ᄒᆞᆯ者報答을行ᄒᆞᆯ方面으로觀察ᄒᆞ면純全ᄒᆞᆫ義務者오報答을受ᄒᆞᆯ方面으로觀察ᄒᆞ면分明ᄒᆞᆫ權利者라所謂權利義務가發生ᄒᆞᆫ以上에ᄂᆞᆫ義務者義務ᄅᆞᆯ履行ᄒᆞ고權利者權利ᄅᆞᆯ主張ᄒᆞᆷ은(債權法)上原則이라假如義務의履行으로論ᄒᆞ야도其境遇ᄅᆞᆯ値ᄒᆞ야不一ᄒᆞᆫ者ㅣ金錢上에關ᄒᆞᆫ義務ᄂᆞᆫ金錢으로償還ᄒᆞ고勢力上에關ᄒᆞᆫ義務ᄂᆞᆫ勢力으로償還ᄒᆞ고富貴上에關ᄒᆞᆫ義務ᄂᆞᆫ富貴ᄂᆞᆫ

富貴로償還ᄒᆞ고救恤ㅏ에關ᄒᆞᆫ義務ᄂᆞᆫ救恤로償還ᄒᆞᆯ지나今日義務ᄂᆞᆫ此에出ᄒᆞᆫ者아니오特ᄒᆡ學生諸氏에對ᄒᆞ야人格을與ᄒᆞᆫ義務라彼와如ᄒᆞᆫ金錢上義務ᄂᆞᆫ義務者義務의不行으로代人辦償或代物辦償이有ᄒᆞ나人格上義務ᄂᆞᆫ是와不然ᄒᆞ야義務者된自己가不行ᄒᆞ면性質上不代替로終身義務됨을未免ᄒᆞᆯ지라此에對ᄒᆞ야或曰學生만人格이有ᄒᆞ고以外人은人格이無ᄒᆞ냐ᄒᆞᄂᆞᆫ批評이有ᄒᆞᆯᄂᆞᆫ지亦其不知커니와玆에所謂人格이라ᄒᆞᆷ은人의組織上形體의具備ᄅᆞᆯ論ᄒᆞᄂᆞᆫ者아니오即其人의目的과行爲ᄅᆞᆯ觀察ᄒᆞ야普通人이란名稱上에特別ᄒᆞᆫ徽號로人格을附加ᄒᆞᆷ이라然則目的은何也며行爲ᄂᆞᆫ何也오即自己의責任을盡ᄒᆞ야國家에獻身ᄒᆞᆯ目的이며同胞ᄅᆞᆯ勸勉ᄒᆞ야文明에共進ᄒᆞᆯ行爲라宜乎諸氏之人格이며嚴乎諸氏之責任이여勿虛徽號ᄒᆞ고勿負重望ᄒᆞ오諸氏諸氏여

我國學生諸氏여

松 南

嗚呼我大韓帝國二千萬民族社會上未來英雄의學生諸氏여今日全國에一般社會가諸氏ᄅᆞᆯ爲ᄒᆞ야其愛之也ㅣ非常ᄒᆞ고其敬之也ㅣ絶倫이라金錢을貴愛ᄒᆞᆷ은人의常情이언마ᄂᆞᆫ諸氏ᄅᆞᆯ爲ᄒᆞ야志士에囊橐이一朝에傾盡ᄒᆞ며田土家屋을貴愛ᄒᆞᆷ은人의常情이언마ᄂᆞᆫ諸氏ᄅᆞᆯ爲ᄒᆞ야志士의靑氈이一朝에蕩掃ᄒᆞ니諸位志士가諸氏의게對ᄒᆞ야何等報復을希望ᄒᆞᆷ인가但히今日國家의悲運이敎育不完에在ᄒᆞᆫ지라所以로一般志士가聲을竭ᄒᆞ고力을殫ᄒᆞ야幾個學校가中外에晨星과如히現ᄒᆞ야ᄉᆞ니列國程度에比例ᄒᆞ면邯

鄙學步와無異ᄒᆞ나志士諸位의熱誠은極點高度에達ᄒᆞ얏다可謂ᄒᆞᆯ지라何也오凡他列邦은人民知識이一例普通ᄒᆞ야學校維持가一般義務에存繫ᄒᆞᆫ者인즉大小學校가如林如海ᄒᆞᆯ지라도衆力所到에勢固完全이나我國則反此不然ᄒᆞ야一二志士가學校의發起를首倡ᄒᆞ면同意與否는尙矣勿論ᄒᆞ고四面楚歌에反對가雲集ᄒᆞ야畢竟一個人私有事業에歸ᄒᆞ니當者의苦心義血은須太仁百數輩의營爲에超過ᄒᆞᆯ지라도狂濤孤帆의效力이此에止ᄒᆞᆷ이로다然ᄒᆞᆫ즉諸氏의靑年慧眼으로志士의待遇를如是히被受ᄒᆞ고志士의周旋을如是히目擊ᄒᆞ며國家의慘狀을如是히遭遇ᄒᆞ얏슨즉宜乎諸氏가此에感覺ᄒᆞ며此에奮發ᄒᆞ야各其學術에着々進步ᄒᆞ야法律은孟德斯鳩를期望ᄒᆞ며政治는伯倫知理를期望ᄒᆞ며斯密亞丹의實業과瓦妬의瀛機學과希臘士의哲學을精益求精ᄒᆞ며奇益求奇ᄒᆞ야分離ᄒᆞᆫ民心을團合케ᄒᆞᆷ도諸氏요闇昧ᄒᆞᆫ民智를文明케ᄒᆞᆷ도諸氏요衰頹ᄒᆞᆫ國權을挽回ᄒᆞᆷ도諸氏요社會의惡慣을歸正ᄒᆞᆷ도諸氏라如此ᄒᆞᆫ許多事業을諸氏의背上에擔負키爲ᄒᆞ야一般志士가向右의誠力을殫竭ᄒᆞᆫ者요腦血을灌注ᄒᆞᆫ者인즉諸氏가此에對ᄒᆞ야仰答ᄒᆞᆯ境遇를思及ᄒᆞ면兩肩이自重ᄒᆞ고五體가自栗ᄒᆞᆯ지라夙宵에猛省勇往ᄒᆞ야猶恐不及은諸氏의獨一不二ᄒᆞᆫ責務가아닌가奈之何近日西來消息을傳聞ᄒᆞᆫ즉一般學生界에自由를誤解ᄒᆞ는者ㅣ種々ᄒᆞ야各該學校의規則을遵守치안일뿐不是라校長以下任員及敎師諸位의指揮를順受치안코己意를少拂ᄒᆞ면輒曰今日은民權自由의時代라ᄒᆞ며校外에出ᄒᆞ면長老와儕輩를對ᄒᆞ야傲慢失敬의弊가觀瞻이駭然ᄒᆞ다ᄒᆞ니嗚呼噫

噫라此何言也며此何言也오此必一二個人의不正혼行動으로由ᄒᆞ야全體學生界에汚損을致홈이요諸氏가多數히如是ᄒᆞ다謂홈은안일지나奈其石工을不學ᄒᆞ고瞬目을先師ᄒᆞ야發軔初程에過失을先得ᄒᆞ니來頭可望이亦歸墮落은不待二論일지라孔子ㅣ不云乎아如有周公之才之美오도使驕且吝이면其餘는不足觀也라ᄒᆞ고孟子ㅣ曰入以事其父兄ᄒᆞ며出而事其長上ᄒᆞ야可使制梃ᄒᆞ야以撻秦楚之堅甲利兵이라ᄒᆞ야스니德行이無혼者의게는登天摘星ᄒᆞ는學術이有홀지라도足히稱道홀바無홈은原定혼古訓이有치아니혼가且或諸氏가舊時學問은類皆腐敗無用이니孔孟의言論을不足爲師라ᄒᆞ는가若然ᄒᆞ면또혼諸氏의誤解로다政治及物理上發明에對ᄒᆞ야는隨時損益과臨機進化가無窮ᄒᆞ다홀지나人倫上原則에對ᄒᆞ야는萬世不易의常訓이有혼지라엇지輕遽히舊學을盡非타ᄒᆞ리요且諸氏가新學을講解홈이何句何節에品行不擇이라는意旨가有혼가學校試驗科目에爲先品行點을表著ᄒᆞ엿고普通學科에倫理學을明示ᄒᆞ얏고法律學에道와法의關繫로自然法을發現ᄒᆞ얏스니古今學問을勿論ᄒᆞ고道德이宗旨ㅣ되고技術이爲次어늘諸氏中幾個人의見得이何學問을從ᄒᆞ야流出홈인가設以自由로言之라도法律範圍內의自由는自由로許홀지나法律範圍外의自由는不自由로認定홀지라諸氏가學生으로學校에在ᄒᆞ야는學校의規則內에行動홈이可히眞自由가될지요校則을違反ᄒᆞ면卽不法自由가될지니諸氏가卽未來의英雄全國의模範될者로不法自由를爲先躬行ᄒᆞ면諸氏의所學을卒業ᄒᆞ는日에到ᄒᆞ야何處에應行코자ᄒᆞ는가此를由ᄒᆞ야

一般社會의風俗이壞亂ᄒᆞᆯ지오上下階級의秩序가紊亂ᄒᆞ리니如是ᄒᆞᆫ境遇에야其國이富强ᄒᆞ고其民이活動ᄒᆞᆷ을暴難이日作ᄒᆞ야百俾斯麥千華盛頓이政策을執ᄒᆞ야도下手ᄒᆞᆯ期望이無ᄒᆞ리니苟若如是ᄒᆞᆯ진ᄃᆡ純然不學ᄒᆞᆫ愚民이寧愈ᄒᆞ리로다學界波瀾이今才發現에木의始萌과泉의始出과如ᄒᆞᆫ지라諸氏의品行技術이國中에卓然ᄒᆞᆫ師表가되야一般同胞가起敬起慕ᄒᆞᆫ然後에야教育의興旺을可期ᄒᆞᆯ지오文明의效果ᄅᆞᆯ可收ᄒᆞᆯ지라以若諸氏의卓見으로先定의明이固有ᄒᆞᆯ지나一二不完全ᄒᆞᆫ行動의類ᄅᆞᆯ因ᄒᆞ야諸氏의全部名譽가大損ᄒᆞᆯ뿐外라諸氏의名譽가墮落ᄒᆞ면全國將來의文明基礎가自此無望ᄒᆞ리니實노細憂小故가아니라所以不佞이諸氏ᄅᆞᆯ對ᄒᆞ야不經의言으로唐突히忠告ᄒᆞ는바라嗚呼諸氏여暨自今으로道德性을善養ᄒᆞ고技術學을精究ᄒᆞ면他日文明社會의主人翁이되야諸氏의一擧手에二千萬人이山斗갓치信仰ᄒᆞ고諸氏의一號令에二千萬人이天柱갓치倚望ᄒᆞ리니然ᄒᆞᆫ즉今日有志士의殫誠竭力ᄒᆞᆫ效果도諸氏가呈露仰答ᄒᆞᆫ것이아닌가不佞이諸氏ᄅᆞᆯ對ᄒᆞ야希望이逈別ᄒᆞ고敏愛가特殊ᄒᆞᆷ으로一般世人의冷評을聞ᄒᆞ고含默을不忍ᄒᆞ야敢玆瀆陳ᄒᆞ노니嗚呼諸氏여十分深察ᄒᆞᆯ지어다

師範養成의必要

秋醒子

蓋古今天下에如何ᄒᆞᆫ學問을勿論ᄒᆞ고師範이無ᄒᆞ고可得ᄒᆞᆯ者ㅣ無ᄒᆞ도다是故로孔子이聖으로도禮樂을老子와萇弘의게問ᄒᆞ얏

고孟子의聖으로도業을子思의門에受ᄒᆞ야ᄉᆞ니況其下焉者乎아然ᄒᆞ나學術의所長이各殊ᄒᆞ야耕當問奴요織當問婢라若文士를向ᄒᆞ야武術을學코자ᄒᆞ며武士를向ᄒᆞ야文術을學코자ᄒᆞ면其不相濟也ㅣ明矣로다嗚呼라我國今日敎育界를槪察ᄒᆞ니京鄕各處에學校設立이旱天龜土에禾苗艱出홈과如ᄒᆞ나廈屋經營에工師가無人이요風帆蕩漾에篙工을不得이라臨淵觀望에從然羨魚ᄒᆞ니於事에何益이竟有ᄒᆞ리요嗚呼同胞여靜言思之ᄒᆞ라今日學術을何樣物件으로諒只ᄒᆞᄂᆞᆫ가決코舊日實學에違反ᄒᆞᆫ者ᄂᆞᆫ아니나前聖의未發ᄒᆞᆫ者를發之又發ᄒᆞ며已精ᄒᆞᆫ者를精益求精ᄒᆞ야洪濛幾千萬年以來의初有ᄒᆞᆫ世界文明史를製造ᄒᆞ얏ᄉᆞ니慧眼이具ᄒᆞᆫ者ᄂᆞᆫ歡迎蹈舞ᄒᆞᆯ秋이로다何也오同胞諸氏의平昔所講ᄒᆞᆫ東洋歷史를參考ᄒᆞᆯ지라도木巢食實의時代가變ᄒᆞ야火食宮室을作ᄒᆞ얏고結繩의政이變ᄒᆞ야書契를作ᄒᆞ얏ᄉᆞ며草衣皮服이變ᄒᆞ야麻縷布帛을作ᄒᆞ야ᄉᆞᆫ즉大槪人類ᄂᆞᆫ進化發展의非常ᄒᆞᆫ動物이라如此ᄒᆞᆫ天演의公理를順取ᄒᆞ야日益進步ᄒᆞᄂᆞᆫ者ᄂᆞᆫ其國家와民族이幸福을享有ᄒᆞ고此理를逆取ᄒᆞ야日益退步ᄒᆞᄂᆞᆫ者ᄂᆞᆫ其國家와民族이禍敗를自招ᄒᆞ나니所以로今日我國이如是ᄒᆞᆫ空前絶後의天刼運을遭홈은進步를反對ᄒᆞ고退步를是圖ᄒᆞ야駸々然此에自陷홈을不知不覺ᄒᆞ야ᄉᆞ니明確ᄒᆞᆫ公理에難免ᄒᆞᆯ事實이라誰를怨ᄒᆞ며誰를尤ᄒᆞ리요今에其退步의原因을請一言之ᄒᆞ리라古代의敎育制度를溯觀ᄒᆞ면人生八歲에小學에初入ᄒᆞ야禮樂射御書數의文을學ᄒᆞ고及其十五에大學에入ᄒᆞ야格物致知誠意正心修己治人의道를學ᄒᆞ며閭里에左右塾을設ᄒᆞ야勸農

簡稼의法을行ᄒᆞ며內則을著定ᄒᆞ야女子의學을勸奬ᄒᆞ며百工의官職을置ᄒᆞ야工業을振興케ᄒᆞ여스니已上諸般敎育이人類生活上日用事物의切當ᄒᆞᆫ學問이오一二蹤泛ᄒᆞᆫ節目이絶無ᄒᆞᆫ지라奈之何近古以來로學術이掃地ᄒᆞ고虛文을徒尙ᄒᆞ야一日退步ᄒᆞ고二日退步에至使七八歲兒童으로敎之曰馬上에逢寒食이라ᄒᆞ니小學所謂禮樂射御書數之意가果安在며小古風大古風之作이小不過村塾魁例一卓之資요大不過白日塲揮帳壯元之資라人生日用事物上에有何相關이며及誦大學에口頭로只云格物致知四字而已요格致恁地가茫不知爲何事뿐外라傳授之間에類不注意ᄒᆞ야格致章一篇이至有缺脫無聞ᄒᆞ니嗚呼라其沿來爲學之義를可知矣로다及其成年에曰詩曰賦之作이最是高等卒業이라常拍案打膝而詠之曰秋江이寂莫魚龍冷、人在西風仲宣樓라ᄒᆞ니大學所謂修己治人之道가又果安在哉며就中山林清流로爲名ᄒᆞᄂᆞᆫ者가種々以方冊上空談으로曰心曰性ᄒᆞ야生平口頭禪을作ᄒᆞᄂᆞᆫ지라所謂古風詩賦家에比ᄒᆞ면宗旨를得ᄒᆞ얏다ᄒᆞᆯ지나人類進化의原理와時勢變易의玄機를不察ᄒᆞ고前人의唾沫을收拾ᄒᆞ며先天의夢想을說盡ᄒᆞ다가東方의旣白을不知ᄒᆞ야스니彼此亡羊의責을在所難免일지라嗚呼라全國의敎育이比古進步ᄒᆞᆯ지라도着々實行치아니ᄒᆞ면人後에墜落하기容易ᄒᆞ거든而況比古退步가若是甚焉ᄒᆞ야人類常道에初不相當ᄒᆞᆫ虛文을是尙ᄒᆞ야스니然ᄒᆞ고國家의悲運과民族의慘狀이엇지此極에至치아니리요嗚呼我同胞의神秀ᄒᆞᆫ慧眼이此理를今已覺破ᄒᆞᆫ지라所以로今日敎育에進步를更求코자ᄒᆞ야血誠으로學校施設을猷爲

ᄒᆞ니其勇進活潑의思想이固已敬服이나教授ᄒᆞᆯ資格이有ᄒᆞᆫ師範될者가有ᄒᆞᆫ가全國內前日彼教育者가無非虛文是尙之流인즉若使此流로欲教後進이면是ᄂᆞᆫ月攘一鷄와無異ᄒᆞᆫ지라何也오今日教育이初自小學校로曰修身算術地誌歷史讀本體操等學問이外面求觀이면似是容易라平日槪讀漢文者ㅣ可以爲師라ᄒᆞᆯ지나曾前所講이盡是盲經이요且算術體操즉目不見耳不聞者를設以臆見教授라도程式이不中ᄒᆞ고理論이未明ᄒᆞ야蒙養이如是ᄒᆞ면將來謬果를理所難免이니此可忍爲乎아至於物理、化學、工學、農學、商學ᄒᆞ야ᄂᆞᆫ發前人之所未發ᄒᆞ實地工夫가確有ᄒᆞᆫ然後에야槪意를可知ᄒᆞᆯ지라如干卒業ᄒᆞᆫ者로ᄂᆞᆫ後進教授ᄒᆞᆯ生念을難圖ᄒᆞᆯ지어ᄂᆞᆯ噫嘻同胞諸氏가即未來의英雄青年子弟로ᄒᆞ여곰腐敗詞章의習을未脫케ᄒᆞ니此ᄂᆞᆫ諸氏의所失이안인가然ᄒᆞᆫ즉諸氏가善良ᄒᆞᆫ教師를求得ᄒᆞ야眞實ᄒᆞᆫ學術을教授코자ᄒᆞᆯ지니嗚呼噫嘻라善良ᄒᆞᆫ教師가卒然히天上에서落來ᄒᆞ며地底의서湧出ᄒᆞᆯ가語에曰種瓜得瓜ᄒᆞ고種豆得豆라ᄒᆞ니其因이無ᄒᆞ고其果를收ᄒᆞ기ᄂᆞᆫ萬無ᄒᆞᆫ理라必也青年子弟中才識이超越ᄒᆞ고人格이俱備ᄒᆞᆫ者를推選ᄒᆞ야外國에派遣遊學ᄒᆞ되此一二個人의容易ᄒᆞᆫ事가안니라或自某學會、某社會、某學校、某團體中으로妥議經紀ᄒᆞ면決코至難ᄒᆞᆫ事가아니라近日關西人士의義務를據ᄒᆞᆫ즉平壤의金濟鉉諸氏가青年會를組織ᄒᆞ고義捐을收合ᄒᆞ야該城內青年聰俊金有善氏를派送ᄒᆞ야日本에遊學케ᄒᆞ며博川의某氏ᄂᆞᆫ學校基本金을分割ᄒᆞ야該郡內青年才子宋旭鉉氏를派送ᄒᆞ야日本에遊學케ᄒᆞ야ᄉᆞ니我同胞諸氏가公義를齊奮ᄒᆞ야無不如是

ᄒᆞ면不出幾年에師範資格을僂指難數矣리니此를不爲ᄒᆞ고曰師範이無人이라人才를難得이라敎育이不興이라ᄒᆞ면是ᄂᆞᆫ春畊을反對ᄒᆞ고秋穫을企待홈과如치아니ᄒᆞᆫ가嗚呼同胞여敎育々々ᄒᆞᄂᆞᆫ同胞여此에對ᄒᆞ야再思三思ᄒᆞᆯ지어다亟々實行ᄒᆞᆯ지어다此時何時오武陵春日에鳥啼花落이라捲枕大起ᄒᆞ기를千萬顒祝ᄒᆞ노라

長老의責任

觀海客

嗚呼라我國의長老先進諸氏여諸氏의黃髮이皤々ᄒᆞ고兒齒가豁々ᄒᆞ도록國土에居生ᄒᆞ야其毛를食ᄒᆞ고其毛를被ᄒᆞ야ᄉᆞ니諸氏의一點血肉과一寸筋骨이堂々ᄒᆞᆫ國家恩澤으로沐浴生成ᄒᆞᆫ者인즉雖死後의白骨이라도其恩其澤을猶云難忘커든而況今日은諸氏의呼吸이尙存ᄒᆞ고軀殼이未隕ᄒᆞ야ᄉᆞ니或磨頂放踵ᄒᆞ며糜肉粉骨의力을盡ᄒᆞᆯ지라도桑楡可收의望이有ᄒᆞ거ᄂᆞᆯ諸氏가不惟不如是라今日競爭ᄒᆞᄂᆞᆫ新世界에生在ᄒᆞ야腐敗陳談을是尙ᄒᆞ며是古非今을是喧ᄒᆞ니此ᄂᆞᆫ人類社會上에一種生鬼物이라惑之滋甚이로다嗚呼라諸氏의地位가全國의長老며經歷이全國의熟練이며聲望이全國의山斗라如此ᄒᆞᆫ地位와熟練과聲望으로今日時變을覘破ᄒᆞ야國中의一般靑年을鄕導ᄒᆞ면其少長老幼와一聲並進ᄒᆞᄂᆞᆫ能力이百倍非常ᄒᆞ야二十世紀新舞臺上의서康衢烟月을再覩ᄒᆞ리니胡爲乎諸氏가自重ᄒᆞᆫ素質과益壯ᄒᆞᆫ氣魄으로此를不爲ᄒᆞ고墟墓를故尋ᄒᆞ며酣睡를是甘ᄒᆞ야反히靑年社會의冷評을自

招ᄒᆞᄂᆞ뇨記者가今日社會의一大病源을視察ᄒᆞ고諸氏를對ᄒᆞ야尤極痛惜ᄒᆞ노라大抵長老와少年이趣旨의感應이各殊ᄒᆞ야馥々ᄒᆞᆫ春花와皎々ᄒᆞᆫ秋月을老成ᄒᆞᆫ人은親之已久ᄒᆞᆫ지라其心이平然ᄒᆞ야動念이鮮少ᄒᆞ거이와少年諸子ᄂᆞᆫ一新一奇를輒見ᄒᆞ면揚眉歆羨에心無底定ᄒᆞᆫ故로今日所謂新進社會의도其活躍ᄒᆞᄂᆞᆫ思想은可敬可慕ᄒᆞ나趨向이靡定ᄒᆞ야忘我拜人의風潮가暗起ᄒᆞ니有志者의慨歎ᄒᆞᄂᆞᆫ바라若諸氏가精神을醒覺ᄒᆞ야經綸의大策을共講ᄒᆞ고道德의良性을皷吹ᄒᆞ면上下相濟ᄒᆞ야完全無缺ᄒᆞᆯ지라以若諸氏의所見으로豈能安坐忍視耶아且或諸氏가老로ᄡᅥ自諉ᄒᆞ야覊力不堪으로知ᄒᆞ나뇨此又有不然ᄒᆞ나昔者에跛者、瞽者、聾者가友誼相善ᄒᆞᆫ지라一日에三氏가大會ᄒᆞ야盛宴을張ᄒᆞ고樂具를備ᄒᆞ야瞽者ᄂᆞᆫ彈ᄒᆞ며聾者ᄂᆞᆫ舞ᄒᆞ며跛者ᄂᆞᆫ歌ᄒᆞᆯ새其樂이洋々ᄒᆞ야缺點이一無ᄒᆞᆫ지라旣而요隣舍가失火ᄒᆞ야餘焰이將及ᄒᆞᆷ의避難의策을互議ᄒᆞᆯ새跛者ᄂᆞᆫ瞽者의게跨ᄒᆞ고聾者ᄂᆞᆫ嚮導가되야其險을能脫ᄒᆞ엿다ᄒᆞ니此言이茶半酒後의談資에不過ᄒᆞᆫ듯ᄒᆞ나强弱相扶ᄒᆞ며有無相通ᄒᆞ야其能을各盡ᄒᆞ며其事를共濟ᄒᆞᄂᆞᆫ方向의ᄂᆞᆫ切當ᄒᆞᆫ準繩이될지라諸氏의謹厚ᄒᆞᆫ德行과深沉ᄒᆞᆫ意味로輕飛活步ᄒᆞᄂᆞᆫ靑年英雄을駕馭ᄒᆞ면何事를不成이리요請컨ᄃᆡ其老少의相缺ᄒᆞᆫ點을質言ᄒᆞ야相補의道를一獻코자ᄒᆞ노라大抵巨河가激流ᄒᆞᆷ의泥沙가具下ᄒᆞᆷ은其氣가雄壯ᄒᆞ나所缺ᄒᆞᆫ者ᄂᆞᆫ紆徐의勢요急湍이在壑의風雨가齊驚ᄒᆞ야其聲勢가澎湃ᄒᆞ나所缺ᄒᆞᆫ者ᄂᆞᆫ迴環의趣라然ᄒᆞ나大漠을過ᄒᆞ고尾閭에注ᄒᆞᆯ時ᄂᆞᆫ其勢ㅣ不得不平然ᄒᆞᆯ지니今長老諸氏가卽大漠과尾

闊에過注홀時代라엇지奮興振勵치아니ᄒᆞ고自諉自退ᄒᆞ리요青年諸子는則激流也急湍也라橫堤險礁를一逢ᄒᆞ면前援後引ᄒᆞ며左潰右突홀者ㅣ諸氏가아니고誰가有ᄒᆞ리요諸氏가幸히永樂崇禎時代에生ᄒᆞ엿드면舊日迷夢으로도建樹가或有홀지나今焉隆熙日月을遭遇ᄒᆞ야不死亦生ᄒᆞᆫ지라何如홈으로國權이如此衰頹ᄒᆞ며何如홈으로民族이如是慘憺ᄒᆞ며昔의는不然이어늘今에胡然如是오ᄒᆞ야晝宵로講究籌謀홀者어늘間散을自甘ᄒᆞ고河清을只待ᄒᆞ니諸氏의意見을記者가粗解키難ᄒᆞ도다嗚呼라現今我國青年諸子의突飛勇進코자ᄒᆞ는思想이北米獨立軍에不讓ᄒᆞᆫ지라長老諸氏가登壇ᄒᆞᆫ老將을作ᄒᆞ야其部隊를進退ᄒᆞ면彼青年輩가敵壘를占奪ᄒᆞ고凱歌를是唱ᄒᆞ는日이라도其優勝의光榮을諸氏의게終讓ᄒᆞ고能凌할意가無홀지라諸氏가計不出此ᄒᆞ고逡巡跼蹐ᄒᆞ야後進을不顧홈으로噫彼後進이前無所導ᄒᆞ고後無所承ᄒᆞ야岐路彷徨의歎을難免케ᄒᆞ니諸氏의所失이此의셔過大홀바無ᄒᆞ도다記者의今年이猶屬少壯이라志氣를自薄ᄒᆞ야前輩를盲從코자홈은아니나老練의士가經歷이旣久ᄒᆞ야前程의難易를理로뼈論홀지라도分別이自有홀지라又其諸氏의堂々存在ᄒᆞᆫ責任을希望홀뿐이니諸氏는第試思之ᄒᆞ라假令一家族의게見重ᄒᆞ는者는必其家事에有益ᄒᆞᆫ者요一社會에見重ᄒᆞ는者는必其會務에有益ᄒᆞᆫ者라若自家에處ᄒᆞ야도終日長臥ᄒᆞ야其家政을問ᄒᆞ되曰我不知라ᄒᆞ면家族이必不重知홀지요社會에處ᄒᆞ야物外에逍遙ᄒᆞ면社會가必不重知홀지니諸氏의卓見으로此를不諒ᄒᆞ느뇨生ᄒᆞ야人으로足히輕重홀바無ᄒᆞ고死ᄒᆞ야鬼로

足히輕重ᄒᆞᆯ바無ᄒᆞᆫ즉諸氏의地位가何其卑賤을自招ᄒᆞᆷ이此甚에至ᄒᆞ얏ᄂᆞᆫ고是故로自古有爲의士가變亂을遭ᄒᆞ면閑散을不甘ᄒᆞ고放逸을不樂ᄒᆞ야或鞠躬盡力ᄒᆞ야斃而後已ᄒᆞᆫ者도有ᄒᆞ며竭忠輔國ᄒᆞ다가竟死於獄ᄒᆞᆫ者도有ᄒᆞ며農村疋夫로共和主義를倡起ᄒᆞᆫ者도有ᄒᆞ니此皆自己의責任을盡ᄒᆞᆷ에不過ᄒᆞᆫ지라若其時勢의所遭를不察ᄒᆞ며責任의當盡을不知ᄒᆞ면此ᄂᆞᆫ無爲無識의鼠輩라孔子ㅣ所謂老而不死의誅를難逃ᄒᆞ리로다記者가諸氏의隱歎을慨惟ᄒᆞ긔되今日青年이其氣가太進ᄒᆞ고其鋒이太銳ᄒᆞ야勢難駕馭라ᄒᆞ리니果然如是ᄒᆞ면 氏의滋惑이先甚ᄒᆞ도다騏驥를御ᄒᆞᄂᆞᆫ王良伯樂이요駑馬를使ᄒᆞᄂᆞᆫ者ᄂᆞᆫ廝人厩僕이라其人의資格을隨ᄒᆞ야組信制導ᄒᆞᆫ然後에야摠括指揮ᄒᆞᆷ이得當ᄒᆞ거ᄂᆞᆯ諸氏가沉滯ᄒᆞᆫ見聞과頑迷ᄒᆞᆫ思想으로未來英雄을謬引코자ᄒᆞ니所以로老少가情阻ᄒᆞ야此에至ᄒᆞᆷ이로다本記者가諸氏의게對ᄒᆞᆫ希望이特重ᄒᆞ고敬愛가特殊ᄒᆞᆷ으로諸氏를向ᄒᆞ야懇々說道가如是申複ᄒᆞ오니自今以往으로社會上에活然躍出ᄒᆞ야責任을共盡ᄒᆞ야文明世界의主人을作ᄒᆞᆯ지어다不然ᄒᆞ면一般社會의口誅로白首餘年을啼送ᄒᆞ리니엇지可哀可憐치아니리요嗚呼라長老諸氏여

學校의弊害

永興支會員　桂　奉　瑀

今日二十世紀의世界ᄂᆞᆫ敎育主義의世界라國家가以是而興焉替焉ᄒᆞ며民族이以是而智焉愚焉ᄒᆞᄂᆞ니敎育二字에對ᄒᆞ야顚圓趾

方ᄒᆞ고人性이稍有ᄒᆞᆫ者야孰不擧手며孰不喝采이리오마ᄂᆞᆫ敎育의方法을不能以實地上으로立脚이면狗尾三年에黃毛를不成ᄒᆞᄂᆞᆫ欠歎이立至ᄒᆞ야文明的最好結果를收有ᄒᆞᆯ希望點이無期ᄒᆞᆯ지로다一自更張以後에我國의歷史沿革을溯究ᄒᆞ건ᄃᆡ武陵暮春에桃花를網ᄒᆞ고商洛一局에金橘을賭ᄒᆞ야世外乾坤에劉項之勝敗와秦晉之興亡을夢々然不知不聞ᄒᆞ다가甲午砲聲에先入酣夢을醒者醒寢者寢ᄒᆞ고乙巳新條에欠伸而纔起ᄒᆞ야開門視之ᄒᆞ니滔々洪水가陵天襄地ᄒᆞ야嗟我一般兄弟와父母妻子가魚腹中에埋葬物을已成ᄒᆞ얏스니挪亞의方舟를準備ᄒᆞ던지大禹의神斧를使用ᄒᆞ고야一綫生命을可以持保ᄒᆞᆯ지라於是乎에飛者走者潜者伏者가輩出踵起ᄒᆞ야今日某道에設一學校ᄒᆞ고明日某郡에設一學校ᄒᆞ야日復日年復年起之又起ᄒᆞ야某校某塾의趣旨書와某敎師某校長의熱心二字가各新報欄內에半數以上을在々揭有ᄒᆞ야使學界有志者로目之所擊과耳之所觸에欣々然舞之蹈之ᄒᆞ야常恨其袖之不長이ᄂᆞ遠而七八年前과近而二三年間에眞箇的卒業者ㅣ幾人이며眞箇的進級者ㅣ幾人耶아區々道郡에卒業者進級者가苦存若無ᄒᆞ야多少數爻ᄂᆞᆫ不能確知어니와雖或有之라도名義가不符ᄒᆞ야曰法律卒業生이니曰日語卒業生이니藉々稱道ᄒᆞᄂᆞ者ㅣ奴顔婢膝로不顧廉隅ᄒᆞ고營々逐々ᄒᆞ야大則爲某部主事와某院判事ᄒᆞ며小則爲某隊通譯과某署巡檢ᄒᆞ야國民上下의疾痛疴癢은初不關心ᄒᆞ고苟有利於我者면事無不爲ᄒᆞ니是豈人之本性也이리오敎育者와被敎育者間의自初宗旨가純然不美ᄒᆞ야所謂學課ᄂᆞᆫ仕宦을媒介ᄒᆞᄂᆞᆫ一階梯가되얏고

所謂學校ᄂᆞᆫ悖德非道의行爲를助長ᄒᆞᄂᆞᆫ一要件에不過ᄒᆞᆫ지라況自由의說이一起에翩々年少ᄒᆞᆫ一般學徒의尋常ᄒᆞᆫ口頭禪이되야此事에도曰自由云ᄒᆞ며彼事에도曰自由云ᄒᆞ야件々事々에悉無非自由云自由云ᄒᆞ야斷髮窄服과曲杖洋鞋로眼着細足鏡ᄒᆞ고口橫紙捲烟ᄒᆞ야尋常出入에旁若無人ᄒᆞ야倫理上에不恭不敬ᄒᆞᆫ端緖가比々有之ᄒᆞ니是豈學校의定有ᄒᆞᆫ本義也이리오一曰敎育者의導率力이不滿足ᄒᆞ다歸咎ᄒᆞᆯ지이오二曰被敎育者가德性을修養ᄒᆞᆷ에不練熟ᄒᆞ다論責ᄒᆞᆯ바ㅣ로다且以設校의根因을槪論ᄒᆞ건ᄃᆡ畿湖에ᄂᆞᆫ所謂大監令監이니河鄕에ᄂᆞᆫ所謂座首鄕所ㅣ니稱號ᄒᆞᄂᆞᆫ腐敗頑物이有何特想이던지風聲鶴唳로往々做論ᄒᆞ야舊日書堂에大書特書曰私立某校라ᄒᆞ고校長及任員은平日鄕曲에不法者流가模竊其名ᄒᆞ야尸位塑像으로拱手鎭日에敎育方針은素昧不問ᄒᆞ고其對人常談이擧世가僉曰國權挽回々々々々ᄒᆞ니至今敎育ᄒᆞ야奚暇에國權을挽回ᄒᆞᆯ가落心冷笑ᄒᆞ며其敎師爲名者ᄂᆞᆫ布衣寒士로平日自命ᄒᆞ든骨賦生米賊輩가落魄殘年에只以口腹之計로敢受其任ᄒᆞ야體德智三育이不知爲何件事ᄒᆞ고輒曰夷狄의法이니異端의學이니最極的反對로狂言亂說ᄒᆞ야每日敎課ᄂᆞᆫ唐宋諸韻及史畧通鑑卷과三五七言의詩賦古套를專門做去케ᄒᆞ야少有不合之弟子즉鞭之笞之를自頭至脚ᄒᆞ야流血哀哭而後에야始乃止之ᄒᆞ며作賦竟日에偶有一佳句면狗曲蛙鳴之聲으로詠之歌之ᄒᆞ야字々批點에又從而貫珠ᄒᆞ야稱以壯元例ᄒᆞ고與一二任員으로討酒取醉ᄒᆞ야塵冠을欹着ᄒᆞ고鋪唾를亂挑ᄒᆞ면서腐敗的醜談으로誨其弟子曰眞人이自南海中

出來之日에百日科를必將復設홀지니汝等은多讀多作ᄒᆞ라ᄒᆞ니嗚乎라如此ᄒᆞᆫ學校와如此ᄒᆞᆫ任員이有ᄒᆞ고야千百年教育ᄒᆞᆫ들文明의普及을從何以得之乎아又或何校즉其教師任員이濟々靑年의智識啓發ᄒᆞ기爲ᄒᆞ야熱心開設ᄒᆞᆫ者ㅣ아니라其契其齋에公有財額이恐爲他校之移屬品ᄒᆞ야鄙吝猜忌의一點業火가暗中劇烈ᄒᆞ야幾千金의基本과幾十名의生徒를草々募集ᄒᆞ야東村에設一校ᄒᆞ고西村에設一校ᄒᆞ야教育上의擴張與否ᄂᆞᆫ尙矣勿論ᄒᆞ고紙上浮談으로私立請認書를各自提呈ᄒᆞ야上部認可를幸而得蒙즉學校本意가此外에更無他求ᄒᆞᆫ줄노妄想ᄒᆞ고就中에熱血的志士가創立ᄒᆞᆫ學校도隨處不無ᄒᆞ나我國의師範教育이曾未伸張ᄒᆞ야高明教師ᄂᆞᆫ求之難得이오設有大中小學科의可爲人師者라도自己의智識만尤一層增長ᄒᆞ기랄爲ᄒᆞ던지不然이면桃李公門에汩沒無暇ᄒᆞ니此楊朱氏의爲我的單主義耶아可堪ᄒᆞᆫ教師랄雖或求之라도校中財團이素不贍足ᄒᆞ야月銀供給이無計可施어ᄂᆞᆯ所謂財産家ᄂᆞᆫ括囊鎖槖ᄒᆞ고視之冷淡ᄒᆞ야一時義捐金의苦口强請홈을謀避不果ᄒᆞ야設或出力ᄒᆞ드리도幾十元幾十兩에不過ᄒᆞ고又或吝嗇之甚者즉輒曰吾無入學之子侄이어니校中經費의窘絀與否가於我에有何所關고ᄒᆞ니哀矣耗哉라此等惡物은不足以人道로責之者也니更無疊論이어니와加之以儒林家가峨冠博帶로揖讓終日에時宜랄不知ᄒᆞ고義理를空談ᄒᆞ야崇禎後幾甲子만素有ᄒᆞᆫ줄노想知ᄒᆞ고光武隆熙의堂々紀元은文字之間에抹殺不用ᄒᆞ니此ᄂᆞᆫ國家의逆類며人民의公敵이라且如干ᄒᆞᆫ公有財産은酒色冗費에寧以消糜언저學校寄付ᄂᆞᆫ抵死不應

호며其聰俊子弟는漢文奴隷에寧爲繫縶이언져我國國文은視之若寇讎호야實地的新書籍은斥之以萬端호니若是히四面楚歌中에校況을從何以維持며學業을從何以發展이리오是以로道々郡々에素不多數호學校가旋起旋廢호야新報上의過去文字가只是有志者의無限血淚랄添成홀뿐이며又以保有호學校로論之라도農工商實業의專門科는寥々無聞호고雖曰幾個處가刱有호얏스나零星不多호고其他法律經濟日語算術諸科目의學校죽四方學徒가歸之如水호야庠舍不能容의慨嘆이無處無之호니然則人々이皆法律經濟오人々이다日語算術이면國可以富强호고民可以溫飽乎아農工商實業이到底히澎脹然後에야法律經濟도可以施用이오日語算術도可以操縱홀지니凡我同胞는亟々反省홀지어다雖太遲太晚호今日이라도若不猛省이면極悲極慘호光景이逐日遝至호야雖欲警省이나無地可爲홀지니凡我同胞는亟々反省홀지어다

先覺者의二小注意

成川支會長 朴相駿

顱가圓호고趾가方홈은同一호人類여놀個中何如호法人을指定호야先覺者라特稱호는가齒가高호야然홈도아니오爵이尊호야然홈도아니니되如斯히尊重貴大호야不可强而取之홀榮譽를曰某先覺某先進호야人々이共認推讓홈은果何故인고

若夫先覺은理想與能力이人類社會의最히

高尙贍富ᄒᆞᆫ者라氣槪ᄂᆞᆫ山岳이巖々ᄒᆞ고志節은氷雪이凜々ᄒᆞ야聖賢과豪傑의宏勳奇業을不爲也ㅣ언뎡非不能故로先覺者라면人々이慕之仰之ᄒᆞ며人々이崇拜之倚重之ᄒᆞᄂᆞ니然則先覺者의價値가果何如ᄒᆞ며責任이亦何如ᄒᆞ뇨

且京西古今을勿論ᄒᆞ고國步의進退와民力의消長이其國先覺者의造因如何를隨ᄒᆞ야結果如何를現出치아님이無ᄒᆞ니試觀ᄒᆞ라四十年前維新黨의突飛生義가今日々本富强의母가아니며數百年來尙古派의保守起見이今日我韓文弱의源이아닌가可敬ᄒᆞ도다先覺者여참國家興替의磁針이오可畏ᄒᆞ도다方覺者여참種族存亡의鄕導라ᄒᆞᆯ지로다

噫라我韓今日之勢가譬컨ᄃᆡ萬間大厦를年久不修에上漏傍頹ᄒᆞᆷ과如ᄒᆞ야百孔千瘡이決코一木의可支ᄒᆞᆯᄇᆡ아니오必也稚苗幼根을培之養之ᄒᆞ야大小材料가一切準備ᄒᆞᆫ然後라사華麗ᄒᆞᆫ基址에新鮮ᄒᆞᆫ家屋을可히重建ᄒᆞᆯ진은明瞭ᄒᆞᆫ事理ㅣ니民智기未開ᄒᆞ고時機가尙早ᄒᆞᆫ今日에國力勃興等絶對的事業을但先覺幾位에게만責ᄒᆞᄂᆞᆫ者ᄂᆞᆫ妄想에不過ᄒᆞ거니와未來文明을預備ᄒᆞᄂᆞᆫ時代에主力者된先覺諸氏ᄂᆞᆫ注意를勿怠ᄒᆞ고一日三省ᄒᆞᆯ바ㅣ不無ᄒᆞ니

一은挾雜에共事ㅣ니我韓의一般社會가何如ᄒᆞᆫ好事業을經營ᄒᆞ든지始也에一寸進步가終也에一尺退步를未免ᄒᆞᄂᆞᆫ것은無非此圈套를脫出치못ᄒᆞᆷ이라然則流來의舊習을除去ᄒᆞ고新風氣를造出ᄒᆞᆯ先覺諸氏ᄂᆞᆫ宜히若將浼焉ᄒᆞ야謹愼戒嚴ᄒᆞᆯ지오

二ᄂᆞᆫ間接으로人의善惡을認定ᄒᆞᆷ이니公見이無ᄒᆞ고私心이有ᄒᆞ거나志趣가不同ᄒᆞ

고學識이淺短ᄒᆞᆫ者ᄂᆞᆫ比較的으로其情誼의親疎와階級의尊卑로人의品格을論評ᄒᆞᄂᆞ니然則無數ᄒᆞᆫ個人을合ᄒᆞ야小群을作ᄒᆞ고多數ᄒᆞᆫ小群을聯ᄒᆞ야大群을成코져ᄒᆞᄂᆞᆫ先覺諸氏ᄂᆞᆫ恒常甲이乙을毁ᄒᆞ며丙이丁을譽ᄒᆞᆷ에對ᄒᆞ야輕信忽聽타가取捨顚倒에不至케ᄒᆞᆯ지오

三은奢侈ㅣ니大抵人生々活上의居處와衣食을精潔又華美케ᄒᆞᆷ은文明進步에自然ᄒᆞᆫ事勢라ᄒᆞ려니와其弊所及에賤者가貴者를效ᄒᆞ고少者가長者를倣ᄒᆞᆷ은禁制키不能ᄒᆞᆫ影響이라然則先覺諸氏ᄂᆞᆫ不可不此問題를熟商設法ᄒᆞ야青年社會에侈風傳染을汲々預防ᄒᆞᆯ지로다

嗚呼라以上所陳이事不過細節이오言不過淺論이라於先覺諸氏에有甚萬一之可考리오마ᄂᆞᆫ若或諸氏가慮遠遺近ᄒᆞ거ᄂᆞ明大暗小ᄒᆞ야千里馬의足을一蹶ᄒᆞ면吾輩後生의落心과全國社會의失望이眞不可思議ᄒᆞᆯ지라何者오盖一國의先覺은一國人의標準이오模範이라一擧一動에千眼萬目이注視集中ᄒᆞ야其線이光明則群趨而向之ᄒᆞ고其鵠이欹斜則衆謗而背之ᄒᆞ리니國民義務의擔負分量은先覺與後進이雖無異同이ᄂᆞ社會觀感에關係輕重은旣如是히懸隔ᄒᆞᆫ즉爲先覺者ㅣ可不熟審地位ᄒᆞ야自尊自重也哉아嗚呼諸氏ᄂᆞᆫ果現在의苗根을培植ᄒᆞᄂᆞᆫ技師며未來의英雄을産育ᄒᆞᄂᆞᆫ良母라ᄒᆞ노라

我國青年의危機 (續)

文一平

禮義俗의衰亡

個人에特質이各有홈과如히國體도亦是其歷史의事實과國民의性格으로因하야自然히一種特質이生하느니我韓으로言하면吾祖檀君이創建하신四千載歷史遺訓과其孫扶餘族二千萬의倫理的思想이化合하야我國體의特質을表彰흔者有하니即禮義俗이是라此에對하야既往에亞洲諸他族이禮義邦이라君子國이라하는徽號를我의게奉獻하얏스느한갓此로써滿足타하기難하고我가自進하야世界에自誇함이可타하노라何也오現代彼文明흔先進國民은皆其國體의特質(即國粹)에對하야尊敬의觀念을抱하고一層發揮하야써他國民의게紹介홈을無上의榮譽로認하는故라某國은其固有흔武士道를世界에贊揚하며某國은固有흔自由風을天下에廣告하는딕不幸히我는主權이墜地하고文化가退步흔故로敢히該班에並列하야世界各國에發布치는못하느엇지自侮自蹈하기를草芥와如히하리오

近日에皮開明흔我輩青年社會에서動輒曰頑固라保守라舊風이라하야善惡邪正勿論하고自國에遺傳的特質々지埋殺코자하니其害가毒蛇에서甚하고患이猛虎에서犬하도다或有識者가言히기를我民族은國家의範圍를已脫하얏스니今後는第一의歷史를破壞하고第二의歷史를建設흘新時代라하니此는從來의惡習을破壞하라홈이오決코固有흔特質을破壞하라홈은안이라萬一特質을破壞하라하면即其天性을破壞하라홈이니如此히흔즉所謂我라하는物이無沒흘地境에至하리니我가既無흔以上에야엇지第二建設與否를更論흘가大盖此等想理을誤解흐는故에一旦海外에渡航하얏다가歸省하면外國의制度習俗을消化치안이하고

그듸로內國에實施코자하미反히鄕黨父老의게叱咤를受하며同胞人士의게排斥을被하야其影響所及에內國社會에서外國留學生이라하면一種狐疑를抱하고相告ᄒᆞ야曰眼下無人에無尊丈衙門이라ᄒᆞ야信用이毫無ᄒᆞᆯ뿐안이라此로因하야濟々多士의留學通路가漸阻하니甚히可惜하도다向者에某氏가日本東京에留學次로渡來하는듸內國先進人士가氏를勸戒하야曰君은他人과갓치驕慢放恣하거나腐敗墮落치말라하얏다며此外에도此種傳說이余의耳邊을打한者ㅣ非再非三이니 嗚呼라我輩青年이여遠大ᄒᆞᆫ目的과重大ᄒᆞᆫ責任을抱負하고先進의熱烈ᄒᆞᆫ同情을失하며同胞의夥多ᄒᆞᆫ素望을損하니此는實로留日學生의前途에橫ᄒᆞᆫ一大危機라엇지十分注意치안이하리오余는以爲하듸我國에固有ᄒᆞᆫ特質을益々發揮ᄒᆞᆷ은可커니와排斥ᄒᆞᆷ은不可하며尊敬ᄒᆞᆷ은可커니와蔑視ᄒᆞᆷ은不可라하노라 (完)

家庭教育法 (續)

金壽哲 譯述

第一章 知育

第三節 知育의方法

第一、言語의練習이니言語는即精神發達의標徵이며及原素라故로幼兒의知識을開誘코저ᄒᆞ면몬저言語의敎授로써最初의事業을솜을지로다大概幼兒의言語는遺傳上으로來ᄒᆞ는者도有ᄒᆞ며修得上으로成ᄒᆞ는者도有ᄒᆞ니即他를模倣키不能ᄒᆞ며또ᄒᆞᆫ자發明ᄒᆞᆯ能力이無ᄒᆞᆫ時에或振身、或發音ᄒᆞᆷ이有ᄒᆞᆷ은是를遺傳이라云할지오又父母의

言語을模倣ᄒᆞ며或은自己周圍에在ᄒᆞᆫ他人의調節에注意ᄒᆞ야意識的으로談話ᄒᆞᆷ에至ᄒᆞ면是를修得이라云ᄒᆞᆯ지니實노言語의發達은此後者에不外ᄒᆞᆫ지라於此에可히敎育이談話를進步케ᄒᆞᆷ에如何ᄒᆞᆫ效力이有ᄒᆞᆫ줄을了解ᄒᆞᆯ지로다

兒童이談話ᄒᆞᆷ에ᄂᆞᆫ外界의印象과及此에應ᄒᆞᆯ生理의機關을要ᄒᆞᄂᆞ니即一便機關上으로喉頭、舌、唇、齒牙、耳等의衛生上에對ᄒᆞᆫ注意ᄂᆞᆫ勿論이거니와또ᄒᆞᆫ他方으로도談話의材料가될者를施與치아니치못ᄒᆞᆯ지라大概談話의機關과談話ᄂᆞᆫ互相待俟ᄒᆞ야進步發達ᄒᆞᄂᆞ니만약機關은備存ᄒᆞ나此를使用치못ᄒᆞᆯ時ᄂᆞᆫ其發達를不遂ᄒᆞᆷ이恰然機關이無ᄒᆞ면談話를不能ᄒᆞᆷ과如ᄒᆞᆯ지라故로此兩者關係에對ᄒᆞ야適切ᄒᆞᆫ注意로써言語를練習케ᄒᆞᆷ이可ᄒᆞ니라

幼兒의談話進步의狀態를觀察ᄒᆞ건ᄃᆡ最初限六個月은다만叫聲을發ᄒᆞᆯ뿐이나第二六個月에至ᄒᆞ면漸々人을模倣ᄒᆞ야音을發ᄒᆞ며一歲又二歲에至ᄒᆞ야步行을遂得ᄒᆞᆷ에及ᄒᆞ얀言語의進步가比前迅速ᄒᆞ며更히三歲에至ᄒᆞ면日常卑近의言語를自由로使用ᄒᆞᆷ을得ᄒᆞᄂᆞ나然ᄒᆞ나此와如히長茁ᄒᆞᆷ을從ᄒᆞ야言語도發達ᄒᆞᆷ을得ᄒᆞᆯ지로되決코此를自然에放任ᄒᆞ야置與키ᄂᆞᆫ不可ᄒᆞ도다兒童이談話를試ᄒᆞᆷ이誤訛의語詞를그ᄃᆡ로修得ᄒᆞ야發音不正、音聲不明에陷ᄒᆞᆯ時ᄂᆞᆫ此를矯正키容易치못ᄒᆞᄂᆞ니故로家庭에서生後六個月봇터特히言語敎授에注意ᄒᆞ야生理機關의發達를務ᄒᆞ며興味가有ᄒᆞ고且容易ᄒᆞᆫ材料를施與ᄒᆞ야其思想을誘導식혀此를言語에表出케ᄒᆞᄃᆡ發音을正히ᄒᆞ며謬語를指摘ᄒᆞ야써言語의目的을到達케ᄒᆞᆯ지니라

第二、玩具의授與니兒童이이믜談話를能히ᄒᆞ면玩具를且與홈이知育上適當의處置라兒童이生後六個月에至ᄒᆞ면겨우玩具를弄得ᄒᆞ나아직精神發達에ᄂᆞᆫ影響이毫無ᄒᆞ니大概玩具가其目的을達得홈은兒童의手足이自由運動ᄒᆞ야時々로容易ᄒᆞᆫ玩具ᄂᆞᆫ혼자라도能히製作홈에至ᄒᆞ여始生ᄒᆞᆯ지니라

家庭에就ᄒᆞ야兒童學問에가장適當ᄒᆞ고가장有益ᄒᆞᆫ材料ᄂᆞᆫ玩具로써第一을슴을지니大概玩具ᄂᆞᆫ兒童의嗜好ᄒᆞᄂᆞᆫ것으로써愉快ᄒᆞᆫ裡에서其知識을附與ᄒᆞᄂᆞᆫ者로다然이나世에ᄒᆞᆫ히敎育上價値가無ᄒᆞᆫ玩具가多홈으로玆에特히種類를選擇ᄒᆞ야敎育上稗益이될者를左擧ᄒᆞ노라

第一、進步的玩具、
第二、道德的玩具、
第三、社交的玩具、

第四、審美的玩具、
第五、體育的玩具、
第六、職業的玩具、
（次號에右를區別說明홈）

未完

童蒙物理學講話

NYK生

프링클닌의니야기

今日世界의文明이逐日發展ᄒᆞ야大体上事項은擧皆學術노辨明ᄒᆞ건만尙今我國人士ᄂᆞᆫ誤解가尙存ᄒᆞ고迷信이依在ᄒᆞ야夏日暮天에驟雨를伴來ᄒᆞᄂᆞᆫ雷聲을聞ᄒᆞ면即曰雷公雲을乘ᄒᆞ고巨皷를擊ᄒᆞᆫ다ᄒᆞ며落雷를見ᄒᆞ면是ᄂᆞᆫ天罰이라ᄒᆞ야疑懼가莫甚ᄒᆞᄂᆞ니

此는非他라其實情을不知ᄒᆞᄂᆞᆫ所以로다
此正体를發見ᄒᆞᆫ者ᄂᆞᆫ亞米利加合衆國「八프링클닌」이라云ᄒᆞᄂᆞᆫ哲人이니學問政治의大家라距今百九十九年前西曆紀元千七百六年에當時英國殖民地마사츄셋트灣邊색스톤市에誕生ᄒᆞ야八歲에小學校에入學ᄒᆞ엿더니家庭事故를因ᄒᆞ야退學ᄒᆞ고父親의生活을助力ᄒᆞ니父親은本來프링클닌出世前二十四年頃에색스톤에渡來ᄒᆞ야生計가極貧ᄒᆞᆷ으로蠟燭과石鹼을製造爲業ᄒᆞ더라
十二歲를當ᄒᆞ야其兄이英國으로從來ᄒᆞ야活版業을始作ᄒᆞ거ᄂᆞᆯ其弟子가되여從事ᄒᆞ더니其兄이活版業을擴張ᄒᆞ야新聞을發行ᄒᆞᄂᆞᆫ지라從事餘暇에ᄂᆞᆫ論說을著作ᄒᆞ야數次無名氏의著作으로投書ᄒᆞ엿더니沒數收用될뿐더러世人의好評이浪藉ᄒᆞ여兒時의稱頌이頗多ᄒᆞ더라然ᄒᆞ나其伯氏를從事ᄒᆞᆷ에無滋味한것이有ᄒᆞᆷ으로필나델피아로離去ᄒᆞ니當時에年이十七歲라囊橐이空渴ᄒᆞ야露寢野宿으로僅々到着ᄒᆞ야一活版所에被雇ᄒᆞ니本是有爲의青年이라自然其主人의寵愛를被ᄒᆞᆯ뿐더러平生에書冊을攷覽ᄒᆞ미知識이大進ᄒᆞ더라
未幾에資金을變通ᄒᆞ야獨力으로活版業을經營ᄒᆞ며펜실바니아新聞을繼受ᄒᆞ야政良ᄒᆞᆯ식初에ᄂᆞᆫ購覽者가九十人에不過ᄒᆞ더니不久에二千人에達ᄒᆞ엿스며兼ᄒᆞ여借册業을創開ᄒᆞᆯ식亦是世人의信用을贍得ᄒᆞᆯ뿐더러公共事業에多大ᄒᆞᆫ便利를供與ᄒᆞ니其地位名望이漸次遠動ᄒᆞ더니千七百三十六年에펜실바니아洲共公議會書記官으로被選되엿더라
其翌年에有名ᄒᆞᆫ雷霆을實驗ᄒᆞ엿스니此가特ᄒᆞᆫ吾輩의紹介코저ᄒᆞᄂᆞᆫ바라大抵氏가前

브터電光에注意ᄒᆞ야恒思ᄒᆞ여曰彼電光이吾人의使用ᄒᆞᄂᆞᆫ電氣와同一의物이안인가ᄒᆞ더니今에至ᄒᆞ여ᄂᆞᆫ公私의各樣事務가非常히奔忙ᄒᆞᆫ것만은實驗에漸次着手코져ᄒᆞᆯ새其長男으로더브러二本의十字形을風雨에도破傷되지안토록製作ᄒᆞ고絹布의紙鳶을作ᄒᆞᆫ後其頭部에ᄂᆞᆫ鐵棒을立ᄒᆞ고麻絲와如ᄒᆞᆫ長尾를附ᄒᆞ야雷雨의來ᄒᆞ기를苦待ᄒᆞ더니一日은天이忽暗ᄒᆞ야猛風이起ᄒᆞ며雷雨가作ᄒᆞ거ᄂᆞᆯ此를機會삼아紙鳶을郊外에出揚ᄒᆞᆯ새絲의長되로極高處ᄭᆞ지昇騰케ᄒᆞ니紙鳶이空中高處에서一團의雨雲을經過ᄒᆞ되何等變狀이無ᄒᆞᆫ지라齟齬히지ᄂᆡ다가一雲二雲이過去ᄒᆞᆫ後에眞黑ᄒᆞᆫ雨雲이雷響과電光이驅來ᄒᆞ야紙鳶을掠取ᄒᆞ더니少焉에手에異感이有ᄒᆞ거ᄂᆞᆯ異常히녁여指를近抵ᄒᆞᆫ즉麻絲의細毛가指動을조ᄎᆞ動ᄒᆞᄂᆞᆫ지라其後에蓄電瓶을製造ᄒᆞ야集合試驗ᄒᆞᆫ즉通常電氣와同一ᄒᆞᆫ作用을示ᄒᆞ거ᄂᆞᆯ大喜ᄒᆞ야自己名譽를千秋에流芳코져ᄒᆞ야一友人便에英國學士院에提出ᄒᆞ니所謂有名ᄒᆞᆫ學者가皆是冷笑不納ᄒᆞ거ᄂᆞᆯ不得已ᄒᆞ야其友人獨力으로證明書籍을出版ᄒᆞ엿더니未幾에佛文으로謄譯되여世上에傳布되니佛國上下學界가無非騷動ᄒᆞ더라

倫敦學士院에도於是에異常히녁여實驗錄을記要抄錄ᄒᆞᆯ새一般學者가無不稱善ᄒᆞ야前에ᄂᆞᆫ冷笑ᄒᆞ엿스나今後ᄂᆞᆫ學士會名譽會員되기를懇請ᄒᆞ엿더라

其後에英佛戰爭을因ᄒᆞ야英國財政이非常困難ᄒᆞ미殖民地의賦稅가去々益高ᄒᆞ야亞米利加人의生活이極히艱難ᄒᆞᆫ지라氏가英國에渡去ᄒᆞ야安全의策을百般講究ᄒᆞ되到底히完解가無ᄒᆞᆫ지라仍ᄒᆞ야필나델피아에

歸來ᄒᆞ야十三洲를同盟聯合ᄒᆞ고其翌年七月四日에合衆國의獨立을世界에宣告ᄒᆞ고公使로佛國에駐搭ᄒᆞ야佛國의救援을請得ᄒᆞ엿더라其後에米英戰役이告畢ᄒᆞᆯ식獨立會議에談判委員이되여서亦是有名ᄒᆞᆫ成功을得ᄒᆞ엿더니年이八十四歲에卒去ᄒᆞᆫ지라米國々會가其功績을思慕ᄒᆞ야二年喪을服ᄒᆞ엿더라嗚呼라氏는僅々히小學校를畢ᄒᆞ고도自究自讀으로有名ᄒᆞᆫ哲人이되엿ᄉᆞ니엇지吾人의敬慕效則ᄒᆞᆯ바ㅣ아니리오

氏가實驗ᄒᆞᆫ거슬見ᄒᆞ건ᄃᆡ雷와電光이何物인거슬可知ᄒᆞᆯ어니와其後브터電氣燈과瓦斯燈이發明되여世界各國에使用치아니ᄒᆞ는處所가無ᄒᆞᄂᆞ니世界學術의進步가其根源이有ᄒᆞᆫ것을可知ᄒᆞ리로다此外에詳細ᄒᆞᆫ電氣談은他日陳述코져ᄒᆞ노라

腦와神經의健全法

研究生

第一章、腦는何如ᄒᆞ뇨

古昔에는意識과觀念과思想等의現象을統稱ᄒᆞ야心의動作이라ᄒᆞ고其中樞는心臟으로元首를作ᄒᆞ엿ᄉᆞ니此는由來東洋精神學史上에有名ᄒᆞᆫ學說이라故로吾人이無非點頭稱美ᄒᆞ야其其然ᄒᆞᆷ을是認ᄒᆞ엿더니近來의解剖學生理學心理學等의研究가去々益展ᄒᆞ야往昔의妄信을一朝에排斥ᄒᆞ고腦가中樞됨을一世에公佈ᄒᆞᆯ식其唱說에曰腦에大腦와小腦가有ᄒᆞ고其他에附隨된神經系統等이有ᄒᆞ야皮膚五官器內臟器官等에서從來ᄒᆞ는諸神經을互相連絡ᄒᆞ야指揮分配ᄒᆞᆫ다ᄒᆞᄂᆞ니比컨ᄃᆡ腦는電話의交換局과如ᄒᆞ고神經은電과如ᄒᆞᆫ者로다大腦의皮質은灰

識과觀念을主司ᄒᆞᄂᆞᆫ者니比컨ᄃᆡ一首의集鳩를捕ᄒᆞ야其大腦만除去ᄒᆞ고板上에置ᄒᆞ고其尾를引挽ᄒᆞ면前方으로進走ᄒᆞ되目前에如何히美純ᄒᆞᆫ食餌가有ᄒᆞᆯ지라도食物인것을意識지못ᄒᆞᆯᄲᅮᆫ만아니라當初에拾食ᄒᆞᆯ念을敢出치못ᄒᆞ야畢竟餓死ᄒᆞᆷ에至ᄒᆞ거니와運動의機能은全粹히衰落치아닐거시오萬一小腦만除去ᄒᆞ면事實을意識ᄒᆞᆷ에ᄂᆞᆫ普通狀態가되나身體의運動이不純不整ᄒᆞ야飛行步行을全然未遂ᄒᆞᄂᆞ니然則小腦ᄂᆞᆫ筋肉의運動調節을主司ᄒᆞᆫ所以요交感神經은身體의營養을主司ᄒᆞᆫ者니뭉크氏의所謂才智의宿處가大腦의皮質에在ᄒᆞ다ᄒᆞᆷ이確然ᄒᆞ도다左에其事實을證明ᄒᆞ노니

(一)大腦葉을除去ᄒᆞ면動物은嗜眠狀態와任佗性이되여外害가아니면卒然히運動치아니ᄒᆞᄂᆞ니라

(二)腦가偶然히外傷이나壓迫을當ᄒᆞ던지腦病이有ᄒᆞᆯ時ᄂᆞᆫ所謂精神官能의銳敏ᄒᆞᆫ機味가大減되ᄂᆞ니라

(三)胎生中의不明ᄒᆞᆫ原因으로多量의液体가蓄積ᄒᆞ야腦髓의發育을障碍ᄒᆞᆯ時ᄂᆞᆫ精神作用이非常ᄒᆞᆫ障害를受ᄒᆞᄂᆞ니라

神經에ᄂᆞᆫ三種이有ᄒᆞ니一은遠心性神經인ᄃᆡ中樞의興奮을末梢에傳ᄒᆞᄂᆞᆫ者요、二ᄂᆞᆫ求心性神經인ᄃᆡ末梢에受ᄒᆞᆫ興奮을中樞에導ᄒᆞ야或은感覺을發起ᄒᆞ고或은其興奮을他神經基에移去ᄒᆞ야他神經基가運動을發起케ᄒᆞ고、三은中樞間神經인ᄃᆡ神經과中樞間을互相聯合ᄒᆞ고興奮의傳導와移傳의作用을做出ᄒᆞᄂᆞ니此等神經이擧皆延髓脊髓로出ᄒᆞ야脊髓神經의前根은運動性이有ᄒᆞ고後根은知覺性이되엿스며中樞에서動起ᄒᆞᄂᆞᆫ感覺은刺激性質의如何를莫論ᄒᆞ고

恒常同一혼者인딕但止刺激을受ᄒᆞᄂᆞᆫ神經으로從ᄒᆞ야些少의差異가有홀뿐이니例言ᄒᆞ면知覺神經이如何혼刺激을受ᄒᆞ던지恒常疼痛의感覺을生ᄒᆞ고視神經이如何혼刺激을受ᄒᆞ던지恒常光彩의感覺만生ᄒᆞᄂᆞ니此로써見ᄒᆞ건딕容易히測定홀지요吾人이通常記臆力이라함은耳나眼等이刺激을受홀時ᄂᆞᆫ腦에傳達ᄒᆞ야一種의縮皺가腦에生ᄒᆞᄂᆞ니此가即記臆이라故로其縮皺가深ᄒᆞ면深홀ᄉᆞ록記臆力이贍富혼者로다然則如何히ᄒᆞ야縮皺를吾人腦中에深刻홀넌자次章에次第陳述코저ᄒᆞ노라

第二章　腦及神經의養生法

第一節　腦及神經使用法

第一欵　使用의時

腦及神經은適當히使用홀時도有ᄒᆞ고不適當히使用홀時도有ᄒᆞ니大盖午前에ᄂᆞᆫ前日의疲勞를一夕의睡眠으로回復ᄒᆞ엿스미腦神經을適當ᄒᆞ게使用홀지니故로一日中에ᄂᆞᆫ朝夕後(午前八時頃)數時間을經過ᄒᆞ여ᄂᆞᆫ記臆力이가장容易ᄒᆞ고一年中에ᄂᆞᆫ春秋不寒不熱혼三月八月頃에ᄂᆞᆫ讀書上에記臆이極難ᄒᆞ고冬節이도로혀適當ᄒᆞ다가冬節極寒의時를當ᄒᆞ여ᄂᆞᆫ腦와神經이寒苦를不勝ᄒᆞ야記臆力을減ᄒᆞᄂᆞ니此ᄂᆞᆫ吾人의由來實驗으로도足知홀바요또ᄂᆞᆫ工夫의時間을制限홈이可할지니비록讀書의趣味가津々無厭혼書籍이라도永續ᄒᆞ면自然倦怠ᄒᆞ야記臆이不良ᄒᆞᄂᆞ니故로大抵讀書의時間을一定ᄒᆞ고其時間이盡ᄒᆞ면卽時戶外에出ᄒᆞ야運動을ᄒᆞ거나或은庭園을觀覽혼後에再讀을始홀지니如此히一時間讀書後에ᄂᆞᆫ十分或은二十分間式憩息홀거시며其次一時間에ᄂᆞᆫ異種의書籍을讀ᄒᆞ야番次로換讀ᄒᆞ

면비록如何히連讀ᄒᆞᆯ지라도倦厭症이無ᄒᆞᆯ지니非他라大盖異種의書籍을替讀ᄒᆞᆯ時는精神이洒落ᄒᆞ야記憶이容易ᄒᆞ나一書를太久長讀ᄒᆞᆫ면精神이疲勞ᄒᆞ야記臆이難ᄒᆞᆫ所以오또腦를規則업시過用ᄒᆞᆫ면腦의興奮이一時에盡高ᄒᆞ엿다가即時疲勞를難免ᄒᆞᄂᆞ니故로時間表를一定ᄒᆞ야正確히守ᄒᆞ되假令朝八時브터九時ᄭᆞ지는地理、九時브터十時ᄭᆞ지는歷史、十時브터十一時ᄭᆞ지는語學으로如此히一日의時間表를制定ᄒᆞ고每日同時에同學科를做去ᄒᆞᆯ지라然則思想上에一種習慣이되여每日其時間에는其學科의觀念이再現ᄒᆞᄂᆞ니此는午正에午飯을思到ᄒᆞᆷ과如ᄒᆞ도다如或不然ᄒᆞ야一日或二三日을經過ᄒᆞ거나限四五日後에一次式을間隔ᄒᆞ야規則이正立치못ᄒᆞᆫ면前工ᄭᆞ지라도虛地에歸去ᄒᆞ야每度에新思케되면記憶

의困難이如干이아닐지요萬一複雜ᄒᆞᆫ事項을記臆코져ᄒᆞᆯ時는其要旨를摘錄ᄒᆞ야分類表를作ᄒᆞ야恒常眼前所見處壁上或은机邊에貼付ᄒᆞ야不知不識之間에記臆되게ᄒᆞᆷ이可ᄒᆞᆯ지니라

鷄病簡易治療法

學海主人

肝張病……發麟……腦卒中……子宮病……勞瘵……秘卵……軟卵……僂痲質斯……脫毛……脚麟……倒冠

肝張病

肝張病의重要ᄒᆞᆫ原因은平時에滋養分이贍

富ᄒᆞᆫ食物을過食ᄒᆞᆫᄃᆡ서發生ᄒᆞᄂᆞᆫᄃᆡ自然히肥沃ᄒᆞᆫ鷄가最多數로罹病ᄒᆞᄂᆞᆫ者라此病에罹ᄒᆞᆫ者ᄂᆞᆫ肝張뿐아니라上部胃에ᄭᆞ지傳及ᄒᆞᄂᆞ니其害가容易치아니ᄒᆞᆫ者라治療法은病鷄를温暖乾燥ᄒᆞᆫ室에移置ᄒᆞ고柔軟淡泊ᄒᆞᆫ飼料를播與ᄒᆞᆯ거시며또ᄂᆞᆫ穀粉을牛乳에混合ᄒᆞ야與ᄒᆞᆷ도可ᄒᆞ니라

發鱗病

此病에罹ᄒᆞᆫ者ᄂᆞᆫ舌上에角狀鱗様의瘡이發生ᄒᆞ며其嘴가黃色을變ᄒᆞ고羽翼을垂下ᄒᆞ야甚히活潑치못ᄒᆞ여漸次食慾을減損ᄒᆞ고渴氣가大進ᄒᆞᄂᆞ니如此ᄒᆞᆫ境遇에ᄂᆞᆫ牛酪에黑椒末을適當ᄒᆞ게加入ᄒᆞ야一日三回式給與ᄒᆞᆯ거시며또ᄂᆞᆫ皮麻子油를一匙쯤內服用으로飮與ᄒᆞ면大概治療되ᄂᆞ니라

腦卒中

此病에罹ᄒᆞᆫ者ᄂᆞᆫ平時에活潑無異ᄒᆞ든健鷄라도霎時間에昏倒ᄒᆞ여知覺을全失ᄒᆞ고運動力을全消ᄒᆞ되흔히急激倉卒間에起ᄒᆞ야瞬息間에死去ᄒᆞᄂᆞᆫ者이니治療의術을施與ᄒᆞᆯ餘暇도無ᄒᆞᆯ뿐더러全快의餘望도無ᄒᆞᆫ者라外科療法을隨ᄒᆞ야頸靜脉에瀉血法을大行ᄒᆞᆯ지니其法은銳利ᄒᆞᆫ小刀로病鷄翼下에横在ᄒᆞᆫ大靜脉을縱線으로切ᄒᆞ고其後에指頭로其切口의近傍을잘壓之ᄒᆞ야十分出血ᄒᆞ되病鷄의知覺이恢復ᄒᆞ기를苦待ᄒᆞ야出血을斷止ᄒᆞ고漸次回蘇ᄒᆞ거든靜閑ᄒᆞᆫ鷄舍에入置ᄒᆞ고될수잇ᄂᆞᆫᄃᆡ로淡泊ᄒᆞᆫ飼料를與ᄒᆞ야靜睡케ᄒᆞᆯ거시니라

子宮病

此病은非常히큰卵을連生ᄒᆞ거나又ᄂᆞᆫ多淫ᄒᆞᆫ雄鷄에交尾된雌鷄에게發生ᄒᆞᄂᆞᆫ者며症勢ᄂᆞᆫ陰部에鮮紅色의肉片이垂下ᄒᆞ야交尾를忌厭ᄒᆞ고療法은鷄를別室에入ᄒᆞ야其重

下ᄒᆞᆫ肉片을指로써肛門內에推入ᄒᆞ야元位置에回復ᄒᆞ기를待ᄒᆞ야靜閑無人處에入ᄒᆞ라大槪二三度를再行ᄒᆞᆯ時ᄂᆞᆫ全治ᄒᆞᆷ을得ᄒᆞᄂᆞ니라

癆瘵病

此ᄂᆞᆫ傳染病의一種이니鷄舍의幽暗、不淨、과食餌의粗惡과或은不良ᄒᆞᆫ氣候로從生ᄒᆞᄂᆞᆫ者라其中에往々이傳染、遺傳으로生ᄒᆞᆷ도有ᄒᆞ며或은肺病患者의痰液을拾食ᄒᆞ거나或은死獸의肉을拾食ᄒᆞᆷ에서도生ᄒᆞᄂᆞᆫ者요其症狀은顔色이憔悴ᄒᆞ고形容이枯槁ᄒᆞ며羽毛가稍々脫色ᄒᆞ야光澤을失ᄒᆞ고呼吸이切迫ᄒᆞ며食慾이減損ᄒᆞ고咳嗽가連發ᄒᆞᄂᆞ니此를治療ᄒᆞᆷ에ᄂᆞᆫ病鷄를淸淨溫暖ᄒᆞᆫ處에移置ᄒᆞ고麥粉에肝油를適當히加入ᄒᆞ야食之ᄒᆞ라一次此病에罹ᄒᆞᆫ者ᄂᆞᆫ到底廢物을未免ᄒᆞᄂᆞ니何者오ᄒᆞ면假令僥倖治療를得ᄒᆞᆫ다ᄒᆞᆯ지라도傳染의憂慮가有ᄒᆞᆫ故로蕃殖의用에ᄂᆞᆫ不當ᄒᆞ니라

秘卵症

此病의發症은其原因이二種이有ᄒᆞ니一은穉鷄가交尾를過度히ᄒᆞ거나或은小種雌鷄에大種雄鷄를交尾ᄒᆞᆷ에在ᄒᆞ고一은臀部狹少ᄒᆞᆫ雌鷄에도有ᄒᆞᆫᄃᆡ其症狀은雌鷄의臀部가張大ᄒᆞ며尾羽가垂下ᄒᆞ며頻々히產卵의狀態를作ᄒᆞ야苦悶의狀態를作ᄒᆞ고其療法은羽毛의末端에種油(들기름)를塗ᄒᆞ야卵의產路에揷入ᄒᆞ거나及ᄂᆞᆫ尾羽一棒을取ᄒᆞ야其端末만少剩ᄒᆞ고其他ᄂᆞᆫ摘去ᄒᆞ야「오라퓨」油中에十分沈濕ᄒᆞᆫ後에鷄의產卵途에揷入ᄒᆞ야卵處々지至ᄒᆞ면容易히產卵ᄒᆞᄂᆞ니라萬一一次에無效ᄒᆞ거든數回에試用ᄒᆞ라大抵治癒되ᄂᆞ니라

軟卵症

此病의原因은不少ᄒᆞ나흔히石灰質의食餌를未食홈에서生ᄒᆞᄂᆞᆫ者多ᄒᆞᄂᆞ니此를治救홈에ᄂᆞᆫ石灰蠣殼等粉末을常與ᄒᆞ라此等諸粉末은卵殼을形成ᄒᆞᆫ元素이니不可不用홀者요食餌ᄂᆞᆫ蒸烹柔軟ᄒᆞᆫ麥의粗粉을與홀거시요餘用水ᄂᆞᆫ언제든지少量의石灰를混與홀지니라

僂痲質斯

此病의發生ᄒᆞᄂᆞᆫ原因은氣候不順ᄒᆞ야寒暖이無定홀時나或은鷄舍가寒濕ᄒᆞ고四方이閉塞되야空氣가不通홈을좃ᄎᆞ起症ᄒᆞᄂᆞ니節期로말ᄒᆞ면夏節이요其症狀은步行이困難ᄒᆞ며肢脚이自疲ᄒᆞ며呼吸이不平ᄒᆞ고口嘴가張大ᄒᆞ야喘鳴을不止ᄒᆞᄂᆞ니此를治救코져ᄒᆞ거든病鷄를温暖乾燥ᄒᆞᆫ處所로移接ᄒᆞ고養粉이稍多ᄒᆞᆫ食料를與홀지니라

脫毛病

此病은皮膚病의一種傳染質이니其原因은다른病을經羅ᄒᆞᆫ後에起홈도잇고又ᄂᆞᆫ偶然히發生홈도有ᄒᆞᆫᄃᆡ其症狀은体軀의羽毛가自然히軟質이되여次第로脫落ᄒᆞ되全体가다脫落ᄒᆞ야兩羽翼만殘餘ᄒᆞᄂᆞ니라方法은羽毛의先落된部分에柔軟ᄒᆞᆫ石鹼을塗抹ᄒᆞ야十二時乃至二十四時間을經過ᄒᆞᆫ後에其塗抹ᄒᆞᆫ石鹼을洗去ᄒᆞ고微溫湯으로更滌ᄒᆞᆫ後에病毛의剩毛를一切拔去ᄒᆞ고五十倍石炭酸水로잘洗滌ᄒᆞ야病勢가漸次差愈되ᄂᆞᆫᄃᆡ로每日二三回式洗與ᄒᆞ면可ᄒᆞ고홀슈有ᄒᆞ거든洗滌ᄒᆞᆫ後텔네핀油를求用홈이最好ᄒᆞ니라

脚鱗症

此ᄂᆞᆫ自然發生ᄒᆞᄂᆞᆫ者니所謂老衰病의一種이며又ᄂᆞᆫ泥水에其脚이常汚ᄒᆞ거나雪中에柵外에出去ᄒᆞ야其脚을曝露ᄒᆞ면此病이發

生ᄒᆞᄂᆞ니方法은微温石鹼湯으로鷄의兩脚을沐浴ᄒᆞ고限十分後에剛硬ᄒᆞᆫ刷子(솔)로脚鱗이剝脫되도록摩擦ᄒᆞᆫ後油에硫黃末을익여塗抹ᄒᆞᆯ거시요同時에硫黃花를少許內服시켜恒常乾燥地에放飼ᄒᆞ고養分이多ᄒᆞᆫ食物을與ᄒᆞᆯ지니라

倒冠症

此症의重要ᄒᆞᆫ原因은身体가衰弱ᄒᆞ야氣力이減損ᄒᆞᆫ後에血液의循環이不順ᄒᆞ면從起ᄒᆞᄂᆞᆫᄃᆡ症狀은顔面이靑白ᄒᆞ고血氣가無ᄒᆞ며方法은身体의健康을恢復케ᄒᆞᆷ이可ᄒᆞ니故로動物質의滋養食餌와葱質을多與ᄒᆞ고穀物은糯米를(찹쌀)與ᄒᆞᆯ지니라

三十六

梨樹栽培說

前二十四號續　金志侃

揷木法

揷木法은春季에梨樹의心芽가장차萠發ᄒᆞᆯ時에行ᄒᆞᄂᆞᆫ것인ᄃᆡ揷ᄒᆞᆯ木은梨樹枝의昨年에活潑히生長ᄒᆞᆫ枝와秋季剪定時에切置ᄒᆞ얏단枝와春季接木時에切棄ᄒᆞᆫ砧木의幹身과芽接ᄒᆞ야切棄ᄒᆞᆫ枝梢等을利用ᄒᆞ야揷木用에供ᄒᆞ고揷ᄒᆞᄂᆞᆫ地ᄂᆞᆫ先히日光이잘照射ᄒᆞ며濕氣가稍有ᄒᆞᆫ良地를擇ᄒᆞ야精細히耕耘ᄒᆞ고畝間을二尺式劃定ᄒᆞ야畝上에揷ᄒᆞ되一介에八寸式趾離를隔ᄒᆞ게ᄒᆞ며揷入ᄒᆞᄂᆞᆫ寸數ᄂᆞᆫ五寸可量으로ᄒᆞᆫ後에其周圍를잘踏置ᄒᆞ며新芽가發生ᄒᆞᆫ後에ᄂᆞᆫ二三回씩肥料를施ᄒᆞ야生長을盛ᄒᆞ게ᄒᆞ얏다가其翌年에砧木用에供ᄒᆞᆷ이라

接木法

切接

切接이라ᄒᆞᄂᆞᆫ것은砧木의根際로부터四五寸以上쯤平滑히切ᄒᆞ고其側面의平順ᄒᆞᆫ處를擇ᄒᆞ야其皮와肉의間에發生層이라ᄒᆞᄂᆞᆫ處를上部로부터一寸쯤平滑ᄒᆞ게切下ᄒᆞ되切皮ᄂᆞᆫ存置케ᄒᆞ고接穗ᄂᆞᆫ芽가一二介存ᄒᆞᆫ것을擇ᄒᆞ야其下端의芽下에斜面으로切削ᄒᆞ되穗의髓部에達치아니ᄒᆞ게ᄒᆞ야砧木의切下ᄒᆞᆫ發生層間에挿入ᄒᆞ고柔軟ᄒᆞᆫ稻稿로結束ᄒᆞ되過히堅結치말지라其次에ᄂᆞᆫ園地의土塊를粉碎ᄒᆞ야細土로接穗木를埋ᄒᆞ되接穗가地上에見치아니ᄒᆞ게할지라埋ᄒᆞᆫ지二週間이나三週間이면穗先으로發芽ᄒᆞᆯ처인ᄃᆡ其同時에砧木으로도ᄯᅩᄒᆞᆫ發芽ᄒᆞ면砧木의芽ᄂᆞᆫ摘去ᄒᆞ고穗先의芽만保護ᄒᆞ고芽가二三寸쯤生長ᄒᆞ면結束ᄒᆞ얏던稻稿ᄂᆞᆫ解去ᄒᆞᆫ後에一日間風乾ᄒᆞ고곳肥料를施給ᄒᆞ되腐敗ᄒᆞᆫ油滓나乾魚粉末을用ᄒᆞ며此兩物이無ᄒᆞ면人糞屎도無妨ᄒᆞᆷ이라

接木時期ᄂᆞᆫ陽三月中旬으로부터四月中旬ᄭᅡ지行ᄒᆞᄂᆞᆫᄃᆡ만일寒冷ᄒᆞᆫ地方이면四月下旬도可ᄒᆞ도다接ᄒᆞᆫ後一尺쯤生長ᄒᆞ야風害가有ᄒᆞ면支柱를左右에建ᄒᆞ야保護ᄒᆞᆯ지

芽接法

芽接은陽曆八月中旬으로부터九月上旬ᄭᅡ지梨樹의發生이盛ᄒᆞ야其皮部가容易히分離ᄒᆞᆯ時期에接穗ᄒᆞᆯ芽를其周圍의皮와同히削取ᄒᆞ야砧木의皮下에挿入ᄒᆞᄂᆞᆫ것인ᄃᆡ挿入ᄒᆞᄂᆞᆫ皮面을丁字形으로切開ᄒᆞ고穗芽를挿入ᄒᆞᆫ後에稻稿又ᄂᆞᆫ痲絲로纏絡ᄒᆞᆷ이可ᄒᆞ고接ᄒᆞᄂᆞᆫ時ᄂᆞᆫ朝夕이나曇天無風ᄒᆞᆫ日에砧木의根際로부터地上三四寸쯤其此面의平滑ᄒᆞᆫ部分에行ᄒᆞ나니此ᄂᆞᆫ日光의直射를避

홈이라接ᄒᆞᆫ지一週間後에見ᄒᆞ면活着ᄒᆞᆫ것은芽가靑色이有ᄒᆞ고活着치못ᄒᆞᆫ것은枯死ᄒᆞᄂᆞ니其枯死ᄒᆞᆫ樹에ᄂᆞᆫ다시他面에芽接을更行홈도無妨ᄒᆞ고活着ᄒᆞᆫ樹ᄂᆞᆫ其纒絡ᄒᆞᆫ것을解去置之ᄒᆞ야다가翌年春發芽前에接芽ᄒᆞᆫ部分으로부터三四寸以上에切斷ᄒᆞ고其新接ᄒᆞᆫ芽가發育生長이强壯홀時에ᄂᆞᆫ다시芽接ᄒᆞᆫ直上部分을切去홀지라

梨樹種類選擇

梨樹ᄂᆞᆫ永年植物인고로禾穀類와如히一年間에其成績의如何를知치못함으로梨園을設定홀時에先히梨樹의種類를擇함이第一必要ᄒᆞᄂᆞ니其必要ᄒᆞᆫ事項은樹性의强剛과結實의豐產과果實의形狀及色澤이艶美함과風味의佳良과病害虫의抵抗과熟期의早中晩과用途의如何等諸般事를注意ᄒᆞ며都會의接近處에ᄂᆞᆫ生食用의早熟種를擇ᄒᆞ고都會가隔遠ᄒᆞ야交通이不便ᄒᆞᆫ地에ᄂᆞᆫ貯藏用의晩熟種과釀造用과乾果用을擇홀지라

日本梨種區別表

種類名	果大	形狀	色澤	風味	果肉	熟期	摘要
土用	小之大	隋圓	黃褐色	味甘酸少	白色	早生之早	樹性强剛枝幹의細小
衣通姬	中	圓	黃赤色	味甘	白色緻密	早生晩	有蔕種
早生太平	大	圓과扁圓	綠褐色	味甘漿多	白色緻密	早生	樹性의强剛ᄒᆞᆫ良種

今村早生	中	圓	黃褐色	味甘及漿多又有芳香	白色柔軟	早生	有種有望幕良種
獨乙	中之大	扁圓	黃褐色	味甘漿多	粗糙	早生	旱害가不利
赤穗	中之大	圓形과扁圓	黃褐色	味甘漿多	白色柔軟	中生之早	樹性剛强
中谷	中之大	扁圓	淡赤黃色	味甘漿多	白色粗柔	中生之早	豊產
眞鍮	中	扁圓	黃赤色	味甘漿多	白色粗柔	中生之早	樹勢强健ᄒ고豊產
力彌	大之小	圓又扁圓	黃青色	漿多香佳	白色粗緻之中	中生	樹勢强健
世界一	大	扁圓	綠黃質에赤色이라	味多甘漿多	白色柔軟	中生之晩	最良種
明月	頗大	長圓又楕圓	淡黃褐色	味甘漿多	純白色	中生	優等種
大谷	中	圓又楕圓	淡赤褐色	味甘漿多	白色	中生晩	樹性强剛
淡雪	中之大	扁圓	青黃色	酸多漿多	淡赤色	中生	
太平	甚大	扁圓	黃赤色	味甘漿多	白色이微青色이라	晩生之早	豊產
長十郎	中之大	楕圓又長圓	青色에黃色을帶	味甘漿多	白色緻密	晩生之早	豊產이요害虫이少라
重次朗	大	扁圓	茶褐黑色	味甘漿多	白色	晩生之早	樹勢强健
太白梨	中	圓又楕圓	帶綠黃色	味甘	白色緻密	晩生之早	風한抵抗力이有

早生赤	大之小	圓又扁圓	赤黃色	味甘漿多	白色	晚生之早	貯藏種
幸藏	中	扁圓	淡黃色	甘味多	白色緻密	晚生之早	良種
赤龍	大	圓又扁圓	青黃色	採收後에貯藏則甘	白色	晚生之中	貯藏之良種
朝日	大	楕圓	赤美色	貯藏後에味甘也	白色	晚生之中	貯藏之良種
晚三吉	巨大	不正楕圓	暗褐色	甘味ᄒᆞ고香高라	白色柔軟	晚生	有幕良種
土佐條	中之大	扁圓人心臟形	濃褐色	味甘漿少	多肉	晚生	樹勢强健ᄒᆞ고農産이라
關西一	巨大	圓	褐黑色	味甘漿多	白色	晚生	將來有望種
太古河	巨大	楕圓	赤褐黑色	酸味多	白色	晚生	樹性强健ᄒᆞ고收獲幕多
初霜	巨大	圓錐形	赤褐色	味甘漿多	白色	晚生	樹勢의强健ᄒᆞᄒᆞᆫ者ㅣ
早生秋	大	長楕圓	濃茶褐色	味甘漿多	柔軟	晚生	有幕種

文藝

廣告

本學報代金을收入홈에便宜를從ᄒᆞ야京城과平安北道에ᄂᆞᆫ委托收金所를置ᄒᆞ엿싸오니京城셔本報를購覽ᄒᆞ시ᄂᆞᆫ이ᄂᆞᆫ代金을

京城北署苑洞李甲氏宅留

金基玉氏許로交付ᄒᆞ시고平安北道에셔本報를購覽ᄒᆞ시ᄂᆞᆫ이ᄂᆞᆫ

平安北道定州南門內

洪成麟氏許에交付ᄒᆞ심을敬要

太極學會告白

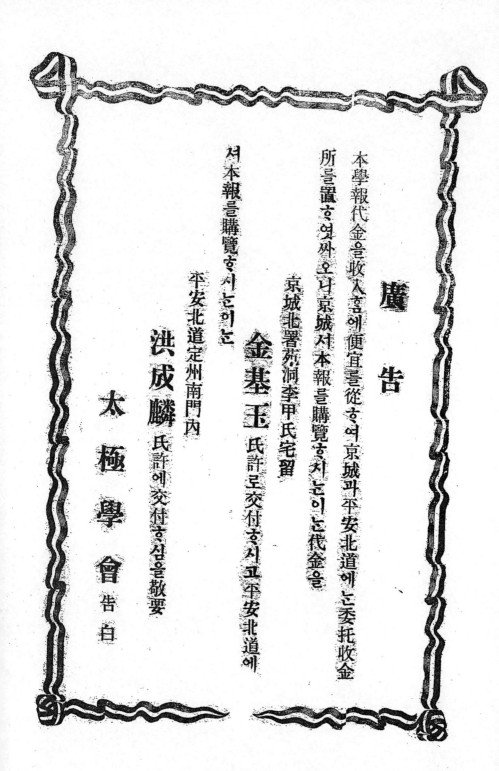

送鄭益魯氏歸國

松南子

我國今日敎育家가動輒開口曰敎育擴張이在於學校之廣設、師範之養成、敎科書之譯刊、資本金之鳩聚、國文之硏究云々ᄒᆞ야百喙爭鳴에雙耳齊聒이로ᄃᆡ然其實行之者ㅣ鮮矣라槪聞我國內實行之者ㅣ略有之焉ᄒᆞ니靑年英邁로孶々於學校施設ᄒᆞ야傾盡私橐而不知有己者ᄂᆞᆫ李鍾浩氏가其人也요搜集古今歷史ᄒᆞ며繙傳內外書籍ᄒᆞ야白首丹心이矻々不已者ᄂᆞᆫ玄采氏가其人也요以一身으로奉獻於學界而京鄕到處에唇焦口燥而不已ᄒᆞ며千難萬險而不避ᄒᆞ야始撞我國之晨鍾者ᄂᆞᆫ李東暉氏가其人也요靑氈世業을一朝分割ᄒᆞ야補助於各道學會而振勵皷動者ᄂᆞᆫ李熙直氏가其人也라此四君子之義勇血誠이爲源爲委ᄒᆞ야必見其來頭善果矣라然이나一支之木이難支大厦요一勺之水가難救車薪이라但國家之悲運이若是否極즉以若幾個義士之手腕으로擎天이無術ᄒᆞ니是誠杞人之抱憂處也로다夫天生一世人ᄒᆞ야自足了一世事ᄂᆞᆫ其理가明矣라不佞이偶於今夏에捿留東京芝區旅舘이러니一日에訪箕城紳士鄭益魯氏僑居則寒暄을才訖이示以一冊子曰此新訂玉篇而着手가于今四年에尙未告竣ᄒᆞ고現方付繕校正中則請其賜覽云々일ᄉᆡ不佞이遂雙擎披閱ᄒᆞ니其字々釋義解音이皆是以國文懸註ᄒᆞ야雖婦女兒童이라도對此一卷則漢字爲名者가無不曉然ᄒᆞ리니可謂學界之一大指南이로다盖見我國之舊日玉篇이率以漢字釋義ᄒᆞ야類難知得이라若釋有字曰無之對라고釋無字曰有之對라ᄒᆞᆫ釋義가種々ᄒᆞ니以此攷彼

에何據而憑證乎아某字曰某音、某字曰某義云者가不由於眞詮文憑ᄒᆞ고只因口頭謄傳ᄒᆞ야互相傳訛에音義不一ᄒᆞ야一國之內에至有同字異釋ᄒᆞ며同字異音ᄒᆞ야各以方言亂喧而一無定稱ᄒᆞ니溯究源委ᄒᆞ면敎育不振이良以此也라何也오大抵今日敎科書가雖云以國文編纂이라도其骨子則無非漢字라當初漢字意味를不能善覺則其學術之要領을從難透得은豈非事實이리요今氏가察此源委ᄒᆞ야譯述此篇則可謂諸般敎科書之指南而全國敎育界에必有大影響大效果矣리니其實地功德이與已上四君子로互相先後矣로다嗚乎라氏의偉業이여氏가今刱刱을已畢ᄒᆞ고本國에將還ᄒᆞᆯ세言을更請ᄒᆞ노니言歸之日에對我全國長老諸氏ᄒᆞ야社會及敎育上公益事業에並武共進ᄒᆞ기를申々勸告ᄒᆞ야衆力所到에轉危爲安ᄒᆞ고濟否爲泰ᄒᆞ야文明光線中에太平福樂을共享케함을是望是祝ᄒᆞ노라嗚乎라氏여行矣어다

送郭龍舜君歸國

薇丹山人

蓋人이士農工商四業을勿論ᄒᆞ고其見聞의廣狹을隨ᄒᆞ야其事業의善發展未發展이即有ᄒᆞᆫ자라我國의民業未發展ᄒᆞᆫ原因을可히思得ᄒᆞ리로다以前은我國彼國을勿論ᄒᆞ고即閉關時代라隣國이相望ᄒᆞ야人民이老死에至ᄒᆞ도록往來를不相함은即偶然ᄒᆞᆫ成法이라加論을不俟ᄒᆞ려니와今日은宇宙海陸이四門을洞開ᄒᆞ고穰往熙來ᄒᆞ는時代라彼此의見聞을相求ᄒᆞ며智識을相換ᄒᆞ야十九世紀로붓터今日二十世紀ᄭᆞ지絶對ᄒᆞᆫ交通

舞臺에는嗚呼我國은十九二十世紀時代를天皇木德萬八年으로知ᄒᆞ야閉關長睡ᄒᆞᆫ景況이壯觀이로다若父가其子를敎ᄒᆯ세遠遊치안는것이孝子라ᄒᆞ며鄕里가其朋輩를勸ᄒᆯ세家室를安樂함이是大慶이라ᄒᆞ야間或一人이遠行을作ᄒᆞ면其家室與鄕里가絕怪ᄒᆞᆫ事로知ᄒᆯ뿐外라其出遊ᄒᆞᄂᆞᆫ者도此邑에서彼邑에出ᄒᆞ며此道에서彼道에出함에不過ᄒᆞ야磨驢의跡과殆同ᄒᆯ뿐不啻라其當初出遊ᄒᆞᄂᆞᆫ主義가壯觀을求ᄒᆞ야識見을擴充ᄒᆞ고져함이아니라一時少年浮氣에出ᄒᆞ야東閃西忽ᄒᆞ며朝酒暮歌로爲事ᄒᆞ다가及其鄕里에歸ᄒᆞᄂᆞᆫ日인들무ᄉᆞᆷ所得이有ᄒᆞ리오一般民智가如是ᄒᆞᆫ지라內外博通의識見을엇지得ᄒᆞ리오是故로士로爲名ᄒᆞᆫ者ㅣ學術이矇昧ᄒᆞ야捿息ᄒᆞᄂᆞᆫ地球의形體如何도不知ᄒᆞ며工商으로爲名ᄒᆞᄂᆞᆫ者ㅣ內外輸出入을不知ᄒᆞ야有無를貿遷ᄒᆞᄂᆞᆫ者ㅣ當地土產에不過ᄒᆞᆫ즉外地의耳目이稍明ᄒᆞᆫ者ㅣ此를利用ᄒᆞ야全國의利益을攫奪ᄒᆞ니此ᄂᆞᆫ一般敎育이普通치못ᄒᆞ야如此ᄒᆞᆫ悲觀을致함이로다近年以來로大勢를覺破ᄒᆞᄂᆞᆫ者ㅣ種々히有ᄒᆞ야或學業으로外國에遊ᄒᆞᄂᆞᆫ者도有ᄒᆞ며或遊覽으로外國에出ᄒᆞᄂᆞᆫ者도有ᄒᆞ나通商界에至ᄒᆞ야ᄂᆞᆫ外國貿易을是圖ᄒᆞᄂᆞᆫ者ㅣ絕無ᄒᆞ더니箕城青年郭龍舜氏가年前으로붓터敎育의不振함을慨歎ᄒᆞ야內外國新書籍을求買ᄒᆞ야學界에多數傳播ᄒᆞ더니今秋에至ᄒᆞ야外國文明의實地와敎科書의精否를視察ᄒᆞ기爲ᄒᆞ야日本에渡來ᄒᆞᆫ지라旬望을逗留ᄒᆞ야其實地視察을畢ᄒᆞᆫ後에我國現時에切當ᄒᆞᆫ敎科書와學校用品을多數求買ᄒᆞ야一般學界의便利를供ᄒᆞ고자ᄒᆞ니君은其壯志를可敬可賀ᄒᆯ만ᄒᆞ도다嗚呼我國人士

여一朝遊覽이其胸次에愉快홈이十數年耕案讀書에勝ᄒᆞ리로다我國所謂富商大賈들此君을模倣ᄒᆞ야貿易上에外人으로媒介를作ᄒᆞ지말고直自輸入ᄒᆞ야利源만取홀뿐外라我의見聞을是廣케ᄒᆞ야他日輸出을計圖홈이良好한事가아닌가而況今日은雖絕域來往이라도昔日州里에行ᄒᆞ기보담더욱便利한지라東西洋幾萬幾千里를可히安坐ᄒᆞ야往來ᄒᆞ리니何難이有ᄒᆞ야不爲ᄒᆞᄂᆞᆫ가嗚呼君이여國에歸ᄒᆞᄂᆞᆫ日에今此所見所聞을一般同胞에게伸告ᄒᆞ야內外通商의如何한實地를知得케ᄒᆞ며物產製造의好況을提耳說明ᄒᆞ야奮發興起케ᄒᆞ면君은商業界에先導者라可謂홀지로다嗚呼라君의一行이여

寄書

獨立이必在於團結

朴日燦

盖國家ᄂᆞᆫ萬民의宗家요 人君은萬民의父母시니民의宗家를民이不保코而誰保也며民의父母를民이不愛코而誰愛也리오安保宗家而忠愛父母ㅣㄴ딘必先圖獨立이니獨立之本은在於團結하고團結之本은在於人民之社會라然이나社會가活潑하여야人의精神이活潑하고人의精神이活潑ᄒᆞ여야團結이完固하고團結이完固하여야國家의獨立이鞏固함은公理之當然也니故로一個人이團結하고二個人이團結하야至於二千萬人

이結合團体然後에可謂國民之義務이니義務義務여捨此云誰오夫德性培養도在乎義務之一端也오才智哲發도在乎義務之一端也오革新之方針도在乎義務之一端也니義務가腦髓에貫徹한後에야可謂國民之目的이니目的目的이여何等重大오獨立之門도在乎目的地오自由之路도在乎目的地오文明之基礎도在乎目的地니然則個人이恪守義務而到達目的地면團結도非難이며獨立도非難이리니昔에周武王은以亂臣十人으로도興其周室而臣服八百諸侯하며華盛頓은以其小國으로도脫其覊絆而獨立於列强之中ᄒ여스니豈非團休之効耶아是以로其散之也ㅣ雖多나必弱하고其合之也ㅣ雖小나必强ᄒ나니紅黑劣種은不爲不多언마는甘作英米之奴隷하야駸々取亡於列强之下하고白面優種은不爲不少언마는最爲獨立之富强而耽々虎視於六大洲하니嗟我同胞여有耳어든聞白人優勝之威하고有目이어든觀黑種劣敗之狀하오此는何爲而强也며何爲而弱也오徒在於團体之固不固며獨立之堅不堅이니推究過去之事하며詳察現在之事而豈不奮發刷新耶아我韓이雖萎나四千載禮義之邦國이오疆界가雖僻이나三千里錦繡江山이오同胞가雖少나二千萬神聖民族으로서豈不文明而刷新하고尙夢桃源之春乎아春夢을不覺이면世界에朦昧ᄒ고頑習을固守而不知一變則譬如膠柱鼓瑟하야祖國精神도難少奮振ᄒ리니審矣어다同胞諸君이여國家는非他人之國也며同胞는非他國之人民也니生하야도國에在ᄒᆯ지며死하야도國에在ᄒᆯ지니巍々峻德과蕩々鴻恩을欲報之萬一인된忠肝義膽으로嘔心瀝血에奮發愛國之思想하야籍窠之間이라도

心懷越句踐之嘗膽하야去舊就新에團結을堅固ᄒᆞ고獨立을强保ᄒᆞᆷ이今日吾同胞의責擔한바니審矣어다同胞諸君이여况二十世紀新舞臺가闡然大開에文明의花와競爭의風潮를隨하야益其燦爛의彩를早하며益其繁馥의光을誇하는此時代에我韓이與列强으로豈不並駕乎아在外學生同胞여俾爲警鐸하야使矇昧之民으로喚醒而鼓舞之激發之하야互相資益而互相團結하야携袖聯袂하야共躋文明之域하야志士之血淚와英雄之大志를奮發培養이면國家有慶에萬民이獻賀하며國家有亂에萬民이赴亂하야惟是從事於愛國之實而早々猛省으로急々研究하되凡於利國之事어든雖傾家破産에碎身粉骨이라도亦無避辭하고如火益烈로保國保種的一念이團表團裡하야光滿于國內하고洋溢于世界하야獻身的思想과絶對的思想으로特高한太極旗를從其文風에輝光于東西洋이是吾國民之義務니嗚呼團結ᄒᆞᆯ지어다同胞여獨立ᄒᆞᆯ지어다同胞여

告我同胞諸君

徐炳玹

於呼라具眼者ㅣ擧眼而觀ᄒᆞ면太平洋浩瀚之勢에異人種滿載之艦이熙々穰々ᄒᆞ고備耳者ㅣ傾耳而聽ᄒᆞ면東西家開門之聲에甲乙國放砲之聞이礫々漲々ᄒᆞ니惶恐哉라彼身長面白之人은虎狠이亦負ᄒᆞ야自主者는保全ᄒᆞ되依賴者는必呑ᄒᆞᄂᆞ니決不可以依賴로加我者也며悲慘哉라此砲漲彈雨之日에氷炭이相背ᄒᆞ야優强者는延臂ᄒᆞ되劣弱者는必亡ᄒᆞᄂᆞ니斷不可以劣弱으로近我者

也라借問韓國이果自主者與며優强者與아曰否라依賴者며劣弱者ㅣ니다然이나依賴之於自主이有母子之間ᄒᆞ고劣弱之於優强이占暮朝之隔ᄒᆞ니何者오有母라야有子ᄒᆞ고有依賴라야有自主ᄒᆞᄂᆞ니此非母子之間乎아有暮라야有朝ᄒᆞ고有劣弱이라야有優强ᄒᆞᄂᆞ니此非暮朝之隔乎아故로余ᄂᆞᆫ賀前日之依賴韓國과劣弱韓國ᄒᆞ고喜後日之自主韓國과優强韓國ᄒᆞ노라嗚呼라白頭山脈은三千里요檀箕子孫은二千萬이라然則家而息之之處ㅣ非吾白頭之山乎며國而韓之之者ㅣ非吾檀箕之悤乎아欲保祖先之舊疆ᄒᆞ며欲保同胞之羈絆컨ᄃᆡ 各其奮發奮振ᄒᆞ야死亦同死ᄒᆞ며生亦同生ᄒᆞ고勿各樹旗幟ᄒᆞ며勿競爭爾吾ᄒᆞ야啼血而盟山ᄒᆞ며割肉而誓海ᄒᆞ면彼欲呑我나蒼者天兮在上ᄒᆞ고靈者地兮在下로다天理循環에古今不同이라今時代ᄂᆞᆫ其諸異乎古之閉關不出ᄒᆞ며陸洋不通之時代而獅子奮振ᄒᆞ며虎豹哮吼之時代니不修實地學問ᄒᆞ야不究新進器械ᄒᆞ고曰詩曰賦을誦焉ᄒᆞ며尋章摘句를讀焉則欲不陷埃及越南之禍하며欲不塗波蘭黑鬼之災나不可得而免矣리라問諸山曰守舊而不遷新機하며默坐而不爲奮發者ㅣ適於今日吾國民之義務乎아하면山은雖山也나頓然而怒ᄒᆞᆯ지며問諸川曰知己而不知國家하고角立而不親睦者ㅣ合於此時吾學生之本旨乎아하면川은雖川也나勃然而飜ᄒᆞᆯ지로다古書에云舊染汚浴을咸與維新이라하며西語에曰猛頑之醫ᄂᆞᆫ變之一字라하니嗚呼라非禽獸木石而具人格者與아耳若不聾커든聞此二言하라誠令代我韓國에無二之格言이오惟一之格言이로다今百維新之日에不新則逆理니逆理면不受其殃乎아必受其

殃也며千人勸變之時에不變則失義務니失義務면土地家屋이是吾物乎아必非吾物也ㅣㄴ져然則願受其殃者ㅣ某며願失吾物者ㅣ誰오問諸十人則十人이齊應曰不願이라ᄒᆞᆯ지며問諸百人則百人이亦應曰不願이라ᄒᆞᆯ지니新之一字와變之一字가價値無量하며重大難償者로다偉哉라爲警鐸者內外學生同胞며攀緣險崖絶壁하며經過危幾殆弈ᄒᆞᄃᆡ攜手而同盟同登하며聯袂而同誓同濟하고己欲立而立人하며己欲達而達人하야到其目的地之曰에擊皷歡爈하며唱歌蹈舞者ㅣ非吾學生乎아皷動國民精神하며喚發愛國思想하야一人死ᄋᆡ萬人이悲하고一人生ᄋᆡ萬人이樂하야國家存於億萬年太平福樂之地하고人民登於千萬歲自主獨行之處하야爲米國之華盛頓하며爲意太利之瑪志尼者ㅣ非吾學生乎야得土地之權하야採金屈銀하며植苗森林하고得通商之權하야別品異物을輸出外國하고而輸入巨額하야殷富甲於天下者ㅣ非吾學生之所致乎야大哉라爲轆轤之繩이라學生諸君이여我同族兄弟는各以獻身的思想과國民的義務로盡其忠義하며達其趣旨하야使我韓國으로爲地球的韓國하며使我同胞로爲盤石上同胞하면余雖夕死나無憾焉無憾焉이로다嗚呼同胞여其有同心者與아大廈將燒에主人僕奴之志ㅣ灰燼吾家則吾無托地云々者는雖十人이라도歸一人之志오大舟將破에味方(同族)胡越之心이天助吾人하샤吾舟莫破云云者는雖百人이라도歸一人之心이니是ㅣ同心之的乎ㅣㄴ져嗚呼勗哉라同志可以斷金이오直心可以衝岩ㅣㄴ져

公函

敬啓者ᄂᆞᆫ群則智ᄒᆞ고不群則愚ᄒᆞ며群則强ᄒᆞ고不群則弱ᄒᆞ며群則合ᄒᆞ고不群則散은東西歷史上에一定ᄒᆞᆫ演例라嗟我兄弟ᄂᆞᆫ愚昧故로自由ᄅᆞᆯ暴棄ᄒᆞ얏고孱弱故로權利가墮落ᄒᆞ얏고渙散故로生命이晻𥕢ᄒᆞ얏스니若是히悲觀的境遇에存在ᄒᆞ야頂韓天踵韓地者ㅣ誰가智識을不究ᄒᆞ며誰가强力을不養ᄒᆞ며誰가團合을不講ᄒᆞ리오마ᄂᆞᆫ奈之何로嗟我兄弟ᄂᆞᆫ自愚自弱自散ᄒᆞ야羲皇枕上에長夜酣夢을尙且做去ᄒᆞᆷ으로一般有志家에大聲疾呼ᄒᆞᄂᆞᆫ今日時代어ᄂᆞᆯ 貴會同胞가海洋萬里에去國離鄕ᄒᆞᆫ隻身孤蹤으로冒險攻苦ᄒᆞ야無限ᄒᆞᆫ熱血과無窮ᄒᆞᆫ熱淚로結群刋報ᄒᆞ야國民의智識을啓發코저ᄒᆞ오니自今日爲始ᄒᆞ야我內地同胞에變愚而爲智와變弱而爲强과變散而爲合은指日可期할지라是以로弊會ᄂᆞᆫ歌之詠之ᄒᆞ며祝之拜之ᄅᆞᆯ不能自已ᄒᆞ노니此ᄂᆞᆫ君子ㅣ居其室에言其善則千里之外가應之ᄒᆞᆷ이라嗚呼라有初鮮終은吾人의恒常戒愼ᄒᆞᄂᆞᆫ바인즉堅忍不拔에實地精神을契合善養ᄒᆞ기ᄅᆞᆯ千萬敬要

體候特立均安

隆熙二年十一月十八日

大韓協會永興支會會長張箕洽

敬呈太極學會僉座

敬啓者載善은資禀이凡庸ᄒᆞ고志氣가昏弱ᄒᆞ야足跡이門外一步ᄅᆞᆯ出치못ᄒᆞ고名聲이境內咫尺에達치못ᄒᆞ니天地間一粒塵에不過ᄒᆞᆯ지라然而天所賦予ᄒᆞᆫ耳目은人과相似ᄒᆞ야 貴僉同胞의萬里絶域에諸般艱險을

備涉ᄒᆞ며多年星霜에各種科學을研究ᄒᆞ신ᄃᆞᆫ聲聞과太極學報가現今新報界의赤幟된다ᄂᆞᆫ談論은竊聽ᄒᆞᆫ지稔熟ᄒᆞ야遠外嚮仰의誠은東風을溯ᄒᆞ야勤摯치아니ᄒᆞᆫ日이無ᄒᆞ오나但涯角이阻濶ᄒᆞ고雲泥殊勢ᄒᆞ야拜書替慰도一向鈌如이옵더니忽於千萬夢寐外에貴學會月報第貳拾貳號가寂寞窮鄕에來到ᄒᆞ압기拜手而奉ᄒᆞ야盥露而讀ᄒᆞ오니一部所揭의句句字字가淚墨血筆로苦辭懇語를敷陳ᄒᆞ야我　大韓二千萬同胞를鼓動之喚醒之ᄒᆞ야文明界에咸與共進ᄒᆞᄂᆞᆫ塗徑을指示ᄒᆞ시ᄂᆞᆫ盛意어ᄂᆞᆯ哀我同胞ᄂᆞᆫ聽之侮々에醉夢이沉沉ᄒᆞ야口密腹劍으로其肌膚를脫剝ᄒᆞ되不知覺悟ᄒᆞ며纙索桎梏으로其四肢를絆縛ᄒᆞ되不知奮怒ᄒᆞ니悲慘ᄒᆞ고可憎ᄒᆞᆫ우리同胞여大抵人類ᄂᆞᆫ同一ᄒᆞᆫ데他民族은自由能力을奮發ᄒᆞ야文明榮樂을享有ᄒᆞ거ᄂᆞᆯ우리民族은深黑地獄에陷落ᄒᆞ야壓制慘狀을自取ᄒᆞ야草木禽獸와如히生命財產을他人掌握에一任ᄒᆞ야人이殺之則死ᄒᆞ고生之則生ᄒᆞ며또草木禽獸의生命도人이或愛護ᄒᆞ며矜惻ᄒᆞᆷ이有ᄒᆞ거든우리同胞에無辜枉殺을誰가悲慘ᄒᆞ리有ᄒᆞ며有志奮發을誰가欣幸ᄒᆞᆯ이有ᄒᆞ랴嗚呼라四千餘年文明禮義의民族으로草木禽獸만不若ᄒᆞ니列邦의嗤點은姑舍ᄒᆞ고自己를愧恥心이獨無ᄒᆞ랴痛哭ᄒᆞ고流涕ᄒᆞᆯ事ㅣ此에甚ᄒᆞ리孰有ᄒᆞ리오然이나古人이曰窮則必變이오亂極思治라ᄒᆞ고又曰至誠所到에金石이可透라ᄒᆞ니我　大韓今日狀態를環顧컨ᄃᆡ國乱民窮이極點에當到ᄒᆞ얏ᄃᆞ可謂ᄒᆞᆯ지라思治不變ᄒᆞᆯ日이必有ᄒᆞ리니幸須　貴僉同胞ᄂᆞᆫ二千萬同胞의代表義務를許身擔負ᄒᆞ여스니內地同胞의一呼左袒치아니ᄒᆞᆯ念怒ᄒᆞ

야不可與有爲라檜卸치말으시고益加終始愛護ᄒᆞ사利害禍福의理로再三說明ᄒᆞ시고中復勸戒ᄒᆞ시면人非木石이라其心이終必感覺ᄒᆞ야大奮發大事業英雄이齊聲同起ᄒᆞ야國步民力을嚮導前進ᄒᆞ야巍然卓然히世界文明第一位를占居ᄒᆞ며天下富强最高級에到達ᄒᆞ면太極旗가特色을萬國에顯揚ᄒᆞ며太極會가榮譽를百世에誇耀ᄒᆞ리니엇지曠世偉績이아니리오 貴僉同胞의熱誠雄圖로此等範圍에贅告를待치아니ᄒᆞ고胸中成算이已熟ᄒᆞ심은實所占知이오나漆室의憂를不能自裁ᄒᆞ야敢冒僭妄ᄒᆞ고區區瑣言으로左右에仰瀆ᄒᆞ노니幸賜恕 鑑ᄒᆞ소서

隆熙二年八月二十七日

咸南文川郡 朴載善

恭呈于太極學報主筆

金源極閣下

客月卌에 貴報가本校에到達한지라皮緘을剪圻ᄒᆞ고靑衣冊子를露呈하니表面에太極國旗一雙은活活히乂交하엿고其下에大極學報四字는團團히標題하엿더라于時에東南賓朋이本校에邂逅히會匝하얏는디咸曰金源極氏가今坐於萬里之外하야本國同胞의醉夢을撼醒케爲하야血淚를洒하고此報를此에셔지遠佈하얏스니

氏의愛國의義血과愛族의慈悲는眞實노星日과如히激然하도다請컨딘席上諸君은他務를少停ᄒᆞ고此報를眼同히渴讀하자하더라於是에冊子를一机上에奉登하야匝坐中央에披奠均照케ᄒᆞ고其文辭를拭眼詳讀에宛히氏의端凝한宇儀와及其某某諸氏의面

顏을并히承對한듯할뿐外라氏의一片葵忱이萬里鏡과如하야其隨物照應이天涯如咫로다嗚呼라大抵室家의滋味와溫飽의嗜樂은人의同一한常情이라今에氏ㅣ덜室家와溫飽를엇지味樂지아니리오마는然而氏가特히一時의味樂을味樂으로不視ᄒᆞ고오작丈夫의決心으로萬里孤島에無限ᄒᆞᆫ艱險과無數한困難을冒涉ᄒᆞ야飢가甚하더리도飢를是忍하며寒이甚하더리도寒을是耐하며黃嬭가戲할지라도股를是刺하며杜宇가咽할지라도歸를是忘하는所以는正히何를爲함이뇨此는氏의自已를爲함도아니며抑亦自家를爲함도아니라其注意를單純히忖度하건ᄃᆡ但只國權挽回에在하다斷言ᄒᆞᆯ지로다噫嘻嗟哉라如許ᄒᆞᆫ注意를能遂하여야室家의滋味도我의滋味가될지며溫飽의嗜樂도我의嗜樂이될지어니와萬君如許한注意를不遂하는地頭에는室家도非吾의室家이며溫飽도非吾의溫飽이며滋味도非吾의滋味이며嗜樂도非吾의嗜樂인줄은氏의先見ᄒᆞᆫ爻象이라奚徒氏의注意만然하리오氏와同히留學하는諸氏의注意도自然同一할지로다然하나諸氏의如許ᄒᆞᆫ注意를何에서見할고不過曰　貴報上에藹然載在하엿다謂ᄒᆞᆯ지로다幸矣哉라貴報之如是廣佈也여貴報의如是廣佈하는日은卽我國權挽回之日이며國權挽回之日은卽我一般同胞의室家를保하는日이며室家를保하는日은卽我一般同胞의溫飽를享하는日이니嗚呼라氏여氏의報를讀함의誰가奮發치아니리오嗚呼라諸氏여　隆熙二年八月十七日

咸南永興郡東明學校監督　李達鉉
姜念伯
教師　洪在憲

說苑

血涙(希臘人스팔타쿠스의演說)

李寶鏡

君等이余를指ᄒᆞ야屠獸者의首領이라ᄒᆞᄂᆞᆫ도다。 然하다、 余ᄂᆞᆫ實노屠獸者의首領이며、 兼ᄒᆞ야、 屠人者의首領이로라。 余가、或은猛獸로더부러、或은同胞로더부러格鬪ᄒᆞᆷ이、임의、數十餘回에至ᄒᆞ되、일즉、한번도、敗ᄒᆞᆫ時가無ᄒᆞ고、戰必勝、攻必取라。余의此名을得ᄒᆞᆷ이、엇디、偶然ᄒᆞ리요。余ᄂᆞᆫ生來에、이가러、暴惡冷酷ᄒᆞᆫ놈일가。아니라。 余의父歟은實노尊敬ᄒᆞᆯ價値가有ᄒᆞᆫ人物이라。

余가故鄕에在ᄒᆞᆯ時、華麗ᄒᆞᆫ山麓、潤美한野邊、淺淸한河畔에서、數十頭의羊를保護ᄒᆞᆯ時、暫時도彼、可憐한獸의寒暑飢渴에注意티아니ᄒᆞᆯ時가無ᄒᆞ고、如恐不及히、彼等을愛하시를、余의生命과、가티、하던、余로라。 또、余의隣家에、余와比等ᄒᆞᆫ兒가有ᄒᆞ야、恒常同器에食ᄒᆞ며、同枕에眠ᄒᆞ며、同野에서羊을飼ᄒᆞ야、 一種神秘ᄒᆞᆫ愛情이兩兒間에有ᄒᆞ더니라。

一日은例와、가티、羊을牧ᄒᆞ다가、白日이西山에沓ᄒᆞᆷ의羊을、우리에、가두고、家에、도라와、一家團欒ᄒᆞ야夕飯을畢ᄒᆞᆫ後、余의叔父의古來勇戰奮鬪談에耽하엿다가、夜已更에、褥에就하야、眼을閉ᄒᆞ고、잇는데、余의慈母가、速히、오시샤、더운손으로、머러를어르만지시고、이윽히、계시다가、「잘지거라。」ᄂᆞᆫ、一言과、뜨거운、사랑이、샤모

찬、거스슬、주시고、물너가시는지라。余는、즐겁고、깃거온、마음으로、잠이들어、野邊에서、노니든거슬、夢ᄒᆞ더니、믄득、馬蹄聲에、醒ᄒᆞ야、본즉、火光이窓에照ᄒᆞ엿고、來往하는馬蹄聲과男女老幼의哀哭聲이耳에聒ᄒᆞᆫ더라。蒼荒히起ᄒᆞ니……。

슬프다、昨夜에靜穩ᄒᆞ든此農村은今曉에濛々ᄒᆞᆫ火焰에、싸인、慘憺한修羅場을化作ᄒᆞ엿도다。어제밤、余의게、아러ᄯᅡ온、ᄉᆞ룸、주신、慈母난馬蹄에、발펏고、温柔ᄒᆞ신父親은創에傷ᄒᆞ야、鮮血이淋漓ᄒᆞ도다。此時、余의胸中에는悲哀가、充滿하야、熱淚로化하야、兩頰에垂ᄒᆞᆯᄯᅡ름이라。이ᄯᅢ에、忽然、一騎兵이突入하야、余를、잡아가지고、가니라。

슬프다、余의父母는、何處에서、余를爲ᄒᆞ야、泣하시는가。何處에서、余를爲ᄒᆞ야。祈禱ᄒᆞ시는가。天國인가、人間인가、地獄인가。當時靜穩ᄒᆞ든農村을修羅場으로變ᄒᆞᆫ者誰며、余의慈母를、발분者誰며、余의嚴父를傷ᄒᆞᆫ者誰며、余로、하여곰父母를離別케ᄒᆞᆫ者誰며、余의權利를剝奪ᄒᆞᆫ者誰며、余의自由를拘束ᄒᆞᆫ者되며、余로、하여곰惡魔되게ᄒᆞᆫ者誰뇨!

＊ ＊ ＊ ＊ ＊ ＊

余가今日、또、一人을殺ᄒᆞ엿노라。彼는、余의創에傷ᄒᆞ야、卒倒ᄒᆞ엿는ᄃᆡ、其顏을視ᄒᆞᆫ則、슬프다、엇더、아라ᄉᆞ리요、余의至愛至重ᄒᆞ든友人을。彼도余의余인을、知한듯、土色이된、얼골에、반가온微笑를、浮ᄒᆞ니、其微笑는往昔華麗ᄒᆞᆫ山麓、潤美ᄒᆞᆫ野邊、清淺ᄒᆞᆫ河畔에서、牧羊ᄒᆞᆯ時엣、그것과、少異가無ᄒᆞ도다。而已요、彼의血이凝ᄒᆞ고肉이冷함의、余는彼를厚葬ᄒᆞ기爲ᄒᆞ야、彼

의、骸骨을請求ᄒᆞ얏더니、惡冷血魔等은「犬馬와、갓흔「屍體라、厚葬이何益이리요獅子의体를爲하깃노라」하ᄂᆞᆫ言에、冷酷ᄒᆞᆫ嘲笑를添하야、此의請求를拒絶ᄒᆞᄂᆞᆫ도다。同胞아！勇士아！希臘人아！我等은犬馬인가！？彼의肉은、임의獅子의膓을肥ᄒᆞ여슬지며。彼의骨은、임의獅子에齒에粉碎ᄒᆞ여시리라。同胞여我等도、또ᄒᆞᆫ、明日에ᄂᆞᆫ、如此히。될줄을、不知ᄒᆞᄂᆞ냐！？ 同胞여彼狂吼ᄒᆞᄂᆞᆫ獅子의聲을不聞ᄒᆞᄂᆞ냐！？ 彼等은二三日주린者로我輩의肉을貪ᄒᆞᄂᆞᆫ거슬不知ᄒᆞᄂᆞ냐！？ 我等도性을天에、바다시니堂々ᄒᆞᆫ權利와、貴重ᄒᆞᆫ自由가 有ᄒᆞᆫ者아닌가！？

同胞여！諸君이萬一禽獸와如ᄒᆞ면宜여니와萬一、 人의性을具ᄒᆞ엿거든우리의生命을爲ᄒᆞ야우리의權利를爲ᄒᆞ야우리의自由를爲ᄒᆞ야起티、아니ᄒᆞᄂᆞᆫ다！然ᄒᆞ다가得ᄒᆞ면、우리스팔타를再見ᄒᆞᆯ지요、不得ᄒᆞ면我輩의肉片은萬古不朽의寶玉이、되깃고我輩의鮮血은千秋不廢의靑史를、빗니리로다。

勇士아！

義士아！

希臘同胞아！

我輩가、萬一。戰티아니티못ᄒᆞᆯ딘딘、我輩를爲ᄒᆞ야戰ᄒᆞᆯ디여다。

我輩가、萬一、屠殺티아니티못ᄒᆞᆯ딘딘、我輩를壓迫하ᄂᆞᆫ者를屠殺ᄒᆞᆯ더여다

我輩가萬一死티아니티못ᄒᆞᆯ딘딘自由의、하ᄂᆞᆯ아리、美麗ᄒᆞᆫ川邊에서、勇敢ᄒᆞᆫ獨立戰에死ᄒᆞᆯ디여다。

譯者曰로마國은西曆紀元一世紀頃其全盛에達ᄒᆞ야所向에敵이無ᄒᆞ며各處文明

이混雜함의로마固有의純粹ᄒᆞᆫ美風은漸次消靡ᄒᆞ고外邦腐敗ᄒᆞᆫ風習이國內에蔓延ᄒᆞ야人民의頭腦에高尙ᄒᆞᆫ理想은無ᄒᆞ고殘忍ᄒᆞᆫ娛樂을是好ᄒᆞ여公開ᄒᆞᆫ觀覽場에서或은猛獸를格鬪시기며或은捕虜奴隷로ᄒᆞ여곰武器를執ᄒᆞ야相鬪케하며或은飢한猛獸로더부러相搏케하는光景을婦人조차觀而樂之함에至ᄒᆞᆷ은西曆紀元二三世紀頃이라。此스팔타쿠스도當時로마에捕虜되야腕力이絕人함으로百戰百勝에로마人의喝采를受ᄒᆞ더니一日은余의愛友를殺하고悲哀ᄒᆞ던中幼時의生活狀態를思ᄒᆞ며將來의運命과同胞의情狀을思하고偶然一掬血淚로同胞를猛醒하야、드듸여、글나디에톨戰爭을起한者니彼의心誠은演說을讀ᄒᆞ시샤推知하시려니와、有性有淚ᄒᆞᆫ人類야、뉘라셔同情淚를不洒ᄒᆞᆯ者有ᄒᆞ리요。草木禽獸도라오히려悲感히、녀길이로다。

詞 藻

奉呈太極學會僉座下

有志諸君渡海東　千秋復覩文明日
團成一會始如終　萬里特高節義風
新學開來民族智　今雖客地身勞苦
熱誠輸盡國家忠　爭頌他時獨立功

高原郡 金 夏 燮 謹稿

寄韻

湖庵 崔 齊 極

愁雪寒雨暮江城、月報海東詩以鳴、徒耽古

史人權墜、將向西風獨立成、絕倫筆下英雄
泪、太古夢中花鳥聲、顧此老夫情不表、閔
知世界幾浮生。

和

松南 金源極

烟霞暮景沛中城、白首英雄詩以鳴、德重高
論時亦合、學踈寸筆效難成、包容大度海無
量、往復玄機雷有聲、關北文明誰所唱、西
雲萬里仰先生。

出品川迎靜岡旅行

秋醒子

莜 丹山人

微雨乍晴日已曛、品川車榭出迎君、燈花撲
地千門月、海水連天萬里雲、也識今行多壯
觀、徜令坐者得奇聞、陳篇百讀有何益、滿
目風烟皆學文。

慰韓東初弧辰韵

松南子

弧節重回廿四秋、扶桑是夜占雲收、海天雖
阻非萍水、僚友相親共酒樓、獨立偉人今日
出、所營實地幾年、求蓼莪一句爲君記也識
庭闈思遠遊。

歌調

희망가(希望歌)

愛國生

(一)독립하을됴흔희망
깃버하게하도다
사천여련오린나라
더옥〱새로워

동포들아츙의로써
국권비양어서ᄒᆞ자
하리로다〳〵
우리나라독립

(二)우리나라문명ᄒᆞᆷ은
바랄바잇도다
품질죠흔단군자손
더욱〳〵새로워
동포들아열심으로
교육발달어서하자
하리로다〳〵
우리나라문명

(三)물산풍족살진ᄯᅡ에
롱토ᄭᆞ지죠코나
금슈산하죠흔강토
더욱〳〵새로와
동포들아열심으로

식산사업어서하자
하리로다〳〵
우리나라부요

(四)해륙군이업다하고
무긔ᄭᆞ지업다만
국민들아자강졍신
더욱〳〵새로와
동포들아혈셩으로
무에졍신활도ᄒᆞ자
하리로다〳〵
우리나라웅강

(五)우리들라희망잇서
항상깃버하도다
우리들아진취긔상
더욱〳〵새로와
동포들아즐겁고나
ᄒᆞᆫ곡조로노리하셰

하리로다〱
우리소원셩츄

學生歌

教育子

(一)나를사랑하고기르시는이는
우리父母先生박게업고나
教育하는은혜깁히싱각하니
學問닥글마음自然생기네

(後렴) 東西大地에賢能俊傑이
모다學問으로쏘차나오고
上下千載에國家盛衰가
全혀教育上에關係잇도다

(二)한학교에들어동학하는親舊
셔로사랑홈이兄弟갓도다
모히난곳마다학문토론하고
유익홈으로써서로勸하세

(三)暖衣飽食하는青年子弟들아
때를일치말고빈홀지어다
우리人類만일學識업고보면
草木禽獸에도못比하리라

(四)生存競爭하는이時代에나서
힘슬것이오직教育뿐이니
우리學生된者一層奮發히
발고빗는길노몬져나가세

(五)어화우리人生늙어白首되면
흔자한탄하나無益하리니
千金ᄀᆞᆺ흔時間虛送하지말고
恒常熱心으로學을힘쓰세

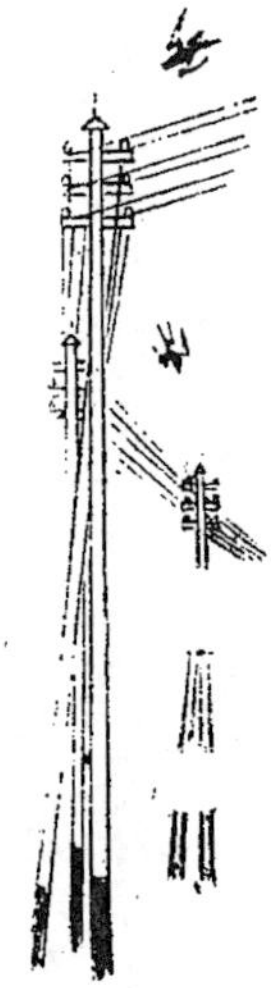

雜錄

平壤外城人民代表金禹鏞氏가該地停車場地段事로日本에委渡하야伊藤統監에게長書한全文이如左하니

天下之人、有疋夫疋婦不獲其所則、若已推而納諸溝中、盖古今仁人君子不忍之心也、今本人等之不獲其所、非匹夫匹婦之比則、宜乎仁人君子之哀而憐者也、然見牛未見羊則、不忍之心、或時感發於所見而已矣、所以本人等、以其不獲之情狀、大聲仰呼於閣下之前、特　垂憐察納焉本人等、世住平壤外城面而衣食生活、專賴此土生毛而已、往在　明治三十七年七月頃、貴國工兵士官、來到當地、田一萬一千三百十四畝、及家屋一百十三戶地段、標定以軍用停車塲、諭以該基外移接則、幾千人民、適値霖節、啼呼移轉、其情狀之慘酷、不言可想矣、不寧惟是又至翌年三月頃、移接地段內、田三萬五千六百四畝、及家屋二百六戶地段、乃猶加占、又同年五月頃、田六千五百八十三畝、及家屋八戶地段、鱗次加占而强誘移轉故、本人等勢不得已、又爲移轉於該基地外、然而田土家屋、旣見盡失則、來頭生活、永無其望矣、同三十九年冬、軍用地調査委員朴義秉氏、右地段損害金頒給次、來到當地、示以內部訓令及圖本一幅而內開、以爲該圖中紅線以內、屬軍用地、茶褐線以內、屬鐵道管理局、此外、即開放地、一般人民自由居生云々、第此外城一面、盡入於紅茶兩線以內而所餘地段、不過是如干邊幅而已矣、哀此外城人民、前後被逐、已至四次、安巢無地、固無餘言、然勢旣到此、哀號無益、臨時損害金、依令受之、姑爲目下一匙之資而其所叫艱到今者、可俾於飛霜不雨之寃矣、然第所希望者、自今以後則惟是定居生活而已矣、不意昨年春二月頃、所謂管理局技手人、又於開放地內田千六百畝家屋三十戶地段、揷標加占故于時、當地人民質問理由則、稱此托役、奸狀綻露、遂爲中沮矣、又至今春二月頃、更揷標杙於該地、督令移轉、嗚呼外城之民、獨抑何辜、此所謂木石難接也、然更又思之、停車基地、旣若是廣濶而必無加占之理矣、此必是從中弄奸輩、昨年未售之計、今又欲再試之者則不得不一度控訴、乃裏足上京呼訴內部則、已經旬朔、了無如何回指、又呈於副統監閣下而迄無回指故、逗留遲回、更訴無地矣弟欲一訴於　閣下至仁之下而乃已、冒涉萬里層海、其在窮鄕民情、非極度疾寃、何以至此、乃於五昨、始到門下、抱刺通見則、書記官所言、明日再來云故、翌日、如期趨進則、同書記官、口傳、閣下命令內、遠來情狀、固已矜惻弟當提及於該所管々理局則、不必求見而回還待指可也云々

命令如此、惶感何言、然更自思料。止於如是而還國則。萬里遠程。殊同岩上狗行。第所冒萬悚仰瀆者。實無他焉。該地今春之加占者。丁寧是軍用地所用。無乃中間私利輩之挾雜。可否間事實。

閣下如欲探詳則。不過袵席談話矣。指一。敎示而若又丁寧軍用地所用則。本人等所失地段價。從準價出給。俾免目下塡壑焉。本人抱此疾寃。來渡萬里之遠則冀聞

閣下之如何一言而乃還也。若不爾則。雖還

國。亦無呼吸食息之所。歸亦何益。寧作東京之鬼而乃已也。謹百拜拱手而俟命。

○關西有人、平壤에大成中學校가設立됨은我一般人士의同情贊成하는바ㅣ어니와近聞한즉平壤紳士**金鎭厚**氏가**三千圓**으로鐵山紳士**吳熙源**氏는**五千圓**으로宣川紳士**吳致殷**氏는**二千圓**으로**義捐**하엿다니如此ᄒᆞᆫ人氏는可謂全國義士의模範이라고內外稱頌이藉々하더라

○咸南大運動、咸南一區는近年以來로新文明風化에寥々無聞ᄒᆞᆷ으로一般學界에서慨歎하던바ㅣ러니今秋聯合大運動會消息을聞한즉會集한學生이五千餘名에達하고觀光한人士가三萬餘名에至하엿는ᄃᆡ其勇進活潑한氣象과運動의儀式이一大盛況을呈露하엿다니豊沛故都에流風餘韻의**蔚興**을再觀하겟다고內外稱頌이藉々하더라

○畿湖文風、畿湖學會는我國名公碩儒의興學機關이라近日多數한義捐金이叢集하야學校維持의期望이漸次完結하니不鳴則已어니와鳴將驚人이라고輿頌이內外藉々하더라

學界彙報

前報와如히去月十八日에本會와大韓學會가東京留學生聯合運動會를田端白梅園에設行하엿는ᄃᆡ是日에日氣가適佳하야會集人員이多數한ᄃᆡ上午九時에運動場를開하

고大韓學會代表李昌煥氏가開會辭를說明하고本會代表金壽哲氏가祝辭를陳述한後에運動節次를擧行하는딕第一回二百碼競走優等에는崔嶸。第二回提打競爭優等에는白圭復。第三回戴囊競走에는宋秉用。第四回二人三脚優等에는玉宗景。盧聖鶴第五回旗取競走優等에는金致鍊。第六回計算競爭優等에는趙鼎鎭。第八回盲啞競走優等에는金聖烈。金興根。第九回高跳優等에는崔鳴煥。第十回盲者玉拾優等에는崔嶸。第十一回障害物競走優等에는崔忠昊。第十二回角力競爭優等에는白成鳳諸氏인딕當場에活潑勇猛한氣象이可觀的을呈露하엿고其後에賞品을一二三等에分하야次第施與하고餘興을各般演劇으로準備하야一般學生界에落莫한客懷를叙蕩홀세各其所長으로列國歌調를和唱하며舞蹈를迭宕히한後에運動歌와愛國歌를一同이齊唱하고帝國萬歲와留學生萬歲를三唱한後日暮閉會하엿더라

去月　皇太子殿下慶節日에東京留學生一同이休學하고慶祝禮式을各其擧行하는딕就中青年學院學徒八十餘名이該院에團聚하야慶祝禮式을畢한後에金河球金有善諸氏가　皇太子行宮에進往하야萬歲를三唱하기를動議하미教師某氏가何見을因홈인지沮戲홈으로金河球諸氏가激烈히發論하야該院庭에서一齊히萬歲三唱하는聲에山海가震驚하엿다더라

善爲說辭、我國學生이早稻田大學에通學하는者二十五名에達하엿는딕各其學課上實地를言論키爲하야李允燦諸氏가討論雄辯會를組織하고每月二次式開會演討한다더라

敎亦不倦、前報와如히明治學院內에新入學生語學準備하기爲하야語學科를特別히設立하엿는ᄃᆡ我國學生李寶鏡氏가素以靑年聰俊으로自己學課餘暇에日英語敎授를擔務履行하야懇々說明이有若老師風度ᄒᆞᆷ으로通學諸氏가極爲悅慕하며算術敎師金鴻亮氏와日語敎師佐久切、新井無二郎諸氏가亦皆熱心敎授ᄒᆞᆷ으로將就의望이有하다더라

商界標範、前報와如히東京留學生文尙宇諸氏가商業界雜誌를發刊하엿는ᄃᆡ現時萬國通商의規則과利源養成의法門을始唱한지라自此以往으로內地同胞가此로指南을作하야實業上에勇進하며且該報를多數購覽하기를希望하노라

會事要錄

龍義支會에서本月一日에新任員을組織함이如左하다

會長 白鎭珪 副會長 金敬念

總務員 林英峻

評議員 張文化 張起弦 鄭鎭周 鄭濟原 崔仁廷 鄭尙默 李世勳 張春梓 白李甲 車得煥

事務員 鄭尙益 白宗哲 崔錫瓘 白雲昊 高承瓛 白廷珪

會計員 林英峻 韓道郁

書記員 金敬念 金龍善

司察員 林昌峻 鄭濟乘 鄭成海

永柔支會에서新任員을組織함이如左하다

會　長　金善奎　副會長　李治魯
總務員　金利泰
評議員　金廷琪　金志侹　李寅昇
　　　　金命峻　李炳道　鄭致烈
　　　　朴在善　羅義坤　李圭燦
　　　　金預善
事務員　韓承賢　金利泰　金鍾國
會計員　金廷琪　金命峻
書記員　金鍾國　金志侹
司察員　韓承賢　李圭燦　金元玉

永興支會의第一回任員이如左하다

會　長　高膺翊　副會長　崔齊京
總務員　桂奉瑀
評議員　梁君翊　梁昌錫　李　杓
　　　　姜鳳源　金啓龍　許　善
　　　　尹承鍊　文承烈　趙鳳喆
　　　　高膺現
事務員　邊永錫　崔鉉國　梁承烈
　　　　鄭軫燮　方眞成　金鼎禹
書記員　許　善　梁元常
會計員　姜鳳源
司察員　崔貞錫　張鳳仁　金禹鼎

新入會員

林柄日　林宗漢　金永煥　趙元濬　張文翰　黃星鐘　趙基豊　劉德俊　玄淳琯　諸氏는今番本會에入會ᄒᆞ다

成川支會新入會員　鄭元明　金永燁　金用瀸　連昌洙　黃鳳江　金永珣　李天奎　申養善　金貞聲　韓昌殷　諸氏ㅣ오

龍義支會新入會員　李錫龜　鄭仁鐸　獨孤柏　諸氏ㅣ오

永與支會新入會員　梁君翊　金啓龍　金

禹鼎 金昌振 韓相哲 金鼎禹 鄭軫燮 李
劉聖文 獨孤烈 李世元 趙鳳喆 李
杓 鄭亨奎 朱昌源
永柔支會新入會員 韓鍾洛 朴萬一 朴
萬億 李尙杜 李鳳俊 金完基 金性龍
鄭賛弼 崔 烈 羅用承 韓瀅植 魯
國賛 李允根 金相鎭 李允鳳 咸世績
金泰善 吳鳳吉 咸龍一 金鳳成 金
漢基 徐相保

會員消息

會員成楨洙氏明治大學法律에入學하고柳世鐸氏는早稻田大學政治科에入學하다

支會支會 永興郡支會第一回報告를據한즉評議長梁君翊氏議案內에本支會의團体하기와知識啓發하기爲하야各學校任員及有志人士의게逢輒勸告하야本學報를多數購覽케하며支會設立을勉圖하자하엿고評議員梁昌錫氏議案內에月報支社를特設하자하엿스니該支會의義務는可히模範홀만하더라

本會義捐人氏名

李明淳 貳圓
朴仁祥 五圓
咸處一 五圓
韓文鎬 五圓
成樂英 五圓
郭龍舜 五圓
盧重鉉 二圓

光武十年八月廿四日創刊
隆熙二年十一月二十日印刷
隆熙二年十一月廿四日發行
明治四十一年十一月二十日印刷
明治四十一年十一月廿四日發行

●代金郵稅並新貨拾貳錢

日本東京市芝區白金三光町二百七十三番地
編輯兼發行人 金洛泳

日本東京市芝區白金三光町二百七十三番地
印刷人 金志侃

日本東京市芝區白金三光町二百七十三番地
發行所 太極學會事務所

日本東京市牛込區辨天町二十六番地
印刷所 明文舍

太極學報第廿六號

光武十年九月二十四日
明治三十九年九月二十四日 第三種郵便物認可

隆熙
明治四十一年十一月二十四日 發行(每月一回發行)